Lichtjahre

Volker Weidermann

Lichtjahre

Eine kurze Geschichte
der deutschen Literatur
von 1945 bis heute

Kiepenheuer & Witsch

1. Auflage 2006
© 2006 by Verlag Kiepenheuer & Witsch, Köln
Alle Rechte vorbehalten. Kein Teil des Werkes darf in irgendeiner Form
(durch Fotografie, Mikrofilm oder ein anderes Verfahren) ohne schriftliche
Genehmigung des Verlages reproduziert oder unter Verwendung
elektronischer Systeme verarbeitet, vervielfältigt oder verbreitet werden.
Umschlaggestaltung: Linn-Design, Köln
Gesetzt aus der Bembo
Satz: Buch-Werkstatt GmbH, Bad Aibling
Druck und Bindearbeiten: GGP Media GmbH, Pößneck
ISBN 10: 3-462-03693-9
ISBN 13: 978-3-462-03693-0

Inhalt

	Vorwort	9
1	Wo waren sie am 8. Mai?	11
2	Verfall einer Familie – die traurige Geschichte der drei Manns	17
	Klaus Mann I Heinrich Mann I Thomas Mann	
3	Wir kommen nicht wieder – die Amerikaner	22
	Franz Werfel I Lion Feuchtwanger I Oskar Maria Graf I Hermann Broch	
4	Die West-Heimkehrer	25
	Alfred Polgar I Erich Maria Remarque I Alfred Döblin I Carl Zuckmayer	
5	Wir sind noch da!	31
	Erich Kästner I Karl Valentin I Wolfgang Borchert I Heimito von Doderer	
6	Der Schriftstellerstaat	36
	Johannes R. Becher I Hans Fallada I Arnold Zweig I Anna Seghers I Bertolt Brecht	
7	Einsame	42
	Robert Walser I Ludwig Hohl	
8	Heilsucher, Religionsstifter	43
	Hermann Hesse I Hans Henny Jahnn	
9	Konservative Wundermänner	46
	Gottfried Benn I Ernst von Salomon I Ernst Jünger	
10	Ein anderes Land	52
	Alfred Andersch I Heinrich Böll I Peter Weiss I Wolfgang Koeppen	
11	Von diesem schwarzen Punkt aus	58
	Paul Celan I Nelly Sachs I Erich Fried I Uwe Johnson I Ingeborg Bachmann	
12	Wir sind die anderen!	64
	Jörg Fauser I Hubert Fichte I Arno Schmidt I Gert Ledig I Gisela Elsner I Marlen Haushofer I Kurt Kusenberg	

13	Schreiben statt kämpfen	75
	Bernward Vesper I Hermann Burger I Rolf Dieter Brinkmann I Wolf Wondratschek	
14	Der Menschenfresser	86
	Elias Canetti	
15	Die Heiligen Drei Könige	90
	Günter Grass I Hans Magnus Enzensberger I Peter Rühmkorf	
16	Sechs Frauen	98
	Ricarda Huch I Irmgard Keun I Marieluise Fleißer I Luise Rinser I Ilse Aichinger I Marie Luise Kaschnitz	
17	Gewaltdichter des Ostens	104
	Stephan Hermlin I Stefan Heym I Hermann Kant I Peter Hacks I Heiner Müller	
18	Ein fernes Land – eine ferne Literatur	113
	Wolf Biermann I Ulrich Plenzdorf I Erwin Strittmatter I Adolf Endler I Franz Fühmann I Volker Braun	
19	Wir haben schlechte Laune	122
	Peter Huchel I Johannes Bobrowski I Günter de Bruyn I Christoph Hein I Wolfgang Hilbig I Jurek Becker	
20	Vorbilder	134
	Sarah Kirsch I Brigitte Reimann I Thomas Brasch I Monika Maron I Christa Wolf	
21	Weltliteratur aus der Schweiz	141
	Friedrich Dürrenmatt I Max Frisch	
22	Die Liebe von Ernst und Friederike	152
	Ernst Jandl I Friederike Mayröcker	
23	Wut im Süden	156
	Herbert Achternbusch I Franz Xaver Kroetz I Elfriede Jelinek I Thomas Bernhard	
24	Der Witz. Die Welt. Die Wirklichkeit. Dichter in Frankfurt	175
	Wilhelm Genazino I Eckhard Henscheid I Robert Gernhard	
25	Wahre Größe kommt von außen	182
	W. G. Sebald	
26	Vom Ende der Welt	185
	Christoph Ransmayr I Robert Menasse	
27	Die drei Goldjungs	191
	Sten Nadolny I Patrick Süskind I Bernhard Schlink	

28	Politik, Aufklärung, Verklärung	198
	Rolf Hochhuth	Günter Wallraff	Martin Walser	Botho Strauß		
	Peter Handke	Georg Klein	
29	Sammler und Bewahrer, Mitschreiber,	
	Dokumentaristen. Des Alltags. Der Geschichte.	
	Der Sprache. Der Außenseiter. Des Ich	220
	Walter Kempowski	Gabriele Goettle	Joachim Lottmann		
	Jörg Schröder	Max Goldt	Ernst-Wilhelm Händler	
30	Jenseits des Ostens – die Grenzüberwinder	237
	Ingo Schulze	Thomas Brussig	Reinhard Jirgl		
	Katja Lange-Müller	Durs Grünbein	
31	Kurz vor der Stille	249
	Undine Gruenter	Peter Stamm	Terezia Mora	Felicitas Hoppe		
	Marcel Beyer	Judith Hermann	
32	Die Erzähler	261
	Siegfried Lenz	Uwe Timm	Jakob Arjouni	Helmut Krausser		
	Frank Schulz	Daniel Kehlmann	
33	Hass und Tanz und Wirklichkeit und Liebe	275
	Rainald Goetz	Maxim Biller	Thomas Meinecke	Benjamin	
	von Stuckrad-Barre	Michael Lentz	Feridun Zaimoglu		
	Werner Schwab	Christian Kracht	

Nachwort	307
Die Autoren und ihre Werke	314
Danksagung	327

Vorwort

Vor etwa einem Jahr fand ich in einem Antiquariat ein kleines Buch mit dem Titel *Deutsche Literaturgeschichte in einer Stunde*. Ein herrliches Buch. Der deutsche Dichter Klabund hat es Anfang der zwanziger Jahre geschrieben. Auf weniger als hundert Seiten stürmt er darin durch die Geschichte der deutschen Literatur der letzten tausend Jahre. Vom Wessobrunner Gebet des Kaiserbiografen Einhart über Wieland, Goethe, Heine bis schließlich zu sich selbst wütet, lobt und preist er sich durch die Welt der deutschen Bücher und ihrer Autoren, dass es eine wahre Freude ist. Thomas Mann wird in zwei Zeilen erledigt, Goethe bekommt sieben Seiten Lob. Heute völlig vergessene Dichter der Jahrhundertwende werden wortreich empfohlen, wesentliche lässt er einfach aus. Es ist das subjektive Begeisterungsbuch eines echten Lesers, der Zusammenhänge entdeckt, dringend empfiehlt, einteilt, urteilt und verurteilt, wie es ihm gefällt. Keinen Professoren verpflichtet, keiner Schule und keiner Wissenschaft. Nur sich selbst.

Warum gibt es das nicht für unsere Zeit, habe ich mich gefragt, als ich Klabunds Buch las. Warum gibt es für die deutsche Literatur der sechzig Jahre nach dem Krieg anscheinend fast nur nörgelnde akademische Bedenkenträgereien, solide, germanistische Ausführlichkeitsbücher oder spezielle Untersuchungen einzelner Autoren, einzelner Gruppen, einzelner Jahrzehnte? Warum kein Buch, das mit Leidenschaft all die Jahre durchstreift, ohne dabei in erster Linie absolute Vollständigkeit, All-Gerechtigkeit und allseits abgesicherte Urteile im Blick zu haben? Warum?

Ich fand beim besten Willen keinen Grund, und also habe ich es selbst versucht. Natürlich ist es ein ganz anderes Buch geworden. Lächerlich, sich mit Klabund messen zu wollen. Lächerlich, etwas nachzuahmen, was einmalig ist und bleibt. Im Vergleich mit seinem Schnellfeuerbuch ist es geradezu ausufernd lang und ausführlich und umfasst dabei doch nur einen winzigen Zeitraum, wenn man die gesamte deutsche Literaturgeschichte im Blick hat. Aber es umfasst auch eine besonders interessante und aufregende Epoche, eine besonders vielfältige Zeit, in der in Deutschland, im Westen wie im Osten, in Österreich und in der Schweiz so viele disparate Schreibstile, so viele interessante Lebens- und Schreibentwürfe nebeneinander existierten wie in kaum einer Epoche zuvor. Schreiben gegen die Zensur und auf dem Bitterfelder Weg, Schreiben als Neuerfindung, als politischer Akt, als Selbstbefreiung und Kampf und Wahn und Glück. Und Leben.

Wie hängt das zusammen? Das hat mich immer interessiert. Das Leben und das Schreiben. Wo kommt einer her? Wie entstehen die guten und also notwendigen Bücher? In welchen persönlichen, politischen, gesellschaftlichen Zusammenhängen? Was ging da für ein Kampf voraus? Was ist das für ein Mensch, der dieses Buch geschrieben hat?

So ist ein Buch entstanden, das die Geschichte der letzten sechzig Jahre der deutschsprachigen Literatur in vielen einzelnen Porträts beschreibt, in Lebens- und in Werkporträts, die hoffentlich am Ende ein zusammenhängendes Bild ergeben. Am schwierigsten war die Auswahl der Autoren. Eine Literaturgeschichte ist ein ewig unabschließbares Projekt. Fast jeder, mit dem ich während der Entstehungsphase sprach, nannte mir einen ihm besonders am Herzen liegenden Schriftsteller, auf dessen Beschreibung er sich ganz besonders freue, und wie oft musste ich bekennen: »Oh, ich fürchte – der kommt leider gar nicht vor.« Es ist eine Auswahl. Ich halte sie für richtig, und niemand hat auf sie Einfluss genommen. Es war ein großes Glück, dass auch der Verlag Kiepenheuer & Witsch während der Entstehungzeit des Buches nie versucht hat, die Auswahl zu beeinflussen. Das ist für eine Literaturgeschichte die Voraussetzung, aber alles andere als selbstverständlich und für einen Verlag mit vielen deutschen Autoren bestimmt nicht leicht zu ertragen.

Aber nur so konnte das Buch in der vorliegenden Form entstehen. Die Geschichte einer der interessantesten und reichsten Epochen der deutschen Literatur.

Wo waren sie am 8. Mai?

Wo sind die Hauptfiguren der deutschen Nachkriegsliteratur, als sie beginnt? Wo sind die deutschen Schriftsteller im Mai 1945? Wo sind die Alten? Die, die im Exil waren, und die Dagebliebenen? Wo sind die Jungen? Die neuen, die noch gar nicht Schriftsteller sind, die noch gar nicht wissen, dass sie einst bedeutende Bücher schreiben werden? Wo sind sie in der Stunde Null? – Schreiben sie? Kämpfen sie? Warten sie?

Günter Grass kämpft. Er ist siebzehn Jahre alt und glaubt an den Endsieg. Um ihn herum sterben die letzten Kameraden. Grass zweifelt keine Sekunde an der Berechtigung des Krieges. Und als die Amerikaner ihm zusammen mit anderen deutschen Kriegsgefangenen das Konzentrationslager in Dachau zeigen, sagt einer der Mitgefangenen, ein Maurer, das sei alles frisch gebaut und in der letzten Woche erst fertig geworden – klingt plausibel. Grass jedenfalls glaubt nicht an diese KZ-Sache.

Auch die sechzehnjährige Christa Wolf ist bis zum Schluss überzeugt, dass die deutsche Sache noch nicht verloren ist. Und als sie am Ende ihrer Flucht von Landsberg nach Schwerin auf einen entlassenen KZ-Häftling trifft, fragt sie ihn, wie er denn da hineingekommen sei. Er sagt: »Ich bin Kommunist.« Und sie: »Aber deshalb allein kam man ja nicht ins KZ.«

Walter Kempowski, der später jede schriftliche Spur der Nazizeit besessen sammeln und in großen Büchern zusammenstellen wird, haben die Jungs von der HJ wegen Renitenz schon früh den Kopf rasiert. Im Januar wird er zu einer Kuriereinheit einberufen, doch als er im April noch von der SS rekrutiert werden soll, gelingt es ihm, das abzuwenden. Am Ende des Krieges wird er fast von einem russischen Soldaten erschossen, weil er in einer Rostocker Mineralwasserfabrik keinen Schnaps für ihn finden kann.

Der kleinste Widerstandskämpfer heißt Peter Rühmkorf. Er ist fünfzehn, als der Krieg zu Ende geht, schreibt in seiner Schülerzeitung anonyme Gedichte gegen den nazitreuen Direktor, ist Mitglied einer Kinderuntergrundorganisation, der »Stibierban-

11

de«, stiehlt SA-Bestände, was das Zeug hält, und als die Engländer nach Hamburg kommen, hängt er ein weißes Begrüßungsbetttuch aus dem Fenster. Da die Befreier den kleinen Rühmkorf aber nicht auf ihrer Widerstandsliste haben, betrachtet er auch die neuen Machthaber bald mit misstrauischem Blick.

Alfred Andersch, einer der wichtigsten Schriftsteller der ersten Nachkriegsjahre, sitzt seit seiner Desertion im Juni 1945 in einem Kriegsgefangenenlager am Mississippi mit Wasserschildkröten und Pelikanen unter Bäumen und redigiert die Literaturseiten der deutschen Kriegsgefangenen-Zeitschrift *Der Ruf,* aus deren Redaktion später in Deutschland die Gruppe 47 hervorgehen wird.

Erst mal jedoch wird er unter Erich Kästner für die gerade gegründete *Neue Zeitung* in Deutschland arbeiten, auch wenn Kästner schon früh feststellen muss, dass sein junger Redakteur parallel an seinem eigenen Projekt arbeitet. Kästner selbst, der während der Nazizeit in Deutschland geblieben war, dessen Bücher verboten waren, der aber Filmdrehbücher schrieb, ist zur Zeit des Kriegsendes zusammen mit sechzig Filmschaffenden im Zillertal unterwegs. Angeblich um zu drehen, doch da jeder wusste, dass es mit dem Krieg und mit diesem Deutschland nicht mehr lange gehen würde, hatten sie sich nicht einmal die Mühe gemacht, einen Film in die Kamera einzulegen.

Auch der große Schweiger der Nachkriegsliteratur, Wolfgang Koeppen, war beim Film – weit weniger widerständig, als er das später glauben machen wollte. Er war NSDAP-Mitglied, und die letzten Kriegsmonate verbrachte er im Klubhaus eines schönen Hotels in Feldafing, wohin sich die Münchner Boheme zurückgezogen hatte.»Genießen wir den Krieg. Der Frieden wird fürchterlich«, war das Motto. Kurz nach Kriegsende kommt Klaus Mann vorbei, um Koeppen als Redakteur für eine neue Zeitung zu gewinnen. Die beiden verpassen sich.

Und Klaus Mann stürmt als Soldat der US Army atemlos durch das besiegte Europa. Keiner der Emigranten hat so entschlossen wie er gegen das Naziregime gekämpft. Jetzt stürmt er als Kriegsberichterstatter voran und voran. Interviewt den Kriegsgefangenen Herman Göring und den einst bewunderten Komponisten Richard Strauss, besucht am Tag des Kriegsendes

das zerstörte Elternhaus in München, in dem in den letzten
Jahren anscheinend ein Lebensborn-Programm betrieben wurde, und sucht gute, einsichtige Deutsche für das Jetzt. Die Zeit
danach. Kein deutscher Schriftsteller verbindet mit dem Ende
des Krieges so große Hoffnungen. Niemand wird so bitter enttäuscht werden vom Nachkriegsland, von der Nachkriegswelt.

Das kann seinem Vater nicht passieren. Er, der fast Siebzigjäh-
rige, den Klaus so mühsam dazu hatte bringen müssen, mit dem
offiziellen Deutschland zu brechen, sitzt im sonnigen Kalifor-
nien und schreibt in sein Tagebuch: »Es sind rund eine Million
Deutsche, die ausgemerzt werden müßten.« Seine Rede über
die deutschen KZ wird am 8. Mai 1945 im amerikanischen Radio ausgestrahlt und zwei Tage später in deutschen Zeitungen
gedruckt. Einen Tag nach Kriegsende schreibt er nach einem
kleinen Champagner-Empfang bei den Werfels in sein Tagebuch: »Plan, einen kleinen Privatstrand zu kaufen zum Arbeiten
und Ruhen im Sommer.« Und am 2. Juni heißt es unnachahm-
lich thomasmannesk: »Nachrichten über die bevorstehende ge-
fährliche Hungersnot in Deutschland. Old fashioned Cocktail,
benommen. Dinner, mäßig wie immer mit Erika und Eugene.
Musik und Plauderei, Bier.« Niemand wird später, wenn in
Deutschland öffentlich von den »Logenplätzen der Emigration«
gesprochen wird, so beleidigt reagieren wie Thomas Mann.

Auch der um zwei Jahre jüngere Hermann Hesse hat in Montagnola in der Schweiz eher Luxussorgen. Der Sommer ist zu
heiß und trocken dort oben im Tessin, das Schicksal seiner Verwandten, die aus Estland fliehen müssen, drückt ihn. Im Mai
1945 kommt ein befreundeter Maler nach Montagnola, um den
alten Dichter in zahlreichen Sitzungen zu porträtieren. Hesse
hat weit größeres Mitgefühl mit den so genannten »inneren Emigranten«. Diese Leidgeprüften, so Hesse, seien besonders expo-
niert gewesen, da sie, anders als die Polen und Russen, ja sogar
die Juden, als Individuen und in aller Stille in die Enge getrieben wurden und keine »Gemeinsamkeit, Schicksalsgenossen, ein
Volk oder eine Zugehörigkeit gehabt hatten«.

Eine eigenwillige Ansicht des buddhistischen Weisen aus der
Schweiz, die aber etwa ein Gottfried Benn sicher ganz gern
gehört hätte. Der große deutsche Dichter, der die Nazis 1933

euphorisch begrüßt und die Emigranten mit Spott überzogen hatte, bereitete im Stillen schon lange seine Position für die Zeit nach dem Krieg vor. Die Meinung der Emigranten solle im Nachkriegsdeutschland jedenfalls gar nicht zählen: »Es ist so belanglos, ob sie kommen, was sie denken, wie sie urteilen.«

Doch niemandem ist es so gleichgültig wie dem Soldaten Ernst Jünger. Der zieht sich, nachdem ihn ein amerikanischer GI nach der Kapitulation in seiner Scheune in Kirchberg mit einem Revolver bedroht hat, beleidigt in seine Bibliothek zurück und liest die Bibel. In seinem Tagebuch lässt er die Naziherrschaft Revue passieren, und man muss sagen, dass niemand so früh und so eindrücklich die Banalität des Bösen beschrieben hat wie der Autor der *Stahlgewitter* (1920). Seine Notate über die »penetrante Bürgerlichkeit« Heinrich Himmlers und den Schrecken des geschäftsmäßigen, freundlichen Terrors gehören zum Besten, was in diesen Tagen geschrieben wird: »... der Fortschritt der Abstraktion. Hinter dem nächstbesten Schalter kann unser Henker auftauchen. Heut stellt er uns einen eingeschriebenen Brief und morgen das Todesurteil zu. Heut locht er uns die Fahrkarte und morgen den Hinterkopf. Beides vollzieht er mit derselben Pedanterie, dem gleichen Pflichtgefühl.« Für die nächsten Jahre hat Ernst Jünger Publikationsverbot in Deutschland.

»Was während der Kriegsjahre das Leben eines Juden war, brauche ich nicht zu erwähnen«, schreibt der jüdische Dichter, der sich jetzt Paul Celan nennt, knapp und lakonisch vier Jahre später. Von 1941 bis 1944 hat Celan, der damals noch Antschel hieß, in einem rumänischen Zwangsarbeiter-Bataillon Dienst tun müssen. Seine Eltern waren 1942 im Lager Michailowka östlich des Bug ermordet worden. Freunde Celans, die gemeinsam mit ihren Eltern dorthin deportiert worden waren, kehrten auch mit ihren Eltern zurück. Celan hat sich der Deportation entzogen. Ein Leben lang macht er sich Vorwürfe, dass er seine Eltern nicht begleitet hat, dass er sie nicht vor dem Tod bewahrt hat. Im Frühjahr 1945 verlässt er seine Heimatstadt Czernowitz und flieht nach Bukarest, wo er als Lektor und Übersetzer arbeitet. In dieser Zeit schreibt er die *Todesfuge,* das Gedicht, das die Schrecken der Zeit in Sprache fasst wie kein zweites.

Die Sirenen der Zeitung heulen dreimal in Santo Domingo. Das bedeutet: internationale Nachrichten von großer Wichtigkeit. Hilde Domins Radio ist kaputt, deshalb läuft sie auf die Straße, zum nächsten Telefon, um zu erfahren, was geschehen ist. Ein zerlumpter Dominikaner am Straßenrand sagt zu ihr: »Wunderbare Nachrichten, Señora. Wunderbar! Der Krieg ist aus. Frieden!« Hilde Domin ist fünfunddreißig Jahre alt. Zusammen mit ihrem Mann hat es sie in dieses Paradies-Exil verschlagen. Der Dominikaner, der ihr die Nachricht des Kriegsendes überbringt, will augenblicklich, zusammen mit seinem Boss, einem französischen Kinobetreiber, nach Paris fahren. Hilde Domin erinnert sich später: »Das war sie also, die lang ersehnte Nachricht. Ich fühlte nichts … wie es geht, wenn das Erwartete da ist und die Spannung uns loslässt.« Es wird neun Jahre dauern, bis die jüdische Dichterin zusammen mit ihrem Mann nach Europa zurückkehrt.

Und Arno Schmidt, der sich eben noch freiwillig an die Front gemeldet hatte, um dadurch schneller Heimaturlaub zu bekommen, sitzt in englischer Kriegsgefangenschaft und schreibt Geschichten über Feen und Elementargeister, die sich die Hände reiben, und dann auch den erstaunlich lebenseuphorischen Satz: »Ich will wie eine Fackel durch die Städte rennen: Lebt doch! Lebt doch!« Er verwendet das Zitat später in seinem Roman *Abend mit Goldrand* (1975), da dann aber im manischen Schmidt'schen Lesesinne mit dem Ausruf »Lest doch! Lest doch!« am Schluss.

Der Österreicher Heimito von Doderer, NSDAP-Mitglied, der die pompösesten deutschsprachigen Romane der Nachkriegszeit schreiben wird und gerade am allerpompösesten, den *Dämonen* (1956), arbeitet, sitzt im norwegischen Kriegsgefangenenlager, liest Goethes »Italienische Reise« und leugnet die letzten Jahre einfach weg: »Der deutsche Staat zwischen 1933 und 1945 hat nie existiert und ich wusst es doch immer. Soll ich's jetzt gerade vergessen?«

Der Soldat Heinrich Böll zieht mit gefälschten Papieren durchs Land, verbirgt sich bei seiner Familie in einem kleinen Dorf am Rhein, Ende April muss er doch noch einmal in den Kampf und gerät dann »endlich« in amerikanische Gefangenschaft. Sein erster Sohn Christoph wird im Juli geboren, er wird nicht einmal drei Monate alt.

Hans Henny Jahnn fühlt sich in seiner Bornholmer Abgeschiedenheit plötzlich ins Weltgeschehen hineingerissen: »Als eines Morgens russische Soldaten und dänische Freiheitskämpfer bei meinem Haus erschienen, da begriff ich, dass ich nicht ein Mensch, nicht ein Dichter, nicht ein Kämpfer für die Freiheit des Fühlens und Wollens war, sondern ein besiegter Deutscher ...«

Der kleine Peter Handke, der später die Gruppe 47 mit einem Federstrich auflösen wird, reist mit seiner unglücklichen Mutter von Kärnten nach Berlin zu den Eltern seines Vaters. Die haben die beiden eher ungern bei sich, und so reisen sie wieder ab. Schnell schon nach Kriegsende reisen sie wieder an. Der Vater lebt inzwischen mit einer anderen Frau zusammen. Doch man arrangiert sich. Sie ziehen als kleine Familie nach Berlin-Pankow. Peter wird im Dezember drei Jahre alt.

Thomas Bernhard ist schon vierzehn, und der große Unglücks- und Weltwutautor der späteren Jahre führt ein fürchterliches Leben in einem nationalsozialistisch geführten Internat in Salzburg. Vier seiner Freunde haben sich schon umgebracht. Er selbst trägt sich den ganzen Tag mit Selbstmordgedanken und spielt in der Schuhkammer Geige, so dass er die Sirenen der Luftangriffe gar nicht hört vor lauter Geige und Selbstmordgedanken. Später holt ihn die Mutter heim aufs Land, schickt ihn aber nach Kriegsende gleich wieder ins Internat. Hier ist der Nationalsozialismus durch einen ebenso brutalen und menschenverachtenden Katholizismus ersetzt worden. Es hat sich nichts verändert. Die Verzweiflung bleibt.

Und in der Schweizer Nervenheilanstalt Herisau sitzt seit vielen Jahren der gewesene Schweizer Dichter Robert Walser, geht spazieren und dichtet nicht mehr. Bis zum Jahr 1933 hat er auf winzige Zettel ganze Romane, Dramen und unzählige Geschichten geschrieben, die man erst lange nach seinem Tod in den siebziger Jahren wird entziffern können. Aber jetzt, 1945, schreibt er nichts mehr. Er sei zufrieden, gibt er den Ärzten in ihren Konsultationen einmal im Jahr zu Protokoll. Ob er nicht etwas schreiben wolle, er sei schließlich ein berühmter

Schriftsteller, draußen in der Welt. Nein, das sei er nicht, all seine Romane taugten nichts, entgegnet Walser immer wieder. Er
liest die ausliegenden Illustrierten. Er geht spazieren. Von einem
Krieg dort draußen, von seinem Ende, vom Schreiben dort draußen und einem Neubeginn nimmt er keine Notiz.

Doch er ist da, der Neubeginn. Dort in Deutschland, in der
Welt. Und damit fangen wir an.

Verfall einer Familie –
die traurige Geschichte der drei Manns

2

Klaus Mann, Kämpfer ohne Hoffnung. Heinrich Mann, Greis
ohne Wiederkehr. Thomas Mann, der König, der sich selbst
verachtet

Wie wenige sind übrig geblieben. Wie wenige nur haben zwölf
Jahre Naziherrschaft in Deutschland überlebt. Das Exil hat viele
große Schriftsteller das Leben gekostet. Stefan Zweig und Joseph Roth, Ernst Toller und René Schickele, Rudolf Borchardt
und Walter Benjamin, Robert Musil, Kurt Tucholsky, Else Las-
ker-Schüler und unendlich viele andere haben die Zeit dort
draußen – zumeist ohne Geld, ohne Leser, fern der eigenen
Sprache, fern der Heimat – nicht überstanden. Einige wenige
haben überlebt. Sie haben ausgeharrt. Sie haben gewartet. Zwölf
Jahre lang. Und jetzt?

»Wir müssen zurück«, hat **Klaus Mann** (1906–1949) die Ro-
manfigur Marion von Kammer in seinem Exilroman *Der Vulkan*
(1939) sagen lassen. »Ungeheure Aufgaben werden sich stellen,
wenn der Albtraum ausgeträumt ist. Wer soll sie denn bewälti-
gen – wenn wir uns drücken?! Die alten Gruppierungen und
Gegensätze – ›rechts und links‹ – werden keine Geltung mehr
haben. Die Menschen, die guten Willens sind – die anständigen
Menschen finden sich, vereinigen sich, arbeiten miteinander.«

So hatte es sich Klaus Mann gewünscht. So hatte er es sich
vorgestellt. Deshalb war er, der Pazifist und schwärmerische

Schöngeist der Weimarer Republik, in die US Army eingetreten und hatte gekämpft, hatte Flugblätter verfasst, Gefangene verhört und war mit den voranschreitenden Truppen nach Deutschland geeilt. Er hatte, wie sein Vater, wirklich geglaubt, dass das »böse Deutschland das fehlgegangen gute« ist und dass das Land, dass seine Menschen nur verführt worden seien. Aber er hatte sich getäuscht. Nirgends traf er auf Einsicht. Nirgends auf Reue. Schon nach kurzer Zeit war er überzeugt, dass in dem Moment, in dem die alliierten Soldaten abziehen würden, neunzig Prozent der Bevölkerung ihre Nazifähnchen wieder in den Wind und die Hitler-Bilder wieder an die Wände hängen würden. Kein einziger der Romane, die Klaus Mann im Exil geschrieben hatte, wurde zu seinen Lebzeiten in Deutschland veröffentlicht. Es gab keine Verständigung zwischen Klaus Mann und den Deutschen.

Trotzdem hat Klaus Mann sein schönstes Buch nach dem Krieg geschrieben. *Der Wendepunkt* (1952), Übertragung, Umarbeitung und starke Erweiterung seines schon 1942 in Amerika veröffentlichten Romans *The Turning Point,* zugleich Autobiografie, Besichtigung eines Zeitalters und Lebensbeschreibung einer der erstaunlichsten Familien, die es im letzten Jahrhundert in Deutschland gegeben hat. Aber er fand keinen Verlag, und auch für neue Projekte interessierte sich keiner. Und als dann auch noch der Langenscheidt-Verlag seine Zusage zurückzog, den Roman *Mephisto* (1936) in Deutschland zu veröffentlichen, jenen Roman über den unaufhaltsamen Aufstieg des ewigen Opportunisten Hendrik Höfgen, das kaum verhüllte Porträt Gustaf Gründgens', mit der Begründung, dieser spiele schon wieder eine so bedeutende Rolle in Deutschland, da war es mit dem letzten Lebenswillen des ewig Lebensmüden und immer stärker den Drogen Verfallenden vorbei. »Ich weiß nicht, was mich mehr frappiert«, schrieb Klaus Mann an den Verleger, »die Niedrigkeit Ihrer Gesinnung oder die Naivität, mit der Sie diese zugeben.« Und er schließt verbittert: »Man weiß ja, wohin das führt: zu eben jenen Konzentrationslagern, von denen nachher niemand etwas gewusst haben will.« Er schreibt noch einen letzten Essay, *Die Heimsuchung des europäischen Geistes* (1949), in dem er Europas führende Intellektuelle zum kollektiven Selbstmord auffordert, als letztes Fanal der Vernunft. Dann geht er ihnen voran. Am 21. Mai 1949 stirbt Klaus Mann an einer Überdosis Barbiturate in Cannes.

Heinrich Mann (1871–1950) war am Ende. Was für ein trauriges Leben hat der Autor des *Untertan* (1918) und des *Professor Unrat* (1905) im Exil geführt. Vereinsamt, verarmt und ungelesen. Nur wenige Minuten entfernt vom prachtvollen Haus seines jüngeren Bruders, des einst so herzlich mit ihm verfeindeten Thomas Mann, der mit seinen Büchern auch in Amerika noch viel Geld verdient. Heinrich Mann und seine Frau Nelly leben »manchmal von 4 Dollar, manchmal von 2 die Woche«. Seine Frau trinkt. Ihre Arbeit als Krankenschwester überfordert sie. Im Dezember 1944 bringt sie sich um. Heinrich Mann vereinsamt immer mehr, zieht sich weiter in sich selbst zurück. Einmal pro Woche besucht er den strahlenden Bruder auf dem Berg. Sie sprechen über alte Zeiten. Italien, die *Buddenbrooks*. Einem alten Pflichtbewusstsein folgend schreibt und schreibt er. Den rührseligen, altmodisch-süßlichen, autobiografisch gefärbten Roman *Der Atem* (1949) und *Empfang bei der Welt* (1956). In seinen merkwürdig unpersönlich geschriebenen Erinnerungen *Ein Zeitalter wird besichtigt* (1945) hält er politische Rückschau und lobt darin ausdrücklich die Moskauer Schauprozesse als mutige Tat eines moralisch hochgerüsteten Staates, auf den er selbst inzwischen all seine politischen Hoffnungen setzt. Zur Belohnung werden seine Bücher in der Sowjetunion massenhaft gedruckt, und auch aus der deutschen Ostzone kommen bald Stimmen, die den alten Mann zurückrufen. Man verleiht ihm Ehrendoktorwürden, verfasst den Aufruf »Deutschland ruft Heinrich Mann«, stellt ihm Villa, Wagen und Chauffeur in Aussicht, wählt ihn zum Präsidenten der neu gegründeten Deutschen Akademie der Künste und überredet ihn damit zu einer letzten Übersiedlung und großen Überfahrt. Doch Visa-Schwierigkeiten zögern die Rückkehr weit hinaus. Als endlich alle Papiere zusammen und die Fahrkarten gekauft sind, stirbt Heinrich Mann in seiner kleinen Wohnung in Santa Monica an einer Gehirnblutung. Aus Westdeutschland kommt von offizieller Seite kein Wort des trauernden Gedenkens. Gar nichts.

Ist die Geschichte der Familie Mann nach dem Krieg also eine einzige Unglücksgeschichte? Die Geschichte der Familie, deren Protagonisten das kulturelle Leben der Weimarer Republik bestimmten wie sonst keiner? Sie haben all das überstanden für – nichts? Oh nein. Einer strahlt. Sein Ruhm leuchtet weit, weit sichtbar. In Amerika. In Deutschland. In Ost und West. Der einzige Schriftsteller der Welt, der den Nobelpreis beinahe zweimal bekommen hätte. Am Ende seines Lebens umrauscht von Festlichkeiten, die einem König zur Ehre gereicht hätten. Das Monument der deutschen Kultur: **Thomas Mann** (1875–1955).

Er hat den Deutschen gleich nach Kriegsende mit dem *Doktor Faustus* (1947) den Roman ihres Untergangs präsentiert. Das große Deutschlandbuch über den Tonsetzer Adrian Leverkühn, der sein Leben dem Teufel verschreibt und der Liebe abschwört, um das vollkommene Kunstwerk zu schaffen. Erzählt von seinem Freund, dem Altphilologen Serenus Zeitblom, der zeitgleich mit dem in der Rückschau erzählten Untergang des Komponisten den Teufelspakt und Untergang seines deutschen Vaterlandes im Bombenhagel des Zweiten Weltkriegs schildert, um am Ende, in dem berühmten letzten Satz, das Schicksal beider zusammenfließen zu lassen:»Ein einsamer Mann faltet seine Hände und spricht: Gott sei euerer armen Seele gnädig, mein Freund, mein Vaterland.«

Man muss Thomas Manns alte These von der ungeheuren Verführungskraft der fehlgegangenen, dunklen deutschen Romantik nicht teilen, um diesen Roman eines der größten deutschen Bücher des letzten Jahrhunderts zu nennen. In dem das dramatische Weltgeschehen quasi im Livemitschnitt aufgeschrieben und verknüpft wird mit der Kulturgeschichte einer ganzen Nation, in dem Moment, in dem sie moralisch und militärisch an ein Ende kommt. Gleichzeitig ein Roman über die Geschichte der modernen Musik, über Nietzsches Leben und über das Leiden des Künstlers als eiskalter Mensch, der all sein Gefühl, sein Leben an seine Kunst verschwendet. Ein Roman auch über den Autor selbst. Über Thomas Mann.

Ein solches Buch hat es danach nicht wieder gegeben. Ein solches Buch wird es nie mehr geben. Es ist ein Finale. Ein Schlusspunkt. Das wusste auch Thomas Mann. Er hatte lange gezögert, den Faustus zu beginnen. Fast ein Leben lang hatte er ihn geplant. Und ein Leben lang wusste er: Das würde sein letztes Buch sein. Sein Parsifal. Es hätte ihn fast umgebracht. So hat es Thomas Mann zumindest gesehen, und so erklärte er sich die schwere Krebserkrankung, die ihn im April 1946 niederstreckte. Der »schreckliche Roman« sei schuld, schrieb er in sein Tagebuch und an Freunde. Doch der Wille zum Roman, zu seinem letzten Roman habe ihn noch einmal gerettet. So stellte er es sich vor. Und dann war der Roman also fertig und irgendwann auch der »Roman des Romans« – *Die Entstehung des Doktor Faustus* (1949) und: Er lebte weiter in dem Bewusstsein, »der Letzte« zu sein, »der Letzte, der noch weiß, was ein Werk ist«. Er fühlte sich wie Hanno Buddenbrook, der früh verstorbene Untergangsprinz aus seinem ersten Roman, der einen Strich unter seinen Namen im Familienbuch zog und sagte: »Ich dachte, es käme nichts mehr.« Und er schreibt: »Oft will mir unsere Gegenwartsliteratur, das Höchste und Feinste davon, als ein Abschiednehmen, ein rasches Erinnern, Noch-einmal-Heraufrufen und Rekapitulieren des abendländischen Mythos erscheinen – bevor die Nacht sinkt, eine lange Nacht vielleicht und ein tiefes Vergessen.«

Was sollte jetzt noch kommen? Thomas Mann, der alte Kaufmannssohn und große, ewig pflichtbewusste, applaussüchtige, arbeitssüchtige Bürger, musste weiterschreiben. Bücher, die ihm selbst oft genug als unwürdiges Nachspiel erschienen. Den *Erwählten* (1951) zuerst, die Legende des großen Sünders Gregorius, der sich einst des Inzests schuldig machte, siebzehn Jahre allein auf einem Felsen Buße tut und schließlich zum Papst gewählt wird. Die merkwürdige Erzählung *Die Betrogene* (1953) dann, die Geschichte über Rosalie von Tümmler, die sich im Alter von fünfzig Jahren in den Englischlehrer ihrer Tochter verliebt und in der Euphorie einer letzten Liebe die Blutströme eines Gebärmutterkrebsleidens für Zeichen neu erwachter Fruchtbarkeit hält – eine schauerliche Parabel über das Versagen der eigenen Körperkräfte. Und schließlich noch der *Krull* (1954). Das letzte Buch. Der Hochstaplerroman, den er fast fünfzig Jahre zuvor begonnen und dann lustlos liegen gelassen hatte. Er nimmt ihn nicht ernst. Aber die Menschen lieben ihn. Endlich ein Thomas Mann fürs Volk, ohne seitenlange Bildungsvorträge und unverständliche Schlaumeiereien, die im *Zauberberg* (1924), in den *Josephs*-Romanen (1933–43), im *Doktor Faustus* von der schönen Handlung ablenken. Es ist ein letzter Triumph für den Dichter, der, inzwischen in die Schweiz übergesiedelt, zu mehreren offiziellen Besuchen nach West- und Ostdeutschland aufbricht, die zu wahren Triumphfahrten werden.

Doch die Triumphe verstärken nur das schlechte Gewissen eines Mannes, der tief empfindet, dass all der Jubel einem Menschen gilt, den es nicht mehr gibt. Der alles gegeben hat. Der sterben will. Nach den Feiern zu seinem 80. Geburtstag ist es endlich so weit. In einer Tischrede zum 70. Geburtstag seiner Frau Katia hat er voller Hoffnung gesagt: »Wenn dann die Schatten sich senken und all das Verfehlte und Ungeschehene und Ungetane mich ängstet, dann gebe der Himmel, dass sie bei mir sitzt, Hand in Hand mit mir, und mich tröstet, wie sie mich hundertmal getröstet und aufgerichtet hat in Lebens- und Arbeitskrisen, und zu mir sagt: ›Lass gut sein, du bist ganz brav gewesen, hast getan, was du konntest.‹«

Am Abend des 12. August 1955 ist er gestorben. Katia war bei ihm.

3 | Wir kommen nicht wieder – die Amerikaner

Franz Werfel, jüdischer Katholik im kurzen Glanz. Lion Feuchtwanger, Amerika liebt einen Stalinisten. Oskar Maria Graf, die Lederhose in New York. Hermann Broch, Tod am Heimkehrkoffer.

Nur wenige Emigranten sind in ihrem neuen Heimatland Amerika geblieben. Die meisten kehrten spätestens mit den Inquisitionen der McCarthy-Ära nach Europa zurück. Der österreichische Dichter **Franz Werfel** (1890–1945) starb zu früh, um sich überhaupt entscheiden zu können. Gut drei Monate nach der

Kapitulation Deutschlands. Kaum ein Exilschriftsteller war erfolgreicher als er. Seinen größten Erfolg verdankte er einem Gelübde, das er abgelegt hatte, als er den deutschen Truppen in letzter Sekunde in Lourdes entkam: Er gelobte, die Geschichte der wundersamen Rettung des Mädchens Bernadette Soubirous und der Wunder von Lourdes zu singen. *Das Lied von Bernadette* (1941) wurde in Amerika im Jahr seines Erscheinens fast eine halbe Million Mal verkauft. Bei einigen Mitemigranten kam es allerdings nicht gut an, dass ein jüdischer Dichter in diesen Zeiten einen katholischen Errettungsroman schrieb. Auch in seinem letzten Roman, dem 1946 postum erschienenen *Stern der Ungeborenen,* ist ein Großbischof am Ende der »letzte Vertreter der Menschheit«, unterstützt allerdings von einem »Juden des Zeitalters«. Eine etwas überlyrische Zukunftsfantasie der Welt in hunderttausend Jahren, in der trotz »Unifizierung des Globus« und einer großen »Einheitsstadt« kein Friede herrscht und die Menschen in einem rückwärtsgewandten Schöpfungsakt »retrogenetisch« aus der Welt geschafft werden. Kurz nach Vollendung des Romans stirbt Werfel. Seine Witwe Alma, deren erster Ehemann, der Komponist Gustav Mahler, 1911 starb, kam nicht zur Beerdigung. »Ich bin nie dabei«, erklärte die erstaunliche Witwe. Eine Äußerung, die Thomas Mann am Sarg seines Freundes fast laut auflachen ließ.

Ähnlich erfolgreich wie Werfel war sein Lieblingsfeind **Lion Feuchtwanger** (1884–1958). Die beiden stritten sich, seit sie sich 1937 bei einer PEN-Club-Tagung in Paris kennen gelernt hatten. Werfel warf Feuchtwanger blinde Stalin-Verehrung vor, und Alma nannte ihn nach einem Lied in *Hoffmanns Erzählungen* »Klein-Zack«, ein Spitzname, der in Emigrantenkreisen gerne aufgenommen wurde. Die Emigration, so Feuchtwanger, mache die Starken stärker und die Schwachen schwächer. Er war stolz, zu den Starken zu gehören, schrieb einen dicken Historienroman nach dem anderen, von denen allerdings heute bestenfalls noch *Die Jüdin von Toledo* (1952–54) lesenswert ist. Er war viel zu sehr berauscht vom eigenen Weltruhm, als dass er seine Freunde ernst genommen hätte, die ihn auf die nachlassende Qualität seiner Werke hinwiesen. Ein wahres Martyrium war allerdings Feuchtwangers Ringen um die amerikanische Staatsbürgerschaft. Der Autor des Stalin huldigenden Reiseberichts *Moskau 1937* (1937) konnte die amerikanischen Behörden bis zu seinem Tod nicht von seiner Läuterung überzeugen. Immer und immer wieder wurde er tagelang verhört. Einen Tag nach seinem Tod, am 21. Dezember 1958, riefen die Behörden bei seiner Witwe an, um ihr mitzuteilen, dass sie und ihr Mann nun, nach achtzehn Jahren als Staatenlose, mit der Zuerkennung der amerikanischen Staatsbürgerschaft rechnen könnten.

Im selben Jahr erhielt sie auch der wunderbare bayerische Volks- und sozialistische Gerechtigkeitsdichter **Oskar Maria Graf** (1894– 1967). Obwohl er sich als entschiedener Pazifist weigerte zu unterschreiben, dass er bereit sei, sein neues Vaterland mit der Waffe zu verteidigen. Man hat den Satz extra für ihn gestrichen. Graf war wohl der erstaunlichste Emigrant von allen. In bayerischer Lederhose und ohne ein Wort Englisch zu lernen stapfte er durch Manhattan und verkaufte seine Romane und Geschichten, die bei winzigen Verlagen oder im Selbstverlag erschienen waren, einfach selbst. Politisch hielt er sich sehr zurück. Die Emigranten müssten jetzt schweigen, sagte er. Das Letzte, was Deutschland brauche, seien Ratschläge von außen. Er organisierte Hilfssendungen nach Deutschland und schrieb an seinem Roman *Unruhe um einen Friedfertigen* (1947), die Chronik eines bayerischen Dorfes in den Jahren 1914–33, die Chronik eines Landes auf dem Weg in den Untergang.

Graf, den viele für den glücklichsten Emigranten hielten, wurde immer defätistischer, beschrieb den Menschen als »unergründliche Fehlleistung der Natur« und schrieb apokalyptische Schauerszenerien, die von seiner erzählerischen Erlebenskraft früherer Jahre nichts mehr wissen. Sein letzter Heimatersatz war sein New Yorker Stammtisch von Deutschamerikanern, den er bis zu seinem Tod im Juni 1967 einmal wöchentlich um sich versammelte. Den Stammtisch, so heißt es, gibt es heute noch.

Und ein Mann hatte in Amerika Allergrößtes vor: das Ende der Dichtung angesichts des Weltschreckens. Der Wiener Mathematiker, Philosoph und Schriftsteller **Hermann Broch** (1886–1951)

schrieb den *Tod des Vergil* (1945), einen groß angelegten Denker-
roman, der angesichts der Lage der Welt zu dem Schluss kommt,
dass alle Dichtung ihr Daseinsrecht verspielt habe und es nur noch
auf tätige Hilfe ankomme. Die Zeit braucht keine Gedichte mehr.
In dem historischen Roman beschließt der historische Dichter
Vergil kurz vor seinem Tode, sein dichterisches Hauptwerk, die
Aeneis, zu opfern, da es an der Wirklichkeit vorbeigedichtet sei.
In einer heute eher schwer verdaulichen, übermystischen, bedeu-
tungsschweren Zentnersprache wird Vergils Ausschweben aus
der Welt als Rücknahme der Schöpfung beschrieben. Und die
Aeneis hat er dann doch nicht vernichtet. Das Buch erschien
1945 zugleich auf Englisch und auf Deutsch, kam bei der Kritik
gut, bei den Lesern eher weniger an. Broch widmete sich der tätigen Hilfe für Deutsche und Österreicher, schickte Care-Pakete
und pflegte eine überbordende Korrespondenz mit seinen Lesern in Europa. Lange schon hatte er seinen Tod vorausgeträumt,
im Jahr 1951 sollte es geschehen. Und als er endlich seine erste
Europareise vorbereitete, brach Hermann Broch neben seinem
halb gepackten Koffer tot zusammen – 1951.

Die West-Heimkehrer 4

Alfred Polgar, unwillkommen in Salzburg. Erich Maria Remarque, Welterfolg und Angst vor Osnabrück. Alfred Döblin,
der rasende Rückkehrer und sein großes Missverständnis.
Carl Zuckmayer, der Versöhner

Die Geschichte der deutschen und österreichischen Heimkehrer,
die sich für den Westen entschieden, ist eine Unglücksgeschichte.
Die Heimat war ihnen fremd geworden. Und sie war unheimlich. Der Geist des Nationalsozialismus hatte das Land mit der
bedingungslosen Kapitulation nicht verlassen. Und auch die
Hoffnung, der man sich im fernen Amerika hingegeben hatte,
trog. »Ich bin überzeugt, dass die überwältigende Mehrheit der
heutigen Wiener Bevölkerung mit Sehnsucht den Augenblick er-

wartet, die heimischen Hakenkreuzstrolche büßen zu lassen, was
sie verbrochen haben«, schrieb der große alte Meister des kleinen
Textes, **Alfred Polgar** (1873–1955), 1943 in New York. Aber es war
Verklärung. Heimatverklärung. Die Polgars lebten, unterstützt
von einigen wenigen Freunden, in einer kleinen Wohnung, »in
dieser Wüste aus Ziegelsteinen und Zeitungspapier« nur »mit einem Viertel ihres Herzens zu Hause«, und er konnte nichts publizieren. Schickte Text auf Text an seinen Agenten Dr. Horch, der
wieder und wieder nichts vermitteln konnte.

Polgar! Der Polgar! Von dem ein einziger, kristallklarer Satz
ganze Romane einer Heerschar von Kollegen aufwog. Der Men-
tor und Lehrer Joseph Roths in dessen Schreibtagen nach dem
Ersten Weltkrieg in Wien. Ein Zeitungsschreiber, ja. Aber einer,
der die Forderung Joseph Roths, »ein Journalist kann, er soll ein
Jahrhundertschriftsteller sein«, mehr erfüllte als jeder andere in
Deutschland oder Österreich.

Trotzdem zögert Polgar mit seiner Rückkehr. Als er schließlich doch besuchsweise nach Österreich zurückkehrt, schaudert
er. Die Menschen sind ihm unheimlich: »Hinter ihrer Freund-
lichkeit lauert fühlbar die Tücke«, sie seien feindselig gegenüber
Remigranten, und über die Stadt Salzburg schreibt er mit bitte-
rem Spott: »Hier gibt es mehr Nazis als Einwohner.« Der Glaube
an die wenigen »Nazistrolche« war verflogen. Von der neuesten
deutschen Literatur hält er gar nichts, sie sei »einfach unlesbar,
verqualmt, absichtlich nebulos, noch ärger als die deutsche Ab-
reagier-Literatur nach dem ersten Weltkrieg«.

Das ganze Unglück der Rückkehrer, der ganze Wahnsinn
der Zeit findet sich in der kurzen Passage, in der Alfred Polgar
den Moment beschreibt, in dem er erfährt, dass seine Schwester
nicht mehr lebt: »In den Häusern, die hier standen und nun liegen, wohnten zumeist Juden, und wer, vorbeipassierend, denkt,
was ihnen geschah, ist versucht, es in Ordnung zu finden, dass
jetzt niemand mehr dort wohnt, außer in den öden Fensterhöh-
len das Grauen. An dieser beklemmenden Gegend vorbei führte
mein Weg zu dem Hausmeister, von dem ich etwas über das
Schicksal einer alten nahen Verwandten zu erfahren hoffte. Er
unterbrach einen Augenblick das Geschäft des Flurfegens, sagte
mit einer Stimme, die klang wie tongewordene Wurschtigkeit:

›Die? Die haben's abgeholt‹, und setzte seinen Besen wieder in Schwung.«

Am Abend des 24. April 1955 ist Alfred Polgar in Zürich gestorben. Es gab in Europa niemand mehr, der sich seinen Schüler nannte.

Erich Maria Remarque (1898–1970) lebte ein glanzvolles Leben in Amerika. Erstaunliche Autos, prachtvolle Häuser, herrliche Feste, Marlene Dietrich als Geliebte und eine wertvolle Gemäldesammlung. Remarque war eines der Glückskinder der Emigration. Der auch in Amerika berühmte Bestsellerautor des Antikriegsbuches *Im Westen nichts Neues* (1928) verkaufte seine Romane als teure Filmskripts, noch bevor sie fertig waren. Er mied die Emigrantenkreise, erhielt die amerikanische Staatsbürgerschaft nach der Mindestwartezeit und betrachtete New York noch lange nach Ende des Krieges als sein Zuhause. Doch auch ihn zog es irgendwann zurück. Vor allem der Sprache wegen. Aber er zog nicht nach Deutschland. Er zog in die Schweiz, fern seiner alten Heimatstadt Osnabrück. Seinen Roman *Der Funke Leben* (1952), die Geschichte eines Konzentrationslagers, siedelte er in einer Stadt an, die er »Mellern« nennt, die aber ganz offensichtlich Osnabrück ist. Fünfundzwanzig Jahre hat Remarque nach Kriegsende noch gelebt. Er hat Osnabrück nie wieder besucht. Er liebte seine Heimatstadt. Aber sie war ihm unheimlich geworden. In seinem letzten Roman *Schatten im Paradies* (1971) erklärt der Erzähler einem amerikanischen Filmemacher die deutsche Vergangenheit, die deutsche Gegenwart: »Er wollte mir nicht glauben, dass dies ganz normale Leute waren, die eifrig Juden töteten, so, wie sie auch als Buchhalter eifrig gewesen wären; die, wenn alles vorbei wäre, wieder Krankenpfleger, Gastwirte und Ministerialbeamte werden würden, ohne eine Spur von Reue oder das Bewusstsein von Unrecht.«

Das ist unser Mann im Dichterolymp: **Alfred Döblin** (1878–1957). Der mit *Berlin Alexanderplatz* (1929) dafür sorgte, dass die deutsche Literatur Kontakt zur Weltspitze behielt. Die Geschichte von Franz Biberkopf, so lange gebrochen, bis er funktioniert. *Berlin Alexanderplatz,* das ist: Modernität, Montage, Großstadt,

27

Zerstückelung, Vereinzelung, das Leben, die Kälte, die Wirklichkeit.

Der kleine, geniale Arzt aus Stettin verließ als einer der Letzten Europa, mit Notvisum und Geld von Freunden. Amerika und die Amerikaner verachtete er. Seine letzten Freunde schockierte er mit der zu seinem fünfundsechzigsten Geburtstag feierlich-dramatischen, schuldbeladenen und schuldbekennenden Erklärung seiner Konversion zum Katholizismus.

Schon im November 1945 raste er geradezu nach Deutschland zurück. Wo er im Rang eines Oberst für die französische Militärverwaltung in Baden-Baden das Bureau des lettres leitete. Er reiste als Vortragender und Belehrender in französischer Offiziersuniform durchs Land. Seine Einschätzung, »Russland sei ein frisch modern, ja preußisch konzipiertes Gebilde«, rief in dem sich positionierenden Frontstaat Deutschland-West Befremden hervor. Döblin, der noch im März 1946 an einen Freund geschrieben hatte, er habe »hier im Lande massenhaft Verlagsmöglichkeiten und -angebote«, war ein im wahrsten Sinne des Wortes unverkäuflicher Autor. Der Absatz seiner Bücher war gleich null. Seine im Exil entstandenen Werke, die *Amazonas-Trilogie* (1938–50) und das dreibändige Erzählwerk *November 1918* (1946–51), waren zwar sperrig, schwierig, trocken und längst nicht mehr auf der Höhe seiner Alexanderplatz-Kunst, aber diesen regelrechten Boykott von Lesern und Buchhändlern erklärte das nicht. Emigranten waren nicht erwünscht. Und belehrende jüdische Emigranten schon gar nicht.

Die von ihm mit Mitteln der französischen Militärbehörde gegründete Zeitschrift *Das Goldene Tor,* in der er vor allem eigene Texte, darunter wutschnaubende Abrechnungen mit Mitemigranten, allen voran Thomas Mann, abdruckte, aber auch Texte von Schriftstellern der jüngeren Generation wie Peter Rühmkorf, musste, nachdem die finanzielle Unterstützung ausgeblieben war, eingestellt werden. 1953 verließ er Deutschland erneut, in Richtung Paris, ins Exil. An den Bundespräsidenten schrieb er: »Es wurde keine Rückkehr, sondern ein etwas verlängerter Besuch … Ich bin in diesem Lande, in dem ich und meine Eltern geboren sind, überflüssig.« Der bald schon todkranke, beinahe blinde und an den Rollstuhl gefesselte Schriftsteller kam noch manchmal zu Kuren zurück in den Schwarzwald. Am 26. Juni 1957 ist er im Krankenhaus in Emmendingen gestorben. Drei Monate später nahm sich seine Witwe in ihrer Wohnung in Paris das Leben.

Nur Elend also? Verständnislosigkeit. Ablehnung. Schweigen. Und sonst nichts?

Ah nein, nein. Da ist er. Der Lichtstrahl. Der glückliche Emigrant. Der glückliche, der gefeierte Rückkehrer: **Carl Zuckmayer** (1896–1977). Er liebt Amerika. Der Dramatiker und Autor vom *Fröhlichen Weinberg* (1925) und dem *Hauptmann von Köpenick* (1931) kauft sich mit seiner Frau gleich zu Beginn der Emigration in Vermont eine große Farm und arbeitet idyllisch und ländlich und hart wie in alten Zeiten. Mitunter kommt die Tochter vorbei, die die Eltern in einer, wie sie selbst zugaben, infantilen Amerika- und Karl-May-Begeisterung »Winnetou« genannt hatten. Einmal kommt auch Freund Brecht. »Bert!«, ruft Zuckmayer nur und die beiden lachen und lachen und lachen. Brecht sagt: »Mit dir kann man lachen, auch wenn es gar nichts zu lachen gibt.« Und sie sprechen über neue Dramen und alte, als gingen sie wie früher an der Isar entlang.

Für Deutschland und die Deutschen empfindet Zuckmayer keine Bitterkeit. Deutschland sei zwar schuldig geworden vor der Welt, erklärte er aus Anlass einer Gedenkfeier für den verstorbenen Carlo Mierendorff, »wir aber, die wir es nicht verhindern konnten, gehören in diesem Weltprozess nicht unter seine Richter«. Und »bei aller Unversöhnlichkeit gegen seine Peiniger und Henker werden wir Wort und Stimme immer für das deutsche Volk erheben«. Und das deutsche Volk liebte ihn. Was für eine Szene in seinem Erinnerungsbuch *Als wär's ein Stück von mir* (1966), als er an seinem ersten Abend in Deutschland in einem Frankfurter Hotel um ein Zimmer für die Nacht bittet: »Starrte mir der alte, verhungert aussehende Portier ins Gesicht. Und dann sagte er, im schönsten Frankfurterisch: ›Ei sin Sie womöschlisch der vom Fröhlische Weinbersch?‹ Und als ich nickte, packte er meine Hände. ›Ei was e Freud‹, sagte er immer wieder, ›ei was e Freud, dass Sie haamkomme sin!‹« Und Carl Zuckmayer bekommt ein frisches Handtuch und zwei Kissen.

29

Als er am nächsten Tag in Berlin den Verleger Peter Suhrkamp trifft, der von seiner Haft im Konzentrationslager so krank und geschwächt ist, dass er aussieht wie ein Sterbender, leeren die beiden in einer Nacht die Flaschen Whisky und Cognac, die Zuckmayer aus Amerika mitgebracht hat.

Und dem Theater und den Deutschen hat Carl Zuckmayer bei seiner Rückkehr vor allem ihr großes Versöhnungsstück mitgebracht. 1946 wurde in Zürich *Des Teufels General* uraufgeführt, das Drama des deutschen Mitläufers und begeisterten Fliegers General Harras, der doch nur fliegen will und dabei schuldig wird. Und der, nachdem er festgestellt hat, dass sein bester Freund, der Chefingenieur Oderbruch, ein Saboteur ist, seine Schuld erkennt und sich zum Selbstmord entschließt: »Wer auf Erden des Teufels General wurde und ihm die Bahn gebombt hat – der muss ihm auch Quartier in der Hölle machen.« Es wurde das meistgespielte deutsche Drama der Nachkriegszeit. Und eines der umstrittensten. Wie heldenhaft darf ein deutscher Wehrmachtsgeneral gezeigt werden? Kann ein sinnloser Selbstmord ohne Widerstandswillen eine heroische Tat sein? Zuckmayer reiste von Diskussion zu Diskussion. Durchs ganze Land. Aber ein Misstrauen blieb. Auch bei ihm. »Ich bin zurückgekehrt. Aber nicht heimgekehrt«, sagte er und suchte sich ein Haus in den Schweizer Bergen, in Saas Fee. Die politische Situation bereitete jetzt auch ihm, dem einzigen glücklichen Remigranten, Missbehagen. Sein Stück hat er in den sechziger Jahren mit einem Aufführungsverbot in Deutschland belegt. »Es wäre heute allzu leicht als Entschuldigung eines gewissen Mitläufertyps misszuverstehen«, schrieb Carl Zuckmayer 1963 aus den Schweizer Bergen.

Wir sind noch da!

Erich Kästner, Weltverbesserer ohne Hoffnung. Karl Valentin,
Witze über das Nichts. Wolfgang Borchert, der Unglücklichste.
Heimito von Doderer, Thronfolger ohne Thron

Wo ist also der Aufbruch? Wer sind die Träger der neuen deutschen Literatur? Wer die Autoren der lebendigen, modernen, traditionsbewussten, im Lichte der geschichtlichen Erfahrungen der letzten zwölf Jahre geschriebenen neuen Bücher? Die im Exil geblieben waren, haben kaum Kontakt in ihr altes Heimatland, die Manns sind gescheitert oder präsidial-kaiserlich entrückt, die zurückgekehrten Emigranten gelten nichts im eigenen Land (zumindest im Westen, der Osten ist ein eigenes Kapitel), werden totgeschwiegen, ziehen sich zurück, in eine innere Emigration, in die Schweiz, nach Frankreich oder wieder nach Amerika. Wer bleibt also? Wer bleibt da noch für den Neubeginn? Nur die, die geblieben waren. Nicht die rasenden Nazis natürlich. Nicht Hanns Johst, Hans Grimm, Will Vesper. Die waren erledigt. Aber die anderen, die dageblieben waren. Die den Krieg in Deutschland miterlebt hatten. Und die jetzt, gemeinsam mit ihren Landsleuten, umgeben von Trümmern und Nichts, auf der moralischen Anklagebank der Welt saßen. Denen war man bereit zuzuhören. Und fast nur denen.

Erich Kästner (1899–1974) war geblieben. »Warum?«, hat man ihn immer und immer wieder gefragt. Auch seine Bücher hatten gebrannt, damals in Berlin. Er galt den Nazis als defätistisch, zersetzend, militärfeindlich – zu Recht. Doch Kästner blieb. Als Chronist, wie er sagt. Schrieb zunächst harmlos-hübsche Unterhaltungsbücher wie *Drei Männer im Schnee* (1934), die ihm die endgültige Verachtung der Emigranten einbrachten, durfte aber schon bald gar nichts mehr publizieren und fürchtete oft um sein Leben.

Jetzt, nach dem Krieg, war seine große Stunde. »Es ging zu wie bei der Erschaffung der Welt«, hat er über die ersten Nachkriegsjahre geschrieben. Und Erich Kästner war ein kleiner Gott.

31

Einer der wichtigsten Männer im neu entstehenden Kulturbetrieb. Er ist Feuilletonchef der von den Amerikanern in Millionenauflage vertriebenen *Neuen Zeitung,* gründet die Jugendzeitschrift *Pinguin,* ist Mitinitiator und Haupttexter des Münchner Kabaretts *Schaubude* und bringt seine kämpferischsten Schriften aus der Zeit vor 1933 wieder heraus. Als die Sängerin Ursula Herking in der Schaubude Kästners *Marschlied 1945* mit den Schlussversen »Tausend Jahre sind vergangen / samt der Schnurrbart-Majestät. / Und nun heißt's: Von vorn anfangen! / Vorwärts marsch! Sonst wird's zu spät!« zum ersten Mal sang, da »sprangen die Menschen von den Sitzen auf, umarmten sich, schrien, manche weinten, eine kaum glaubliche Erlösung hatte da stattgefunden«, schrieb die Sängerin in ihren Erinnerungen.

Aber auch die Glücksgeschichte Erich Kästners dauerte nur wenige Jahre. Schon 1952 notiert er: »Wir staunten nicht schlecht. Wir waren in der Zwischenzeit an die Vergangenheit verkauft worden.« Und dichtete:»Bete, wer kann! Er ist zu beneiden. / Kriege lassen sich nicht vermeiden. / Der Mensch muss leiden. Er kann nichts tun.« Da ist er wieder, der melancholische, hoffnungslose Kästner-Ton, den man schon aus seinen Gedichten vor dem Krieg kannte und der ihm von Walter Benjamin das klebrige Etikett des »Linken Melancholikers« eingebracht hatte. Immerhin: Kästner kämpft. Diesmal kämpft er. Er sagt, Widerstand sei keine Sache des Heroismus, sondern des Terminkalenders. Man müsse also früh damit beginnen, er tritt als Redner auf Demonstrationen gegen die Wiederbewaffnung, Atomkraft und Verjährung von Naziverbrechen auf, schreibt aber kaum noch etwas. Sein Tagebuch aus dem letzten Jahr der Naziherrschaft hat kaum dokumentarischen Wert, aber in seiner *Konferenz der Tiere* (1949) hat er die idyllische Wunschwelt seiner Kinderbücher mit der Politik versöhnt. Nach der tausendsten ergebnislos abgebrochenen Weltverbesserungskonferenz der Menschen haben die Tiere für ein paar Tage die Macht übernommen, um das Nötige ein für alle Mal zu regeln: Ein ewiger Friedensvertrag wird verabschiedet, Ländergrenzen und Militär abgeschafft und Lehrer werden die bestbezahlten Beamten des Landes. So sah Kästners Weltwunschprogramm aus. Und er musste also wohl ein unglücklicher Mensch bleiben. In den letzten Jahren seines

Lebens schreibt er nur noch, um nicht zu verzweifeln. Da er aber nur noch Happyends erträgt, ihm seine Arbeiten aber unter der Hand immer ausweglos traurig geraten, veröffentlicht er gar nichts mehr, trinkt unaufhörlich Tee mit Whisky und Whisky mit Tee, lehnt eine Behandlung seines Speiseröhrenkrebses ab und stirbt sechs Tage nach seinem fünfundsiebzigsten Geburtstag, am 29. Juli 1974.

Der Komiker und Sprachakrobat **Karl Valentin** (1882–1948), den Bert Brecht als seinen Lehrer bezeichnet, den Alfred Kerr, Kurt Tucholsky, Samuel Beckett und Adolf Hitler bewunderten und den das Volk liebte, hatte nach dem Krieg weniger Glück. Schon in den letzten Jahren der Nazizeit war er kaum noch aufgetreten. Weniger wegen Behinderungen durch die neuen Machthaber, wie er es später darstellte (lediglich sein Film *Die Erbschaft* wurde wegen »Elendstendenzen« verboten), als vielmehr wegen Erfolglosigkeit. Wahrscheinlich ist Karl Valentin das einzige Nicht-NSDAP-Mitglied, das auf dem Entnazifizierungsbogen zugegeben hat, Hitler gewählt zu haben. Wegen entwaffnender Ehrlichkeit darf er gemeinsam mit seiner kongenialen Partnerin Lisl Karlstadt wieder auftreten. Doch den beliebtesten Volkssprachkünstler der Vorkriegszeit will niemand mehr sehen. Sketche über den allgemeinen Kalorienmangel und über das »Nichts« kommen nicht gut an. Der Münchner Rundfunk lässt einen humoristischen Abend mit Valentin wegen Humorlosigkeit ausfallen. Am Rosenmontag 1948 ist der spindeldürre Sprachwahnenthüller an einer verschleppten Erkältung gestorben.

Da war der erste junge, neue Star, der erste Nachkriegsstar der deutschen Literatur schon drei Monate tot. **Wolfgang Borchert** (1921–1947), das One-Hit-Wonder des neuen Deutschland-West, starb in einem Schweizer Krankenhaus einen Tag, bevor sein Kriegsheimkehrerstück *Draußen vor der Tür* (1947) in Hamburg uraufgeführt wurde. »Ein Stück, das kein Theater spielen und kein Publikum sehen will«, heißt es im Untertitel. Das stimmte nicht. Die Deutschen wollten das melodramatische Verzweiflungsstück des Kriegsheimkehrers Beckmann, der seine Frau durch Verrat, seinen Sohn durch den Tod unter Trümmern und seine Eltern durch Selbstmord verloren hat, massenhaft sehen. Beckmann, den selbst die Elbe, in die er sich in Todesverzweiflung stürzt, nicht haben will, der die Vätergeneration und nur die Vätergeneration für den Wahnsinn des Kriegs verantwortlich macht, der mit Gasmaskenbrille und steifem Bein durch seine Anklagewelt stapft, das ist – gemeinsam mit General Harras – der erste deutsche Dichtungsnachkriegsheld. Er klagt jeden an. Die ganze Welt. Das Schicksal. Gott. Nur nicht sich selbst. Borchert, der von den Nazis immer wieder wegen kritischer Reden, kritischer Briefe und einmal wegen einer angeblich absichtlich sich selbst beigebrachten Verletzung inhaftiert worden war und sich im Krieg ein unheilbares Leberleiden zugezogen hatte, war die erste große Identifikationsfigur der jungen Generation. Einer Generation, die er in einer programmatischen Erzählung so beschrieben hatte: »Wir sind eine Generation ohne Abschied, die sich davonstiehlt wie Diebe, weil sie Angst hat vor dem Schrei ihres Herzens. Wir sind eine Generation ohne Heimkehr, denn wir haben nichts, zu dem wir heimkehren könnten, und wir haben keinen, bei dem unser Herz aufgehoben wäre – ...Wir sind eine Generation ohne Abschied, aber wir wissen, dass alle Ankunft uns gehört.« (*Generation ohne Abschied,* 1946)

Pathos, Schmerz, Selbstüberschätzung, Selbstmitleid und eine diffuse Zukunftshoffnung. Die ersten Protagonisten der neu gegründeten Gruppe 47, Alfred Andersch und Heinrich Böll, liebten ihn dafür.

Aber hier kommt einer, der einen Weg gegen alle Wahrscheinlichkeit gegangen ist. Gegen alle Vernunft. Gegen alle Menschlichkeit: Der österreichische Dichter **Heimito von Doderer** (1896–1966) war schon in die NSDAP eingetreten, als die Partei in seinem Heimatland noch illegal war. Und während die deutsche Intelligenz massenhaft aus dem Lande floh, machte sich also dieser merkwürdige Herr aus Wien in die entgegengesetzte Richtung auf, um seiner stockenden Karriere etwas Schwung zu geben. Doch in Deutschland ist er unbekannt und erfolglos und isoliert wie in seinem Heimatland. Enttäuscht notiert er: »Im Reiche draußen ist es mir bisher nicht gelungen, auch nur einen Schritt breit Boden zu gewinnen, eine recht verwunderliche Tat-

sache, wo man doch glaubte, dass für Schriftsteller meiner Art
nun ein Morgenrot angebrochen sei.« 1938 trennt er sich von
seiner jüdischen Frau und ein Jahr später zieht er als Hauptmann
der Luftwaffe in den Krieg. Dass er nach dem Krieg als Parteimit-
glied der ersten Stunde mit einem dreijährigen Schreibverbot
belegt wird, kann er kaum glauben. Er hatte seine Mitgliedschaft
seit 1938 ruhen lassen und fühlte sich als Außenseiter der Nazi-
gesellschaft, der nun – endlich – ein Recht auf Anerkennung
habe. Eine merkwürdige Gestalt, die der deutschsprachigen
Nachkriegsliteratur mehrere Mammutwerke von erstaunlicher
Breite, Tiefe und Absonderlichkeit hinzugefügt hat.

Strudlhofstiege (1951). *Dämonen* (1956). *Merowinger* (1962). *Roman No 7* (1963/67). Das sind Doderers Hauptwerke nach dem
Krieg. Es geht um Österreich. Um die Entwicklung eines Menschen jenseits der politischen Ereignisse. Es geht um eine Welt
von gestern ohne Sentimentalität und Verklärung. Es geht um
sadistische Sexualität als Genuss. Um Beschimpfung als Befreiung. Es geht um eine präzise geschilderte Innenwelt. Um ein
Gesellschaftspanorama. Um ein Leben jenseits der Geschichte.
Es geht um alles. Und um nichts. Hans Weigel hat einmal gesagt:
»Doderer schreibt einen neuen Roman. Sein Inhalt? Herr von X
geht über die Ringstraße. Die ersten tausend Seiten sind schon
fertig.«

Der Spiegel widmete Doderer, nachdem innerhalb von zwei
Jahren Thomas Mann, Bertolt Brecht und Gottfried Benn gestorben waren, eine Titelgeschichte. »Auf der Suche nach einem
Thronfolger für den verwaisten Kronsessel der deutschen Literatur wendet sich der Blick des deutschen Lesepublikums nach
Wien«, hieß es da. Es hat den Blick recht schnell wieder abge-
wendet.

Der Schriftstellerstaat

Johannes R. Becher, Dichtersammler, Hymniker. Hans Fallada, Honig, Butter, Morphium für den Roman der Nazizeit. Arnold Zweig, der unentschlossen Entschlossene. Anna Seghers, die Übermutter. Bertolt Brecht über alles

Hier war es anders. Hier im Osten. Die Emigranten wurden hofiert und umschmeichelt. Die sowjetisch besetzte Zone sollte eine Schriftstellerzone werden. Der spätere Staat ein Schriftstellerstaat. Natürlich nur der politisch angenehmen. Die in das Konzept des von der Sowjetunion vorgegebenen sozialistischen Realismus passten. Doch zu Beginn nahm man es da nicht so genau. Der Mann, der für die Sammlung aller verfügbaren Schriftstellerkräfte zuständig war, war Johannes R. Becher. Mit der ersten Maschine mit Ulbricht aus Moskau eingeflogen, war es seine Aufgabe als Leiter des Kulturbundes, Emigranten zurückzurufen, ihnen zu sagen, dass es hier ein Land gibt, das sie braucht, das auf sie hört, in dem sie schreiben können, schreiben sollen. Und man musste nicht unbedingt die Nazizeit außerhalb des Landes verbracht haben. Nein, auch Mitmacher waren hoch willkommen.

Er suchte den greisen Gerhart Hauptmann auf, der sich von Nazideutschland gern als Repräsentant benutzen ließ, um ihn für ein neues sozialistisches Deutschland zu gewinnen. Der Alte soll geantwortet haben: »Ich stelle mich zur Verfügung.«

Also zuerst **Johannes R. Becher** (1891–1958). Der Mann, der die Schriftsteller im neuen Staat sammeln sollte, um der neuen Partei, dem neuen Land zu Akzeptanz und zu Ansehen zu verhelfen. Zunächst als Vorsitzender des Kulturbundes, ab 1954 als Kulturminister. Er führt den Auftrag vorbildlich aus und hat den um sich versammelten Schriftstellern auch so viel Freiheit verschafft, wie es ihm möglich war. Den anderen aber, die nicht dazugehörten, nicht. Johannes R. Becher, der als Halbwüchsiger mit seiner Geliebten, die er nicht lieben durfte, einen Doppelselbstmord plante und dann nur sie erschoss und bei sich das tödliche Ziel verfehlte. Der so tief und fest an die Wirkung von Literatur glaubte, dass er mitten im Ersten Weltkrieg jubelnd zu seinen Freunden ins Café stürmte und rief, bald werde der Krieg zu Ende sein. Warum? »Demnächst erscheint mein Gedichtband *An Europa*« (1916). Becher, der Lieblingsdichter Gottfried Benns, der das Exil in Moskau in Stalins Nähe mit Glück und Geschick überlebt hatte und der über seine Zeit der Macht den traurigen und wahren Satz geschrieben hat: »Ich hatte eigentlich alles, nur die poetische Potenz hatte ich verloren.« Gegen Ende seines Lebens hat er, der schon im Exil Stalin schmeichelnde Gedichte geschrieben hatte, den letzten schriftstellerischen Anstand verloren, als er eine schauderhafte Ulbricht-Biografie verfasste, die ihm immerhin selbst peinlich war. Auf seinem Sterbebett hat man ihm das Buch, das er hasste, zwischen die Hände gelegt, und Becher hat geweint.

Später, viel später, hat eine Zeile der von ihm in offiziellem Auftrag und in bester und hoffnungsvollster Absicht gedichteten Nationalhymne der DDR den Untergang seines Landes intoniert. »Deutschland, einig Vaterland.«

Und **Hans Fallada** (1893–1947), der auch in Deutschland geblieben war, mitunter so dicht an der Macht, dass er etwa den Roman *Der eiserne Gustav* (1938) auf Goebbels persönlichen Wunsch umarbeitete und mit einer positiven Schilderung der faschistischen Machtübernahme enden ließ, für diesen Hans Fallada hat Johannes R. Becher sogar ganz besondere Aufgaben vorgesehen. Er macht ihn zum Mitarbeiter der neuen Zeitung *Tägliche Rundschau,* lässt ihm für wenige Artikel hohe Honorare zahlen und wünscht sich von ihm den großen Roman der nationalsozialistischen Ära. Man gibt ihm und seiner Frau eine Villa im Sperrbezirk der deutschen und russischen Prominenz des Zonen-Staates und überweist ihm regelmäßig hohe Summen. Doch das stark morphium- und alkoholabhängige Paar gibt das ganze Geld für Drogen aus. Schnaps. Zigaretten. Morphium. Außerdem für Honig. Butter. Vollmilchpulver. »Bis um zehn Uhr jeden Tages haben wir bereits so viel Geld verbraucht wie ein Durchschnittsangestellter im ganzen Monat verdient«, erzählt er stolz einem Freund. Becher passt das natürlich wenig und er lässt den beiden weniger Geld und stattdessen mehr Lebensmittelzuweisungen zuteilen. Doch Fallada schreibt den Naziroman trotzdem nicht. Die meiste Zeit verbringen die beiden in Entzugskliniken und in Isolierkrankenhäusern für Geschlechtskrankheiten, da seine Frau inzwischen auf anderem Wege Geld besorgen muss. Er schreibt unter dem Titel *Der Alpdruck* (1947) einen autobiografischen Bericht über sein Leiden nach dem Krieg, die kurze Zeit, als er Bürgermeister des mecklenburgischen Städtchens Feldberg war und die Menschen mitreißen wollte zu einem neuen Aufbruch und Gemeinschaftsgefühl, aber nur Hohn und Spott erntete und später sogar ausgeraubt wurde. Ein hoffnungsloses Buch. »Es schien keine Besserungsmöglichkeit für dieses Volk zu geben«, schreibt er und über sein Alter Ego: »Zum ersten Male dachte Doll – jetzt nach dem Kriege! – ernstlich an Emigration.« Defätismus, Fluchtgedanken. Nein, dafür hatte Becher all das Geld und die Villa nicht bezahlt.

Fallada hat ihn dann schließlich doch noch geschrieben, den bestellten Roman: *Jeder stirbt für sich allein* (1947). Zwischen Entzugskuren und Drogenrausch. Unfassbar, wie ein so weit von Drogen zerstörter Mann in den letzten Lebensmonaten die Kraft und Disziplin aufbrachte, eines seiner besten Bücher zu schreiben. Ein wunderbarer, tragischer, dramatischer Roman um das Ehepaar Otto und Anna Quangel, das nach dem Tod ihres Sohnes plötzlich beginnt, Postkarten gegen den Größenwahn der Zeit zu schreiben. Und um das weiche, lebensuntüchtige Würstchen Enno Kluge, das kräftig zu kämpfen hat, überhaupt am Leben zu bleiben. Alle Roman-Menschen sind im Grunde zu schwach für dieses Leben und der praktizierte Naziwiderstand ist nur lächerlicher, verzweifelter Akt eines aussichtslosen, kleinen Lebensheroismus. Kleine Männer, die nicht wissen, was nun. Fallada hat sein Lebensthema auch in dem neuen Staat nicht abgelegt. Man konnte ihn nicht wirklich gebrauchen.

Andere waren da schon nützlicher. **Arnold Zweig** (1887–1968), der große jüdische Romancier, der mit seiner Frau in Palästina Schutz gesucht hatte, konnte sich lange nicht entscheiden, wohin er nach dem Krieg ziehen sollte. »Aus Prag wie aus Paris rufen Freundesgruppen, nach [West-]Berlin zieht mich mein

Haus Kühler Weg 9, nach der Schweiz mein Sohn Adam, nach England die Steuerreduktion«, und sein bester Freund Feuchtwanger bemüht sich um ein Affadavit für die USA. Doch Zweig geht in den Osten Deutschlands und wird einer der repräsentativen Schriftsteller des neuen Staates DDR. Warum? Zunächst signalisierten ihm die Westberliner Behörden, dass er keinen Anspruch mehr auf sein Haus habe. Die englischen Behörden erschwerten ihm die Einreise und aus dem Osten hörte er, dass viele alte Freunde hierhin zurückgekehrt seien, Becher schrieb ihm einen schmeichelnden Brief, wie sehr man ihn brauche, eine Gesamtausgabe seiner Werke käme im soeben neu gegründeten Aufbau-Verlag heraus und er kümmere sich um alle Formalitäten. Zweig wirft alle Bedenken beiseite und schreibt an befreundete Skeptiker, die ihn vor dem Zensor-Staat warnen: »Ich habe keine Angst mehr vor irgendetwas, was mit Kommunismus zusammenhängt, und sehe die Welt viel deutlicher und, wie mir scheint, adäquater, seit ich sie als Marx-Schüler sehe.« In Berlin nimmt ihn Becher in Empfang, Zweig wird in einem unzerstörten Flügel des Hotels Adlon untergebracht, später, 1950, als Präsident der Deutschen Akademie der Künste, in einer prachtvollen Villa. Da ist Zweig schon Volkskammerabgeordneter, Nationalpreisträger erster Klasse und nach Becher erster Repräsentant des geistigen Lebens der DDR. Geschrieben hat er in dieser Zeit nur noch wenig und wenig Lesenswertes. Vom lebenslangen Außenseitertum als Jude und Sozialist hat er genug. Er genießt die repräsentative Stellung, die Ehrungen, die vieltausendfache Verbreitung seiner Bücher als Schullektüre und als geförderte Staatslektüre seiner neuen Heimat.

Auch **Anna Seghers** (1900–1983) wurde eine treue Repräsentantin des neuen Staates. Für sie war es gar keine Frage, für welchen Teil des Landes sie sich nach ihrer Rückkehr aus Mexiko entscheiden würde. Trotz manchen Kampfes, den die treue Sozialistin in der Vergangenheit mit dogmatischen Vertretern der exilierten KPD kämpfen musste. »Leck mich am Arsch!«, soll sie einem ideologischen Parteigenossen 1934 in Paris knapp entgegnet haben, als er ihr vorwarf, die österreichischen Sozialdemokraten kämen in ihrem Buch *Der Weg durch den Februar* (1935) zu gut weg.

Ihre besten Bücher hat sie im Widerspruch zu diesen Herren geschrieben. Die herrlichen, bewegenden, kraftvollen Romane *Das siebte Kreuz* (1942), der ihren Weltruhm begründete, und *Transit* (1944) – wahrscheinlich die beste Darstellung des deutschen Exilantenleidens und -lebens. Später, in der DDR, als sie fast ihr ganzes restliches Leben lang, von 1952 bis 1978, Vorsitzende des Schriftstellerverbandes ist, wird ihr Schreiben schwächer. Es ist eindeutiger, Partei nehmender, flacher, schematischer und moralischer als in ihrer besten Zeit. Die meisten Bücher teilen die Welt in zwei unversöhnliche, ungleiche Hälften. Die fortschrittliche, sozialistische und die reaktionäre, gewinnsüchtige, kalte Welt des Westens. Zurückhaltend hat sie Kritik an der DDR geübt. In ihrem Buch *Das Vertrauen* (1968) stehen die Ereignisse vom 17. Juni 1953 im Mittelpunkt. Der Aufstand gilt hier nicht als konterrevolutionärer Akt, sondern als Erhebung, die ihre Ursachen in mangelnder Aufklärungsarbeit der Partei hat. Die aber zu beheben sein wird. Wenn die Menschen und die Partei einander wieder vertrauen. Ja, das war kitschig. Und falsch.

In den *Karibischen Geschichten* (1962), mit denen sie sich wieder von aktuell-politischen Fragen abwendet, findet sie fast zu ihrem alten, fragenden, unbestimmten Ton zurück. Da traute sich natürlich niemand mehr, die Übermutter der DDR-Literatur zu kritisieren. Schade. Sie hätte den Kleingeist sicher wieder anständig zurechtgewiesen. Wie damals im Exil.

Und dann natürlich: **Bertolt Brecht** (1898–1956). Vielleicht der einzige der zurückkehrenden Emigranten, der seinen Zenit noch nicht überschritten hatte, der mit den *Buckower Elegien* (1953) noch einige seiner besten Gedichte schreiben sollte und dessen Theaterarbeit einen erneuten Höhepunkt erlebte. Man war sich durchaus mit Misstrauen begegnet. Brecht und die DDR. Er kam aus Amerika. Ließ sich mit der Rückkehr Zeit. Nahm die österreichische Staatsbürgerschaft an, da die Staatsbürgerschaft der DDR im Westen nicht anerkannt war. Brecht hielt sich zurück. Doch die Premiere seines Antikriegsstücks *Mutter Courage und ihre Kinder* (1941) war ein theatergeschichtliches Ereignis. So heißt es heute. Es gab einen Streit unter Dogmatikern. Der mächtige Theaterkritiker des *Neuen Deutschland* schreibt von »volksfremder Dekadenz«, Becher verteidigt Brecht. Brecht sagt: »Jetzt wird endlich auch in Berlin modernes Theater gespielt.« Er setzt sich durch. Und bekommt schließlich ein eigenes Theater. Nie hat ein Land einem Dramatiker solche Bedingungen geboten. Sie waren einmalig. Solange es dem Staat politisch passte. Mitunter passte es dem Staat nicht. Dann war Brecht zum Kompromiss bereit. Als dem pazifistischen Stück *Verhör des Lukullus* (1951) vorgeworfen wurde, es sei zu formalistisch, verlangte Brecht eine Aufführung vor Staatsvertretern mit anschließender Debatte. Sie fand auch wirklich statt, Wilhelm Pieck und Otto Grotewohl saßen im Publikum. Brecht ließ gewünschte Änderungen zu. Das unverfälschte Stück erschien weiterhin im Westen. Grotewohl soll er ob dessen »kluger Kritik« danach eine Stelle als Chefdramaturg angeboten haben. Dieser hat wohl abgelehnt.

Nach dem Aufstand des 17. Juni schrieb er an Ulbricht, sprach von der »berechtigten Unzufriedenheit der Arbeiter« und gab Ratschläge, verbunden mit einer grundsätzlichen Loyalitätserklärung zur SED. Ulbricht ließ nur das Ende des Briefes im *Neuen Deutschland* abdrucken. In seinem Nachlass fand sich das schnell berühmt gewordene Gedicht *Die Lösung:* »Nach dem Aufstand des 17. Juni / Ließ der Sekretär des Schriftstellerverbands / In der Stalinallee Flugblätter verteilen / Auf denen zu lesen war, dass das Volk / Das Vertrauen der Regierung verscherzt habe / Und es nur durch verdoppelte Arbeit / Zurückerobern könne. Wäre es da / Nicht doch einfacher, die Regierung / Löste das Volk auf und / Wählte ein anderes?« (*Buckower Elegien*)

Einsame 7

Robert Walser und das Glück des Schweigens. Ludwig Hohl und die Suche nach dem Satz

Und dann sind hier, neben all dem Gequatsche und Geschreibe der Welt, neben der Moral, der Politik und dem Erfolg, dann sind hier also in der Schweiz diese zwei Verschwinder. Zwei

Abwesende. Der eine lebt in der Psychiatrie. Der andere im Keller. Der eine schreibt gar nicht mehr. Der andere schreibt Tag für Tag und alles auf. **Robert Walser** (1878–1956) in der Anstalt Herisau gehört streng genommen gar nicht mehr hier hinein. Er hat 1945 ja schon lange mit dem Schreiben abgeschlossen. Es war schon früh sein Ziel gewesen: schweigen zu dürfen. Nichts mehr schreiben zu müssen. »Ach, dass es doch nur auch schon mit der Liebe, die wir fühlen, mit der Freude, mit dem zufriedenen, bezaubernden Gedanken, mit dem Sehnen, dem heißen, gutherzigen Wunsch oder mit dem bloßen, reinen, glücklichen Schauen getan wäre.« Jetzt ist es also damit endlich getan. Doch die Zettel – benutzte Briefumschläge, Rechnungen mit etwas Weißraum, Prospekte –, die er vor seinem großen Schweigen voll geschrieben hat und die erst im Jahr 2000, vierundvierzig Jahre nach seinem Tod, vollständig entziffert und veröffentlicht worden sind, sein unerschöpfliches *Bleistiftgebiet* (1985–2000) gehört zu den erstaunlichsten Büchern der Welt. Novellen, Gedichte, Geschichten und Romane finden sich darin. Betrachtungen über alles. Beobachtungen, Blicke, Augenblicke. Alle getragen von einer Weltsympathie. Geschrieben in einer kristallklaren Sprache. Der Autor ist nie beteiligt. Getrennt von der Welt, die er beschreibt wie durch eine Glasscheibe. Er gehört nicht dazu. Er beobachtet. Und zieht sich von der Welt zurück. Und irgendwann: vom Schreiben.

Ludwig Hohl (1904–1980) hat immer geschrieben. Oft auch, aus Geldmangel, auf Zettelchen. Sein Keller, den er mehr als zwanzig Jahre lang in Genf bewohnte, war mit Wäscheschnüren durchspannt. Da hingen seine Aufzeichnungen wie tibetische Gebetsfähnchen im Raum. Hohl hat keine Weltbeobachtungen gesammelt. Hohl war auf der Suche nach dem einen Satz. Nach der großen, vollendeten Klarheit der Sprache. »Zwischen den zwei Ewigkeiten: dem Meditieren und dem Korrigieren (dem Eliminieren), ist für mich der winzige Text, der für die meisten fast alles ist: das Niederschreiben des Textes.« Hohl, einer der unmäßigsten Trinker in der Geschichte der Literatur, der sich nach seinen regelmäßigen Whisky-Exzessen mit großen Mengen Milch radikal ernüchterte, suchte die absolute Nüchternheit der Sprache. Die Nüchternheit, die den Rausch kennt und ihn so rauschfern wie möglich beschreibt. Wenn er über Walser schreibt, schreibt er über sich: »Er hatte so viel Fantasie, dass er sich sogar in die Nüchternheit hineinfantasierte – und die Nüchternen an Nüchternheit übertraf.«

Sein Leben lang hat er geschrieben. Leser fand er kaum.

Heilssucher, Religionsstifter 8

Hermann Hesse, der Strohhut will seine Ruhe. Hans Henny Jahnn, Dramen gegen Tierversuche und ein vergessenes Riesenwerk

An dem grauen gemauerten Pfeiler der Einfahrt zu seinem Haus in Montagnola steht mit großen schwarzen Buchstaben auf weißem Grund: »Bitte keine Besuche.« Und an der Tür hat er einen Zettel angebracht, auf dem steht: »Worte des Meng Hsiä (altchinesisch): Wenn Einer alt geworden ist und das Seine getan hat, steht ihm zu, sich in der Stille mit dem Tode zu befreunden. Nicht bedarf er der Menschen. Er kennt sie, er hat ihrer genug gesehen. Wessen er bedarf, ist Stille. Nicht schicklich ist es, einen Solchen aufzusuchen, ihn anzureden, ihn mit Schwatzen zu quälen. An der Pforte seiner Behausung ziemt es sich vorbeizugehen, als wäre sie Niemandes Wohnung.«

Es war zu viel für **Hermann Hesse** (1877–1962). Nach dem Krieg war es zu viel. Er war schon immer der Dichter gewesen, dem die Menschen vertrauen. Der wie kein anderer in seinen Büchern zu den Menschen spricht. Sie anspricht. Als schriebe er nur für sie und sie allein. Der Wege kennt und suchen hilft.

Immer schon hatten ihm Leser in großer Zahl geschrieben, ihn besucht. Und wie viele jetzt, gleich nach dem Krieg. In der größten Ratlosigkeit und Not. Sein Roman *Das Glasperlenspiel*, 1943 in der Schweiz, nach dem Krieg auch in Deutschland erschienen, sollte sein Haupt- und Abschlusswerk sein. Das »Endziel von Leben und Dichtung« hatte er es schon 1935 genannt und der »Versuch einer Lebensbeschreibung des Magister Ludi Josef Knecht«, wie es im Untertitel heißt, versammelt auch wirklich alle Weisheits- und Lebenslehren, die der Dichter Hesse sein Leben lang gesammelt hat. Die Welt- und Gesellschaftsverachtung, mit der er sein Buch beginnen lässt und die als Generalbass den ganzen Roman unterlegt, ist übrigens nicht so weit von der der Untergangspropheten und Untergangsbringer der letzten Tage der Weimarer Republik entfernt. Da charakterisiert er die Vorkriegszeit als »feuilletonistisches Zeitalter«, dessen geschwätziges, ironiekrankes, letztlich geistloses Geistesleben er »mit einer entarteten Pflanze« vergleicht, die nur mit einer »neuen Geisteszucht von mönchischer Strenge« überwunden werden könne. Mit einem »Zurückschneiden der Pflanze bis auf die Wurzeln«.

Jetzt, 1945, war die deutsche Geistes-Pflanze aufs allerradikalste gestutzt. Und Hesse sollte helfen. Bis zu fünfhundert Briefe am Tag bekomme er, sagt Hesse. Und zürnt und leidet und klagt. Dass deutsche Kriegsgefangene jetzt »für ihre kriegerischen Leistungen mit Büchern, Lebensmitteln, Nachrichtenvermittlung etc. etc. belohnt sein wollen«. Er könne, so schreibt er an einen Freund, »eine Auslese von deutschen Briefen zusammenstellen, die jeden Leser dazu verführen müsste, ganz Deutschland für zehn Minuten unter Wasser zu wünschen«. – Vernichtungsfantasien eines Friedensdichters. Aber Hesse bleibt tapfer. Beantwortet Brief auf Brief auf Brief und hilft, wo er helfen kann. Auf Bildern sieht man ihn nur noch mit Strohhut und im Garten. Pflanzen, ernten, Gartengedichte schreiben. Veröffentlicht hat er kaum noch etwas. Sein Werk war getan.

Seine folgenschwerste Tat nach dem Krieg war die Ermutigung Peter Suhrkamps, der während der Nazizeit den S. Fischer Verlag kommissarisch geleitet hatte, einen eigenen Verlag zu gründen. Es wurde der wirkungsmächtigste Literaturverlag der frühen Bundesrepublik. Und er konnte es werden wegen der immensen Summen, die der Dichter Hermann Hesse später noch einspielen sollte. Als der Autor des *Steppenwolfs* (1927) und von *Narziss und Goldmund* (1930) der Götterdichter der Blumenkinder, Befreiungsträumer und Drogenfreunde der ganzen Welt geworden war. Hesse selbst hat das nicht mehr erlebt. Als er starb, war er gerade aus der Mode gekommen.

Auch **Hans Henny Jahnn** (1894–1947) hatte mit dem Ende des Krieges sein Haupt- und Lebenswerk vollendet. Nur – wer war Hans Henny Jahnn? Ein Orgelbauer, Riesen-Romancier, Religionsgründer und Dramatiker, der in der Weimarer Republik den renommierten Kleist-Preis erhalten hatte und trotzdem eher eine Untergrundberühmtheit war. Die Nazizeit hat er in Dänemark verbracht und sein uferloses Großwerk, die Trilogie *Fluss ohne Ufer* (1949–59), hat er hier begonnen und – bis zu einem gewissen Punkt – auch vollendet. Die Publikation 1949/50 kostet den mutigen Kleinverleger Willi Weismann seinen Verlag, da das Zweitausendzweihundertseitenwerk kaum Käufer findet. Was für ein merkwürdiges, tiefes, dunkles, unverständliches Buch. Es gibt wohl nur wenige, die es wirklich zu Ende gelesen haben. Es saugt einen an und spuckt einen aus. Es ist widerlich und faszinierend. Es ist unheimlich und wunderlich und verschwiemelt und freizügig und homoerotisch und körperbesessen und verrätselt und derb und dunkel. Sehr dunkel. Der Dichter Botho Strauß hat 1990 die gesamte Preissumme (60 000 DM) des Georg-Büchner-Preises für einen Essay-Wettbewerb ausgelobt, damit endlich einmal jemand dieses Buch liest – und ihm und uns erklärt.

Es geht um die Fahrt eines Segelschiffs, der Lais. Der deutsche Tonsetzer Gustav Anias Horn hat sich als blinder Passagier an Bord geschlichen, um in der Nähe seiner Verlobten, der Tochter des Kapitäns, zu sein. Doch die Tochter verschwindet. Die Mannschaft meutert. Niemand weiß, wohin die Fahrt gehen soll, niemand weiß, was das Schiff geladen hat. Auf der Suche nach der Tochter wird das Schiff versehentlich versenkt. Und viele Rätsel bleiben. Später, viel später erfahren wir, dass der Matrose Alfred Tutein Horns Verlobte ermordete. Und dass der Tonsetzer in Wahrheit Tutein liebte. Doch auch der Matrose ist inzwischen nur noch eine einbalsamierte Mumie und so ziehen die Gedanken, die Liebesspiele und die Reisen und die Kämpfe und die Lust und das Sterben, das lange, lange Sterben, am Leser vorbei. Alles verstanden?

1919 hatte Jahnn gemeinsam mit einigen Freunden die »Glaubensgemeinschaft Ugrino« gegründet. Eine Religion, die sich gegen die Katastrophe einer restlos säkularisierten und rationalisierten Gesellschaft richtete und mit Hilfe der Künste das Heilige ins Leben der Menschen zurückbringen wollte. Ein Kanon der Gesetzmäßigkeiten der Künste sollte die zu diesem Zwecke brauchbaren Werke bestimmen. Es sollten vor allem Jahnns Werke sein. Doch die großen Pläne zerschlugen sich. Der geplante prächtige Sakralbau am Nordrand der Lüneburger Heide wurde mangels Geld nicht gebaut. Und nach wenigen Jahren löste sich die Glaubensgemeinschaft mangels Gläubigen wieder auf.

Später, in der Bundesrepublik, als er fast nichts mehr schrieb, war Jahnn einer der ersten großen, entschlossenen, wortgewaltigen, apokalyptischen Kämpfer gegen Atomenergie und Atomwaffen und für den weltweiten Schutz der Tiere. Er schreibt Dramen gegen Tierversuche und lässt sie in einem totalen Fatalismus enden. Es gab keine Hoffnung mehr für Hans Henny Jahnn. Nicht für die Welt. Nicht für sein Werk.

9 Konservative Wundermänner

Gottfried Benn, erst verbannt, dann umjubelt. Ernst von Salomon, preußische Bestseller gegen Amerika. Ernst Jünger, Wald statt Technik, Käfer statt Kampf, Kokain statt Selbstkasteiung

Die ersten Nachkriegsjahre waren schrecklich für **Gottfried Benn** (1886–1956). Am 2. Juli 1945 nahm sich seine Frau Herta das Leben. Sie war aus Berlin geflohen, in ein Dorf, war ohne Nachricht von Benn viele Wochen lang, weil Post und Telefon nicht funktionierten. Sie wollte über die Elbe, auf die amerikanische Seite. Doch sie musste umkehren und nahm schließlich Morphium, das sie beide für alle Fälle immer bei sich trugen. Lange nach ihrer Beerdigung erfährt der Dichter von ihrem Tod. Die Verzweiflung wächst und die Isolation. An seinen Freund Oelze schreibt er im Februar 1946: »Meine Depression war grenzenlos, meine Hoffnungslosigkeit so tief, dass ich keinen Gedanken mehr fassen konnte.« Die Depression bleibt, doch das Morphium nimmt er nicht.

Doch bald wird er der Gerühmte sein, der Einzige von den Alten, den junge deutsche Schriftsteller nach dem Krieg verehrten, dem sie huldigende Briefe schickten und ihre Gedichte zu seiner gütigen Kenntnisnahme, dessen Gedichtbände sie glühend besprachen. Ja, ja, jener Gottfried Benn, der den Nazis nach ihrer Machtübernahme hymnisch zugejubelt hatte, der damals vom »Führer als höchstem geistigem Prinzip« faselte, von Züchtigung und »Erziehung zu einem neuen Ackergefühl«. Jener Gottfried Benn, der charakterlos genug war, den einst von ihm verehrten Heinrich Mann einen Monat nach Hitlers Machtübernahme vom Vorsitz der Sektion Dichtkunst der Akademie der Künste zu verdrängen und stolzer Vorsitzender auch dann zu bleiben, als alle halbwegs anständigen Menschen die Akademie verließen oder verlassen mussten. Der die Emigranten verhöhnte und sich stolz auf der richtigen Seite, der Seite der Macht wähnte. Klaus Mann hatte ihn in einem Brief aus der Emigration beschworen: »Wer versteht Sie denn dort? … Heute sitzen Ihre jungen Bewunderer, die ich kenne, in den kleinen Hotels von Paris, Zürich und Prag – und Sie, der ihr Abgott gewesen ist, spielen weiter den Akademiker *dieses* Staates … Aber freilich müssen Sie ja wissen, was Sie für unsere Liebe eintauschen und welchen großen Ersatz man Ihnen drüben dafür bietet; wenn ich kein schlechter Prophet bin, wird es zuletzt Undank und Hohn sein.« (9. Mai. 1933) Wie Recht Klaus Mann hatte. Wie wird Benn bald schon verhöhnt und beschimpft werden in seinem selbst gewählten Land. Aber zunächst war es Klaus Mann, der verhöhnt wurde: »Wie stellen Sie sich denn nun eigentlich vor, dass die Geschichte sich bewegt? Meinen Sie, sie sei in französischen Badeorten besonders tätig?«, schrieb ihm der Akademievorsitzende. Zack! Haha. Und Händereiben. Immerhin hat Benn den Brief Klaus Manns ein Leben lang aufgehoben. 1950 schreibt Benn im ersten Kapitel seines Buches *Doppelleben* (1950): »Dieser 27jährige hatte die Situation richtiger beurteilt, die Entwicklung der Dinge genau vorausgesehen, er war klarer denkend als ich …« Da lag Klaus Manns Selbstmord schon ein Jahr zurück. Gottfried Benn war auf dem Höhepunkt seines Ruhmes. Ein Jahr später erhielt er als Erster den renommiertesten Literaturpreis der Bundesrepublik Deutschland: den Georg-Büchner-Preis.

Alle schrieben ihm. Der spätere Lyrikerneuerer und Popdichter Rolf-Dieter Brinkmann: »Ich danke Ihnen. Immer!« Der stolze, junge Widerstandsknabe Peter Rühmkorf sendet einige Gedichte ein mit der »Bitte um eine kurze Beurteilung«, er habe, als er neulich zum ersten Male Benn-Lyrik las, festgestellt, »dass meine Art zu formulieren der Ihren sehr ähnlich ist«. Alfred Andersch preist Benns Gedichte, die »gleich Blitzstrahlen in das Gewölk europäischer Geistesgeschichte fahren«, Günter Grass lässt Benn über den Lehrer seiner Bildhauerklasse einige Gedichte zukommen (»Der Mann wird Prosa schreiben«, war Benns Kommentar), Ernst-Robert Curtius erklärt: »Ich habe das Buch in einem Glücksrausch gelesen und wiedergelesen.« Und Hans Magnus Enzensberger schreibt in herrischer Geste, die er später noch perfektionieren wird: »Lasst mir Herrn Dr. Benn in Ruhe!«

Seine Gedichte strahlten ja wirklich. Sie klangen wie sonst nichts. Das konnte, kann sonst keiner. So klar, einsam, stark, hell, wundersam, hoffnungslos, weise, wissend, fragend und einfach sehr, sehr schön:

Wer allein ist, ist auch im Geheimnis,
immer steht er in der Bilder Flut,
ihrer Zeugung, ihrer Keimnis,
selbst die Schatten tragen ihre Glut.

Trächtig ist er jeder Schichtung
denkerisch erfüllt und aufgespart,
mächtig ist er der Vernichtung
allem Menschlichen, das nährt und paart.

Ohne Rührung sieht er, wie die Erde
eine andere ward, als ihm begann,
nicht mehr Stirb und nicht mehr Werde:
formstill sieht ihn die Vollendung an.
(Statische Gedichte, 1948)

Über die große Kunst seines besten Dichterfreundes Klabund hat Benn an dessen Grab gesagt: »Das Aufgestiegene und das Versunkene, Dinge, die wir erleben, und Dinge, die wir ahnend erschließen, zusammenzufassen, zusammenzuströmen zu einem Wort, zu einer Wahrheit jenseits jeder Empirie.« Das war die Kunst Klabunds. Und: Das war die Kunst von Gottfried Benn.

So – und was ist das für ein merkwürdiger Herr, der sich da vom rechten Rand heranschleicht? Der einen der ersten echten Bestseller der Bundesrepublik schrieb? War der nicht an der Ermordung Walter Rathenaus beteiligt? Und hat später dann, in fünf Jahren Festungshaft, ein Buch darüber geschrieben, *Die Geächteten* (1930), das auch schon ein Verkaufsschlager war unter Nazis, Stahlhelmern, Republik- und Judenfeinden? Ja, da ist er noch. **Ernst von Salomon** (1902–1972), der sich, als die Nazis an die Macht kamen und ihm Prunk und Ehren antrugen, von ihnen distanziert hat und in Deutschland gemeinsam mit seiner jüdischen Frau bis 1945 in einer Art innerer Emigration lebte. Dann jedoch wurde er von der amerikanischen Besatzungsmacht inhaftiert. Für anderthalb Jahre, »irrtümlich«, wie es hieß. Er hat aus den Antworten, die er auf die Fragen des Entnazifizierungsbogens der Amerikaner gab, einen dicken Lebenserinnerungsroman gemacht. *Der Fragebogen* erschien 1951 mit riesigem Erfolg. Die Porträts seiner Zeitgenossen, die rauschenden Feste und Orgien beim alten Verleger Ernst Rowohlt vor allem, die er darin beschreibt, sind auch wirklich lesenswert. Aber ein großer Teil des Buches ist selbstmitleidige Salbaderei, antiamerikanisches Ressentiment, Lob der Anständigkeit unter den Nazis, Klage über Antisemitismus, der sich nur auf Seiten der Amerikaner fände. Der Roman gipfelt in der Erkenntnis: »Es hatte sich nichts geändert. Sie waren einander wert. Ihr Sieg war nichts wert und unsere Niederlage nichts.« – Deutsche Bestseller 1951.
Für den Rest seines Lebens war Ernst von Salomon in der Antiatombewegung aktiv und schrieb kitschige Preußenromane.

Für ihn gab es Hoffnung: **Ernst Jünger** (1895–1998). Er war fünfzig Jahre alt bei Kriegsende und sollte noch mehr als weitere fünfzig Jahre leben. Er versuchte die Zeit zu besiegen. Er hätte fast gewonnen. Zunächst einmal hatte er Publikationsverbot. Erstens galt er zeit seines Lebens dank seinem Kampftagebuch aus dem Ersten Weltkrieg *In Stahlgewittern* (1920) als Kriegsverherrlicher und dank seinem publizistischen und politischen Kampf in der Weimarer Republik als Nationalist und Wegbereiter der Nazis. Vor allem aber hatte er sich geweigert, den Entnazifizierungsbogen der amerikanischen Besatzer auszufüllen. Da half ihm auch sein 1939 erschienenes Widerstandsbuch *Auf den Marmorklippen* und seine Nähe zu den Verschwörern des 20. Juli nichts. Bis 1949 durfte Jünger nichts publizieren.

Dafür war sein erstes Nachkriegswerk von einem erstaunlichen Optimismus geprägt. *Heliopolis* (1949) ist ein utopischer Roman, dem die Hoffnung auf ein Ende der Geschichte in einem Weltstaat, in dem die perfekte, nicht mehr zu verbessernde Technik das Leben paradiesisch macht, eingeprägt ist. Doch der Weltoptimismus hält nicht ewig. Jünger, der in der Bundesrepublik immer ein Außenseiterdasein führt, wendet sich von seiner Technikbegeisterung ab und – dem Wald zu: »Im Waldgang betrachten wir die Freiheit des Einzelnen in dieser Welt. Dazu ist auch die Schwierigkeit, ja, das Verdienst zu schildern, das darin liegt, in dieser Welt ein Einzelner zu sein.«

Na ja. Das ist der überstolze, einsame Jünger-Ton. In seinen Essays, und mehr noch in den Romanen und Erzählungen, oft zu prahlhänsig und stolz und schwer und einsam und gewaltig und ganz einfach kitschig. Aber das ist nicht der ganze Jünger. Der Jünger, der sich nicht nur als einsamer Waldgänger preist, sondern, in seinem Kampf gegen die Zeit, ein entschlossener Kämpfer und präziser Beobachter wird wie einst, der ist fantastisch. Erstens der Jünger, der im Wald und in der Welt auf Käfersuche ist. Was für ein brillantes Buch ist sein *Subtile Jagden* (1967). Das ist Welterkenntnis, Welteinordnung, Weltbändigung, wie es das nur in wenigen Büchern gibt. Jünger war Käfersammler. Und er protokollierte seine Jagden. Und er beschreibt das Glück, das im Sammeln und Jagen der Käfer liegt, fern der Welt, fern der Zeit: »All das wird vergessen, in Augenblicken, in denen die Harmonie aufleuchtet. Es ist ein Geheimnis dabei, das sich hinter der gleichviel gearteten Mannigfaltigkeit verbirgt.« Und als Käfersammler gelingt dem Autor Jünger das, worum es ihm in vielleicht allen Texten ging – dieses Geheimnis zu schildern. Es gibt auch in den Jagden des alternden Mannes mitunter diesen Moment des Triumphes gegen die Zeit, wenn zu nächtlicher

Stunde die Zeit vergessen wird, »nicht nur die unsere, sondern die Zeit als solche, die so viel Widriges birgt«.

Das zweite große Nachkriegskunstwerk von Ernst Jünger ist sein Drogenbuch *Annäherungen* (1970). Früh schon hatte Jünger Drogen ausprobiert. Opium, Morphin und Haschisch. Seine Gabe zur grandiosen Selbstbeobachtung kann sich dabei ganz entfalten. Wie hier, bei seinem ersten Kokainversuch: »Das wirkte fast augenblicklich; die Nase wurde kühl, gefühllos, der Atem tief und langwellig. Die Stimmung wurde optimistisch, als ob sich die Kräfte, die ich an Bilder, Bücher und Gegenstände abgegeben hatte, nun in mir sammelten. Die Wahrnehmung zog sich ins Innere zurück mit einer weichen und doch sicheren Bewegung, so etwa wie das Augenhorn der Schnecke sich einzieht, wenn sie berührt wird oder auch nur ein Schatten auf sie fällt.«

Der Rausch ist für Ernst Jünger das »Katapult vor der Zeitmauer«, und in wenigen goldenen Momenten schoss es ihn hinüber und in einigen Sekunden uns mit ihm.

Sein Kampf gegen die Zeit bekam mit dem Älterwerden immer kulturpessimistischere Züge. Die Welt wird als »Deponie« bezeichnet, der Optimismus ist vorbei. Jünger wundert sich selbst am meisten, dass er weiter- und weiterlebt. Er, der sich schon 1914 in den Schützengräben den Tod gewünscht hatte, notiert mit achtzig, dass er keinen Alterungsprozess verspüre, und reist noch mit über neunzig Jahren nach Malaysia, um zum zweiten Mal in seinem Leben den Halleyschen Kometen zu sehen.

Sein Hauptwerk nach dem Krieg sind seine Tagebücher (*Siebzig verweht,* 1980–97). Das sind Weltmitschriften des Lebens aus einer wahren Sternenferne: präzise, weise, leuchtend und unbeteiligt. Und älter, immer älter werdend. Mitunter selbst im Glauben, dass der Kampf gegen die Zeit womöglich doch endgültig zu gewinnen ist. Noch mit hundert Jahren notiert er stolz: »Die Handschrift ist noch passabel. Ein alter Krieger zittert nicht.« Und am 3. März, im Monat seines hundertsten Geburtstags, schreibt er: »Die letzten Sekunden können sehr lang werden: am Rande der Ewigkeit. Auch die Ewigkeit ist nur eine Vorstellung.«

Ein anderes Land

Alfred Andersch, der Abräumer. Heinrich Böll, der Geliebte. Peter Weiss, der Erzieher. Wolfgang Koeppens kurzer Glanz

Alfred Andersch (1914–1980) hatte schon in Amerika die literarischen Texte der Kriegsgefangenenzeitung *Der Ruf* betreut. Nach seiner Rückkehr gibt er die Zeitung, die nun den Untertitel »Unabhängige Blätter der jungen Generation« trägt, zusammen mit Hans Werner Richter heraus. Die beiden sind die Gründungsväter der Gruppe 47, jener literarischen Institution, die das geistige Leben der ersten Jahre der Bundesrepublik entscheidend mitbestimmen sollte.

Wer war Alfred Andersch? Sein Vater war Nationalsozialist der ersten Stunde, hatte am Hitlerputsch von 1923 in München teilgenommen. Alfred trat 1930, im Alter von sechzehn Jahren, dem kommunistischen Jugendverband bei, was ihm 1933 eine erste Inhaftierung im Konzentrationslager Dachau einbrachte. Bald brach er seine Beziehungen zur Kommunistischen Partei ab, begann Gedichte zu schreiben und beantragte die Aufnahme in die Reichsschrifttumskammer, die abgelehnt wurde, woraufhin Andersch beflissen und anbiedernd der Kammer die Scheidung von seiner jüdischen Frau mitteilte, von der er allerdings schon länger getrennt lebte. 1944 desertierte er und geriet in amerikanische Kriegsgefangenschaft. Seine besten Bücher, die er nach dem Krieg schrieb, sind die Widerstandsromane *Sansibar oder Der letzte Grund* (1957) und *Die Kirschen der Freiheit* (1952), die autobiografisch gefärbte Geschichte einer Desertion von der Wehrmacht. Die späteren Bücher Anderschs, *Die Rote* (1960) und *Winterspelt* (1974), sind legendensüßlich und überblumig.

Die redaktionelle Linie, die Andersch und Richter dem *Ruf* vorgaben, passte den Amerikanern schnell nicht mehr. Ein allzu nationaler Ton wurde da angestimmt, die Politik der Besatzer allzu selbstbewusst kritisiert, die »Leistungen« der jungen deutschen Soldaten allzu hymnisch gelobt: »Die erstaunlichen Waffentaten junger Deutscher in diesem Kriege und die ›Taten‹ etwas älterer Deutscher, die gegenwärtig in Nürnberg verhandelt werden, stehen in keinem Zusammenhang«, hatte Andersch gleich in der ersten Ausgabe geschrieben und von der großen Achtung, die den deutschen Kämpfern vor Stalingrad und El Alamein auch von ihren Gegnern entgegengebracht wurde.

Aus dem Mitarbeiterkreis des *Ruf* ging die Gruppe 47 hervor. Und Andersch war ihr erster Programmatiker. In seinem Essay *Deutsche Literatur in der Entscheidung* (1948), den er im neuen Dichterkreis vortrug, gab er die Richtung vor: Geehrt seien die Emigranten, das sei alles sehr schön und anständig, aber leider, leider habe der Widerstand die Kraft der alten Literatur verzehrt, so dass nun die junge Generation vor einer »Tabula rasa« stehe, »vor der Notwendigkeit, in einem originalen Schöpfungsakt eine Erneuerung des deutschen geistigen Lebens zu vollbringen«. Zack! Radikaler und gnadenloser hat noch keine junge Generation alle vorangehenden abgeräumt. Andersch meinte es ernst. Und auch von den Besatzern müsse man sich noch befreien, die »Kolonialität«, so Andersch, mache den »Kampf um die geistige Freiheit« so kompliziert. Weg mit den Emigranten! Weg mit den Amerikanern! Etwas lief schief bei der Gründung der neuesten deutschen Literatur nach dem Krieg.

Er war da auch nicht anders. Der Mann, der die deutsche Nachkriegsliteratur prägte wie kein zweiter. Der große Moralist und Friedenskämpfer, der entschiedene Christ und Gerechtigkeitsfanatiker. Der Schriftsteller **Heinrich Böll** (1917–1985). Es klingt allerdings etwas milder, wenn er sich rückblickend wundert, dass er und seine Generationsgenossen mit der Literatur der Emigranten »merkwürdigerweise nicht viel anfangen« konnten. Eigentlich gar nichts. Und er erklärt es damit, dass die deutsche Sprache sich verändert hatte, »nicht nur zum Negativen … da gab es zur Sprache der Emigrationsliteratur sehr wenig Anknüpfung«. Später, sehr viel später hat er es als großen Mangel empfunden, dass alles, »was man deutsche Bildung nennen könnte, ohnehin in die Emigration gegangen ist« und die exilierten Autoren »nie so recht heimgekehrt« seien nach Deutschland.

Man wollte sie eben nicht. Die Jungen, wie der Kriegsheimkehrer Böll, waren viel zu sehr mit sich beschäftigt, mit der Niederlage, dem Elend, den Trümmern. Und damit, das alles aufzuschreiben. Etwa sechzig Erzählungen schreibt Heinrich Böll in den ersten drei Friedensjahren, die er in den unterschiedlichsten Zeitungen veröffentlicht, und »vier oder fünf, vielleicht auch sechs Romane«. »Ungeheure Mengen pathetisch geschwätzigen Krams«, bekennt er später selbst. Böll will, Böll muss Schriftsteller werden. Er schreibt »Trümmerliteratur«: »Die Menschen, von denen wir schrieben, lebten in Trümmern, sie kamen aus dem Kriege … Sie lebten keineswegs in völligem Frieden, ihre Umgebung, ihr Befinden, nichts an ihnen und um sie herum war idyllisch, und wir als Schreibende fühlten uns ihnen so nahe, dass wir uns mit ihnen identifizierten.«

Das ist das Geheimnis des Schriftstellers Heinrich Böll. Der Grund, warum viele Menschen seine Bücher wirklich liebten – und ihn selbst sogar irgendwann auch: Dass er sich mit ihnen identifizierte. Mit ihrem Leben, ihrem Leiden. Böll war nah. Böll war da. Und schrieb in klarer Prosa ohne Formenexperimente aus der Gegenwart, aus der unmittelbaren Nachkriegszeit heraus. So in seinem ersten veröffentlichten Roman *Und sagte kein einziges Wort* (1953), der Geschichte des Ehepaares Fred und Käte Bogner, die in dreizehn Kapiteln ihr Nachkriegsunglück schildern. Ein Schmerzenspaar mit wenig Hoffnung auf ein Glück. Was sich hier noch bedrückendpathetisch liest, wird leichter in den nächsten Büchern, *Haus ohne Hüter* (1954) und vor allem *Billard um halbzehn* (1959), einem Familienroman, der anhand der Geschichte dreier Generationen der Architektenfamilie Fähmel die Fragen von Krieg und Schuld, Flucht und Widerstand bebildert. Mitunter etwas schwarz und weiß und klar getrennt in Gut und Schlecht, aber immer um Gerechtigkeit bemüht. Immer kämpferisch. Und immer engagiert.

»Für mich ist Engagement die Voraussetzung, es ist sozusagen die Grundierung, und was ich aus dieser Grundierung anstelle, ist das, was ich unter Kunst verstehe.«

Es gibt nicht viele Menschen, über die man sagen kann: Ohne sie wäre das Land ein anderes geworden. Auf Heinrich Böll trifft es zu. Sein Engagement-Kalender war immer voll. »Wir Autoren sind die geborenen Einmischer, wir mischen uns ein in die Rechtsprechung und Kulturpolitik der Sowjetunion, der CSSR, Spaniens, Indonesiens, in die Volksrepublik China, in Kuba und in Mexiko. Das klingt idealistisch, ist es aber nicht. Einmischung ist die einzige Möglichkeit realistisch zu bleiben.« Seine Stimme hatte spätestens nach dem Nobelpreis, den er 1972 erhielt, weltweit Gewicht. Und in Deutschland wurde kein Schriftsteller so geliebt und gehasst wie Böll. Jahrelang hat ihm die Springer-Presse mit verleumderischen Angriffen zugesetzt, als Wegbereiter des linken Terrorismus beschimpft. Das Tolle an Böll: Er hat immer gekämpft. Er hat sich immer gewehrt. Er hat immer zurückgeschrieben. Am genialsten in seiner Anklagenovelle *Die verlorene Ehre der Katharina Blum* (1974), in der er die Verleumdungspraxis der Bild-Zeitung nacherzählt. Ohne Selbstmitleid. Ohne Hass. Noch in der größten Wut mit rheinisch-katholischer Sonnigkeit. Nie ideologisch. Oft überraschend ironisch. Das vergisst man oft, wenn man sich an Böll erinnert.

Als Heinrich Böll am 16. Juli 1985 starb, haben viele Menschen in Deutschland geweint.

Er kam nicht zurück: **Peter Weiss** (1916–1982). Der in den dreißiger Jahren mit seiner Familie – sein Vater war Jude – aus Deutschland floh, zunächst nach Böhmen, dann nach Schweden. Und in Schweden blieb, zunächst malte, dann experimentelle Filme drehte und dann seine Stücke schrieb. Und diese nach Deutschland herüberschickte – in ein fremdes Land. Nach West und nach Ost. Sein Historienmordlustwahnsinnsstück *Die Verfolgung und Ermordung Jean Paul Marats, dargestellt durch die Schauspielgruppe des Hospizes zu Charenton unter der Anleitung des Herrn de Sade* (1964). In den Aufführungen im Westen Deutschlands siegte de Sade. Im Osten Marat. Ein Möglichkeitsstück aus politisch aufgeregten Zeiten.

Und Peter Weiss, der gegen Ende seines Lebens entschlossener Marxist geworden war, ist natürlich berühmt für den Epochenroman *Die Ästhetik des Widerstandes* (3 Bände, 1975–81), die Geschichte der deutschen Arbeiterbewegung, erzählt aus der Perspektive eines politisch langsam erwachenden Erzählers, der von politischem Kampfschauplatz zu politischem Kampfschauplatz eilt, Erkenntnisse sammelt und kämpft und lernt und hadert. In seinen Notizbüchern hat Peter Weiss die Forderung aufgestellt: Da das Proletariat von jeher von der Aneignung von Kunst ausgeschlossen war, muss eine »Ästhetik des Widerstands« den Versuch beinhalten, »zur Überwindung einer klassenbedingten Aussperrung von ästhetischen Gütern« zu gelangen. Dieses Programm kann man also sehr deutlich als misslungen bezeichnen. Die ausschweifenden, widerständigen Bände sperren heute nicht nur das Proletariat, sondern fast jeden Leser aus.

Der Schriftsteller **Wolfgang Koeppen** (1906–1996) hat praktisch nur vier Jahre lang gelebt. 1951 betrat er die Bühne. 1954 verließ er sie wieder. Drei erstaunliche Romane hat er in diesen Jahren veröffentlicht. *Tauben im Gras* (1951), *Das Treibhaus* (1953) und *Der Tod in Rom* (1954). Er brachte einen neuen Ton in die deutsche Gegenwartsliteratur. Er hatte viele Amerikaner gelesen, Faulkner, Dos Passos, verehrte Döblin. Das konnte man sehen. Das konnte man lesen. Schon vor dem Krieg hatte er zwei Romane geschrieben. Das waren Fingerübungen, noch unfertig und traditionell, laut, süß, expressionistisch erzählt. Nach dem Krieg hat er die Aufzeichnungen des jüdischen Briefmarkenhändlers Jakob Littner, der im Getto der kleinen polnischen Stadt Sbaracz die Nazizeit überlebte, umgearbeitet und neu geschrieben. Das Buch erschien unter Littners Namen und war kein Erfolg (*Jakob Littner: Aufzeichnungen aus seinem Erdloch,* 1948). Als es gegen Ende von Koeppens Leben unter seinem Namen erschien (1992), war es plötzlich ein Feuilleton-Ereignis. Aber kein wirklich gutes Buch. Auch noch zu lyrisch. Zu viel zwischen die Zeilen gedichtet, wo ein nackter Bericht dem dramatischen Ereignis angemessener gewesen wäre.

Aber *Tauben im Gras,* das war etwas. Das ist etwas. Rasant schnell erzählt. Schnelle Schnitte. Filmisch radikal. Hier leuchtet es kurz auf. Dann wieder dort, an unvermutet anderer Stelle: ein Tag in München 1951. Wir sehen: einen mittellosen Arzt, der seinen Lebensunterhalt mit Blutspenden verdient, einen Schriftsteller, der nicht mehr schreiben kann, einen schwarzen Amerikaner, der vor deutschen Rassisten nach Paris fliehen möchte, um dort als Kneipenwirt zu arbeiten, Untergangsfeste, normalen Bierkellerwahnsinn, Sex mit Kindern, Filmhelden, Trinker, Modedichter, Verzweiflung, Angst und Angst. Alles läuft auf nichts hinaus. Auf die Nacht. Auf das Ende eines Tages. In Deutschland. Drei Jahre nach dem totalen Krieg.

Zwei Jahre später erscheint *Das Treibhaus*. Ein politischer Roman aus der damaligen Bundeshauptstadt Bonn. Die Protagonisten aus der Wirklichkeit sind nur wenig verschlüsselt. Der Kanzler züchtet Rosen, der Oppositionsführer hat größte Ähnlichkeiten mit Kurt Schumacher. Zwischen den politischen Großmächten steht der Protagonist des Romans, der Oppositionsabgeordnete Keetenheuve, Schöngeist, Baudelaire-Übersetzer, Romantiker, Politträumer. Er verzweifelt an den Mechanismen der Macht. An Fraktionszwang und Wirkungslosigkeit seiner Reden im Parlament. Es geht um eine zentrale Frage: die Wiederbewaffnung. Keetenheuve sieht darin den entscheidenden Schritt zurück. In eine Welt der Gewalt, der Waffen und der Kriege. Doch er kann es nicht verhindern. Statt im Parlament zu reden und zu kämpfen, bringt er sich um. »Gefühlskommunist, sinnlos empört«, hat ihn Koeppen an einer Stelle genannt. Er hat damit auch sich selbst beschrieben.

Auch der letzte Roman *Tod in Rom* handelt von der Rückkehr der alten Mächte und der großen, großen Angst davor. Und der Machtlosigkeit.

Koeppen hat diesem Gefühl der Machtlosigkeit drei große Romane abgetrotzt. Dann kam nichts mehr. Er schrieb Reisebücher. Ließ seinen Verlag Roman auf Roman ankündigen. Sie hießen *In Staub mit allen Freunden Brandenburgs, Tasso, Ein Maskenball, Das Schiff*. Keiner dieser Romane ist je erschienen. Bald schon wurde aus seinem Schweigen ein »Fall Koeppen«. Marcel Reich-Ranicki, der größte Förderer Koeppens, hat dafür die Literaturkritik verantwortlich gemacht. Sie hätte seinen Rang nicht erkannt, ihn nicht ausreichend ermutigt. Jetzt schweige er. Als dann das dünne autobiografische Fragment *Jugend* (1976) erschien, spendeten alle pflichtschuldig Beifall. Aber auch das war nicht mehr das Rechte. Der Schriftsteller Koeppen hatte in seinen drei Romanen alles gegeben. Und das war mehr als genug.

Von diesem schwarzen Punkt aus

Paul Celan, verhöhnter Schmerzensdichter. Nelly Sachs, Nobelpreis ohne Folgen. Erich Fried, Gedichte für Millionen. Uwe Johnson, Mecklenburger Weltliteratur. Ingeborg Bachmann, die Fliehende

Zack! Wie deutlich hat er Friedrich Dürrenmatt im Tischtennis geschlagen. Sozusagen von der Platte geputzt. Und danach Dürrenmatts Frau. Und danach Dürrenmatts Sohn. Dürrenmatt, selbst ein Bär von Statur, staunt über die bärenstarke Vitalität des hageren Dichters mit dem dünnen Haar. Der trinkt danach zu einer Hammelkeule eine Flasche Mirabellenschnaps, während die Familie Dürrenmatt beim Bordeaux bleibt. Danach noch eine Flasche Mirabelle und etwas Bordeaux dazu. Er betrachtet die Sterne, dichtet in das bauchige Glas hinein, improvisiert Strophen, tanzt, singt rumänische Volkslieder, kommunistische Kampflieder, wild, gesund und übermütig. Dürrenmatt kann es nicht fassen: »Noch als ich ihn und seine Frau zum Chaumont hinauffuhr, durch den nächtlichen Jurawald, als schon der Orion heraufstieg, dann immer mächtiger der Morgen, und wie die Venus aufflammte, sang, grölte er wie ein ausgelassener Faun.«

Zu Gast ist **Paul Celan** (1920–1970). Es gibt nicht viele Glücksbeschreibungen dieser Art aus seinem Leben. Auch Dürrenmatt hat ihn nur einmal so erlebt. Danach kommen Briefe, in denen Celan beschreibt, dass er sich verfolgt fühlt. Zum Beweis schickt er Zeitungsausschnitte mit. Dürrenmatt kann keine Verfolgungen erkennen und antwortet nicht. Die Schatten werden immer länger. Im April 1970 setzt er seinem Leben ein Ende.

Paul Celan war der unglücklichste Dichter Deutschlands. Er lebte nach dem Krieg in Paris, in immer größerer Isolation, dichtete und dichtete – im »absoluten Exil« auf dem Weg zum »absoluten Gedicht«. Auf der Flucht vor der Vergangenheit und auf der Suche nach ihr. Nach einer Sprache für das Geschehene. Den Tod von sechs Millionen Juden. Den Tod seiner Eltern. Sein eigenes Überleben. Seine Gedichte umkreisen das Unaussprechliche. Sein eines Gedicht, die *Todesfuge* (*Mohn und Gedächt-*

nis, 1952), muss jeder kennen.

Schwarze Milch der Frühe wir trinken sie abends
wir trinken sie mittags und morgens wir trinken sie nachts
wir trinken und trinken
wir schaufeln ein Grab in den Lüften da liegt man nicht eng.

Er hat das Gedicht auch der Gruppe 47 vorgetragen, im Mai
1952 in Niendorf an der Ostsee. Celan liest leise. Eindringlich.
Schnell. Sein Gedicht. Die Gruppe 47 – lacht. »Wir haben darüber gelacht«, erinnert sich der Kritiker Walter Jens, der sich
damals nicht und auch fünfzig Jahre später nicht an seine eigene
NSDAP-Mitgliedschaft erinnern kann. Es war ihnen »zu pathetisch«, den Neuanfängern von der Gruppe 47. Der Chef, Hans
Werner Richter, klagt: »Seine Stimme gefällt mir nicht.« Und
einer ruft: »Der liest ja wie Goebbels!«

Es war der einzige Auftritt Celans bei der Gruppe 47.

Mit deutschen Literatur-Nobelpreisträgern ist es in diesem Jahrhundert etwas kompliziert. Thomas Mann wurde später tsche-
chischer, dann amerikanischer und schließlich Schweizer Staats-
bürger, Hermann Hesse war schon Schweizer, als er 1946 den
Preis erhielt, und **Nelly Sachs** (1891–1970), die unbekannteste
deutsche Nobelpreisträgerin, war 1966, im Jahr ihrer Ehrung,
längst Schwedin. Die Dichterin Selma Lagerlöf, mit der die Jüdin Sachs seit ihrem fünfzehnten Lebensjahr Briefe wechselte,
hatte ihr und ihrer Mutter 1940 im letzten Moment die Flucht
aus Berlin nach Schweden ermöglicht. Ihr Bräutigam musste in
Deutschland bleiben und wurde im Konzentrationslager ermordet. Nelly Sachs hat seine Identität nie preisgegeben. Nur im
Gedicht ist ihre Erinnerung bewahrt: *Dein Leib im Rauch durch
die Luft* (*In den Wohnungen des Todes*, 1947). Nelly Sachs ist eine
große poetische Schwester Paul Celans. Auch ihre Gedichte
umkreisen den einen schwarzen Punkt und immer den einen.
Ihre Gedichte sind schmetterlingshafter, weicher, mitunter auch
kitschig. Sie haben sich viele Briefe geschrieben, Celan und sie.
Einmal hat sie ihn in Paris besucht. Drei Wochen nachdem er in
die Seine gegangen war, ist sie in Stockholm gestorben.

Dieser Mann hat die Lyrik zu einem Massenereignis gemacht.

Auch Jude. Auch Emigrant. BBC-Reporter, Shakespeare-Über-
setzer, politischer Kämpfer, rasender Dichter. Schrieb bis zu zwölf
Gedichte am Tag. Allein zwischen 1981 und 1984 veröffentlichte
er elf Bücher. Sein erfolgreichster Gedichtband verkaufte sich innerhalb von fünf Jahren 140000-mal. Gedichte! Liest doch sonst
keiner. Aber seine doch: die Gedichte **Erich Frieds** (1921–1988).
Es sind: Wahrheiten. Reimrufe. Wortverwunderungen. Sprach-
erkundungen. Weltverwünschungen. Alltagskopien. Liebeserklärungen. Manchmal geniale Verse.

Seine Gedichtzeile »und Vietnam und« (1966) gilt in den
sechziger Jahren als Zeile des Jahrzehnts. Sein Zauberspruch

Ich bin der Sieg
mein Vater ist der Krieg
der Friede ist mein lieber Sohn
der gleicht meinem Vater schon

ist der Reim einer ganzen Epoche. Fried-Wahrheiten werden
auf Flugblättern, Protestbriefen, Schülerzeitungen gedruckt. Er
ist der Dichter des wohlklingenen Widerstands. Der wie ein
Steinmetz Wahrheiten aus dem Stein heraushaut, der bislang
den Weg ins Freie versperrte (äh, reißt mich da die Lyrik mit?
Entschuldigung).

Und später wird er Liebeslyriker. Damit erst kommt der wahre
Massenerfolg. Sein wunderschönes Liebesgedicht *Was es ist* hing
in den achtziger Jahren im Zimmer jedes wachherzigen Jugendlichen. Es war ein weißes Plakat. Oben, über dem Gedichtanfang,
war ein Porträt des Dichters im Unterhemd und mit Indianerfe-
dern auf dem Kopf. »Es ist, was es ist, sagt die Liebe.«

Misstrauen steht am Anfang des veröffentlichten Werkes von
Uwe Johnson (1934–1984). »Aber Jakob ist immer quer über die
Gleise gegangen.« Das ist der berühmte erste Satz des Romans
Mutmaßungen über Jakob, der im Jahr 1959 in der Bundesrepublik
Deutschland erschienen ist. Bis zur Veröffentlichung des Buches
lebte Johnson in Mecklenburg. In der DDR. Danach wechselt
er das Land. Der Satz ist ein Satz des Widerspruchs gegen die
offizielle Version der Geschichte. Der Bahnarbeiter Jakob Abs ist

zwischen die Systeme geraten, wechselt das Land von Ost nach West und wieder zurück. Er weigert sich, den Machthabern, den Spitzeln, den offiziellen und inoffiziellen Mitarbeitern dienstbar zu sein. Und kommt ums Leben. Ein Unfall, so heißt es. Im Nebel sei er beim Überqueren der Gleise von einem plötzlich herankommenden Zug erfasst worden. »Aber Jakob ist immer quer über die Gleise gegangen«, lautet der Zweifel des Erzählers, und damit beginnt die Wahrheitsumkreisung. Zahlreiche Stimmen aus unterschiedlichen Perspektiven beschreiben das Leben Jakobs bis zu seinem Tod. Der Leser weiß nie, wer gerade spricht. Es ist verwirrend. Langsam, ganz langsam entwirrt es sich. Und eine neue Geschichte entsteht. Eine Art Wahrheit. Über Jakob Abs. Und über die beiden Teile Deutschlands.

Große und kleine Geschichtsschreibung, eine gleichfalls präzise wie poetische Wirklichkeitsdarstellung, das hat den Schriftsteller Johnson vorangetrieben. Und das hat er in seinem Hauptwerk, dem vierbändigen Roman *Jahrestage* (4 Bände, 1970–83), zu einer Meisterschaft gebracht. Der Untertitel lautet »Aus dem Leben der Gesine Cresspahl«. Gesine war die Geliebte von Jakob Abs. 1933 im mecklenburgischen Jerichow geboren, floh sie 1953 nach Westdeutschland, 1961 in die USA, wo sie jetzt, zwischen dem 21. August 1967 und dem 20. August 1968, der Handlungszeit des Romans, als Bankangestellte arbeitet. Der Roman entsteht aus einem ständigen Gespräch. Zwischen Gesine und ihrer Tochter Marie, den Erinnerungen ihres Vaters, dem Kunsttischler, Berichten aus der New York Times, dem »Weltgewissen«, und den Bemerkungen des Autors Johnson. Der gemeinsam mit Gesine die Hauptarbeit zu leisten hat. Manchmal fallen sie sich ins Wort: »Wer erzählt hier eigentlich, Gesine?« »Wir beide. Das hörst du doch, Johnson.« Das poetische Verfahren, das die Zeitungswirklichkeit der Vereinigten Staaten der Jahre 1967/68 mit einer sich immer weiter der Gegenwart annähernden, erinnerten deutschen Vergangenheit ist fantastisch. Und wenn man sich erst einmal hineingelesen hat in das New-York-mecklenburgische Erinnerungswerk, kommt man so leicht nicht mehr heraus.

Dass den Schriftsteller Uwe Johnson auch im Leben das Misstrauen antrieb, hätte die Beendigung seines Riesenwerkes fast verhindert. Nach Vollendung des dritten Bandes verursachte eine von Johnson gemutmaßte Untreue seiner Frau eine schwere psychische und physische Krise. Er erlitt einen ersten Herzinfarkt und konnte nicht mehr schreiben. Johnson, der in dieser Zeit in England auf einer Themse-Insel lebt, verbeißt sich immer weiter in seine Schreckensmutmaßungen, verfällt mehr und mehr dem Alkohol und bezichtigt seine Frau öffentlich, ihn im Dienste des tschechischen Geheimdienstes ausspioniert zu haben. Sein Verleger Siegfried Unseld unternimmt alles, um Johnson wieder zum Schreiben zu bringen. Schließlich, zehn Jahre nach Vollendung des dritten Bandes, liegt das Werk vor. Kaum ein Jahr später stirbt der vereinsamte Johnson im Alter von 49 Jahren an Herzversagen. Erst knapp drei Wochen nach seinem Tod wird er in seinem Haus in Sheerness aufgefunden.

Könnte man sich dem Werk **Ingeborg Bachmanns** (1926–1973) etwas nüchterner nähern, wenn sie nicht gestorben wäre, wie sie gestorben ist? Müßige Frage. Der Tod kam nachts. Sie hatte Beruhigungsmittel genommen. Legte sich ins Bett. Allein. Mit einer brennenden Zigarette. Das Bett fing Feuer. Das Nachthemd fing Feuer. Ingeborg Bachmann ist verbrannt.

»Ihr Ungeheuer mit Namen Hans!« Das ist so ein Anfang. Der gewaltige Programmanfang der Erzählung *Undine geht* (*Das dreißigste Jahr,* 1961). Eine Männer-Erduldungs-Geschichte. Welt-Erduldungsgeschichte wie so viele im Werk Ingeborg Bachmanns. Die eigene Einsamkeit beklagend. Die undurchdringliche. Den Zwang, lieben zu müssen und dabei niemals glücklich zu werden. Die Unmöglichkeit, glücklich zu werden. Weil die Welt so ist. Weil die Männer so sind. Die Ungeheuer mit Namen Hans. Nicht zu wissen, »wie man Platz nimmt in einem anderen Leben«. Es ist ein Leidensbuch wie alle Bücher Ingeborg Bachmanns. Ein Leiden am Leben, das nicht zu trösten ist.

Oh, wie waren sie alle in sie verliebt, die Herren der Gruppe 47, als sie das erste Mal dort auftrat. Ja, das war ein Zauber. Ein Leidenszauber, Wörterzauber. Das hatten die Männer noch nicht gehört. Sie liebten sie alle. Und haben fast alle auch über sie geschrieben. Günter Grass und Erich Fried. Uwe Johnson hat eine Erzählung über sie geschrieben. Thomas Bernhard lässt sie als Joana in seinem Welt- und Kunstbetriebsbeschimpfungsbuch *Holzfällen* als einzige wahre Künstlerin auftreten, und Max Frisch natürlich, in seinem Selbstenthüllungsbuch *Montauk,* als Ingeborg, die große Liebe.

In Ingeborg Bachmanns Büchern wird viel gelitten und hoffnungslos geliebt. Die Frau ist die Schwache, die Leidende. Die flüchten muss. Die unverstanden bleibt. In ihrer Weiblichkeit und Weichheit. »Es war Mord«, das ist der letzte Satz ihres letzten veröffentlichten Buches, *Malina* (1971), Auftakt eines geplanten Zyklus, der den Titel »Todesarten« tragen sollte. »Es war Mord.« Die Männer haben die Erzählerin umgebracht. Der eine, Ivan, ist ein Lebemann, den sie liebt, der aber sie und ihre Schwäche, ihre Liebe zum Schmerz verlacht. Der andere ist ihr Vater, ein Über-Vater, Herrscher, Zerstörer und Tyrann. Der dritte ist Malina. Scheinbar verständnisvoll und einfühlsam, aber doch immer auch männlich überlegen, ungeduldig. Wissend. Am Ende verschwindet sie in einem Spalt in der Wand. »Es war Mord.« Die Männer haben sie ermordet.

Nur einer hätte ihr Retter sein können. Eine Märchengestalt. Der »Schwarze Ritter«, in Wahrheit ein Dichter. Die Gedichte, die er vorträgt, sind in Wahrheit von Paul Celan oder zumindest ganz ähnlich, und deshalb haben es viele als Liebeserklärung an den rumänischen Dichter gelesen. Aber auch er rettete sie nicht. Sie litt und starb.

Bei Max Frisch, der auch im wirklichen Leben mit Ingeborg Bachmann zusammenlebte, ist es in seiner Erzählung *Montauk* eher der Erzähler Max, der unter Ingeborg zu leiden hat. Der von ihr erniedrigt wird. Wenn sie »mit Hans Magnus« zusammen ihn verlässt. Wenn er bei ihrer Poetik-Vorlesung in Frankfurt in der ersten Reihe sitzen darf und ihren Mantel auf den Knien trägt. Und sie ihm verbietet, die Treffen der Gruppe 47 zu besuchen, weil das ihre Domäne sei. Der durch die Nacht von Rom nach Uetikon am See fährt, vierzehn Stunden lang, mit nur einem funktionierenden Scheinwerfer, übermüdet fährt und fährt, einmal schon über einem Abgrund pendelt, aber weiterfährt, nur um sie zu sehen, um in der Nacht bei ihr zu sein, und als er endlich bei ihr ist, fragt sie nur, warum er nicht wenigstens angerufen habe. So grausam und stark war Ingeborg. Aber das ist ja nur Literatur.

Und ihr Tod. Ihr einsamer Tod, brennend im Bett, das war die Wirklichkeit.

12 Wir sind die anderen!

Jörg Fauser, Drogenlebenzackzackzack. Hubert Fichte und die Welt gehört ihm. Arno Schmidt, deutscher Joyce mit Spaß in der Heide. Gert Ledig, die Wahrheit über den Krieg. Gisela Elsner, Kleopatra im Schnee. Marlen Haushofer und die gläserne Einsamkeit. Kurt Kusenberg, der Welt-Erfinder.

Das Wort hat jetzt ein anderer. **Jörg Fauser** (1944–1987), Junkie, Weltreisender, Krimiautor, Reporter, Rumhänger, Supermacho, Wirklichkeitsschriftsteller, schreibt über das Schreiben. Über das Anfangen: »Wenn einer anfängt zu schreiben, will er immer mit den Sätzen das Blau des Himmels runterholen. Er will den Kadaver unter den Rosen und im selben Absatz auch noch den Schatten des Pumas beim Sprung, und dann schon Liebe; wenn einer anfängt zu schreiben, will er alle Grenzen überschreiten und durch alle Tore, die zum Leben führen. Und er weiß noch nicht, dass er dafür bezahlen muss. Mit sich selbst. Mit Scham. Mit Fremde.« Faulkner: »Wenn es mir beim Schreiben helfen würde, würde ich meine Großmutter bestehlen.« Artaud: »Alles Geschriebene ist Sauerei.« Benn: »Ist Ausdruck Schuld? Es könnte sein.«

Ja, ja, ja. Manchmal kann Jörg Fauser vor lauter Männerkraft kaum gehen. Aber schreiben kann er immer. Seine Bücher sind schnell, klar, hart, kompromisslos, spannend, toll. Lesen muss man: *Der Schneemann* (1981), Drogenthriller, der Fauser, spätestens nach der Verfilmung mit Marius Müller-Westernhagen, zu einem Erfolgsautor machte, dann die Marlon-Brando-Biografie, das war sein Mann, und vor allem der autobiografische Roman *Rohstoff* (1984). Der Schriftsteller heißt da Harry Gelb, lebt im

Drogenrausch in Istanbul, während in Frankfurt die Studenten den Rausch in der Revolte suchen, er will schreiben, leben, Neues sehen, aufschreiben, überleben, zurückkehren, Schriftsteller werden. Anders als alle. »Ich war Anfänger. Alles, was bisher geschrieben worden war, zählte nicht. Das war ja auch der Sinn des Umschwungs, der Revolution, an die ich trotz der Berliner Depressionen nach wie vor glaubte: Wir mussten neue Inhalte suchen und für sie neue Ausdrucksmöglichkeiten. Eine neue Literatur. 1945 wäre es dafür auch Zeit gewesen, aber was hatten wir in Deutschland (West) dafür bekommen? Die Gruppe 47. Mit dem, was die Leute schrieben, hatte ich herzlich wenig am Hut. Aber auch die neuen Sachen, die Sarah mir ab und zu zeigte, fand ich ziemlich uninteressant. Clevere Studenten. Entweder feinsinnig gedrechselt oder im bombastischen Pathos verfasst, das ich vom SDS kannte. Eine neue Literatur war das nicht.«

Neue Literatur war nur Fauser. Und auf die Dauer geht einem die männlichkeitsbegeisterte Selbstfeier doch ganz ordentlich auf die Nerven. Aber Fauser war ein Anfang. Fauser war anders. Und starb viel zu früh. Als Fußgänger auf der Autobahn.

Hubert Fichte (1935–1986) hat die Welt in die deutsche Literatur hineingeholt. Das vor allem. Sein auf neunzehn Bände angelegtes Unendlichkeitsprojekt *Geschichte der Empfindlichkeit* (16 Bände, 1987 ff.) blieb unvollendet. Er ist nur fünfzig Jahre alt geworden. Er war der erste Popstar der deutschen Literatur. Als er 1968 seinen zweiten Roman *Die Palette* (1968) im Hamburger »Star-Club«, gleich gegenüber der früheren Rumhängerkneipe »Palette«, der Öffentlichkeit vorstellte, zur Musik von Ian and the Zodiacs und Ferre Grignard & Co, da fanden sich weit über tausend Zuhörer im Club ein und drei Fernsehteams, Radioreporter und viele hundert Fans warteten vor der Tür. Anwesende Literaturberichterstatter fragten sich besorgt, ob das gut gehen könne, so mit ernstem Lesen und Musik. Es ging gut. Es ging sehr, sehr gut. Mit etwas Glück kann man eine alte Ausgabe der *Palette* heute noch in Antiquariaten finden. Das Buch sieht sensationell aus. Fichte hatte das Cover selbst entworfen. Broschierter Umschlag, ganz in Gold und glänzend, und in der Mitte in Blasensphärenblubberschrift in Türkis und Hellgrün und Lila und Rosa Titel, Verlag, Name des Autors. Fertig. Ein herrliches Buch. Ein autobiografischer Bericht über das Rumhängen in Hamburg. Über Obdachlose, Drogenfreunde, Musiker, Träume vom Glück, über Jäcki, den Chef, widerständiges Leben, unangepasstes Leben, Männerliebe, Feiern und Erwachen. Und alles mit einer protokollarischen Präzision aufgeschrieben. Es war Fichtes zweiter Roman. Der erste hieß *Das Waisenhaus* (1965) und handelte von Hubert Fichtes Zeit im Waisenhaus, wo er, als Halbjude, 1943, von seiner Mutter im Alter von sieben Jahren abgegeben wurde. Es war ein katholisches Waisenhaus und für den protestantisch getauften Halbjuden ein traumatisches Einsamkeits- und Außenseitererlebnis. Aufgeschrieben hat er es selbstmitleidlos und präzise.

Danach fing er zu reisen an. Es wurde fast zu einer Sucht. Zu seiner Obsession. Zunächst Brasilien, immer wieder Brasilien. Dann die Karibik. Und Afrika. Fichte reiste. Fichte recherchierte. Und Fichte schrieb alles auf. Was verdient der Liftboy im Hotel? Was verdient ein Fischer? Wie hoch ist die Säuglingssterblichkeit? Wie kann ich den Präsidenten sprechen? Fichte trifft den blinden Borges und Salvador Allende, er trifft Außenminister und Botschafter, deutsche Auswanderer, Touristen, Geschäftsleute, Nutten, Stricher, Kinder, Trinker, Arbeiter und Rumsitzer. Manche kommen in seinen Büchern nur in einer Zeile vor. Mit manchen redet er und redet, und es wird ein ganzes, fünfhundertseitiges Buch daraus (*Wolli Indienfahrer,* 1978). Fichte weiß nichts, wenn er ein Land zum ersten Mal betritt. Fichte schaut, fragt und recherchiert. Nichts da mit höherer, poetischer, subjektiver, dichterischer Wahrheit. Die wahre Wahrheit sollte es sein. Fichte schreibt die Welt auf. »Hier war Goethe nicht«, schreibt er aus Bahia de Todos os Santos.

Manchmal geht es bei ihm auch etwas esoterisch zu bei seinen allzu besessen-tiefen Einblicken in afroamerikanische Religionsrituale. Da kann man schon mal weiterblättern. Und in manchen der Bücher, die er in seinen Reisepausen in Hamburg schrieb, mitunter präzise, sehr präzise schwule Stricher-Recherchen, muss man ihm wohl auch nicht in jedes Aufklärungsdetail hinein folgen. Auch da war der schwule Autor Hubert Fichte, der mit der Fotografin Eleonore Mau eine Frau als

Lebens- und Arbeitspartnerin hatte, obsessiv wissbegierig, bis ins verborgenste Detail.

Wissbegierig wie kaum ein zweiter deutscher Schriftsteller, das war **Arno Schmidt** (1914–1979). Aber ihn interessierte weniger die Welt dort draußen. Ihn interessierte die Literatur. Und alles, was in Büchern stand. Wirklichkeitsrecherchen für seine eigenen Bücher waren schnell abgeschlossen. Ein Tagesausflug an die Eider. Viele Fotos machen. Zurück nach Hause. In die Heide. Exzerpieren, sortieren. Auf Zettel schreiben. Immer wieder Neuigkeiten, alte Funde auf Zettel, Zettel, Zettel schreiben. Am Ende seines Lebens hatte er 120000 Zettel in seinen Zettelkästen versammelt. Auch ein Universum auf Papier. Da ließ sich prächtig reisen. »Und alles, was von außen kommt, ist, nachdem man genug gelebt hat, Störung!« Arno Schmidt hatte 1965, im Alter von einundfünfzig Jahren genug gelebt. Auch zu den wenigen Bekannten brach er den Kontakt ab. Selbst Briefkontakt. Seine Frau Alice wohnte oben, in dem kleinen Haus in Bargfeld, in der Lüneburger Heide, unterm Dach. Vom Dichterbereich durch eine Falltür getrennt. Die beiden sprachen nur das Nötigste über ein Neckermann-Haustelefon. Für den Fall, dass sie einmal Besuch bekam, wurde ein Wohnwagen neben dem Haus aufgestellt. Das Telefon kam unters Dach. Das seltene Klingeln störte ihn. Arno Schmidt brauchte absolute Ruhe.

Es gibt ja sehr, sehr viele, die Größtes von ihm halten. Allerdings wohl niemand ganz so viel wie Arno Schmidt selbst. In der Erzählung *Goethe und einer seiner Bewunderer* (*Dya Na Sore. Gespräche in einer Bibliothek,* 1957) möchte der von den Toten auferstandene Geheimrat wissen, was sich so getan habe seit seinem Tod. Wer so die besten Dichter seien. Der Erzähler, Arno Schmidt, zählt manche Namen auf. Nietzsche, Hauptmann, Brecht. Und schließlich: »Pause. Pause / : ›Schmidt.‹ ›Schmidt?? – ach so‹ sagte er gnädig, als ich stumm auf mich wies, und schmunzelte verständnisvoll: Gut. – sogar sehr gut!« Ja, das ist Ironie! Und ist es nicht. Schmidt ist einer der witzigsten, ironischsten, auch selbstironischsten deutschen Schriftsteller. Der größte Wortschöpfer und Grammatikdehner, Sprachbeherrscher, Spracherfinder. Der erste, der das große, schwere Thema der Vertreibungen in einem

Buch (*Die Umsiedler,* 1953) bändigte, der wunderbare Alltags-
und skurrile Kopfgeschichten aus der Darmstädter Inselstraße
schrieb. Und arbeitete und produktiv war wie kaum ein anderer Autor jener Jahre. Noch vor den Inselstraßen-Geschichten
erschienen in rascher Folge *Aus dem Leben eines Fauns* (1953),
Seelandschaft mit Pocahontas (1955), *Kosmas* (1955), *Das steinerne
Herz* (1954) und *Die Gelehrtenrepublik* (1957). Und dann zog er
in die Heide, nach Bargfeld, wo er zunächst die Karl-May-Stu-
die (sein Lieblingsschriftsteller) *Sitara* (1963) fertig stellte und
die gesammelten Werke Edgar Allen Poe's übersetzte. Und sich
vollkommen zurückzog und mit *Zettels Traum* (1970) begann.
Diesem unverständlichen Gewalträtselbuch. Menschen, die
Schmidt zu ihrer Lebenswissenschaft gemacht haben, sagen, es
sei ein Genuss, dies alles zu dechiffrieren, die 1334 dreispaltig
unterteilten Manuskriptblätter, die als Faksimile herausgegeben
wurden, langsam, langsam zu verstehen, all die Millionen Rätsel
herauszulösen, die der Meister da hineingelegt hat. Aber – da
gibt es unterschiedliche Standpunkte. Also, das Buch jedenfalls
beginnt so: In der linken Spalte steht in der ersten Zeile: »:›Anna
Muh=Muh !‹ –« In der mittleren Spalte steht, von vielen »X«
umkränzt: »› – :king !‹–« und darunter: »Nebel schelmenzünft-
ich. 1 erster DianenSchlag; (LerchenPrikkel).« Und in der rechten Spalte: »(? : NOAH POKE? (oder fu=?))« Und das ist also
die erste Zeile von einem großen Manuskriptblatt. Vielleicht
hätte Arno Schmidt ein wenig Kontakt mit der Außenwelt doch
nicht geschadet. Aber wie gesagt, es gibt Menschen, die sagen,
sie hätten es durchgearbeitet und es steckten sehr viele Weishei-
ten darin.

So gründlich wie **Gert Ledig** (1921–1999) ist kein zweiter deutscher Erfolgsautor nach dem Krieg aus den Annalen der Literatur gestrichen worden. In den drei Jahren von 1955 bis 1957 hat
er drei Romane bei drei verschiedenen Verlagen veröffentlicht.
Der erste wurde umjubelt, als bester deutscher Kriegsroman
gefeiert und in die ganze Welt verkauft, der zweite wurde beschimpft, bespuckt und wütend verrissen, der dritte kaum noch
bemerkt. Ein vierter Roman fand keinen Verlag mehr. Gert Ledig verfasste dann psychologische Handbücher und billige Kri-

mis unter Pseudonym und arbeitete in einem Ingenieurbüro in München. Dass er irgendwann einmal ein berühmter Schriftsteller war, hat er mit der Zeit fast selber vergessen. Aber bevor er die Literaturbühne endgültig verließ, hat er der blinden deutschen Literaturkritik noch einmal deutlich gesagt, was er von ihr hält: »Durch Geschrei gleicht sie aus, was ihr an Erkenntnisvermögen abgeht«, schreibt er da, und dass die meisten einen »Stil des eleganten Bluffs« pflegten, den Moden hinterhereiferten, ohne Sinn für Qualität, ohne Integrität, ohne eigene Gedanken: »Der Punkt ist das am wenigsten von ihnen benutzte Satzzeichen, denn es beendet immer eine Aussage. Auszusagen haben sie nichts.« Und dann war Schluss. Den Schriftsteller Gert Ledig gab es nicht mehr. Das so genannte *Kritische Lexikon zur deutschsprachigen Gegenwartsliteratur*, das auf mehreren tausend Seiten in neun dicken Bänden auch noch den letzten, den unbekanntesten deutschen Nebenautor mit nur einem unverkauften Gedichtbändchen verzeichnet, sparte bis zum Ende der neunziger Jahre diesen Autor aus, und auch das 2003 neu herausgegebene, tausendvierhundertseitige *Lexikon der deutschsprachigen Gegenwartsliteratur* des Nymphenburger Verlags weiß von keinem Gert Ledig. Es war, als hätte es ihn nie gegeben.

Gert Ledig wird 1921 in Leipzig geboren, siedelt nach Wien über, wo sein Vater eine Maschinenfabrik leitet, geht bald nur mit seiner Mutter zurück nach Leipzig, lebt bei den Großeltern, vom Vater und von einer Tante finanziell unterstützt. Als er dreizehn ist, nimmt die Tante sich das Leben, als er siebzehn ist, bringen seine Mutter und seine Großmutter sich um. Ein Jahr später beginnt der große Krieg, Ledig meldet sich freiwillig, wird schnell befördert und ebenso schnell wegen Hetzreden inhaftiert. Er kämpft erst an der Westfront, dann an der Ostfront, wird verwundet, kommt ins Lazarett und wieder zurück ins Kriegsgeschehen, wird wieder verwundet, 1942, und diesmal so schwer, dass er nicht zurück muss. Den halben Kiefer hat man ihm weggeschossen. Schließlich arbeitet er in Bayern in der Kriegsindustrie und erlebt die Bombenangriffe auf München. Nach dem Krieg tritt er in die KPD ein und reist durch die sowjetisch besetzte Zone, um zu prüfen, ob hier seine Zukunft liegen könne. Aber die Dummheit der politischen Funktionäre schreckt ihn ab. Er geht zurück in den Westen und beginnt zu schreiben. Sein erstes Buch berichtet vom Krieg in Russland, von einem sinnlosen Kampf um eine Anhöhe bei Leningrad im Jahr 1942. Es ist so hart, so schonungslos, so schnell und wahr und kalt und aussichtslos geschrieben. Überall Leichen, sinnlose Befehle, unendliches Sterben, präzise und erbarmungslos. Geschrieben von einem, der dabei war, das liest man in jeder Zeile. Und manches, denkt man beim Lesen, will man so genau auch gar nicht wissen, aber Ledig muss es schreiben, wenn er die Wahrheit schreiben will. »Er roch vier Wochen süßlich. Bis nur noch die Knochen von ihm im Waldgras herumlagen. Zu einem Grab kam er nie. Zwei Tage, nachdem der Obergefreite die Hände verloren hatte, unterschrieb sein Hauptmann eine Meldung. Der Feldwebel hatte sie schon vorbereitet.«

An fünfzig Verlage hat Ledig sein Manuskript des Schreckens geschickt. Alle lehnten ab. Bis auf einen, den Hamburger Verleger Eugen Claassen. Der nahm an und brachte das Buch, obwohl er genau wusste, dass die Menschen damals von Kriegsberichten unbedingt verschont werden wollten. Aber er hatte den Mut, glaubte an das Buch, und es wurde ein großer Erfolg, die Kritik feiert es als »bestes Kriegsbuch«. Wolfgang Koeppen schrieb: »Ich finde es so ungeheuerlich wie großartig.« Heinrich Böll bemerkte begeistert, der Roman genüge hohen literarischen Ansprüchen, »nicht ein einziges Mal wird der Zeigefinger erhoben und kein Wort fällt von der verlorenen Generation«. Es wurde nach England, Holland, Frankreich, Schweden, Japan und die USA verkauft. Eine Sensation für einen literarischen Erstling.

Er wird zur Gruppe 47 eingeladen. Aber er sagt ab. Wie er auch Kästner und seinem PEN-Club absagt. Das sei nur »Gequassel«. An Hans Werner Richter schreibt er: »Lieber Herr Richter, ich danke Ihnen für die Einladung nach Berlin, aber ich muss Ihnen absagen. Meine ›Stalinorgel‹ war nur eine Kampfschrift. Alles andere ist ein Missverständnis. Natürlich werde ich weiter Kampfschriften schreiben. Wie aber soll ich neben einer Aichinger bestehen – um nur einen Namen zu nennen. Verzeihen Sie mir dieses Geständnis und behalten Sie mich in guter Erinnerung. Ich werde immer Freunde nötig haben. Sie und die Gruppe wären die besten, die ich mir wünschen könnte.« Später ist er doch ein-, zweimal zu Treffen der Gruppe gegangen. Er bleibt aber ein Außenseiter, gehört nicht dazu.

Und Ledig schrieb weiter. Er war einer der wenigen, die das Grauen zu Hause und an der Front erlebt haben. Jetzt war der Bombenkrieg in Deutschland dran. *Vergeltung* (1956) ist ein unglaubliches Buch. Hatte *Stalinorgel* (1955) zwei Tage des Schreckens festgehalten, beschreibt *Vergeltung* nur 69 Minuten. Unendliche Minuten unfassbaren Grauens. Ledig hat die Handlung des Buches in Schichten unterteilt. Oben die amerikanischen Bombengeschwader, die Bombenflieger und ihre Gedanken, ihre Funksprüche, ihre Aktionen, darunter Fallschirmspringer und ihre Panik vor der Landung, vor dem Sturz, vor der Gefangenschaft, der standrechtlichen Erschießung, dann die deutschen Flakhelfer und schließlich die Menschen in den Kellern, die Verschütteten, die langsam Erstickenden, das Sterben, das Morden überall. Das ist fast nicht erträglich. Unterbrochen werden die Kapitel von kurzen Lebensberichten der gerade Sterbenden. Das Buch ist so wahr, schrecklich und intensiv, dass es kein Wunder ist, wenn die Menschen in Deutschland es damals, 1956, nicht lesen wollten. Und man kann auch verstehen, wieso der Claassen-Verlag dieses Buch nicht machen wollte. Aber dass die Kritik, als es schließlich bei S. Fischer herauskam, komplett so erbärmlich danebenlag, das kann man nur mit einem Angstreflex oder mit Dummheit erklären. Denn von »gekünsteltem Hackstil«, von »gewollt makabrer Schreckensmalerei« und von »verantwortungsloser Skandalschreiberei« ist da nichts zu finden im Buch. Nichts zielt bewusst auf einen Skandal. Der Skandal war die Wahrheit, und die wollte damals niemand hören oder lesen. Heute erst kann man von Glück reden, dass einer, der dabei war, einer, der das alles miterlebt hat und einen so großen Willen zur Wahrheit und zur Schonungslosigkeit besitzt, dass so einer wie Gert Ledig das aufgeschrieben hat. Als große Literatur.

Es folgte noch sein Nachkriegsroman *Faustrecht* (1957), aber sein Vergehen, den Deutschen ihr Elend ins Gedächtnis zurückzurufen, war zu groß. Es wurde kaum bemerkt und kaum besprochen. Mit dem Schriftsteller Gert Ledig war es vorbei.

Erst mehr als vierzig Jahre später, als der in England lebende deutsche Autor W. G. Sebald die Debatte um den Luftkrieg

71

und die deutsche Literatur begonnen hatte und den deutschen Schriftstellern vorwarf, sie hätten das große Leid der eigenen Bevölkerung einfach verschwiegen, da erinnerten sich einige an Gert Ledig und dass es nicht die deutschen Schriftsteller waren, die das Leid verschwiegen hatten, sondern dass es die Leser waren, die Leser und die Kritiker, die dieses Kapitel deutscher Geschichte mit aller Macht aus dem Gedächtnis der deutschen Literatur streichen wollten.

Der Literaturkritiker Volker Hage hat den alten Gert Ledig 1998 in Utting am Ammersee aufgespürt, wo er allein mit seiner Katze lebte und etwas amüsiert seine plötzliche Wiederentdeckung registrierte. Er habe *Vergeltung* jetzt nach all den Jahren noch einmal wieder gelesen. »Eigentlich gar nicht so übel«, hat er gesagt und gelächelt. Dann hat er gesagt, dass er für einen Moment darüber nachgedacht habe, über den Krieg in Kroatien ein Buch zu schreiben. »Aber es ging nicht. Zu viel Distanz. Die Angst muss dir selbst im Genick sitzen, du musst das genau kennen. Sonst bist du bloß ein Berichterstatter, kein Schriftsteller.«

Ein Jahr später wurde *Vergeltung* mit großem Erfolg wieder aufgelegt. Gert Ledig hat es nicht mehr erlebt. Er ist wenige Monate zuvor in Landsberg am Lech gestorben.

Da ist dieses Bild: Eine Frau in Schwarz-Weiß, mit bauschigkantiger Kleopatra-Frisur stakst unbeholfen über einen schneebedeckten Acker. In der Ferne Hochhäuser. Ihre Strumpfhose ist zerrissen. Sie saugt gierig an einer Zigarette. Dann an der nächsten. Schaut auf den Boden. Ein weiter Weg. Der Film, den der Regisseur Oskar Roehler über seine Mutter **Gisela Elsner** (1937–1992) drehte, kam im Jahr 2000 in die Kinos. Acht Jahre vorher hatte sie sich umgebracht. Jetzt war sie schon fast vergessen. Das Bild bleibt. Und ein anderes. Die Frau, gealtert, abends an der Bar, raucht, trinkt, findet die Blicke eines jungen, zarten, schönen Mannes, sie, fast stolz, folgt ihm auf sein Zimmer, und da erfährt sie, dass sie bezahlen muss für ihn.

Die Lebensgeschichte der Gisela Elsner ist eine traurige Geschichte. Die Geschichte ihres Schreibens ist die einer Radikalisierung. Schon als sie siebenundzwanzig ist, erscheint ihr erster Roman. *Die Riesenzwerge* (1964), die Schilderung eines Mons-

tervaters aus der Sicht seines Sohnes Lothar. Ein grotesk über-
zeichneter Alltag. Alles am Vater ist monströs. Er isst Erbsen, als
zermalme er seine Kinder. Sie hat Erfolg, erzählt weiter Familien-
geschichten als Albtraumgeschichten. In ihrer vielleicht besten,
Die Zähmung (1984), tauschen Mann und Frau die Rollen. Der
bescheidene, erfolgreiche Schriftsteller Alfred Giggenbacher
und seine machtgierige Frau Bettina. Ein Geschlechterkostüm-
tausch. Mit subtiler, erbarmungsloser Alltagsgewalt.

Doch Gisela Elsner entfernt sich mit ihren Schreckensgeschich-
ten in sperriger Syntax immer weiter von ihrem Publikum. Mit
wachsender Einsamkeit geht eine stetig voranschreitende Radikalisierung einher. Ihr vorletzter Roman *Heilig Blut* (1988) findet
in beiden Teilen Deutschlands keinen Verlag mehr und wird nur
noch in der Sowjetunion gedruckt. Elsner, die das politische System der DDR stets als das bessere empfunden hat, tritt im Juni
1989 aus der westdeutschen DKP aus, der sie Verweichlichung
und schleichende Sozialdemokratisierung vorwirft.

Ihr letzter Roman *Fliegeralarm* (1989) wird noch einmal in der
BRD veröffentlicht. Es ist Krieg. Eltern zittern im Luftschutzkel-
ler vor dem nächsten Fliegerangriff, den die Kinder sehnsüchtig
erwarten. Sie spielen SS und SA, bauen sich ein KZ, in dem sie
einen kleinen Feind zu Tode quälen. Ein letzter, radikaler Rol-
lentauschroman. Die Kritik schweigt dazu oder verreißt ihn gnadenlos. Am 13. Mai 1992 nimmt Gisela Elsner sich das Leben.

Das hier war ein ruhigeres Leben. Und ein ruhigeres Schreiben
auch. Die Entschiedenheit und die Verzweiflung kommen bei-
läufig daher. In den Büchern von **Marlen Haushofer** (1920–1970).
Brave Ehefrau, Mutter, Hausfrau, Ordinationshilfe ihres Mannes,
eines Zahnarztes. Einmal ließ sie sich scheiden. Aber schon zwei
Jahre später war sie wieder verheiratet. Mit demselben Mann.
Ihre Bücher sind Einsamkeitsbücher aus dem Eheleben, Bücher
über das Alleinsein in der Familie, das Alleinsein in der Welt. Ihr
bestes Buch ist *Die Wand*. Eine Frau findet sich eines Tages allein hinter einer unsichtbaren Glaswand wieder. Die Welt ist da
draußen. Sie nicht. Ihre Seite der Welt ist leer. Sie ist allein. So
allein, wie man nur sein kann auf der Welt. Als es erschien, 1963,
wurde es kaum bemerkt. Erst die Wiederauflage 1983 brachte

73

großen Erfolg. Weil man die ganzen Endzeitängste der achtziger Jahre da hineinlesen konnte. Aber das Buch ist auch ohne politische Parabeldeutung beklemmend und traurig und ruhig und in aller Unwahrscheinlichkeit wahr. Es ist auch ein Liebesbuch. Über die Unmöglichkeit, zu zweit zu sein. Und das Trotzdem-Lieben. Gegen alle Vernunft. Oder mit ihr? Einmal hat Marlen Haushofer geschrieben: »Es gibt keine vernünftigere Regung als die Liebe … Nur, wir hätten rechtzeitig erkennen sollen, dass dies unsere einzige Möglichkeit war, unsere einzige Hoffnung auf ein besseres Leben … Für ein unendliches Heer von Toten ist die einzige Möglichkeit des Menschen für immer vertan … Ich kann nicht verstehen, warum wir den falschen Weg einschlagen mussten. Ich weiß nur, dass es zu spät ist.«

Das war ein Jahr vor seinem Tod. **Kurt Kusenbergs** (1904–1983) Tochter war neun Monate fort gewesen, in Amerika. Sie war sechsundzwanzig Jahre alt. Ihr Vater siebenundsiebzig. Niemand hatte sie vom Flughafen abgeholt. Ihre Mutter war auf einer anderen Reise. Sie nahm ein Taxi, kam nach Hause. Alles still. Sie öffnet die Tür zu seinem Arbeitszimmer. Er sitzt mit dem Rücken zur Tür am Schreibtisch, raucht und sieht aus dem Fenster. Seine Tochter weint, weil er so einsam aussieht, wie sie sich fühlt. Als sie ihm die Hand auf die Schulter legt, sagt er nur: »Ach, da bist du ja. Sag mal, hast du eine Ahnung, wo meine Brille sein könnte?«

Kurt Kusenberg lebt in seiner eigenen Welt. In der Welt seiner Geschichten. Es sind alles Geschichten aus einer Welt knapp neben der so genannten Wirklichkeit. Es sind Traumtänzer-Geschichten. Berichte eines weichen Wahns. Von großer Fantasie und stets präsenter Wundermöglichkeit. Es sind Geschichten, wie sie in Deutschland kein anderer geschrieben hat. Die schönste heißt *Wein auf Lebenszeit* (1955) und handelt von zwei großen alten Trinkern und Alltagsphilosophen, Weinfreunden und Weltweisen. Sie haben ihr Leben bis zum Ende berechnet, und die Rechnung ergab, sie hätten genug Wein bis zum Tod, gelagert in einem großen, alten Fass. Allein: Sie leben zu lange. Der Wein geht zur Neige. Schließlich betrinken sie sich mit unsichtbarem Wein, herrlicher und ausgelassener denn je. Bis die ob der lautstarken, unsichtbaren Zecherei empfindlich gestörten Nachfahren der Weltphilosophen ihnen endlich wieder echten Wein zur Verfügung stellen – auf Lebenszeit.

Anromantisieren hat Novalis das Verfahren genannt. Die Welt der Wirklichkeit muss sich der Welt der Dichtung nach und nach angleichen. Durch beharrliches, romantisches Dichten, durch romantische Wirklichkeitsdarstellung in der Kunst. Das Unsichtbare muss sichtbar werden. Das Unwirkliche wirklich. Der Scheinwein echt.

Kurt Kusenberg war ein großer Romantiker und ein wunderbarer Geschichtenerzähler.

Schreiben statt kämpfen | 13

Bernward Vesper, kurz vor dem Wahnsinn. Hermann Burger,
Ferrari und Verzweiflung. Rolf Dieter Brinkmann, unterwegs in
ein anderes Blau. Wolf Wondratschek, einsamer Boxer, große
Show

Das ist doch Wahnsinn: Als der Großnazidichter Will Vesper 1962 stirbt, flüstert ihm sein Sohn Bernward auf dem Totenbett noch einen Namen ins Ohr: »Gudrun«, der Name seiner neuen Freundin. So hat er das zumindest später in seinem Buch *Die Reise* geschildert. **Bernward Vesper** (1938–1971) ist verliebt. Das sollte sein Vater noch schnell wissen. Jene »Gudrun« ist Gudrun Ensslin, spätere Lebens- und Kampfgefährtin Andreas Baaders, die gemeinsam ein ganzes Land erzittern lassen werden. Doch zunächst wollen jene beiden, Gudrun und Bernward, gar nichts erzittern lassen, sondern bemühen sich um einen Verlag für die Nazigedichte des Verstorbenen. Ohne Erfolg. Bernward Vesper selbst hat schon im Alter von fünfzehn Jahren deutsch-nationale Lyrik in rechten Heften wie dem »Landser« veröffentlicht. Doch jetzt, langsam, in den Jahren nach dem Tod des Vaters, wandelt sich das politische Bewusstsein des Sohnes. Er gibt 1964 zusammen mit Gudrun Ensslin im Selbstverlag die Anthologie

Gegen den Tod. Stimmen deutscher Schriftsteller gegen die Atombombe mit Beiträgen von Hans Henny Jahnn, Bert Brecht und Anna Seghers heraus. Ein Jahr später engagieren sich die beiden im von Günter Grass angeregten SPD-Wahlkontor. Ein weiteres Jahr später will Bernward Vesper mit liberaler Sozialdemokratie nichts mehr zu tun haben und gründet die »radikaldemokratischen« *Voltaire-Flugschriften,* eine linke, pazifistische, antikapitalistische Schriftenreihe, die Pioniercharakter für all die unzähligen linken Kampf- und Weltverbesserungsorgane der späten sechziger und siebziger Jahre haben sollte. Der Weg von Vesper und Ensslin, die inzwischen ein gemeinsames Kind haben, ist der einer steten Radikalisierung in Richtung Links. Doch als Ensslin sich Andreas Baader anschließt und bald darauf in den Untergrund geht, bleibt Vesper mit dem gemeinsamen Sohn Felix zurück. Er geht auf Reisen in die Welt, in die Türkei, nimmt Drogen, viele Drogen, hadert mit dem Leben, bedenkt und beklagt seine Familienvergangenheit, die Kindheit auf dem Land, den vom Faschismus besessenen Vater, der dem Sohn verbot, das Geschenk eines jüdischen Mitschülers anzunehmen, der Katzen als »undeutsche Tiere« erschoss. All das bedenkt Vesper. Und all das schreibt er auf. In einem unglaublichen Buch. Einem »Romanessay«, wie es im Untertitel heißt: *Die Reise* (1977). Das ist ein Buch wie sonst keins. Das ist deutsche Geschichte. Das ist ein Kampfbuch. Ein Drogenbuch. Ein schnelles Buch und eine Chronik. Eine Chronik der deutschen Geschichte vom Faschismus über die Befreiung durch die Alliierten zur westdeutschen Restauration und zu den folgenden politischen Gegenbewegungen bis hin zum radikalen Kampf. Das alles als Familiengeschichte, als Entwicklungsroman, als Selbsterkundung, als Reise ins tiefe, innerste Ich. Auch als exemplarische Generationsgeschichte. »Wir Kinder von Murks und Coca-Cola«.

Drei Geschichten laufen parallel. Eine Reisegeschichte von Dubrovnik nach Tübingen. Eine Drogengeschichte in bizarre Wirklichkeitsbereiche. Und die Familiengeschichte, Vatergeschichte, die mit der Zeit immer mehr Raum einnimmt. Diese immer weiterreichende Selbst- und Welterkundung war prinzipiell nicht abzuschließen. Die letzten Seiten schreibt Vesper in einer psychiatrischen Klinik in Hamburg, wo er am 15. Mai

1971 Selbstmord begeht. *Die Reise* erschien erst 1977 und wurde als radikales Heils- und Erkenntnisbuch der Linken gefeiert, gekauft und gelesen.

Und noch ein Selbstmörder: **Hermann Burger** (1942–1989). Der musste sich nach seinem Tod sogar von oberschlauen Nachrufern sagen lassen, sein Tod sei eine letzte Hommage an den kurz zuvor verstorbenen Thomas Bernhard, seinen großen »Prosa-Lehrmeister«. Nur ein Jahr vor seinem selbst gewählten Tod kommt das Buch *Tractatus logico-suicidalis – Über die Selbsttötung* (1988) heraus. Darin schreibt er: »Der Selbstmord als Abschluss einer Krankheitskarriere wäre ein ›opus magnum‹.« Also schön.

Burger hat immer öffentlich gelitten. Er hat öffentlich gelebt. Seine Depressionen waren ein öffentliches Leid. Seine Autos ein öffentliches Glück. Und am Ende, ähnlich wie Uwe Johnson, hat er aufs Rabiateste öffentlich mit seiner Frau abgerechnet, die sich von ihm scheiden ließ. Hat mit der Kirche abgerechnet, die den Mietvertrag für das von ihm bewohnte Pfarrhaus nicht verlängern wollte. Wurde in seinen öffentlichen Äußerungen wie auch in seinen letzten Prosatexten immer schriller, immer lauter. Verzweifelt. Dem Tode nah.

Das war schon sein erster Roman: *Schilten – Schulbericht zuhanden der Inspektorenkonferenz* (1976). Ein Roman am Rande des Todes: Eine Volksschule in einem abgelegenen aargauischen Gebirgsdorf steht in direkter Nachbarschaft des Dorffriedhofs. Der Dorfschullehrer Peter Stirner, der hier unter dem Pseudonym Armin Schildknecht unterrichtet, stimmt seine Lehrstunden ganz auf die Friedhofsnachbarschaft ab. Er unterrichtet »Todeskunde« statt Heimatkunde, belehrt die Schüler in Todesarten, lässt den Friedhof permanent beobachten. Gegen die Verwarnungen der Schulbehörden schreibt er in zunehmend wahnhaften Rechtfertigungsschreiben an. Immer tiefer verstrickt er sich in seinen Todesbelehrungskampf, und auch nach seiner Entlassung kann er die Rechtfertigungsberichte an die höheren Instanzen nicht unterlassen. Er schreibt und schreibt und es ist längst ein Kampf um die eigene Identität geworden. Scheinbar souverän gelingt es Stirner noch, die Lebensversicherung seines Alter Ego, des angeblich verschollenen Schildknecht, zu kassieren, aber die Persönlichkeit ist entzwei. Je radikaler er gegen den Todessog angeschrieben hat, desto tiefer ist er hineingeraten. Das Schreiben hat ihn nicht gerettet.

Burgers Geschichten sind Krankheitsgeschichten. Verzweifelt und komisch. Eine Lesefreude. »Der Leser«, hat er einmal gesagt, »sieht mir beim Schreiben immer über die Schulter.« Und Burger schaut zurück, schaut, ob sich der Leser langweilt, ob er lacht, ob er die Burger-Werke gerne liest. Welcher Autor gibt das schon zu? Und: Wer schreibt auch so?

Burgers Wortschöpfungen, Assoziationserstaunlichkeiten, Sinnverknüpfungen, die er in einer einzigen seiner Geschichten hervorbringt, würden anderen Autoren für ein Lebenswerk reichen. Zum Beispiel die des Zauberers Diabelli, der um sein Leben zaubert und zaubert, nur um eines Tages seine tote Mutter wieder lebendig zu zaubern. Oder der an »Morbus Lexis«, an »Leselosigkeit« erkrankte Briefschreiber aus *Blankenburg* (1986), sein Traum von einer ganzen Welt in Büchern, von der Aufhebung der Trennung zwischen Kunst und Leben. Immer weiter ist er schreibend in seiner Leselosigkeit gefangen. Der Leser, an den er sich richtet, darf den Mann nicht aufgeben. Er muss weiterlesen, sonst ist der Autor verloren. »Lesen Sie mich hinaus«, fleht er seine Geliebte an. Das Hinauslesen aus der Krankheit scheitert. Die Leselosigkeit siegt. Und Burger stirbt.

Aber wir haben seine Bücher.

Dieser Mann war eine Waffe. Dieser Mann war der Hass und die Liebe. Diesem Mann war das Leben nicht genug: »Wer hat gesagt, dass so was Leben / Ist? Ich gehe in ein / anderes Blau.« (*Westwärts 1 & 2,* 1975) Das ist **Rolf Dieter Brinkmann** (1940–1975). Vielleicht der einzige wirkliche Revolutionär der deutschen Nachkriegsliteratur. Geboren in Vechta im Oldenburgischen. »Ich will werden, was immer das ist.« Hinaus. Hinaus. Das Leben ist anderswo. Das Leben ist jetzt. Niemand hat die Gegenwart so ernst genommen wie er, das Leben, die Menschen, die Musik, die Straßen, die Filme, den Schmutz der Gegenwart. Das Hier. Das Heute. Alles aufgeschrieben. Und dabei so radikal und unbedingt ein anderes Leben eingefordert. Eine andere Literatur. Andere Menschen. Andere Gedichte.

Sein spektakulärster Auftritt: 1968. Eine Tagung von Literaturkritikern. Er traf Marcel Reich-Ranicki. Das Monument der deutschen Kritik. »Wenn dieses Buch ein Maschinengewehr wäre, würde ich Sie über den Haufen schießen!« Es war kein Gewehr. Zum Glück. Und als Brinkmann sieben Jahre später starb, schrieb Reich-Ranicki: »Und ein Poet war er doch.« Oh ja. Unser Poet. Mein Poet. Man kann nicht sagen, dass er Erfolg hatte, damals. Mit seinen ersten Gedichtbänden, seinen Erzählungen, seinem autobiografischen Roman *Keiner weiß mehr* (1968). Sein erfolgreichstes Buch hat er nur herausgegeben: *ACID. Neue amerikanische Szene* (1969). William S. Burroughs, Charles Bukowski, Leslie A. Fiedler tauchen hier erstmals in deutscher Übersetzung auf. Zwischendurch immer wieder lange kein Schreiben. Fluchten. Nach Austin. In Hunsrücker Mühlen. Nach Rom. »Schrotti überall«. Villa Massimo. Stipendiatenparadies deutscher Dichter. Die er alle verachtet. »Künstler der Bundesrepublik, weg damit.« Wo seine fantastische Postkarten-, Notizen-, Mitschriften-, Beschimpfungssammlung *Rom, Blicke* entsteht, die erst 1979, vier Jahre nach seinem Tod, erscheint. Und immer wieder: Jetzt mal bitte nicht dichten – leben: »Man kann so viel besseres machen, als beispielsweise lange an einem Gedicht herumzubosseln – in der Stadt herumgehen, Zeitung lesen, ins Kino gehen, ficken, in der Nase bohren, Schallplatten hören, mit Leuten dumm herumreden …« Dies lässig, nebenbei fallen gelassene »ficken«. Kleine Zwischenprovokation im Adenauer-Deutschland. Und dann doch wieder Bosseln am nächsten Gedicht. An der nächsten Zeile. Gegen die Welt. »To a world, filled with compromise, we make no contributions.« Brinkmann kann man singen. Das ist diese Popsache, von der immer alle reden und mit der Brinkmann den Anfang gemacht haben soll. Gedichte, die »irdischer Rock 'n' Roll sind«. Das hat er gefordert. Das hat er gedichtet. Heiner Müller: »Ich finde, das einzige Genie, in dieser Literatur hier, war der Brinkmann. Was er geschrieben hat, ist wirklich ein Dokument dieses Landes (der BRD).« Dagegen der damals linke Wachtmeister Martin Walser: »Bewusstseinspräparate für eine neue Form des Faschismus.« Aha. Danke.

Brinkmann wollte leben. »Man muss sich auf allen Ebenen immer gegen dieses Sterben wehren.« Ein Satz aus seinem Nach-

lass, aus dem Roman, an dem er bosselte und bosselte, bis der
Taxifahrer ihn umgenietet hat. In London. Und das Sichwehren
ein Ende hatte. Rolf Dieter Brinkmann wurde fünfunddreißig
Jahre alt.

»Ich bin ganz schlecht in Interviews«, hatte er am Telefon gesagt
und wenn wir da etwas Niveau reinbekommen wollen, in das Gespräch, solle ich ihm meine Fragen vor meinem Besuch doch einfach zuschicken. Er beantworte die dann in Ruhe und zu Beginn
des Treffens würde er mir die fertigen Antworten übergeben.
Sehr komisch. Also erstens hatte man bislang von mangeln-
dem Selbstbewusstsein und mangelnder Geistesschärfe des Dichters **Wolf Wondratschek** (*1949) im Gespräch wahrlich noch nichts
gehört und zweitens – wozu soll wohl dann noch ein Gespräch
gut sein, das man auf der Grundlage vorher mühsam ausgefeilter
Fertigformulierungen führt. Aber schön. Er ist der Dichter. Ich
will ihn treffen. Seine Regeln. Gut. Zehn, zwölf Fragen schicke
ich ihm zu. Über sein neues Buch, den leuchtend-traurig-schö-
nen Erzählungsband *Saint Tropez* (2004), über die alten Bücher,
die legendären Gedichtbände der siebziger Jahre, *Chucks Zimmer*
(1974) und so, diese Wahnsinnsgedichte, die er zuerst nur so für
sich und seine Freunde im Privatdruck hergestellt hatte und die
sich in kurzer Zeit danach mehr als 100 000-mal verkauft haben. Über seine Kampfanfänge auf den 67er-Barrikaden, seine
Freundschaft mit Cohn-Bendit, die Liebe zu Nabokov, zu den
Frauen, den Umzug, den Rückzug von München nach Wien vor
Jahren und seine Rückkehr jetzt, hierher nach Schwabing.
»Ich wohne zurzeit bei meiner Freundin«, hatte er gesagt und:
»Sie wissen schon – die Kelly aus den ›Kelly Briefe.‹« Und ja, ich
weiß natürlich, der Briefroman (1998) des störrischen Dichters,
dieser zärtliche, weise, romantische, böse Briefroman des Dichters
in New York, der seine Geliebte von ihrem Besuch abzuhalten
sucht, bis sich das Gleichgewicht der Liebe leicht verschiebt und
alles ins Wanken kommt, und dann steht da plötzlich »Literatur!
Alles Literatur! (Was ein Schimpfwort ist, wenn Du nur wütend
genug bist!) Sollen ihn die Krokodile fressen!«, und später wird
er mir in der Wirklichkeit Kellys Wohnung zeigen, wo er damals
die Briefe an sie abgelegt hat, und sie wohnten damals schon

zusammen und die Briefe, die legten sie sich in verschlossenen Kuverts auf den Tisch und es wäre wirklich nicht nötig gewesen, dass Wolf Wondratschek später mehrfach erklärt, dass er »hochromantisch« sei. Und über das Verhältnis von Schreiben und Wirklichkeit, von Wahrheit, Dichtung und den Büchern von Wolf Wondratschek hat er damit auch alles gesagt. Kellys Wohnung. *Kelly-Briefe.* Wir sitzen an einem literaturhistorischen Ort. Später erzählt Wondratschek ergriffen, wie er vor einer Weile Marianne Frisch, die Witwe von Max Frisch, getroffen habe und ihr bewundernd erklärte, sie sei ja eine literaturhistorische Figur. Übrigens nicht ohne anzufügen, er sei allerdings Dürrenmatt-Verehrer, was eine Frisch-Verehrung ja quasi ausschließe. Darauf Frau Frisch: »Wissen Sie was? Ich auch.«

Mit offenen Armen hatte er mich empfangen, das weiße Baumwollhemd bis zum Bauchnabel aufgeknöpft, verwaschene Jeans, an drei Stellen modisch aufgerissen, barfuß, kurzes graues Haar, das Gesicht leicht gebräunt, die haarlose Brust eher rötlich, leuchtend blaue Augen, schlank. Der Mann ist einundsechzig Jahre alt, sieht sensationell aus und federt selbstbewusst durch Kellys leuchtend helle Wohnung unterm Dach wie in einer Tennislehrer-Homestory im Fernsehen. An einem weißen Zeichentisch am Fenster sitzen wir uns gegenüber, auf dem Tisch liegt ein Band mit Nabokov-Interviews, stehen ein Laptop, eine Karaffe mit Eiswasser, zwei Gläser und ein weißes Frotteetuch, das er sich immer mal wieder lässig über die Schulter wirft. Er raucht NIL-Zigaretten und legt zwischendurch öfter mal kurz die nackten Füße auf den Tisch zwischen uns. Also gut.

»Ja, Ihre Fragen«, sagt er. »Ich weiß nicht, ob Sie das auch so machen. Von einem Buch, von einem Text lese ich meist nur den ersten Satz. Nur den ersten Satz, dann weiß ich: Das wird interessant. Oder nicht. – ›Die Sonne schien, da sie keine andere Wahl hatte, auf nichts Neues.‹ Ja, das ist ein erster Satz. Da lese ich weiter. So, und jetzt lese ich Ihnen mal Ihren ersten Satz vor:« Und er liest meine erste Frage, die ich mit der Feststellung begonnen hatte, er sei vor Jahren mit viel Getöse von München nach Wien gezogen. »So«, sagt Wondratschek jetzt. »Tut mir Leid, aber da habe ich nicht weiter gelesen.« – Wie bitte? Weil mein Frageeinstieg sich nicht mit Becketts »Murphy« messen kann, liest der Mann meine Fragen, die er sich bestellt hatte, nicht einmal durch? Alle Achtung. Kein schlechter Beginn.

Und jetzt ist Wondratschek-Showtime. Von jetzt an braucht er keine Fragen mehr. Jetzt beginnt er zu reden und zu reden, große Wahrheiten, große Lügen, Selbstlob und Selbstvergrößerung in gigantischem Ausmaß, Geschichten seines Lebens, das Drama seines Lebens. Er schont sich nicht und keinen. Mit dem angeblichen »Getöse«, mit dem er nach Wien gezogen sei, fängt er an. Das Gegenteil war der Fall. Ganz, ganz leise hatte er vor fast zehn Jahren München verlassen, das er seit so langer Zeit schon verlassen wollte, schon immer eigentlich, und war doch so fester Bestandteil der Münchner Bussi-Gesellschaft, dass er von seinem Freund Patrick Süskind und seinem Freund Bernd Eichinger in dem Film *Rossini* schon als kurioses Inventar der Stadt verewigt worden war. Es war also eine endlich gelungene Flucht, damals, in die Stille hinein. Er kannte niemanden in Wien, ließ sich von der Mitwohnzentrale immer wieder kurzfristig Wohnungen vermitteln. Wondratschek hatte keinen Verlag mehr, schon lange kaum noch Erfolg, seine glänzenden Zeiten waren lange vorbei. Bis er seinen ersten Lektor Michael Krüger traf, den er vor unendlich vielen Jahren beim Flippern in einer Kneipe mit Hannah Schygulla kennen gelernt hatte, und einer sagte damals, der Michel lektoriert, du schreibst, schick dem doch mal was zu, und so wurde Krüger der Lektor von Wondratscheks erstem Erzählungsband *Früher begann der Tag mit einer Schusswunde* (1969). Jetzt ist Krüger längst Chef des Hanser-Verlages und in Wien fragte er ihn wieder: »Und, schreibst du noch?« Und Wondratschek: »Was sonst?« Und so kam Wondratschek zu Hanser zurück, publizierte seitdem fast jedes Jahr einen Prosaband. Krüger sagt inzwischen längst: Wir können doch nicht jedes Jahr ein Buch von dir bringen. Und Wondratschek sagt: Im Gegenteil. Man muss den Wondratschek zu einem Autor von europäischem Rang machen! Er wüsste, wie man das machen muss, als Verlag. Aber der Verlag wolle nicht. Drucke Philip-Roth-Plakate statt Wondratschek-Plakate. Tue nichts für ihn. Und als ich entgegne, im Katalog sei doch er der Spitzentitel, das neue Buch riesig groß auf den Seiten eins und zwei, da sagt er: »Ja, das ging so: Ich habe dem Michel gesagt, wenn er

mir nicht zwei Seiten gibt im Katalog, dann bring ich ihn um.«
Und jetzt, im Sommer, als sie sich in Berlin begegneten, habe
Krüger ihm den Katalog auf den Tisch geknallt mit den Worten:
»So! Guck rein und dann will ich nichts mehr hören!«

Wolf Wondratschek ist ein ebenso größenwahnsinniger wie
großartiger Dichter. Und er ist ein Mann, der fürchten muss,
dass seine große Zeit lange, lange schon vorbei ist. Ein Mann,
der früher von einem Gedichtband 100 000 Stück verkaufte und
jetzt noch mit Mühe 10 000er-Auflagen erreicht. Der um Vorschüsse kämpfen muss. 25 000 Euro bekam er für den letzten
Band. Davon muss er leben. Und auf den Lesungen kommen
die Leute zu ihm und sagen: »Ihre Gedichte früher, die waren
fantastisch.« Und er sagt: »Scheiße!«

Und es waren ja auch unfassbare Gedichte. Sind heute noch
ein plötzlicher Leuchtschwertschlag in Herz und Bauch.

Wir haben nichts getan
Wir hatten wirklich keine Zeit was anderes zu machen
Wir haben jede Nacht die ganze Welt verlacht
Wir haben uns die Sterne auf die Jeans gestickt
Wir haben uns als Träume mit der Post verschickt
Wir haben Trips geschluckt und nachgedacht und rumgefickt
Wir haben nichts getan
Wir hatten damals keine Zeit was anderes zu machen.
  (Weicher Computer, in: Chucks Zimmer, 1974)

Und dann, noch Jahre später:

Ich will,
dass du vorbeigehst
und mich liebst,
ohne dich umzudrehn
nach mir.
Erinnere dich an nichts
als die Liebe.
Vergiss mich.
        (Gloria Gedichte, in:
Das leise Lachen im Ohr eines andern, 1976)

Heute schreibt er nur noch Prosa. Schön und rätselhaft, manchmal etwas umständlich, nicht so elegant wie seine Gedichte, aber immer wieder mit diesen Gedichtmomenten, mit dieser großen Wörterlässigkeit: »Die Welt war beschäftigt, sie war laut und unzufrieden, wie immer, allem Anschein nach eben doch nicht viel mehr als ein Provisorium, ein sterbendes Gestirn, egal.« Krüger, der sie lektorierte, hat an allen Geschichten wütend rumgestrichen, »wieso?«, »mann wolf!«, »was soll das?« – solche Sachen. Bei einer Geschichte schrieb er fast nichts. Nur ganz am Anfang: »Völlig unverständlich.« Doch Wondratschek beharrt darauf, dass sie verständlich sei, und sie geht einfach so in Druck.

Man hat ihn einen Hurendichter genannt, einen Supermacho. Alles ganz ohne Frage sehr zu Recht. Auch heute im Gespräch lässt er so alle fünf Minuten ein trockenes »ficken« fallen. Da wirkt er dann plötzlich, bei aller Tennislehrerhaftigkeit, sehr alt. Von der Schauspielerin Maria Schneider redet er zum Beispiel und dass er sie auf einem Foto sah, bei Dreharbeiten in Paris, und dass er sicher war, »die muss ich ficken«. Und er fährt hin, doch irgendwie war sie merkwürdig unnahbar, redete sich ein, sie sei gerade lesbisch. Wohl das einzige Argument, mit dem man sich einem Wondratschek damals entziehen konnte.

Und so geht es weiter durch sein Leben. Er erzählt vom Schamanen Brummbär, der die besten Orgien Münchens zu organisieren verstand. »Oh, das ist nicht einfach. Eine gute Orgie. Stellen Sie sich vor, hier sitzen drei Frauen und wir zwei und jetzt wollen wir eine Orgie haben und wir kriegen das nicht hin, aber Brummbär hätte das wunderbar organisiert«, und von Rainer Langhans, von der Uschi, der schönsten Frau von München, von den Nächten mit Rainer Werner Fassbinder, von der Russin, die vor Peter Zadek genau in Wondratscheks Arme floh und für die er die »mexikanischen Sonette« *Die Einsamkeit der Männer* (1983) schrieb. Und dann, vor allem: Jane. Da wird sein Blick ganz weich. Es war in den achtziger Jahren. Er wollte, wie immer schon, die Stadt verlassen, da klingelt es eines Nachts an der Tür und eine wunderschöne Frau kam zu ihm. Sie sagte nichts. Sie liebten sich, sie verließ ihn wieder und wiederholte diese Besuche danach oft. Das versöhnte ihn beinahe mit der Stadt, er erzählte es Freunden, und als sie sie zufällig aus der

84

Ferne eines Tages sahen, sagten die Freunde: Das ist doch die Jane, die Freundin vom Bernd Eichinger. Und so war es auch. Die beiden flohen aus der Stadt in Richtung Tanger, doch in Ronda schon trennte sie sich von ihm. Und er schrieb, tief getroffen, den Gedichtzyklus *Carmen oder Bin ich das Arschloch der achtziger Jahre* (1986). Alles über Jane, ihren Körper, ihre Liebe. Zur ersten Lesung in München kamen sie: Jane und Bernd. »Ich spürte Janes rasenden Herzschlag wie meinen eigenen«, sagt Wondratschek. Und da will sich auch Bernd Eichinger nicht kleinlich zeigen. Fantastisch, sagt er und reserviert für den Abend das ganze Romana Antiqua und Bernd und Jane und Wolf feiern mit allen Freunden ein gigantisches Fest auf das Gedicht, auf die Liebe und die Freundschaft. Auf Eichingers Kosten. Und am Ende sagt der Produzent: »Ich muss dieses Gedicht kaufen« und häuft Geldschein auf Geldschein auf Geldschein vor ihm auf und Wondratschek sagt: abgemacht. Es gehört dir. Und seitdem steht bei jeder Neuauflage des Carmen-Zyklus auf der ersten Seite: »Aus dem Privatbesitz von Bernd Eichinger«.

Die Jane hat sich zwei Jahre später umgebracht. Bernd und Wolf haben die ganze Nacht lang zusammen gesoffen. »So, wie es sich gehört.«

In seinem neuen Buch gibt es eine lange Passage über Bernd Eichinger. Böse, klar und wahr. »Er reißt nach dem Aufwachen (gegen Mittag!) die Vorhänge auf, als erwarte er Applaus«, schreibt er. Und über sie beide: »Ich überließ ihm das Gold, er mir die Faulheit.«

In München ist er heute nur, weil sein Vermieter in Wien vor seinem Fenster eine riesige herrliche Terrasse baute. Jetzt muss er die Wohnung im Sommer verlassen. Weil Klaus-Maria Brandauer und die Größen Wiens dort ihre Grillfeste feiern. Da muss Wondratschek raus. Im letzten Jahr zwei Monate. Dieses Jahr schon vier. Eigentlich wollte ihm sein Freund, der Fußballtrainer Christoph Daum in Istanbul eine Wohnung besorgen. Das klappte in diesem Jahr noch nicht. So verbringt er den Sommer in der Wohnung seiner Freundin. In München. Nein, er sieht fast niemanden mehr. »Achtzig Prozent meiner Freunde sind doch tot. Drogen, Herzschlag, was weiß ich.« Und die anderen, die mit dem Gold? Bernd Eichinger dreht zwei Filme gleichzeitig, hat keine Zeit und der Patrick Süskind, mit dem er früher Hausmusik machte, »er Klavier, ich Cello«, ist, seit seine Frau einen Verlag gegründet hat, nur noch Hausmann. Oder er ist in Frankreich.

Im neuen Buch, da steht: »Mein Vergnügen war es, allein zu sein, allein, unerreichbar allein. Was für ein Wort! Ein Wort, geschmäht, verhöhnt, verurteilt. Ein Schreckenswort, ein Fluch, dem Menschen fürchterlicher als sein Tod! Ein Schattenwort, ein Mitleidswort! Weh dem, der niemand hat! Weh dem, ich weiß, der damit einverstanden ist, niemand zu haben! Der niemand will, der nichts will. Weh mir!«

14 Der Menschenfresser

Elias Canetti, der Orientale und die tausend Frauen

Elias Canetti (1905–1994) war ein Einzelner. Es verbindet ihn nichts mit der deutschsprachigen Nachkriegsliteratur. Fast nichts. Mit Martin Walser war er ein wenig befreundet, über die *Blechtrommel* von Grass hat er mal ein nettes Wort gesagt, die *Jahrestage* von Johnson hat er geschätzt, Thomas Bernhard hielt er eine Weile für einen möglichen Geistesverwandten, mit Erich Fried verband ihn aus der Englandzeit eine Freundschaft. Aber er lebte in anderen Welten. In Bücherwelten, die kein Kanon erreichte. Er war einer der wenigen wirklich unabhängigen Geister.

Wenn man sich heute Bilder seines Lebens ansieht, ist man überrascht, wie sehr Elias Canetti, der im Juli 1905 im bulgarischen Rustschuk auf die Welt kam, von Anfang an Elias Canetti gewesen ist. Der Nobelpreisträger. Der sehr kleine Herr mit sehr großer Brille, sehr großer Frisur und tiefen Stirnfalten. Ein Mann, der jeden Fotografen mit strengem Blick zu prüfen scheint. Um Haltung bemüht. Ein Leben lang. Und auf den dieser Satz, den Susan Sontag einmal über ihn geschrieben hat, so wunderbar passt: »Er ist ganz davon in Anspruch genommen, jemand zu sein, den er bewundern kann.«

Elias Canetti wird als Sohn sephardischer Juden unweit von Bukarest geboren. Die Eltern sprechen deutsch miteinander, wenn die Kinder es nicht verstehen sollen. Elias lernt spaniolisch, das altmodische Spanisch, das sich die sephardischen Juden seit ihrer Vertreibung von der iberischen Halbinsel bewahrt haben, und bulgarisch. Mit sechs zieht er mit seinen Eltern nach England, wo er die englische Sprache fließend lernt. Kaum drei Jahre später, sein Vater ist inzwischen gestorben, zieht er mit der Mutter nach Wien und lernt unter der Gewaltherrschaft der Mutter seine wahre »Muttersprache«, wie er sie nennt: Deutsch.

Von Beginn an hat er ein manisches Verhältnis zur Sprache und zur Schrift. So hat es sich der Mythomane Canetti zumindest später ausgeschmückt. Doch wahrscheinlich war es auch so: Seine Cousine Laurica, das war noch in Rustschuk, hatte ihn wochenlang gequält, indem sie sich weigerte, dem kleinen, übereifrigen Elias das Schreiben beizubringen. Von dieser Weigerung schließlich zur Weißglut gebracht, schnappte sich der Lernwütige eine Axt und verfolgte die erschrockene Cousine mit dem Schlachtruf »Agora vo matar a Laurica!« – »Jetzt werde ich Laurica töten!« In letzter Not sei der Großvater dazwischen gegangen und habe Elias in eindringlichen Worten über die Endgültigkeit des Todes aufgeklärt. Canetti war diese Geschichte immer Urgrund für seinen lebenslangen, wahnsinnigen, heroischen Kampf gegen den Tod, eines der zentralen Motive seines Werkes. Es ist aber natürlich vor allem eine Geschichte über die Schreib- und Wissensgier des kommenden Schriftstellers.

Canetti war ein Geschichtenfanatiker. Ein Menschenfanatiker. »Menschenfresser«, wie er sich selber nannte. Er suchte Geschichten überall, war interessiert an den abseitigsten Dingen und konnte selbst einen banalen Fahrraddiebstahl zu einem Ereignis mythischer Qualität empordichten. Alles war wichtig. Alles von Bedeutung. Alles schrieb er auf. Vieles, unendlich vieles hat er gelesen.

Canetti war ein manischer Bücherfreund. Aber Canetti war auch ein manischer Frauenfreund. Mit wie vielen Frauen hat er seine Lebensliebe, seine erste Frau, die Schriftstellerin Veza Taubner betrogen? Meistens ganz unheimlich, manchmal im Verborgenen. Im Zweiten Weltkrieg, als sie nach England geflohen waren, hatte er drei Geliebte zugleich. Er fühle sich eben als Orientale, der aus »der Summe seiner Frauen besteht«, erklärte er und überlegte, ob seine starken Leidenschaften womöglich vom Kriegsverlauf herrührten: »Seine Lust an den Frauen wächst mit jeder zerstörten Stadt. Ach, er kann sie nicht wieder bevölkern. Was will er von sich allein«, philosophiert er über seine Lage.

Oft genug brachte Canetti sich in dramatische Liebesschwierigkeiten: Abtreibungen, Väter schalteten sich ein, appellierten an Vernunft und Verantwortung des Dichters. Veza versank immer tiefer in Depressionen, drohte mit Selbstmord. Und in der Mitte Canetti, der sich hilflos gab und lebensfroh. Als Veza 1963 starb, war er, trotz aller Nebenlieben, tief verzweifelt. Sie war das Zentrum gewesen. Jetzt wollte er auch von den Geliebten nichts mehr wissen. Das schrieb er in diesem unfassbaren Notat: »Ich hab sie alle stehen gelassen, alle, alle, Ursula, Kathleen, Veronica, Iris, Priaulx, Natalie, Christine, Jolanda, Dea, Edith, Erika, Ruth, Susi, Jill, Martine, Kim, Kae, Lavinia, Hetta, Lucy, Helga, Eileen, Britta, Judy, Pat, Vanessa, Anthea, Elisabeth, Anna, Bernadette, Helen, Debora, Barbara, Claudie, Joan, Kiki, Ilse, Elli, Eva, alle – weil sie Veza überlebt haben.«

Eine übrigens ließ er, bei aller Liebe, bei aller Trauer, nicht stehen. Hera Buschor, mit der ihn schon vor Vezas Tod ein Liebesverhältnis verband, wurde seine zweite Frau, mit der er im hohen Alter sogar ein Kind bekam. Bevor er sich jedoch dafür entschied, fertigte der Buchfanatiker eine Liste an. Ob das zuträglich sein könne, seinem Dichterbild. In welcher Tradition er damit stehe: »Keine Kinder hatten: Kafka, Musil, Karl Kraus ...« und so weiter. Der Dichter erschrickt ob dieser »unheimlichen Liste«. Doch er strengt sich an und sucht und sucht und schließlich finden sich auf der »Kinder-Seite« mit Männern wie Dostojewski, Tolstoi, Goethe schließlich doch noch genug gewichtige Größen, um sich auf ein Kind einlassen zu können.

Seine tausendseitige Lebensgeschichte (*Die gerettete Zunge,* 1977, *Die Fackel im Ohr,* 1980, *Das Augenspiel,* 1985) gehört zu den aufregendsten deutschen Büchern des letzten Jahrhunderts. Es ist ein melancholisches Erinnerungsbuch an die multinationale und multilinguale Welt seiner Herkunft, eine

Liebeserklärung an die Sprache, die Geschichte eines manisch Sprachverliebten, eines Buchstaben- und Wörterfreundes, der zum Schriftsteller werden muss. Es ist ein Klangbild der Epoche, mit zahlreichen bewundernden Porträts der bedeutendsten Intellektuellen Wiens und vor allem: des Meisters – Karl Kraus. Das Werden eines Schriftstellers in einer bedrohten Welt der Geistigkeit. Das Werden von Elias Canetti.

Schwer zu sagen, was sein Hauptwerk ist. Sicher ist die Autobiografie ein Teil davon. Aber auch seine Aufzeichnungsbände zeigen Canetti auf der Höhe seiner Kunst. Die Magie des wahren Aphorismus hat im letzten Jahrhundert kaum jemand so sicher beherrscht wie er. Seine »Aufzeichnungen« sind Losungsbücher der Weisheit, der schönen Worte und sind so voller plötzlicher Gedankenerstaunlichkeiten und Sprachentdeckungen, wie kaum ein anderes Schriftstellerwerk aufweist.

Mit seinem angeblichen Meisterwerk, der sozialen Anthropologie *Masse und Macht* (1960), an dem er dreißig Jahre schrieb und forschte und dachte und in dem er das Problem der Menschenmassensteuerung, der Willenlosigkeit, der Willenssteuerung umwälzte, kann ich nicht so viel anfangen.

Die Blendung erschien bereits 1935 und gehört deswegen streng genommen gar nicht hierher. Aber die Geschichte des weltvergessenen Sinologen Kien, des buchbesessenen Wortwahnsinnigen, der vor lauter Wissensbegeisterung und Bildungsbewunderung die Welt um sich nicht sieht, nicht zu leben versteht, von seinen nächsten Menschen in seinem Bücherhaus verraten und verlacht wird und schließlich in seiner eigenen Bibliothek, auf seiner Bücherleiter stehend verbrennt, das ist so ein großes, wahres, schönes Buch, dass es wenigstens erwähnt werden muss. Wirklich beachtet wurde der Roman erst mit der Neuauflage von 1963. Dann aber mit aller Macht. So endet es: »Er steigt auf die sechste Stufe, bewacht das Feuer und wartet. Als ihn die Flammen endlich erreichen, lacht er so laut, wie er in seinem ganzen Leben nie gelacht hat.«

Die Heiligen Drei Könige

Günter Grass, der Präsident. Hans Magnus Enzensberger, Weltmann, Luftmensch, immer schon da. Peter Rühmkorf, Pointenkönig, Romanautor der Jahre, die wir kennen

Lübeck, im April 2005. Drei ältere Herren betreten den Hinterhof des kleinen giebeligen Häuschens in der Lübecker Altstadt. Ein wahnsinnig dünner, langer Mann mit großer Brille und kleinem Schirmmützchen auf dem Kopf. Ein Mann mit weißem Haar, sonnigem Blick und blau gepunktetem Hemd. Und ein gedrungener, grimmiger Schnauzbartträger, fast ohne Hals, gebeugten Ganges und finsteren Angesichts. Sie rauchen und posieren souverän und ruhmgewohnt vor den wohl zwanzig Fotografen, die blitzen, knipsen und rüde Anweisungen geben. Es sind: die Heiligen Drei Könige der deutschen Gegenwartsliteratur. Die drei großen Repräsentanten der alten Bundesrepublik: Peter Rühmkorf, Hans Magnus Enzensberger und Günter Grass. Der Nobelpreisträger hat sie eingeladen. Hier in das Museum seines Lebens, seines Werkes. Ins Günter-Grass-Haus. »Hans Magnus, ich hatte Sehnsucht nach dir«, erklärt er vor der versammelten Presse, »und nach dir, Peter.«

Sie kennen sich seit fünfzig Jahren. Und fast genauso lange beherrschen sie den literarischen und politischen Diskurs in diesem Land. Zwei der drei zumindest. Rühmkorf weniger. Rühmkorf ist der lustige Seiltänzer, der Artist und Tellerwerfer und vielleicht der beste Dichter der drei, der sich jedoch beharrlich weigert, sich allzu wichtig zu nehmen, und deshalb auch von der Welt nicht allzu wichtig genommen wird. Die beiden anderen sind Machtmenschen des Wortes. Sonnenkönige der Bücherwelt. Und da es auch in dieser Welt nur eine Sonne gibt, sind sie sich lange aus dem Weg gegangen. Zum ersten Mal seit achtunddreißig Jahren werden die drei an diesem Abend wieder gemeinsam auf der Bühne stehen und lesen. Gedichte. Nur Gedichte. Siebenhundert Zuhörer sind gekommen. Lange schon gab es keine Karten mehr. Und die drei rocken den Saal. Zweieinhalb Stunden lang. Mit ihren Gedichten.

Sie sind ein Geschenk des Himmels. Alle drei.

Was haderten und hadern die nachrückenden Schriftsteller- und Kritikergenerationen mit diesen Greisen. Aber an dieser letzten Kriegsgeneration prallen alle Angriffe locker ab. »Wir sind schwer loszuwerden«, sagt Grass auch an diesem Abend wieder. Und: »Wir leben weiter. Und solange wir leben, schreiben wir. Es lässt sich noch kein Ende absehen.«

Die Anfänge sind oft, sehr oft erzählt worden. Sie waren die Neuen in der Gruppe 47. Die zweite Generation. Sie brachten den neuen Ton in die deutsche Gegenwartsliteratur.

Als **Günter Grass** (*1927) 1955 zum ersten Mal vor der Gruppe 47 las, war er gleich darauf umringt von Verlegern und Lektoren, die einen Gedichtband von ihm bringen wollten, drei Jahre später bekam er den Preis der Gruppe für zwei Kapitel aus dem Roman, der der wohl bekannteste und gewaltigste Roman der deutschen Nachkriegsliteratur werden sollte: *Die Blechtrommel* (1959). Der Ruhm von Grass, seinem Roman und dieser Gruppe ging in erstaunlicher Geschwindigkeit um die Welt.

Grass ist der Barockdichter der Fleischeslust und der Gerechtigkeit. Der unermüdliche Geschichtenerfinder, der kleine Mann aus Danzig mit den Anlagen zum größten deutschen Epiker seit langer Zeit. Ein echter Erzähler. Die Schubkraft dieses Anfangs trug ihn durch ein ganzes Leben. Auch wenn es natürlich Unsinn ist, Grass, wie es manche Kritiker heute tun, als One-Hit-Wonder zu bezeichnen – er hat die Form und Klasse der *Blechtrommel* nie mehr erreicht. Sein erstes Werk war gleich sein größtes.

Es kamen noch schöne, lesenswerte Bücher. Die Novelle *Katz und Maus* (1961) etwa, sein Wahlkampfbericht *Aus dem Tagebuch einer Schnecke* (1972), die barocke Erzählung *Das Treffen in Telgte* (1979), in dem er die traumhaften Treffen der Gruppe 47 um dreihundert Jahre zurückdatierte, *Der Butt* (1977) natürlich, das zügellose Frauenfantasienkörperbuch, und seine Gedichte, viele seiner Gedichte (mal abgesehen von den bislang letzten in *Letzte Tänze* (2003)), und zuletzt die Novelle *Im Krebsgang* (2002), die Geschichte des Untergangs der »Wilhelm Gustloff«, in der sich der linke Autor Günter Grass erstmals dem Schicksal der deutschen Flüchtlinge am Ende des Zweiten Weltkriegs zuwendet.

Spätestens nach der Verleihung des Nobelpreises im Jahr 1999
ist er der unverrückbare Fels in der deutschen Literatur und
auch in der deutschen Politik. Immer noch. Bei aller Nerven-
sägenhaftigkeit und Vorhersehbarkeit und Selbstgerechtigkeit
seiner Dreinreden. Ohne ihn wird das Land ein anderes sein.
Und kein besseres.

Da ist der andere schon weit weniger verlässlich. Aber das macht
ihn bei den Intellektuellen des Landes gerade erst beliebt. **Hans
Magnus Enzensberger** (*1929) ist der große Meinungsjongleur der
deutschen Literatur, ein Hin- und Herschweber von Position zu
Position, ein Zeitgeistvoranhechtender, ein mutiger Mann. Er
hat ein Gedicht über sich selbst geschrieben, besser kann man
ihn nicht beschreiben:

> *Der Fliegende Robert – Eskapismus, ruft ihr mir zu,*
> *vorwurfsvoll.*
> *Was denn sonst, antworte ich,*
> *bei diesem Sauwetter! –,*
> *spanne den Regenschirm auf*
> *und erhebe mich in die Lüfte.*
> *Von euch aus gesehen,*
> *werde ich immer kleiner und kleiner,*
> *bis ich verschwunden bin.*
> *Ich hinterlasse nichts weiter als eine Legende,*
> *mit der ihr Neidhammel,*
> *wenn es draußen stürmt,*
> *euern Kindern in den Ohren liegt,*
> *damit sie euch nicht davonfliegen.*
>
> *(Der fliegende Robert, 1989)*

So will er gesehen werden, der schnelle Magnus, und es gibt keinen Grund, ihn nicht so zu sehen.

Er hatte verloren, damals, bei jenem Treffen der Gruppe 47,
als Grass triumphal den Preis gewann. Später, 1961, hat er dort
sogar ein regelrechtes Desaster erlebt, als er aus seinem Drama
Die Schildkröte las, und alle schwiegen und schwiegen betreten,
bis sich schließlich Wolfgang Hildesheimer meldete und sagte:

»Schmeiß es in den Papierkorb!« Das war alles. Ein schönes Desaster für den zornigen jungen Mann, der mit dem großartigen Kampfgedicht *verteidigung der wölfe gegen die lämmer* (1957) debütiert hatte, das mit den Zeilen endet:

Gelobt sein die Räuber: ihr,
einladend zur Vergewaltigung,
werft euch aufs faule Bett
des Gehorsams. Winselnd noch
lügt ihr. Zerrissen
wollt ihr werden. Ihr
ändert die Welt nicht.

Aber er wollte die Welt verändern. Man kann nicht sagen, dass er sich kleine Gegner aussuchte bei seinem Kampf. Nein. Die mächtigsten. Er nahm sich die Meinungsbildner Deutschlands vor. Ihre Sprache und ihre Ideologie. In großen Essays und kleinen Gedichten. Den *Spiegel*. Die *Frankfurter Allgemeine Zeitung*. Die *Bild*-Zeitung. Allein gegen alle. Es bedeutete schon etwas 1957, den *Spiegel* und seine Sprache zu attackieren. Und 1962 die FAZ. Der *Spiegel* war so souverän, weite Teile von Enzensbergers Attacke zu drucken. Die FAZ schwieg lange und brachte ein Jahr später eine etwas hilflose Rechtfertigungsschrift heraus. Was für Triumphe für einen jungen Dichter!

Als Enzensberger im Spätsommer 1963 zusammen mit Hans Werner Richter zu einem Schriftstellerkongress nach Leningrad fährt, beweist Enzensberger sein Machtbewusstsein auch auf internationaler Bühne. Richter musste sich zu Beginn der Reise einer Zahnbehandlung unterziehen. Währenddessen war Enzensberger schon der neue Star des Kongresses geworden, an dem auch Größen wie Beauvoir, Sartre, Pasolini und Ehrenburg teilnahmen. Seinen scharfer Verstand, seine wütenden Gedichte, seine leuchtende Persönlichkeit liebten alle, und Hans Werner Richter machte zum ersten Mal mit Enzensbergers »Art, sich leise, aber unaufhaltsam in den Vordergrund zu schieben«, Bekanntschaft. Und Richter schreibt: »Als ich sie bemerkte, war es schon zu spät.« Am großen Lyrikabend musste sich Richter durch einen Seiteneingang auf die Bühne drängen und mit ansehen, wie Enzensberger vom Präsidenten herzlich als »Chef und Organisator der antifaschistischen Kampfgruppe 47« begrüßt wurde. Und so war es nur recht und billig, dass Enzensberger und nicht Richter mit der Kongressdelegation zu Chrustschow ans Schwarze Meer fuhr. Richter hat dann später jene berühmte Geschichte aufgeschrieben, wie sie ihm von Teilnehmern der Reise berichtet worden war. Dass Chrustschow mit den Schriftstellern am Strand entlanglief, als eine Biene über den 1. Sekretär der KPDSU herfiel. Enzensberger habe daraufhin Chrustschow in bestem Russisch das alte russische Sprichwort »Die Bienen müssen schwärmen, wenn die Ernte gut sein soll« zugerufen, woraufhin ihn Chrustschow zu einem Bad im Schwarzen Meer einlud. Auf Enzensbergers Einwand: »Aber ich habe ja keine Badehose«, habe Chrustschow mit einem entschlossenen »Nehmen Sie meine« geantwortet. Laut Richters Bericht sei Enzensberger daraufhin sofort in die Badezelle gegangen und habe die Hose des Sowjetchefs übergestreift. Richter selbst zweifelte jedoch an der Version, da die Leibesumfänge der beiden sehr unterschiedlich gewesen seien. Jörg Lau hat Enzensberger für seine Biografie dazu befragt, und er sagte, es habe sich um eine Gäste-Badehose gehandelt, die in verschiedenen Größen vorrätig gehalten worden seien. – Auch wenn es also nicht die persönliche Hose Chrustschows gewesen ist – über Geltungsdrang, Cleverness und Brillanz des jungen Enzensberger sagt die Episode alles.

Es gibt eigentlich nicht wirklich viele Buchtitel, die man mit Hans Magnus Enzensberger verbindet. Gut, sein einziger Roman *Der kurze Sommer der Anarchie* (1972), sein Sehnsuchtsklagebuch *Ach Europa* (1987), *Mittelmaß und Wahn* (1988). Aber Enzensberger, der Essayist, der Dichter, Weltreisende, Übersetzer, Denker, Kritiker, Provokateur ist vor allem auch ein Unternehmer in eigener Sache. Ein Macher. Er kritisiert die vorhandenen Zeitungen nicht nur – er gründet einfach selber eine. Zunächst, 1965, das *Kursbuch,* Zentralorgan der Studentenbewegung, der beweglichen, kämpferischen Linken, in dem er selbst die besten, wirkungsvollsten Texte schreibt, vom Ende der Literatur, dem Ende der Demokratie, von Kampf und Protest und linken Tabus. Dann, nach zehn Jahren, verliert er die Lust daran und zieht sich zurück. 1980 gründet er das heute legendäre Reportage-,

Essay- und Genussmagazin *TransAtlantik*, das er zwei Jahre lang betreibt, und am Ende hinterlässt er dem Verlag, der neben dem Intellektuellen-Magazin die Hochglanzzeitschriften *Lui* und *Photo* vertreibt, 3,6 Millionen Mark Schulden.

Dann startet er eine Buchreihe, die legendäre »Andere Bibliothek«, in der der große Leser Enzensberger neue Autoren wie Christoph Ransmayr, W. G. Sebald und Irene Dische entdeckt, alte, vergessene Bücher wieder herausbringt, Sachbücher, Biografien, Romane, ohne an irgendeinen Proporz zu denken. Ein Buch pro Monat, in besonders schöner Ausstattung. Ein fantastisches Projekt für Leser.

Politisch kämpft er längst wieder an anderen Fronten, begrüßt den ersten Golfkrieg, setzt Saddam Hussein mit Adolf Hitler gleich und zieht sich ansonsten mehr und mehr zurück, dichtet ein wunderbares Wolkengedicht, so leicht und poetisch und leise wie lange nichts mehr. Die Wolken, über die er schon früher gedichtet hatte:

> *Vielen Dank für die Wolken.*
> *Vielen Dank für das Wohltemperierte Klavier*
> *und, warum nicht, für die warmen Winterstiefel.*
> *Vielen Dank für mein sonderbares Gehirn.*
> *(Empfänger unbekannt,*
> *in: Kiosk, 1995)*

An dem Abend in Lübeck ist er der ausgelassenste. Schüttet sich aus vor ehrlicher Freude über die lustigen Gedichte der beiden Kollegen, hüpft auf der Bühne herum, dirigiert das Publikum, freut sich des Lesens.

Peter Rühmkorf (*1929) dagegen setzt Pointe auf Pointe. Der Mann kann dichten. Die Worte sind seine Freunde. Sie fügen sich in erstaunlichen Kombinationen zusammen, ganz wie er es will:

> *Wer von so hoch zu Boden blickt,*
> *der sieht nur Verarmtes*
> *Verirrtes.*

Ich sage: wer Lyrik schreibt, ist verrückt,
wer sie für wahr nimmt, wird es.
Ich spiel mit meinem Astralleib Klavier,
vierfüßig – vierzigzehig –
Ganz unten am Boden gelten wir
Für nicht mehr ganz zurechnungsfähig.
Die Loreley entblößt ihr Haar
am umgekippten Rheine ...
Ich schwebe graziös in Lebensgefahr
grad zwischen Freund Hein und Freund Heine.
(Hochzeit, in: Die Jahre, die ihr kennt,
1972)

Peter Rühmkorf läuft immer so nebenher. Immer seinen eigenen Weg. Ein Erfolgsschriftsteller ist er nie geworden, obwohl seine Lyrik zur besten der Nachkriegszeit zählt. Peter Rühmkorf war immer auch ein politischer Kämpfer. Nein, Kämpfer doch wohl nicht. Dafür war er immer zu mager und zu lyrisch und zu lustig. Obwohl er später, als die bewegten Studenten ihn längst für einen üblen Revisionisten hielten und in Berlin seine Lesung stören wollten, ordentliche Gewaltfantasien hatte und sich eine wahre Waffe erträumte, die er mal richtig durchladen wollte. Es blieb ein Traum.

Peter Rühmkorf war schon als kleiner Mensch nicht verführbar. Ein schlauer Kämpfer für die gute Sache. Schon in der Schule hat er eine Zeitschrift mitgegründet. Den *Nuntius Athenaei,* in dem die Redaktion sich in den letzten Monaten über die offiziellen Durchhalteparolen lustig machte. 1947 gründete er die *pestbeule,* die allerdings nur in einem Exemplar erschien.

Er reist Mitte der fünfziger Jahre nach China, ist hingerissen vom »neuen Menschen«, »vom Konkurrenzkampf unverbogen«, den Mao dort erschaffen habe, gründet den *Studentenkurier,* der später zur linken Politpostille *konkret* werden wird, dichtet, wird Lektor im Rowohlt-Verlag, fördert Hubert Fichte und Rolf Dieter Brinkmann, verlässt Rowohlt wieder, schreibt sein anekdotenreiches, herrliches, lästerndes, wahres Lebenserinnerungsbuch *Die Jahre, die ihr kennt* (1972) und will sich schließlich ganz dem Theater widmen, schreibt jahrelang an drei vollkommen erfolg-

losen Dramen, blickt voller Neid auf die Kollegen »HandkeBern-
hardStrauß«, die Erfolg auf Erfolg auf Erfolg einheimsen, und
kann es nicht fassen, dass er immer noch am Hungertuch nagen
muss. Arno Schmidt hatte ihm schon früh geschrieben, er sei der
Mann, der »den großen Zeitroman« schreiben müsse. Rühmkorf
setzte das nicht wenig unter Druck. Er versuchte und versuchte –
aber er war nicht der Mann für diesen großen Roman. Doch seit
Mitte der neunziger Jahre der erste Band seiner Tagebücher *Tabu*
(1995) erschienen ist, weiß man: Der Mann schreibt schon lange
an ebendiesem Roman. Seit 1971, direkt im Anschluss also an
Die Jahre, die ihr kennt, sitzt Peter Rühmkorf an jenem Auftrag,
den ihm Arno Schmidt gegeben hat. Er schreibt die Welt mit.
In kleinen Alltagsbeobachtungen und großen Weltweisheiten:
»Tabu: Ich! will! nicht dazugehören!«

Und so sitzt der überschmale, nicht dazugehörende Herr
Rühmkorf Tag für Tag auf einer orangefarbenen Plastikliege, an
dem großen Fenster des kleinen Rühmkorfhauses an der Elbe,
blickt aufs Wasser und schreibt und schreibt. Die Welt.

Es wird noch viele Jahre dauern, bis dieser große Zeitroman
der Bundesrepublik geschlossen vorliegt. Wir warten.

Die drei leben weiter. Dichten weiter. Planen. Immer weiter.

Auch im Maul des Hais
lässt sich noch über Zukunft reden,
aus der Dose nicht mehr.
(in: Wenn ich mal richtig Ich sag, 2004)

Auch das hat Peter Rühmkort gedichtet.

16 | Sechs Frauen

Ricarda Huch, die Aufrechte. Irmgard Keun, früher Star und langes Leiden. Marieluise Fleißer, von Brecht zu Kroetz. Luise Rinser, Nordkorea, meine Liebe. Ilse Aichinger, die Verweigerin. Marie Luise Kaschnitz, Perlenkette und Glanz des Erzählens

Für Thomas Mann war sie »die erste deutsche Frau«. Sie war eine der wenigen Schriftstellerinnen, die während der Nazizeit in Deutschland geblieben waren und sich dort offen gegen das Regime stellten. Als erste Frau war sie 1930 in die Preußische Akademie der Künste berufen worden. Und als sie in einem Schreiben Gottfried Benns 1933 aufgefordert wurde, ihre Loyalität mit dem neuen Staat zu erklären, schrieb sie: »Was die jetzige Regierung als nationale Gesinnung vorschreibt, ist nicht mein Deutschtum. Die Zentralisierung, den Zwang, die brutalen Methoden, die Diffamierung Andersdenkender, das prahlerische Selbstlob halte ich für undeutsch.« Und trat aus. **Ricarda Huch** (1864–1947), die sich vor allem als schwärmerische Autorin historischer Biografien einen Namen gemacht und über den russischen Anarchisten Michail Bakunin ihr mitreißendstes Buch geschrieben hatte, die einer recht eigenwilligen Vorstellung eines anarchischen, nationalen Romantizismus folgte, lebte nach dem Krieg nur noch zwei Jahre. Ihr letztes Buch, das den deutschen Widerstand zum Thema hatte, konnte sie nicht vollenden.

Irmgard Keun (1910–1982) war der weibliche Star der letzten Jahre der Weimarer Republik. Ihr Roman *Das kunstseidene Mädchen* erschien 1932 und machte sie auf einen Schlag berühmt. Ein Roman der »Neuen Sachlichkeit«, ein Roman der »neuen Frau«, selbstbewusst und selbstbestimmt. Über die kunstseidene Doris, die, arm, aber entschlossen, mit einem Pelz aus russischem Eichhörnchen von Köln nach Berlin übersiedelt, um das große Leben zu leben. Schnell erzählt und gnadenlos oberflächlich, mitunter kitschig, unendlich alltagsinteressiert. Vom Automatenrestaurant in der Joachimsthaler Straße wüssten wir ohne diesen Roman fast nichts.

98

1933 floh Keun. Nach Paris zunächst, wo sie sich in den traurigsten und kämpferischsten und klarsichtigsten Emigranten von allen verliebte: Joseph Roth. Als sie ihn das erste Mal trifft, hat sie das Gefühl, einen Menschen zu sehen, »der einfach vor Traurigkeit in den nächsten Stunden stirbt«. Die beiden werden für zwei Jahre ein Paar. Sitzen am immer gleichen Tisch des Hotels Foyot, trinken Unmengen bunter Substanzen aus kleinen Gläsern, schreiben gemeinsam, reisen gemeinsam durch die Reste Europas, noch einmal nach Lemberg, Roths Heimatstadt, nach Belgien und nach Holland. Irgendwann hat sie ihn verlassen. Als Roth kurze Zeit später starb, hat sie ein Gedicht geschrieben:

Die Trauer, Freund, macht meine Hände dumm,
Wie soll ich aus dem schwarzen Blut der Grachten Kränze
   winden?
Das Leid, mein Freund, macht meine Kehle stumm,
Wo bist du, Freund, ich muss dich wieder finden.

Die Tränen sterben mir, denn du bist tot,
Zerbrochne Gräber scheinen mir die Sterne,
Es fließt, es fließt der Strom der großen Not
Aus jedem Grab der unerreichten Ferne.

Ich möchte einen Mantel weben aus dem Leid
Einsamer Stunden, kann man Tote noch beschenken?
Man kann nur dankbar sein für jede Stunde Zeit
Die Gott noch gibt, um liebend zu gedenken.
                           (Für Joseph Roth, in:
               Joseph Roth. Ein Gedächtnisbuch, 1949)

Viel Zeit war Irmgard Keun noch gegeben. Aber kein Erfolg. 1940 kehrt sie unter falschem Namen nach Deutschland zurück. Einem Polizist, der sie erkennt, will sie »den Penis nach innen geschmeichelt« haben.

Nach Kriegsende verkaufen sich ihre Bücher überhaupt nicht. *Das kunstseidene Mädchen* nicht und auch nicht ihre Emigrantenromane *D-Zug dritter Klasse* (1938) und *Kind aller Länder* (1938). Sie trinkt und trinkt, schreibt den Roman *Ferdinand, der*

Mann mit dem freundlichen Herzen (1950) und Satiren über den Kleinbürgeralltag im Nachkriegsdeutschland. Sie hat keinerlei Kontakt zur literarischen Szene. Ihre Autobiografie will sie *Keine Nummer unter diesem Anschluss* nennen. Erst viele Jahre später, 1979, beginnt mit dem Neuerscheinen ihrer Romane eine Art Wiederentdeckung. Drei Jahre später ist sie tot.

Ein ähnliches Schicksal erleidet die Dramatikerin **Marieluise Fleißer** (1901–1974). Schon 1922, im Alter von zwanzig Jahren, macht sie Bekanntschaft mit Bertolt Brecht und seinem Kreis. Brecht erkennt ihr Talent, fördert sie, und Fleißer feiert 1926 mit der Uraufführung ihres Volksstücks *Fegefeuer in Ingolstadt* (1926) einen so großen Triumph, dass sich selbst die verfeindeten Großkritiker Herbert Ihering und Alfred Kerr in ihrer Begeisterung einig sind. Ihr zweites Stück, *Pioniere in Ingolstadt* (1929), das bei der Uraufführung in Dresden unaufgeregt positiv besprochen worden war, wird für die Premiere in Berlin von Brecht um einige drastisch-verschärfende Szenen »bereichert«. Das Stück wird zum Skandal. Brecht hält sich raus. Fleißer wird zum Ziel massiver reaktionärer Hetze. Jetzt ist sie eine berüchtigte Größe.

In der Nazizeit hat sie Publikationsverbot, schreibt aber weiter an dem wenig gelungenen Historiendrama *Karl Stuart,* das sie 1945 beendet und das nie aufgeführt wurde. 1950 wird auf Initiative Brechts noch einmal ein neues Volksstück von ihr, *Der starke Stamm* (1950), in München uraufgeführt. Doch es wird kaum beachtet. Marieluise Fleißer ist im Nachkriegsdeutschland gründlich vergessen – bis sich ein junger Theaterrevolutionär ihrer erinnert: Rainer Werner Fassbinder inszeniert mit Erfolg die szenische Collage *Zum Beispiel Ingolstadt* (1968) und widmet ihr seinen Film *Katzelmacher* (1969). Auch der junge Franz Xaver Kroetz liest ihre Stücke mit Begeisterung, bezeichnet sich in seinen Volksstücken ausdrücklich als ihren Schüler und regt Anfang der siebziger Jahre eine Gesamtausgabe ihrer Werke an. So stirbt Marieluise Fleißer 1974 in ihrer Heimatstadt Ingolstadt nicht ganz vergessen von der Mitwelt. Ingolstadt benennt sogar einen Literaturpreis nach ihr. Die erste Preisträgerin heißt Irmgard Keun.

Unter Erfolglosigkeit hatte **Luise Rinser** (1911–2002) in der Bundesrepublik wahrlich nicht zu leiden. Sie hatte schon früh eine Lesegemeinde. Ja, Gemeinde. Das Wort trifft wohl nur auf wenige so genau zu wie auf diese Erlösungsschriftstellerin. Sie hat in der Nazizeit als Volksschullehrerin gearbeitet, bis sie 1939 aus dem Dienst entlassen wurde, weil sie sich weigerte, in die Partei einzutreten. Aber ihr erstes Buch, die schwärmerische Erzählung *Die gläsernen Ringe* (1941), über das Aufwachsen eines Mädchens während des Ersten Weltkriegs, darf in Deutschland erscheinen. Es hat großen Erfolg. Aber die zweite Auflage wird verboten. Luise Rinser bekommt Schreibverbot und wird später wegen »Hochverrats«, was nicht mehr war als Verweigern des Hitlergrußes und ähnliches widerständiges Alltagsverhalten, angeklagt und inhaftiert. Ihr *Gefängnistagebuch* (1946) ist nach dem Krieg ihre erste Veröffentlichung. Es ist eine wütende Mitschrift aus dem Kerker, solange das Papier reichte. In den achtziger Jahren tauchten dann politisch heikle Texte von ihr auf, die sie in gleichgeschalteten NS-Zeitungen veröffentlicht hatte. Luise Rinser schwieg dazu, bis zuletzt. Biografien sind nie eindeutig. Am wenigsten Heldenbiografien.

In Nachkriegsdeutschland hatte sie beispiellosen Erfolg. Mit beinahe jedem neuen Buch erklimmt sie die Bestsellerlisten. Die Kritiker verachten sie als Kitschproduzentin und Erbauungsschriftstellerin. Die Leserinnen lieben sie. Ihr bestes Buch veröffentlicht sie schon 1948: *Jan Lobel aus Warschau*, eine kühl und knapp und präzise geschriebene Erzählung vom Alltagsleben im Deutschland des letzten Kriegsjahres. Danach folgen wolkige Romane christlichen Hoffens, die sich später in einen allgemeinen Mystizismus weiten. Sie besucht sogar einige Treffen der Gruppe 47, ohne weiter aufzufallen. Sie ist auch eine publizistische Kämpferin für eine stärkere Rolle der Frauen in der katholischen Kirche, gegen die Wiederbewaffnung. 1981 erscheint das *Nordkoreanische Reisetagebuch*, in dem sie den eisenharten stalinistischen Alleinherrscher Kim Il Sun als weisen, väterlichen, idealen Führer verklärt und westliche Journalisten der Blindheit bezichtigt. Man muss leider sagen: Der politische Mystizismus von Luise Rinser war dumm und gefährlich. Drei Jahre später haben die Grünen sie zur Gegenkandidatin Richard von Weizsäckers ernannt. Bei der Wahl bekam sie nicht nur die Stimmen der Grünen-Delegierten.

Und jetzt: Auftritt **Ilse Aichinger** (*1921). Die Verweigerin. Die Überskeptikerin gegen die Worte, gegen die Welt. *Aufruf zum Misstrauen,* das war ihr erster Text, im Juli 1946 veröffentlicht. Misstrauen nicht gegen die Machthaber, die Politik, die anderen, nein, Misstrauen gegen sich selbst, darum ging es der 1921 in Wien geborenen Jüdin, die das »Dritte Reich« mit großem Glück zusammen mit ihrer jüdischen Mutter überlebt hatte. Misstrauen bleibt die Konstante in ihrem Werk. Ihr einziger Roman ist ein autobiografisches Erinnerungsbuch *Die größere Hoffnung* (1948). Ein Bericht über die Hoffnungen und Ängste jüdischer Kinder unter der Nazischreckensherrschaft, empathisch, subjektiv und doch nicht überbordend emotional, sondern fein und kunstvoll gebändigt.

Aber es war doch ein Ton, den man in der Gruppe 47 so nicht gewohnt war und an den sich viele auch nicht gewöhnen wollten. Ilse Aichingers Texte waren den Realisten der Gruppe entschieden zu überrealistisch, und sie drohten die Tagung zu verlassen. Doch Hans Werner Richters Diplomatie verhinderte die Spaltung. Und mit Aichinger und den ungefähr zeitgleich zur Gruppe gestoßenen Paul Celan und Ingeborg Bachmann hatte die Kahlschlagsvereinigung wieder Anschluss an die literarische Moderne gefunden.

Aichinger gewann sogar den Preis der Gruppe mit ihrer *Spiegelgeschichte* (1949), einer rückwärts erzählten Geschichte, die im Moment beginnt, als das Leben einer jungen Frau aufgrund einer verpfuschten Abtreibung endet, und dann das Leben und seine Werte und Wichtigkeiten spiegelverkehrt noch einmal ablaufen lässt und mit dem berühmten Satz endet: »Still! Lass sie reden!«

Schon früh hat die Aichinger gesagt: »Ich schreibe, weil ich keine bessere Form des Schweigens finde.« Und das war nicht kokett gemeint, sondern Ausdruck einer unheilbaren Sprach- und Weltskepsis, die sie in ihrem Prosaband *Schlechte Wörter* (1976) auf die Spitze treibt: »Niemand kann von mir verlangen, dass ich Zusammenhänge herstelle, solange sie vermeidbar sind. Ich bin nicht wahllos wie das Leben.«

Sie schreibt dann immer weniger, in den letzten Jahren nur noch eine Kolumne im österreichischen *Standard*. Später sind diese Kolumnen auch als Bücher erschienen. Mann, was für schöne Bücher. Es sind eigentlich Romane, Autobiografien, Reisen durch die Zeit. Ilse Aichinger ist im Alter ihrem Traum der absoluten Verknappung so nahe gekommen wie kaum ein Schriftsteller sonst. Sie schreibt sich durchs Leben, durch ihr Leben und das anderer Schriftsteller, erinnert sich an die Panik-zeit in Nazi-Wien, den Verlust der Verwandten, erinnert sich an Elias Canetti in Golders Green, Jakob Wassermann beim Rosenschneiden, Thomas Bernhard, den Einsamen. *Vom Verschwinden* hieß eines dieser Journale, *Unglaubwürdige Reisen* das bislang letzte und schönste. Zwischendurch schreibt sie übers Kino (*Film und Verhängnis,* 2001). Ilse Aichinger ging noch bis vor kurzem jeden Tag gegen Mittag ins Wiener Kaffeehaus Demel, zum Frühstücken, Denken und Schreiben. Hier war sie Königin. Und wartete jeden Tag so lange, bis die Kinos öffneten. Dann ging sie dorthin. Sieben Stunden am Tag. Vier Filme – oft und immer wieder die gleichen. Dort ist sie glücklich, sagt sie. Bis es wieder Zeit ist, nach Hause zu gehen und die Nacht zu erwarten, den Schlaf. Als ich sie kürzlich besuchen wollte, sagte mir ein freundlicher Herr am Telefon, der so etwas ist wie ihr Sekretär, sie sei im Sanatorium und krank, empfange mich aber gerne. Ich konnte nicht sofort, rief zwei Wochen später wieder an, und da sagte er traurig, es ginge nicht. Frau Aichinger sei zu krank. Sie habe beschlossen, sich nunmehr ganz aus der Öffentlichkeit zurückzuziehen. Zu schweigen. – Um zwei Wochen verpasst. Zwei Wochen.

Sie ist die beste Erzählerin dieser kleinen Reihe: **Marie Luise Kaschnitz** (1901–1974). Die Frau mit den starken Augenbrauen, der Perlenkette und der adeligen Herkunft hatte in den drei-ßiger Jahren mit kitschigen Landschaftsverzauberungsbüchern und Adelsromanzen debütiert und in den vierziger Jahren ein, wie sie es selbst nannte, »Übergangsbuch« über den Maler *Gustave Courbet* (1949) veröffentlicht. Nach dem Krieg schrieb sie knappe, kühle Erzählungen und Prosatexte. Kaum noch etwas erinnert an die schwüle Kaschnitz des Anfangs. Das sind an

Hemingway geschulte kunstvolle Kurzberichte, immer knapp an der Realität vorbei, immer etwas überreal, aber nur für Momente und nur um die Wirklichkeit noch klarer hervortreten zu lassen. Oft unheimlich. Anklagend, ohne anzuklagen. Über Alltagsdinge staunend, legt sie in jedem Text eine Folie über die Welt, eine Erzählfolie, die sich von der Wirklichkeit nur minimal unterscheidet, und dabei entsteht: eine neue Welt.

Über das Wesen der Kurzgeschichte schreibt Kaschnitz: »Sie gibt keine Lösungen, keine Rezepte, selbst die Aufforderung ›Du musst dein Leben ändern‹ wird nicht mehr ausgesprochen, und nur der Hellhörige erfährt, warum gerade dieses Teilstück Leben hervorgehoben, diese Menschengestalt festgehalten wird.«

Sie erzählt vom Dorf, das langsam aus der sich beschleunigenden Welt verschwindet, vom dicken Kind, das isst und isst, sich langsam aus dem Leben isst und in die Bücher hinein, statt Leben Brot und Bücher, vom Mann, der seiner Frau als dunkler Schattenriss begegnet in der Minute seines Todes, um eine letzte Wahrheit zu erfahren, und er erfährt sie nicht. »Mir genügte es, die schlimmen Dinge anzuzeigen. Eine Kämpferin war ich nie«, schreibt sie in ihrem letzten Prosaband *Orte* (1973). Ein Buch der letzten Verknappung. Kaum ein Text ist hier noch länger als eine Seite. 1974 ist Marie Luise Kaschnitz in Rom gestorben.

17 | Gewaltdichter des Ostens

Stephan Hermlin, Décadent im Kampf gegen sich selbst. Stefan Heym, Ost-Widerstand und West-Geschäfte. Hermann Kant, Repräsentant und Rausschmeißer. Peter Hacks, Klassiker des Kommunismus. Heiner Müller, deutscher Rauch und deutscher Kampf

Was für Männer – was für Biografien. Schreiben als Kampf, als Unterwerfung, Unterdrückung, Selbstrechtfertigung, Intrigen, Macht. Hier kommt die weißhaarige Kämpferriege-Ost. Hier kommen: Stephan Hermlin, der eigentlich Rudolf Leder heißt,

Stefan Heym, der eigentlich Helmut Flieg heißt, Hermann Kant, Peter Hacks und Heiner Müller. Die Kommunisten, die die Literatur, das Theater in der DDR nach Brechts Tod beherrschten. Die sich Kämpfe lieferten. Untereinander. Mit den Machthabern. Mit der Zensur. Mit sich selbst.

Männer, die das Bild vom Schriftstellerstaat DDR prägten, die kamen und blieben, auch wegen der Literatur.

Heiner Müller spricht wohl für alle fünf, wenn er sagt: »Dieses Parteiergreifen für die DDR hing mit Brecht zusammen, Brecht war die Legitimation, warum man für die DDR sein konnte. Das war ganz wichtig. Weil Brecht da war, musste man dableiben. Damit gab es einen Grund, das System grundsätzlich zu akzeptieren. Ein Beweis für die Überlegenheit des Systems war die bessere Literatur, Brecht, Seghers, Scholochow, Majakowski. Ich habe nie daran gedacht, wegzugehen.« (Nebenbei: sehr leicht gesagt von Müller, der im Gegensatz zu jedem anderen Bürger der DDR in den letzten Jahren frei durch die Welt reisen konnte. Vorträge halten in Südamerika. Forschen. Schreiben. Lesen. – »nie daran gedacht, wegzugehen.« Weil er gehen konnte, wann er wollte. Privilegierte Prahlmannssucht. Frech. Aber die Sache mit Brecht stimmt natürlich. Und dabei ging es nicht nur darum, dass Brecht Kommunist war. Sondern wie der Staat ihn behandelte. Ihm ein Theater zur Verfügung stellte. Man sieht das auch am Riesentamtam, das man für Thomas Mann unternahm. Bei seinem Besuch und beim Bemühen um seine gesammelten Werke. Mann hat das sehr beeindruckt damals. Die Kinder mit den Fähnchen am Straßenrand und so. Aber die große Bedeutung, die man der Literatur in der DDR von offizieller Seite zumaß, hatte natürlich auch all die negativen Auswirkungen zur Folge. Zensur. Gängelung. Verfolgung. Die Literatur war eine Macht in der DDR. Zunächst rief man sie lauthals herein. Und später wurde man sie nicht mehr los. Oder nur noch mit Mühen. Nur noch mit Hilfe Hermann Kants …)

Warum hat sich Rudolf Leder **Stephan Hermlin** (1915–1997) genannt? Es war ja nicht unüblich für Emigranten, die in Schweizer Exilzeitschriften publizierten, unter Pseudonym zu schreiben, um sich zu schützen. Aber Hermlin? Ein Königspelz? Ein Krönungsmäntelchen? Ein sehr wertvoller Name, den Herr Leder sich da ausgesucht hat. Und Stephan mit »ph«. Das sollte an den französischen Lyriker Stephan Mallarmé erinnern. Also, ein Kämpfername für den kommunistischen Untergrunddichter, der über Ägypten, Palästina, England und Frankreich in die Schweiz geflohen war, war das nicht. Und Hermlin war kein Kämpfer, auch wenn er sich später eine Teilnahme am spanischen Bürgerkrieg in die Biografie dichtete und einige andere Heldentaten, die er dann leider alle wieder herausdichten musste.

In seiner autobiografischen Erzählung *Abendlicht* (1979) berichtet er von Besuchen Kandinskys und anderen Künstlern bei ihnen zu Hause und wie sein Vater ihm an stillen Abenden seine Caspar-David-Friedrich-Zeichnungen zeigte. »Um uns war nichts als Stille, Bewunderung und Glück.« Über seinen Eintritt in die Kommunistische Partei, als Gymnasiast im Jahre 1931, und über die erste Lektüre des Kommunistischen Manifests schreibt er: »Mich bestach daran der große poetische Stil, dann die Schlüssigkeit des Gesagten.«

In diesem Satz ist der ganze Stephan Hermlin enthalten. Erst Dichter, dann Kommunist. Erst überzeugte ihn die Schönheit des Stils, dann der Inhalt des Manifests. Während des Weltkriegs dichtete er schwer und wertvoll und schwärmerisch und dunkel und sehnsüchtig und leidend: »Sonnen, wohin vergangen / Ist euer tönendes Rad?« Und auf die Bestürmer Stalingrads: »Weil diese Nacht euer Haupt umlohte / Und der Vernichtung eure Stirn sich neigt ...« Wenig Kommunistisches, zukunftsfroh Gedichtetes findet sich in den Versen dieser Jahre. Sondern Einsamkeit. Todessehnsucht. Schönheit und Pathos. Im Schweizer Exil, 1945, erscheint sein erster Gedichtband *Zwölf Balladen von den großen Städten*. Doch im selben Jahr erkennt Hermlin, dass sich etwas ändern muss in seinem Schreiben.

Fast wie an einen Gott wendet er sich in seiner *Ballade von den alten und den neuen Werten* (1945) an den kommunistischen Geist:

Genügen können nicht mehr die Worte,
Die mir eine Nacht verrät,

Die beflügelte Magierkohorte,
Wie vom Rauch der Dämonen umdreht

Und bittet:
Drum gebt mir eine neue Sprache!
Ich geb euch die meine her.

Und weiter:
Ich will eine neue Sprache,
Wie einer, der sein Werkzeug wählt.

Was für ein großer, deutscher Dichterwunsch. Was für ein Moment. Der Décadent Hermlin bittet um eine neue Sprache, um eine neue Dichtkunst im Dienste einer neuen Welt.

Er hat es versucht, er hat Stalinhymnen geschrieben, Aufbaugedichte, Wilhelm-Pieck-Lobgedichte. Doch die Hymne und der Optimismus waren seine Sache nicht. 1958 schreibt er sein letztes Gedicht unter dem programmatischen Titel *Tod eines Dichters*. Ein Abschied.

Und Hermlin schreibt Erzählungen. Seine bekannteste, *Die Kommandeuse* (1953), eine Geschichte über den 17. Juni, an dem die Aufständischen eine SS-Frau aus dem Gefängnis befreien, wird im Westen wie Osten scharf kritisiert. Der Westen wirft ihm vor, darin die offizielle DDR-Version zu bestärken, wonach es sich um einen von Nazis unterwanderten Aufstand gehandelt habe, die DDR-Machthaber werfen ihm Sympathien für die SS-Frau vor.

Hermlin zieht sich zurück, ihm wird jedoch, als Sekretär der Deutschen Akademie der Künste, die Aufgabe übertragen, noch unbekannte Lyriker wie Wolf Biermann an Gedichtabenden vorzustellen. Auf dem VI. Parteitag der SED 1963 wird er für seine Arbeit scharf kritisiert, woraufhin er von allen offiziellen Ämtern zurücktritt. In einer großen Selbstkritik äußert er sich zu den Vorfällen: »Die Entscheidung [der Partei mich von dieser Arbeit abzuberufen] war richtig und ich stimmte mit allen anderen für sie. Ich versuchte uns, die Sektion, in besseren Kontakt mit jungen Schriftstellern zu bringen, aber ich beging gleichzeitig eine Reihe von Fehlern … Das hängt wohl damit zusammen, dass ich oft Dichtung und Kunst, die mein Leben fast ausfüllen, unabhängig von Zeit und Ort betrachte, da und wo sie sich äußern. Ich erkenne das als Fehler an; aber ich weiß auch, dass ich vor der Wiederholung dieses Fehlers nicht gefeit bin.« Der Kampf des Dichters Hermlin gegen sich selbst und für den Kommunismus war nicht zu gewinnen. Bis zum Schluss.

Stefan Heym (1913–2001) wandelte souveräner und weniger selbstquälerisch zwischen den Mächten. Aber mangelnden Mut wird man ihm auch nicht vorwerfen können. Schon 1931 war er von der Schule geflogen, weil er ein kritisches Gedicht auf den Reichswehrchef geschrieben hatte. Das ist doch mal ein Auftakt für ein widerständiges Dichterleben. Der Jude Heym emigrierte erst nach Prag, dann in die USA, wo er von 1937–39 Chefredakteur des antifaschistischen »Deutschen Volksecho« war. 1943 tritt er in die amerikanische Armee ein und nimmt an der Invasion in der Normandie teil. Nach Kriegsende war er für kurze Zeit Redakteur der »Neuen Zeitung« in München, die er verließ, nachdem er sich geweigert hatte, einen antisowjetischen Leitartikel zu schreiben. Er kehrte in die USA zurück, trat aus Protest gegen den Koreakrieg aus der Armee aus und floh vor den McCarthy-Jägern in die DDR.

Schon in den USA hatte er seine ersten Romane veröffentlicht. *Hostages* (1942) und *The Crusaders* (1948), kolportagehafte Heldenromane, die dort enorm erfolgreich waren. Sein erstes in der DDR geschriebenes Buch wird zu einem Mythos. Dem Mythos eines wahrscheinlichen Widerstands. Sein Roman über den 17. Juni, der den Titel *Der Tag X* tragen sollte und den er 1959 fertig gestellt hat, erscheint nicht. Erst nach gründlicher Umarbeitung und fünfzehn Jahre später erscheint er unter dem neuen Titel *5 Tage im Juni* (1974) in der Bundesrepublik. Und ist: eine Enttäuschung. Die Figuren sind schablonenhaft, die Handlung unübersichtlich. Der Gewerkschaftsfunktionär Witte ist ein so bruchlos guter Held, dass es den Leser schaudert.

Politische Kritik gibt es aus West wie Ost. Da der Autor des Romans einerseits Verständnis für die Gründe des Aufstands weckt, andererseits für ein Eingreifen sowjetischer Panzer Partei zu nehmen scheint, sitzt Heym zwischen allen Stühlen. Ein nicht ganz unbequemer Platz. Im Osten ist das Buch verboten, im Westen wird es ein Verkaufserfolg. Heym hat das Wandeln zwischen den Welten ganz gut raus. In Interviews mit westlichen Medien versäumt er nie, ein kritisches Zitat zu hinterlegen, im Osten lässt er sich gern von hohen Parteifunktionären zum Geburtstag gratulieren. Als bei der Publikation seines besten Buches, der Autobiografie *Nachruf* (1988), in der BRD die DDR eine Geldstrafe wegen Verstoßes gegen das Devisengesetz verhängte, was im Westen die Verkaufszahlen augenblicklich nach oben schnellen ließ, sagt er kühl: »Die 9000 Mark (Ost) [waren] die beste Investition meines Lebens; sie steigern die Auflage (West).« So einfach war das.

1994, im wiedervereinigten Deutschland, mit dem er sozialistisch aufrecht hadert, wird er als parteiloser Kandidat für die PDS Alterspräsident des Bundestages. Eine Welt, in der er allerdings so fremd und alt und einsam wirkt, dass er sie bei der ersten Gelegenheit wieder verlässt. Doch auch außerhalb des Bundestags meldet sich der bald neunzigjährige Heym immer wieder als Stimme des Ostens zu Wort.

Bei seiner Beerdigung im Dezember 2001 ist Bundeskanzler Schröder einer der ersten Trauergäste, der vor der noch verschlossenen Tür der Synagoge in Berlin auf den letzten Abschied wartet. Es schneit. Und viele hundert Trauergäste folgen dem Sarg zum Grab. Heym war einer der beliebtesten Schriftsteller der DDR.

Kommen wir zum unbeliebtesten, dem meistgehassten Schriftsteller der Wendezeit. Er war das Böse. Er war der Repräsentant des verhassten Staates. Der Präsident des Schriftstellerverbandes. Der für die Ausbürgerung Wolf Biermanns mitverantwortlich gewesen sein soll. Der alle Schriftsteller aus dem Verband warf, die dagegen protestiert hatten. Der die Zensur im Land verteidigte mit dem absurden Satz: »Wer die staatliche Lenkung und Planung auch des Verlagswesens Zensur nennt, macht sich nicht Sorgen um unsere Kulturpolitik – er will sie nicht.« (Jurek Becker hat in einem wunderbaren Brief geantwortet: »Wenn ich von mir alleine mal sprechen darf: Natürlich will ich diese Kulturpolitik nicht, darum geht es doch gerade, das musst Du doch

109

nicht erst so scharfsinnig herausfinden.«) Er war »IM Martin«. Mitglied des Zentralkomitees. Er war der Unterdrücker: **Hermann Kant** (*1926).

1926 in Hamburg geboren, in den letzten Kriegsmonaten noch eingezogen, geriet er in polnische Gefangenschaft, wo er bis 1949 blieb. Heiner Müller schreibt über ihn: »Kant ist, wie viele seiner Generation, mit dem Bewusstsein angetreten, dass er eine Schuld durch besonderen Einsatz, durch besondere Pflichttreue gegenüber diesem neuen Staat abarbeiten muss.«

Wenn man ihn in diesen Tagen, fünfzehn Jahre nach der Wende, trifft, hat man den Eindruck eines alten, geschlagenen Kämpfers. Zerzaustes, lichtes Haar und derbes Sakko, dicke Brille und blitzende, kleine Augen dahinter. Er hört sehr schlecht, trotz Hörgeräten. Er sagt: »Ich habe mich immer als jemand gesehen, der ohne Illusionen in einem Kampfe steht. Wer hält länger aus, habe ich gedacht. Es war immer ein Kampf. West gegen Ost. Was mich immer alles bedenken ließ. Und jetzt bedenke ich, dass ich diesen Kampf verloren habe. Und dass die, die den Kampf gewonnen haben, sich so benehmen, wie es ihr Recht ist. Wie soll ich das jemand verargen. Was soll der Quatsch?« Gleich nach der Wende hat er sich aus Berlin zurückgezogen, aufs Land, in eine kleine Datsche in einem winzigen Dorf in Mecklenburg. »Ich habe meinen Freunden gesagt: Ich gehe jetzt aus allen Freundschaften.« Und er ging. Dort draußen kennt er niemanden mehr, alle zehn Tage kommt Eva Strittmatter, die in einem Nachbardorf wohnt, einmal »zum Klönen« vorbei. Sonst lebt der gefürchtetste Schriftstelle der DDR ein einsames Leben. Und hält sich raus: »Leute wie ich sind nicht mehr in der Lage, irgendeiner Entwicklung das Wort zu reden. Jetzt sind wir kaputt.«

Seine Bücher, die in der DDR alle Schullektüre waren, hat man im Wendejubel in hohem Bogen auf den Müll geworfen. Ein falscher Wurf. *Die Aula* (1965) und *Der Aufenthalt* (1977) sollte man aufheben. Da ist die ganze DDR drin. Der Geruch, die Menschen, der Aufbaukampf, die Ideologie und Selbstironie und Sprachwitz und Leichtigkeit und Schärfe, Schreibeigenschaften, die sich Kant auf wundersame Weise auch in die Gegenwart hineingerettet hat. Seine letzten beiden Bücher, *Okarina* (2002) und *Kino* (2005), sind von einer altersleichten Heiterkeit, einer bösen Selbstironie und einer feinen Melancholie. »Mit siebzig/ plus ist man für Höhlen und Gruben gut. Der dauerhafteste aller Permafröste wartet; ein Feuerchen noch, Asche zu Asche, vor dieser nicht sehr lieben Seele habt ihr, wartet nur, balde Ruh.«

Und hier: der Klassiker des Landes. Stalinist bis zuletzt. Stolz. Beleidigend und beleidigt. Pries den Bau der Mauer. Lobte die Ausweisung Wolf Biermanns. Und war trotzdem ständig mit den Machthabern in Konflikt. Er ist auch einer der DDR-Flüchtlinge. Also einer, der hineinflüchtete, 1955 aus München nach Ostberlin. Ein Brecht-Sehnsüchtling: **Peter Hacks** (1928–2003). Nach Brechts Tod lieferte er sich ein lebenslanges Duell mit Heiner Müller darüber, wer der Theaterkönig des Landes sei. Der populärste war immer er. Der Volksdichter. Der sich gleich nach dem Parteibeschluss für den Bitterfelder Weg 1959, der die Autoren der DDR zu realistischer, optimistischer Aufbaudichtung verpflichten wollte, auf diesen Weg machte. Er schrieb mit *Die Sorgen und die Macht* (3 Fsg., 1959–61) und *Moritz Tassow* (1965) zwei Zeitstücke, die den Machthabern jedoch zu unpolitisch waren und schnell verboten wurden. So wurde Hacks zum Klassiker. In Essays plädierte er für eine sozialistische Klassik, die sich darauf beschränken solle, die Größe des bisher Erreichten darzustellen, und das im Blankvers, mit Pomp und großen Themen. Zunächst bearbeitet Hacks antike Komödien zu gesellschaftlichen Fortschrittsstücken, dichtet Barockstücke und Operetten um und wird schließlich mit seinem Stück *Ein Gespräch im Hause Stein über den abwesenden Herrn von Goethe* (1976) auch im Westen zu einem der meistgespielten Dramatiker der siebziger Jahre.

Mit Müller, mit dem er in den sechziger Jahren noch eng befreundet gewesen war, verfeindet er sich mehr und mehr. Müller berichtet hämisch, wie Hacks bei der Beerdigung von Müllers Frau Inge, die Hacks vergeblich geliebt hatte, vor ihm gestolpert und auf die Knie gefallen sei. »Da habe ich mir Hacks endgültig zum Feind gemacht«, mutmaßt Müller. Hacks schreibt herrliche beleidigende Gedichte auf Müller und schickt sie ihm aber vor Veröffentlichung zu, damit er ihm unterschreibt, dass er nicht gegen die Beleidigungen vorgehen werde. »Vielleicht ist Dir, wie mir, an der Erhaltung der beleidigenden Gattung gelegen, und vielleicht bist Du bereit, hierüber ein Statement abzugeben.« Und noch für seine Beerdigung hatte Hacks, der in den neunziger Jahren in der Öffentlichkeit vollkommen abgemeldet war, während Müllers Erfolgsstern über allem leuchtete, strenge Anweisungen gegeben. Auf keinen Fall auf dem Dorotheenstädtischen Friedhof dürfe er beerdigt werden. Da liege Müller schon. Und »mit Heiner Müller habe ich mir nicht so viel zu sagen, dass es für eine Ewigkeit reicht«. Jetzt liegt er gut einen Kilometer weiter nördlich, auf dem Französischen Friedhof, in Rufweite von Fontane. Die beiden werden schön was zu quatschen haben. Vielleicht sogar für die Ewigkeit.

Und **Heiner Müller** (1929–1995) liegt also dort unten, am Anfang der Chausseestraße, gleich neben Brechts letztem Wohnhaus. Da kann er sich unterhalten mit Heinrich Mann und mit Hegel und Johannes R. Becher, dem großen Germanisten Hans Mayer, der nach ihm kam, mit Arnold Zweig und – natürlich – mit Bert Brecht. Heiner Müller war schon in seinen letzten Lebensjahren zu einem Mythos geworden, der in den endlosen Fernsehgesprächen mit Alexander Kluge immer weiter hinter den Rauchschwaden seiner Zigarre zu verschwinden schien. Irgendwie ging es in den Gesprächen immer um Stalingrad. Und um Hölderlin und Kafka und Ernst Jünger. Wenige Dramen sind mir so unzugänglich wie die Dramen Heiner Müllers. Die Shakespeare-Zerquälungen der *Hamletmaschine* (1977), des »Hamlet«, die frühen Aufbaustücke *Die Korrektur* (1958) und *Der Lohndrücker* (1995), der gewaltige deutsche Schlachten- und Geschichtslärm in *Germania. Tod in Berlin* (1978), die Endzeitbegeisterung, die Schwere. »Ich lese, was ich vor drei, fünf, zwanzig Jahren geschrieben habe, wie den Text eines toten Autors«, hat er einmal gesagt. Vermutlich war es als stolze Selbsthistorisierung gemeint. Ein großartiges Buch von Heiner Müller gibt es allerdings: seine diktierte Autobiografie *Krieg ohne Schlacht* (1992/94). Das ist ein Jahrhundertleben auf 367 Seiten, Begegnungen mit Jünger, Hermlin, Hacks, Brecht, das Leben in zwei Diktaturen in unzähligen Anekdoten, Lebens- und Leseerinnerungen.

Ein fernes Land – eine ferne Literatur

18

Wolf Biermann, der DDR-Erschütterer. Ulrich Plenzdorf, die Legende eines Landes. Erwin Strittmatter, der Landmann. Adolf Endler, der unglückliche Tarzan. Franz Fühmann, liegen geblieben auf dem Bitterfelder Weg. Volker Braun und der verpasste Moment

Was für ein fernes, fremdes Land. Wie weit liegt es zurück. War es mal wirklich? Und damals – so gefährlich, wie es heißt? So grau, wie es heißt? So bedrückend, wie es heißt? Was war die DDR? Wie war die DDR? Und was ist davon in den Büchern aufgehoben worden? In den Gedichten? Im Leben der Schriftsteller?

In diesem Leben und diesem Schreiben ist alles aufgehoben, wie es scheint. Im Leben und Singen und Dichten des **Wolf Biermann** (*1936). Wie groß kann die Angst eines Staates vor einem Sänger sein? Wie sehr kann ein kleiner, aufrechter Dichter einen totalitären Staat lächerlich machen? Auch er war hinübergeflohen in die DDR, noch vor Adolf Endler, Peter Hacks und Stefan Heym. Er war Kommunist von Anfang an, kam aus einer Hamburger Familie erklärter Kommunisten, die väterliche Linie war jüdisch. Der Vater, Werftarbeiter, sabotierte Waffentransporte ins Spanien Francos, kam ins KZ und wurde 1943 in Auschwitz ermordet. Insgesamt wurden dreißig Familienmitglieder Biermanns von den Nazis umgebracht. Wolf Biermann trat gleich nach dem Krieg in die KPD ein, und 1953 zog er nach Ostberlin, studierte Politische Ökonomie und wurde 1957 Assistent am Berliner Ensemble, begann 1960, gefördert von Hanns Eisler, zu schreiben und zu komponieren. Er gründet 1961 das Berliner Arbeiter- und Studententheater, schreibt ein positives Stück über den Mauerbau (*Berliner Brautgang,* 1963), das sofort verboten wird. Denn, wie Heiner Müller schreibt: »Auch die Zustimmung zum Mauerbau war ein Tabu, wenn sie klug formuliert war.« Auf der neuen Bühne wird geprobt und gesungen – eröffnet wird sie nie. Es bleibt ein Mythos. Die Auftritte Biermanns werden von den Behörden mehr und mehr eingeschränkt und nach Erscheinen seines ersten Gedichtbandes im Westen bei Wagenbach vollkommen verboten. *Die Drahtharfe* (1965) wird in der Bundesrepublik einer der größten Lyrik-Verkaufserfolge überhaupt. Es sind Traumlieder, Kampflieder, Zukunftslieder, die den Kommunismus feiern und die Funktionäre verlachen. Biermann ist in der DDR ab sofort eine Unperson. Aber wegen der großen Popularität im Westen traut man sich auch nicht, ihn zu verhaften. Er lebt als stummer Sänger mitten in Ostberlin, in der Chausseestraße, und dichtet und schreibt und nimmt Platten auf, die alle im Westen mit großem Erfolg vertrieben werden. In der DDR zog das Singen oder der Vertrieb seiner Bücher und Lieder drakonische Strafen nach sich. Ausschluss von der Universität. Sogar Gefängnishaft. Über zehn Jahre ging das so. Die Stasi notierte jeden Atemzug. Jedes Frühstück. Während Biermann dichtete und offiziell gar nicht mehr existierte.

Dann, plötzlich, im Herbst 1976, die Nachricht: Biermann darf auftreten. Im Westen. Auf Einladung der IG-Metall eine Konzertreise durch die BRD machen. Und – auch wenn man Schlimmes ahnen musste, bei dieser plötzlichen Erlaubnis – Biermann nimmt an. Natürlich nimmt Biermann an. Das Konzert im November in Köln soll legendär gewesen sein. Ebenso legendär ist die Meldung der DDR-Nachrichtenagentur ADN, die drei Tage später, am 16. November 1976, über die Ticker lief: »Die zuständigen Behörden haben Wolf Biermann, der 1953 aus Hamburg in die DDR übersiedelte, das Recht auf den weiteren Aufenthalt in der Deutschen Demokratischen Republik entzogen.«

Das war der Moment, in dem die DDR auseinander brach.

Weltweit wurde über den schnauzbärtigen Gitarrenmann berichtet, vor dem die kommunistische Hälfte Deutschlands solche Angst hatte, dass sie sich gezwungen sah, ihn auszusperren. Eine Solidarisierungswelle entstand in beiden Ländern, wie es sie für einen Dichter kaum zuvor und kaum danach gegeben hat. Auch in der DDR. Und auch ganz offiziell. Der offizielle Protest gegen die Ausbürgerung gilt bis heute als der moralische Lackmustest jedes Dichters im DDR-Sozialismus. In keiner Schriftstellerbiografie dieses Landes fehlt der Hinweis: hat die Biermann-Resolution unterschrieben. Oder: hat sie nicht unterschrieben. Das war die Frage.

Viele, viele haben unterschrieben. Trotz der Repressionen, die das bedeuten konnte. Rauswurf aus dem Schriftstellerverband mit Hermann Kants Segen, Publikationsverbot, Haft oder Rauswurf aus dem Land. Viele Autoren sind in der Folge des Landes verwiesen worden oder haben auf Druck das Land verlassen, Thomas Brasch, Sarah Kirsch, Günter Kunert, Klaus Schlesinger und viele mehr. Anderen, die nicht gehen mussten oder nicht gehen durften, war ab diesem Moment klar, dass dieser Staat keine Zukunft hat, keine Zukunft haben darf.

Biermann selbst trauerte nicht lange, wollte »bloß kein Berufs-Dissident werden« und begann sofort mit der BRD zu hadern, betonte bei jeder Gelegenheit, dass er Kommunist sei und bleibe. Und als er dichtete und sang »ach kommen bin ich / vom Regen in die Jauche«, da hätten ihn westdeutsche Politiker am liebsten gleich wieder zurückgeschickt, ins Land, von wo er kam, und das wäre ja eine schöne Szene gewesen, auf der Glienicker Brücke, der gefesselte Barde mit der Gitarre, den Mund zugebunden wie Troubadix, schickt man ihn im Westen los, hinüber auf die sozialistische Seite, wo man ihn gleich wieder zurückweist, und der Mann mit der Gitarre steht auf der Mitte der Brücke und – dichtet im Kopf einige neue Widerstandsverse.

Die Sache mit der Jauche hat er später zurückgenommen, oder nein, er hat bekannt, dass es ungerecht gewesen sei, aber: »Ich werde es nicht zurücknehmen, denn ich bin kein Gerechter.«

Sondern ein Rechtender und Hoffender. Den Traum vom Kommunismus und einem Traumland DDR hat er dann nach der Wende aufgegeben. Es gab da nichts mehr zu hoffen und er wollte nicht lächerlich werden und nicht heillos verkniffen. Er erkannte trauernd und endgültig: »Der Kommunismus ist am Ende, nicht nur in der Wirklichkeit, nein, wirklicher: auch im Traum.«

Er stürzte sich dann noch einmal mit ungeheurer Verve ins Wiedervereinigungs- und Golfkriegsmeinungsgetümmel, beschimpft, wütet, unterstützt den Krieg, schreibt und schreibt, bis er plötzlich beinahe ganz verstummt. In mühevoller Großarbeit übersetzt er das Epos des jiddischen Dichters Jizchak Katzenelson *Dos lied vunem ojsgehargetn jiddischn volk (Großer Gesang des Jizchak Katzenelson vom ausgerotteten jüdischen Volk,* 1994), das die-

ser über die Vernichtung der Warschauer Juden im KZ Vittel vor
seiner eigenen Deportation niederschrieb. Nein, er übersetzt
nicht nur, er dichtet nach und macht es zu einem einzigartigen
Dokument des Untergangs eines Volkes zu einem persönlichen,
großen Todestagebuch.

Seitdem ist es sehr, sehr still um Biermann.

Ulrich Plenzdorf (*1934) zum Beispiel. Da weiß man, was er treibt.
Der ist schon viel länger aus dem großen, öffentlichen Leben
zurückgetreten. Lebt jetzt in einem kleinen Ort im Oderbruch
und kommt nur noch selten nach Berlin, für eine Lesung, für
einen Besuch. Plenzdorf ist das Two-Hit-Wonder der DDR.
Der Mann, der die Träume der Jugend aufgeschrieben hat.
Der keine gesellschaftsrevolutionierenden Bücher schrieb, aber
menschenrevolutionierende, gemeinschaftsstiftende, Aufbruch
signalisierende Selbstverwirklichungsbücher. Liebesbücher. Zunächst *Die neuen Leiden des jungen W.* (1972). Die Geschichte des
Mustersozialisten Edgar Wibeau, der irgendwann seine Lehre
abbricht und sich in eine Laube zurückzieht, liebt und sehnt,
mit den Zwängen der Gesellschaft hadert, an Old *Werther* denkt
und den *Fänger im Roggen* liebt. Und schließlich nicht durch
Selbstmord, sondern durch Ungeschicklichkeit stirbt. Es war ein
Identifikationsbuch für viele, und die Kritik am Sozialismus war
durch zahlreiche einschränkende, selbstkritische Kommentare
eingedämmt.

Auch im Westen war es ein Riesenerfolg und Schullektüre,
die die fremde, fremde DDR-Wirklichkeit den BRD-Schülern
aber auch nicht näher brachte. »Was quasselt der da die ganze
Zeit von seinem ›Traum von Jeans‹ als Lebenstraum? Soll er
doch andere Hosen tragen«, dachte man als Schüler im Westen
und quälte sich mit dem dünnen Büchlein, das man einfalls-
reicherweise auf Parallelen zu Goethes *Werther* untersuchen
musste.

Und Plenzdorfs zweiter Hit, *Die Legende von Paul und Paula* (1973), wurde erst im Kino zu dem Massenereignis, als das
es noch heute berühmt ist. Paul liebt Paula, beide brechen aus
einem Ehekäfig aus, lassen sich von keiner sozialistischen Wirklichkeit aus der Liebe bringen, lieben sich, reden, träumen, leben,

bekommen Kinder, bis bei der Geburt des dritten Paula stirbt. Am Ende stehen die Sätze: »Ideal und Wirklichkeit gehen nie übereinander. Ein Rest bleibt immer.« Banal und wahr, und alle, alle weinten. Ein Buch, ein Film, die beinahe jeder in den siebziger, achtziger Jahren Aufgewachsene kennt, mit denen jeder groß geworden ist, im Westen und im Osten – welcher Schriftsteller kann das sonst von sich sagen?

Erwin Strittmatter (1912–1994) nicht. Auch wenn seine Bücher Millionenauflagen erreichten. Aber es sind keine Jugend-Identifikationsbücher. Es sind Landromane. Autobiografische Romane eines Arbeiters, die er schrieb. 1912 in einem Dorf in der Niederlausitz geboren, im Bäckerladen seines Vaters gelernt, dann als Kellner, Tierwärter, Pferdepfleger, Kleintierzüchter und Chauffeur in ganz Deutschland unterwegs. 1942 kommt er zum Militär, desertiert 1945 und tritt gleich nach dem Krieg in die SED ein, die ihn sofort als Amtsvorsteher über sieben Dörfer in der Niederlausitz einsetzt. Strittmatter wird sein ganzes Leben auf dem Land verbringen, zusammen mit seiner dritten Frau, der Literaturwissenschaftlerin und Lyrikerin Eva, kauft er 1954 ein Gut in Schulzenhof bei Gransee, wo er eine äußerst erfolgreiche Pony- und Araberzucht beginnt. Ein Jahr zuvor hat er Bertolt Brecht einmal aus einer unangenehmen Situation geholfen. Oder besser: ein Stück von ihm. Brecht war in Bedrängnis, die stalinistischen Machthaber verlangten von ihm die Inszenierung eines echten Zeitstücks am Berliner Ensemble, Brecht versicherte, ja, ja, er arbeite gerade an einer Sache über einen preisgekrönten Schnellmaurer, er beeile sich. Doch er wusste selbst: Das wird nichts werden, und in diesem Moment las er durch Zufall das erste Stück von Erwin Strittmatter, *Katzgraben* (1953). Ein Stück aus einem Dorf von damals. Nicht mühsam angelesen. Nein, erlebt. Und authentisch mitgeschrieben. Brecht war begeistert. Er dichtete es kräftig um und es kam auf die Bühne. Es war zwar kein großer Erfolg, aber Brecht war gerettet und Strittmatter erhielt den Nationalpreis für Literatur. Brecht hat über Strittmatter gesagt: »Ich halte es für eine bedeutende Errungenschaft, dass wir unsere Arbeiter und Bauern auf der Bühne sprechen hören wie die Helden Shakespeares und Schillers.«

Doch wenn man es heute so nachliest, das Stück, da muss man doch sagen, dass es da Unterschiede gibt zwischen Strittmatters Bauern und Shakespeares Helden. Es ist so weit, so weit zurück. Aus einer so fernen, alten Zeit. Viel ferner als Shakespeares Helden uns je erscheinen werden. Auch die Romane, mit denen Strittmatter ja eigentlich erst berühmt wurde: *Ole Bienkopp* von 1963, der Roman des eigensinnigen Bienenzüchters und starrsinnigen Landmanns, der in der Arbeit für seine Ziele und dem Ringen mit den Machthabern schließlich einen halb lächerlichen, halb heldenhaften Tod findet, liest sich heute wie aus einem Landmuseum für Erde, Arbeit, Heldentum, derben Männerwitz und Landschaftskitsch. Und auch *Der Laden* (1983–92), die große, dreibändige Autobiografie, die sein Werk abschließt und deren letzter Band erst 1992 erschienen ist, wirkt heute schon wie hundertjährig. Kann sein, es liegt an der schnellen Zeit. Kann sein, es liegt am Buch. 1994 ist Erwin Strittmatter in seinem Heimatdorf gestorben.

Es wurde viel gearbeitet unter den Schriftstellern der DDR. Das muss man sagen. – Also, so richtig gearbeitet. Als **Adolf Endler** (*1930) 1955 aus Düsseldorf, wo man ihn wegen »Staatsgefährdung« drankriegen wollte, herüberkam, da ging er nach dem Literaturstudium am Johannes-R.-Becher-Institut gleich ins Sumpfland in der Wische und nahm an den Landgewinnungsmaßnahmen teil, die er sogleich, ganz im Bitterfelder Sinne, schön bedichtet, und er schwärmt, die bloße Träumerei des Westens endlich gegen »nützliche Träume« eingetauscht zu haben.

Endler ist der schwarze Humorist von Ostberlin, der *Tarzan am Prenzlauer Berg* (1994), wie er sich selber nennt. Der die Absurditäten des DDR-Alltags heiter und eifrig bedichtet – viel zu heiter natürlich, was sogleich mit Schreibverbot geahndet wird. Endler verfällt mehr und mehr der Depression und Trinksucht und trotzt, lange Zeit nur für die Schublade, dem Leben immer wieder herrliche Verse ab. Im Gedichtzusammenstellungsband *Der Pudding der Apokalypse* (2000) sind die besten vereint. Und in seiner Autobiografie *Nebbich* (2005), aus wundersamen Textfundstücken zusammengestellt, lacht der Tarzan über das absurde Theater DDR auf jeder Seite. Wolfgang Hilbig hat Endlers Schreiben so beschrieben: »Jedes Mal, wenn man etwas von dir liest, glaubt man, man müsse sich augenblicklich totlachen. Doch dann merkt man plötzlich, dass man schon tot war und dass man sich wieder lebendig gelacht hat.«

Auch **Franz Fühmann** (1922–1984) war ein eifriger Arbeiter und Arbeiter-Schreiber. Aber zunächst mal war er Nazi. 1922 in Rochlitz an der Isar, im heutigen Tschechien, geboren, war er schon im Gymnasium glühender Anhänger der NSDAP. Sein Vater war Ortsgruppenführer und der Sohn kam, so schnell es ging, zur Reiter-SA. Er meldete sich freiwillig zum Reichsarbeitsdienst, später zum Kriegsdienst. Kurz vor Kriegsende gerät er im Kaukasus in Gefangenschaft und wird auf eine so genannte Antifa-Schule geschickt, wo er die alten politischen Überzeugungen gegen neue austauscht. Im Dezember 1949 wird er in die DDR entlassen. Fühmann erinnert sich an seine Wandlung: »Die neue Gesellschaftsordnung war zu Auschwitz das Andere; über die Gaskammer bin ich zu ihr gekommen und hatte es als Vollzug meiner Wandlung angesehen, mich ihr mit ausgelöschtem Willen als Werkzeug zur Verfügung zu stellen.« Und dieses Werkzeug mit ausgelöschtem Willen wurde zunächst hoher Parteifunktionär und dichtete in hohen Tönen Loblieder auf das neue Land und Geschichten über den Krieg. Auch Fühmann war – wie Müller über Hermann Kant gesagt hatte – Mitglied jener Generation, die mit einem ungeheuren Schuldbewusstsein angetreten ist und die diese Schuld durch besonderen Einsatz und besondere Pflichttreue gegenüber dem neuen Staat abarbeiten wollten.

Als 1959 der Bitterfelder Weg vorgegeben wurde, hat diesen wohl kein zweiter Schriftsteller der DDR so gehorsam befolgt. Er lebt und arbeitet auf der Rostocker Warnow-Werft und schreibt darüber das Buch *Kabelkran und blauer Peter* (1961), begleitet die Volkspolizei bei ihren Einsätzen und schreibt darüber das Volkspolizeiverherrlichungsbuch *Spuk* (1961). Doch nach einiger Zeit kann das willenlose Werkzeug nicht mehr. Es will nicht mehr. Fühmann schreibt im Vorfeld der zweiten Bitterfelder Konferenz von 1964 in einem berühmten »Brief an den Minister für Kultur«, er könne diesen Weg nicht weitergehen und er denke auch nicht daran, seine Tage weiterhin in Fabriken zu verbringen: »Den großen Betriebsroman werde ich nicht schreiben.«

1968, als auch Truppen der Nationalen Volksarmee zur Niederschlagung des Prager Frühlings in die Tschechoslowakei einmarschieren, verliert Fühmann den Glauben an sein Land, er zieht sich aus allen Funktionen zurück, schreibt »monströse Geschichten« über den lähmenden sozialistischen Alltag und fördert junge Autoren, wo er nur kann. Trotzdem besucht er noch regelmäßig verschiedene Bergwerke, um ein großes, romantisches, gegenwärtiges, wahres »Bergwerksprojekt« zu schreiben, das aber, trotz eines Umfangs von über tausend Seiten, unvollendet bleibt. Fühmann stirbt 1984 in Berlin. In seinem Testament schreibt er: »Ich habe grausame Schmerzen. Der bitterste ist der, gescheitert zu sein: in der Literatur und in der Hoffnung auf eine Gesellschaft, wie wir sie alle einmal erträumten.«

Wie kann man gegen die Erstarrung angehen? Wie kann man der Erstarrung des revolutionären Prozesses im grauen, zähen, problematischen, sozialistischen Alltag entgegenwirken – entgegenschreiben. Das war das Programm des Dichters, des Roman- und Stückeautors **Volker Braun** (*1939). Von Anfang an. Auch er hat erst einmal den proletarischen Arbeitsalltag gründlich, sehr gründlich kennen gelernt. Als Druckereiarbeiter in Dresden, als Tiefbauarbeiter im Kombinat Schwarze Pumpe und als Maschinist im Tagebau Burghammer, bevor er Philosophie studierte und zu schreiben begann. Seine berühmtesten Werke sind *Unvollendete Geschichte* (1975), der *Hinze-Kunze-Roman* (1985) und das Drama *Die Übergangsgesellschaft* (1987).

Es sind Werke gegen das Selbstverständliche. Gegen den Alltag. Gegen das Beharren und Nicht-Fragen. Dass die Geschichte nicht vollendet sein möge, das war sein Programm. Die Geschichte unter diesem Titel berichtet von der Liebe der Funktionärstochter Karin, die sich unter dem Druck der Verhältnisse gezwungen sieht, sich von ihrem Geliebten zu trennen, der, zu Unrecht, von der Stasi als Staatsfeind verdächtigt wird und der daraufhin einen Selbstmordversuch unternimmt. Die Geschichte scheint hoffnungslos zu Ende, doch Braun schließt: »Hier begannen, während die eine nicht zu Ende war, andere Geschichten.«

Auch der *Hinze-Kunze-Roman,* die Geschichte eines Chauffeurs und seines Chefs, die in einem unauflöslichen Abhängigkeits-, Treue- und Notwendigkeitsverhältnis aneinander gekettet sind, ist ein Protest gegen das Unveränderliche. Und *Die Übergangsgesellschaft* endet mit dem programmatischen Ausruf: »Die Revolution kann nicht als Diktatur zum Ziel kommen!«

Was für ein Moment war für jemanden wie Volker Braun die Zeit der Wende. Der Herbst 89. Die Zeit, in der all sein Schreiben ein Ziel, eine Erfüllung gefunden zu haben schien: Die Zeit geht weiter. Die Revolution nimmt ihren Lauf. Wird Prozess statt Lähmung. Am 11. Oktober dichtete er:

> *Lange schien es, als stünden die Zeiten*
> *Still. In den Uhren*
> *Der Sand, das Blut, der abgestandene*
> *Tag. Jetzt bricht er an*
> *Der jüngste wieder und unerwartet.*
> *(in: Wir befinden uns*
> *soweit wohl, 1998)*

Da war sie: alle Hoffnung. Aber auch schon die Furcht. Dass all das auch ein noch viel größeres, endgültigeres Ende finden könnte, als es der sozialistische Alltag je befürchten ließ. Das Ende des Sozialismus überhaupt.

So kam es auch. Und es kam schnell. Volker Braun traf das Ende aller revolutionären Träume so schwer wie wenige andere. Es war sein Moment. Er war vorbei. Seitdem schreibt Braun Apokalyptisches. Endzeitgedichte. Hoffnungsloses. Dunkles. Ein Ende seiner »Unvollendeten Geschichte« hat er auch geschrieben: »Am Ende hatten wir ein Ziel vor Augen, das unerreichbar war. Den Anfang, als er das Ende war. Die aussichtslose Alternative. Die solidarische Gesellschaft. Denn es lief längst eine andere Geschichte.«

Wir haben schlechte Laune

Peter Huchel, der Antreiber. Johannes Bobrowski, Anklage, Schmerz und deutsche Schuld. Günter de Bruyn, Brandenburger Selbstkritik. Christoph Hein, Michael Kohlhaas forever. Wolfgang Hilbig, immer, immer tiefer graben. Jurek Becker, Wahrheitssucher, Kitschbekämpfer

Mann, mann, mann. Ist das alles grau hier. Und schlecht gelaunt. Und mühsam, mühsam dem Leben abgetrotzt. Und dem System. Und der Sprache. So wenig Eleganz. So wenig Witz. Nur Ernst und Schweiß und harte Arbeit. Peter Huchel will das Kulturleben neu aufbauen und baut es auf, bis er zum Schweigen eingesperrt wird. Bobrowski bedichtet die Natur, bis er von Preisen überhäuft wird, was ihn nur zu Klagen führt, und dann stirbt er an einem Blinddarmdurchbruch. De Bruyn rechnet mit sich selbst am schärfsten ab und sucht die Wahrheit, die wahre. Aber mit ein wenig Humor. Hilbig arbeitet und arbeitet und gräbt für die Sprache tiefe, tiefe Höhlen. Jedes Wort wiegt so viel wie eine Lore Kohle. Der dünne Christoph Hein kämpft für sich allein. Allein gegen den Staat, den er so liebt. Und Jurek Becker − der ist ein anderer. Der hat eine leichte, schöne, klare Sprache. Der hat Humor, wo es nun wirklich nichts zu lachen gibt. Wenn einer wirklich bleiben wird, dann er. Er und Hilbig als sein Gegenpol.

Peter Huchel (1903−1981) kam als Hoffnungsmann ins Land. 1903 in Berlin geboren, auf dem Hof seiner Großeltern bei Potsdam aufgewachsen, 1920 am rechten Kapp-Putsch teilgenommen, verwundet, im Krankenhaus in einem Zimmer zusammen mit Arbeitern, die ihn von ihrer Sache überzeugten. Als Funker im Krieg, kurz in sowjetischer Gefangenschaft, und dann sollte es losgehen. Im Osten. Und es ging los. Huchel wurde künstlerischer Direktor des sowjetisch lizenzierten Berliner Rundfunks und schließlich, 1949, Chefredakteur der Kulturzeitschrift *Sinn und Form,* die zum avanciertesten, modernsten, weltoffenen Publikationsorgan des Ostens wurde. In einem für die DDR-Kulturpolitik ganz und gar ungewöhnlichen Vertrag hatte Huchel sich zukunftsweise alle Freiheiten sichern lassen. Und er nutzt sie, macht *Sinn und Form* zu einem Forum für die französischen Existenzialisten, russischen Formalisten, verdrängte deutsche Tote wie Franz Kafka, Walter Benjamin, verdrängte lebende Westdeutsche wie Hans Henny Jahnn. Er fördert Debatten. Zu wichtigen Themen werden meist mindestens zwei Meinungen gedruckt. Manche Meinungen forciert er auch. Berühmt sein Auftrag an den Freund Ernst Bloch, eine Abrechnung mit Ernst Jünger und Gottfried Benn zu schreiben:»Ich wüsste keinen Besseren als Dich, diese Existenzen in den Orkus zu schleudern.« Bloch lehnt ab. Pech für Huchel. Eine solche Abrechnung hätte den Mächtigen sicher gefallen. Obwohl: der Renegat Ernst Bloch als Autor auch wieder nicht. Ach, es war ein politischer Interessendschungel. Huchel fühlte sich sicher. Vertrag ist Vertrag. 1953 sollte er das erste Mal entlassen werden. Doch er hatte zwei starke Protektoren: Brecht und Becher. Aber nach deren Tod und mit der immer stalinistischeren Kulturpolitik wird es für Huchel schwerer und schwerer. Mit dem Bitterfelder Weg hat er nichts am Hut. 1962 ist er nicht mehr zu halten. Das Protokoll des VI. SED-Parteitags, auf dem Huchels Abschied beschlossen wird, trägt den ganzen, schönen ostdeutschen Sozialismus in sich: Als sich ein 1. Bezirkssekretär darüber empört, dass man diesen Huchel mit seinem Diskussionsblättchen so lange gewähren ließ, antwortet Walter Ulbricht resigniert und trocken: »Der hat einen Sondervertrag.« Huchel verliert die Stelle, verantwortet noch ein letztes, programmatisches Abschiedsheft mit einigen anklagenden Gedichten von ihm selbst und geht. Seine Gedichte, die von der frühen Naturlyrik zu einer DDR-euphorischen Phase mit Lobpreisungen der Bodenreform reichen, haben längst wieder einen resignativen, kindheitserinnernden Vergeblichkeitszug erhalten. Mit knappen Versen ohne Reime. Karg und kurz. Die Offiziellen stellen Huchel ab. Er bekommt Hausarrest, wird »Unkraut« genannt. Huchel wehrt sich nicht und nutzt auch nicht die Westmedien zu einem Aufschrei gegen seine Unterdrücker. Er will seinem Sohn das lange Zeit nicht bewilligte Studium der Orientalistik sichern. 1971 geht Huchel in den Westen. Zunächst ein Jahr nach Rom in die Villa Massimo, dann nach Staufen bei Freiburg. Er erhält Preise auf Preise. Sie nennen ihn den »Solschenizyn der DDR«. Ein letztes Missverständnis. Peter Huchel stirbt im April 1981 in seinem neuen Heimatdorf.

Den Dichter **Johannes Bobrowski** (1917–1985) hätte es ohne Peter Huchel gar nicht gegeben. Zumindest nicht so, wie er heute noch vor uns steht, wie er das Dichten begann, 1955 in *Sinn und Form*. Huchel hat ihn entdeckt und gedruckt, auch wenn die Naturverse des jungen Mannes keiner Vorgabe entsprachen. Aber auch Bobrowski war bereit. Bereit wie so viele, viele andere: »Das will ich: eine große, tragische Konstellation in der Geschichte auf meine Schulter nehmen, bescheiden und für mich, und das daran gestalten, was ich schaffe. Und das soll ein (unsichtbarer, vielleicht ganz nutzloser) Beitrag sein zur Tilgung einer unübersehbaren historischen Schuld meines Volkes, begangen an den Völkern des Ostens.« Und so dichtete er über den Osten, die Landschaft, aus der er stammte und die er im Krieg verheert gesehen hatte. Die Wahl seines Themas, schrieb er später, sei »so etwas wie eine Kriegsverletzung«. Als Soldat der Wehrmacht in der Sowjetunion habe er all das vor Augen geführt bekommen, was er aus dem Unterricht theoretisch schon wusste, die Folgen der Auseinandersetzung mit dem deutschen Ritterorden, die preußische Ostpolitik und jetzt die neue Zerstörung des Landes. *Sarmatische Zeit* hieß sein erster Gedichtband, der 1961 erschien.

Es ist in der Rückschau kaum noch zu erklären, warum ausgerechnet Bobrowski es war, der als erster Schriftsteller in Ost und West geehrt wurde. Als erster DDR-Schriftsteller erhielt er 1962 den Preis der Gruppe 47, und auch im Osten bekam er hohe Preise. Einer, der Klopstock seinen Zuchtmeister nannte und mit Sarmatien ein Land beschwor, das schon längst von den Landkarten verschwunden war.

Ziellose Anklage, Schmerz und deutsche Schuld ohne positiv formuliertes Ziel, das konnten beide Systeme für sich reklamieren. Das ließ sich einordnen. Politisch nur in der Rückschau. An einer Wirkung in der Gegenwart nicht interessiert: »Gedichte – eine nutzlose, private Sache. Wirkungslos. Nur: man muss es so ordentlich wie möglich tun«, schrieb Bobrowski schon 1959 in einem Brief.

Er selbst hatte zeitlebens Angst vor all den Preisen, all den Vereinnahmungen. Sein Dichterfreund Christoph Meckel hat die offenen Arme des Westens, die Vereinnahmung des Ostens, die »Massenbesuche aus dem Ausland«, all die Interviews und Forderungen jedes Tages als »den endgültigen Auftakt des Sterbens« des Dichters Johannes Bobrowski bezeichnet. Bobrowski selbst hatte sein Lebensziel früh festgelegt: Er wolle in seinem Leben 125 Gedichte schreiben, sie auf drei Bücher verteilen und sich dann ins Grab legen.

Nicht mal dafür hat seine Lebenszeit ausgereicht. Im September 1965 ist Johannes Bobrowski im Alter von achtundvierzig Jahren an einem Blinddarmdurchbruch gestorben.

Auch **Günter de Bruyn** (*1926) wollte am Anfang seiner Schriftstellerkarriere in dem neuen Land alles richtig machen. Siebzehn lange Jahre hat er an seinem ersten Roman geschrieben. Siebzehn Jahre, in denen er im Hauptberuf als Dorfschullehrer und Bibliothekar gearbeitet hat. *Der Hohlweg* (1963) erzählt von den Kriegsheimkehrern als unglücklich Gebeutelten, die froh sind, die schwere Last des Krieges, die schrecklich leere Zeit des Kriegsendes so schnell wie möglich hinter sich zu lassen und das neue Land aufzubauen. Schon ein Jahr nach dem Erscheinen des Buches erhält der Autor den renommierten Heinrich-Mann-Preis für besondere Literaturverdienste. Doch Günter de Bruyn selbst hält von dem Buch von Anfang an nichts. Nicht einmal hat er wieder hineingeschaut, sagt er. Ihn schaudert es schon beim Gedanken. Selten wohl in der Buchgeschichte hat sich ein Autor radikaler von seinem ersten Buch distanziert. Der Text, den er 1974 schreibt, heißt *Der Holzweg*, und er bezichtigt sich der Lüge, des unwahren Schreibens. Denn die Zeit der Befreiung, die ersten Tage nach dem Krieg, die der Roman so unheilvoll beschreibt, sie waren die glücklichsten Tage im Leben des Günter de Bruyn: Die jugendlichen Kriegsheimkehrer waren in Wahrheit »die Glückskinder der Geschichte … Ihr geistiger Zustand war der der Schwerelosigkeit, der Leere, der Offenheit, der Herrschafts- und Verantwortungslosigkeit. Sie waren frei – von

allem. Es war nicht das Glück des Anfangs (dazu wurde es erst
später); es war das Glück der Anarchie. Der Jugendtraum vollkommener Freiheit: Hier scheint er verwirklicht. Man war nicht
nur aus dem Militärzwang entlassen, sondern aus jeder Ordnung,
aus jeder Tradition auch. Es war wie eine Entlassung aus der Geschichte. In vollkommener Form währte dieser Traumzustand
nur einige Tage; einige Jahre dauerte sein Abbau; aber ein Leben
reichte nicht aus, um ihn zu vergessen.«

Und all das – all die großen Worte, die Momente des größten
Lebensglücks hatte er verleugnet – warum? »Der Grund ist verständlich und verächtlich: Er will gedruckt werden.«

Verordnete Selbstkritik in Folge politischer Verfehlungen gehörte in der DDR fast schon zum Alltag der Intellektuellen.
Eine solche Selbstkritik hatte man allerdings noch nicht gehört
und nicht gelesen.

Wahrheit und Wahrhaftigkeit sind nun die großen Themen.
Und Preußen, Brandenburg und die Natur. De Bruyn lebt zumeist draußen auf dem Land in Görsdorf bei Beeskow, in seinem
nächsten Roman *Buridans Esel* (1968) beschäftigt er sich mit
einer sozialistischen Trägheitsgestalt, die einige Züge des Autors
trägt. Denn auch hier schont de Bruyn die Gestalt am wenigstens, die ihm in den äußeren Umständen am nächsten kommt.
1972 erscheint *Preisverleihung,* ein Roman über die Frage, was
denn preiswürdige Literatur im Sozialismus sei und was diese
von wahrer Literatur unterscheide und wie viele Kompromisse
ein aufrechter Schriftsteller eingehen könne und müsse. Dann
schreibt er eine wunderschöne, lebensnahe, fast wie selbst erlebte Biografie über Jean Paul, in der es natürlich auch um Zens-
urdruck, geistige Manipulation und den Willen zur Wahrheit
geht. Es ist sein bestes Buch. Günter de Bruyn, der als Prosaist
begann und sich schon kurz darauf in verschiedenen Bänden
selbst verspottete, etwa in der Parodiensammlung *Maskera-
den* von 1966, wechselte schon bald zum erzählten Sachbuch,
schrieb eine Vielzahl von Reden über die Literatur und die Nation. Sein letztes Stück fiktionale Prosa, der große Roman *Neue
Herrlichkeit,* erschien 1984 – und dann, seit mehr als zwanzig
Jahren, also nur noch Non-Fiction: Bücher über Brandenburg,
Preußen, *Preußens Luise, Die Finckensteins, Unter den Linden* oder

zuletzt die schöne, historisch-geografisch-autobiografische Erkundung seiner Wahlheimat (*Abseits*, 2005) – und vor allem die zwei Bände seiner Autobiografie (*Zwischenbilanz*, 1992, und *Vierzig Jahre*, 1996). Was de Bruyn hier über die Jugend in einem christlichen Elternhaus im Nationalsozialismus schreibt, gehört zum Besten dieses Genres überhaupt. Großartig, wie er Anfechtungen schildert, denen manche der Geschwister erliegen, schön der verhaltene Spott, den er über die BDM-Freundin des einen Bruders ausgießt und dabei immer die Begrenztheit der eigenen Perspektive deutlich macht. Immer die eigene Rolle am kritischsten beschreibt. Wie er schon früh seine Rolle als Schriftsteller so kritisch beschreibt wie keiner sonst. Und schließlich freiwillig aufhört, ein Romanautor zu sein.

Christoph Hein (*1944) durfte in der DDR keine Oberschule besuchen, denn sein Vater war evangelischer Pfarrer. Aber er durfte immerhin in Westberlin aufs Gymnasium gehen. Und die Opposition zum Staat, die war Christoph Hein von Beginn an mitgegeben. Das Misstrauen. Das Verbot. Die Zeit im Westen hatte allerdings auch ihr Gutes. Er habe die Ruhe und die Ausgeglichenheit der Leute in der DDR durch seine Ausflüge in den Westen schätzen gelernt, hat er später gesagt. Christoph Hein war ein treuer Gegner seines Staates. Sozialist, der sich immer auflehnte gegen die sozialistische Wirklichkeit. Der in seinen Theaterstücken, mit denen er zunächst in die Öffentlichkeit trat, immer das Scheitern an den politischen Verhältnissen in den Mittelpunkt rückte. In historischen Dramen zumeist. In *Lassalle* (1980) und *Cromwell* (1986) und *Die Ritter der Tafelrunde* (1989). Seinen größten Erfolg feierte Hein mit seiner Novelle *Der fremde Freund* (1982), die im Westen aus Gründen des Titelschutzes unter dem Namen *Drachenblut* (1983) erschienen ist. Es ist die Geschichte der Ärztin Claudia, einer kalten Frau, die sich gegen die Grausamkeiten des Lebens in einen Gefühlspanzer hineingesponnen hat, aus dem es kein Entrinnen zu geben scheint. Anonymität, Einsamkeit, Kälte sind der Preis für den Schutz vor Verletzungen – persönlichen und politischen. Die eisige Verkapselung scheint Folge eines Verrats zu sein, den die junge Frau früh an einer tiefgläubigen Freundin begangen hat, der daraufhin das Leben von den Machthabern verbaut wurde. Eine leise Anklageschrift. Leise und traurig. Nicht revolutionär. Wie auch die beiden folgenden Romane *Horns Ende* (1985) und *Der Tangospieler* (1989). In beiden Büchern geraten Historiker in Konflikt mit der Staatsmacht. Der eine bringt sich um, der andere wird ein zynischer und alle Selbstachtung einbüßender Mensch.

Das Scheitern gehört zum Werk Christoph Heins bis heute. Der aufopferungsvolle Kampf um die Wahrheit, um Aufrichtigkeit – das Werk ist bevölkert von kleinen Michael Kohlhaases, die die Macht herausfordern und – verlieren. Bis zu seinem bislang letzten Buch (*In seiner frühen Kindheit ein Garten*, 2005), in dem Hein sich in den Vater des von der Polizei erschossenen RAF-Terroristen Wolfgang Grams hineinfantasiert. Und ihn gegen ein System aus Lügen, Verbrechen und Vertuschung anrennen und anrennen lässt. Immer noch vergeblich. Auch in dem neuen Land. Auch im Westen. Christoph Hein ringt weiter. Eisern. Aufrecht.

Wolfgang Hilbig (*1941) sitzt am Lesepult in irgendeiner Messehalle auf irgendeiner Buchmesse und er säuselt in dunklem Sächsisch kaum verständliche Sätze, die er aus einem vor ihm liegenden Buch zu entnehmen scheint. Schwarze Lederjacke, wildes, graues Haar. Er liest und liest, nimmt keinen um sich wahr. Er liest von einem Schriftsteller, der eigentlich ein Heizer war und der heizte und heizte in den Kohlebergwerken Sachsens Nacht für Nacht und der dann, am nächsten Morgen, schrieb und schrieb und mühsam Satz für Satz aus seinem Leben trotzte. »Niemand hätte ihm geglaubt, dass er ein wirklicher Schriftsteller sei, niemand glaubte es ihm, niemand hätte es beim besten Willen glauben können, und er glaubte selbst nicht daran«, liest er. Wolfgang Hilbig ist der einzige echte Arbeiterschriftsteller der DDR. Aufgewachsen in der Bergarbeiterfamilie des Großvaters in Meuselwitz in Sachsen, absolvierte er eine Lehre als Werkzeugmacher, ging zur Armee, arbeitete dann als Tischabräumer in einem Ausflugslokal, als Erdbauarbeiter und Monteur. Ab 1970 war er Heizer. Und er blieb Heizer. Viele Jahre lang. Und er las und las und las, alles, was es zu lesen gab, wie besessen las er alles in sich hinein. Und er schrieb. Mühsam noch und schwerfällig, aber er schrieb. Schon in der Kindheit hatte er gedichtet und Wörter gesammelt. Gegen die Stille der Welt: »Die Hölle dieser Kindheit war wortlos, stumm, ihre Eigenschaft war das Schweigen. Und ich begann diese schweigende Hölle mit Wörtern zu füllen … mit einem winzigen Teelöffel, dem Löffelchen eines Kindergeschirrs, halb so groß wie normal, begann ich Wörter in eine ungeheure leere Halle des Schweigens zu schaufeln …«

Und so schaufelt der Heizer Hilbig ein Leben lang Wörter aus den Schächten der Arbeit und der Erinnerung. Er liest aus seinem Roman *Das Provisorium* (2000), der Geschichte eines schweren Trinkers, der in den Westen kommt, fünf Jahre vor der Wende, und dort ganz und gar der Sucht verfällt, der Einsamkeit und dem Ekel vor der Warenwelt, dem Glanz der Oberflächen. Der Hass. Es ist auch Hilbig selbst, über den er da schreibt. Einer, den die DDR kaputtgemacht hat und der jetzt diesen Bannfluch liest: »Dieses Land da drüben hatte seine Zeit geschluckt! Dieser Vorhof der Realität. Dieses Land, triefend von Schwachsinn, verkrüppelt vor Alter, zermürbt und verheizt von Verschleiß und übel riechend wie eine Mistgrube, dieses Land hatte ihn mit Verhängnis gefüttert und seine Reflexe gelähmt, es hatte ihm die Lust aus den Adern gesogen.«

Aber die Kraft ist noch da. Die Kraft zum Schreiben. Kraft der Worte. Der Schriftsteller Wolfgang Hilbig ist ein Ereignis. Ein Sprachereignis. So schreibt sonst keiner. Ohne Ironie. Nur Wille zur Schwere und zur Dunkelheit und einem großen, wilden Ernst.

Schon damals, 1968, als er noch Heizer war, fing das an. In Heft sieben der Zeitschrift des DDR-Schriftstellerverbandes war folgender Brief abgedruckt: »Darf ich Sie bitten, in einer Ihrer nächsten Nummern folgende Annonce zu bringen: ›Welcher deutschsprachige Verlag veröffentlicht meine Gedichte? Nur ernst gemeinte Zuschriften an: W. Hilbig, 7404 Meuselwitz, Breitscheidstraße 19b‹ Ich bitte, nach Abdruck der Anzeige, mir die Rechnung zuzuschicken.«

Es war wohl als böses Witzchen gemeint, von den Redakteuren hier dies treuherzige Briefchen eines namenlosen Anfängers

einfach mitabzudrucken. Zeugnis eines naiven Dichtereifers aus
der Provinz, bloßgestellt vor den Größen des Betriebs. Aber jener Betrieb, seine Mitglieder, seine Regeln sind Wolfgang Hilbig
von Anfang an und bis heute herzlich egal. Er schreibt und lebt
und arbeitet für sich.

Sein erster Gedichtband *Abwesenheit* (1979) erscheint zehn
Jahren nach jenem Brief im Westen. Daraufhin wird Hilbig
für kurze Zeit festgenommen. 1985 darf er mit einem Fünfjah-
resvisum die DDR verlassen. Es erscheinen Erzählungen, von
denen *Der Heizer* (1971) die dunkelste, glühendste, tiefste ist,
die Geschichte von jenem Gnom unter allen Bergen, der das
Fortkommen der Welt befeuert. Und dann der Großroman *Ich*
(1993), die Geschichte eines Doppelspitzels, der in den Kellern,
Höhlen und unendlichen Gängen Berlins zu Hause ist zwischen
den Welten, in der allerletzten Dunkelheit langsam seine Identität verliert, und schließlich das Trinker-Hass-Abrechnungsbuch
Das Provisorium. Das Motto dieses Romans hat Hilbig sich von
Strindberg geliehen: »Um meine Werke schreiben zu können,
habe ich meine Biografie, meine Person geopfert.«

»Als ich zwei Jahre alt war, kam ich in dieses Getto, mit fünf verließ ich es wieder in Richtung Lager. Ich kann mich an nichts
erinnern. So hat man es mir erzählt, so steht es in meinen Papieren, so war folglich meine Kindheit. Manchmal denke ich: Schade, dass dort nicht etwas anderes steht. Jedenfalls kenne ich das
Getto nur vom dürftigen Hörensagen.« Das schreibt **Jurek Becker**
(1937–1997). Fast der ganze Autor steckt in dieser Passage. Die
Tragik seines Lebensbeginns. Die Tragik, keine Kindheit zu haben, keine Erinnerung daran. Der dringende, mit dem Alter immer weiter wachsende Wunsch, diese Erinnerung zu gewinnen,
die verlorene Kindheit wiederzufinden. Und die Lakonie des
Autors Jurek Becker steckt darin.

Er wurde irgendwann im Herbst 1937 in Lodz geboren. Wann
genau, weiß man nicht mehr. Die Unterlagen gingen verloren.
Der Vater hat das Geburtsdatum nach dem Krieg auf den 30.
September festgelegt. Er arbeitet als Prokurist in der Textilfabrik
eines Onkels von Jurek, die Mutter als Näherin. Beide sind Juden. Im Jahr 1940 werden sie ins Getto von Lodz umgesiedelt.

Im Februar 1944 wird Jurek zusammen mit seiner Mutter ins Konzentrationslager Ravensbrück abtransportiert. Sein Vater bleibt zurück und kommt später nach Auschwitz. Die Mutter stirbt kurz nach der Befreiung an den Folgen der Unterernährung, Jurek Becker entgeht dem Tod nur knapp. Sein Vater hat in Auschwitz überlebt. Die beiden finden sich wieder und ziehen nach Ostberlin, wo den Opfern des Faschismus eine privilegierte Stellung zugesichert wird. Langsam erlernt Jurek Becker die neue Sprache. Über die Zeit im Lager, über Judentum und das Getto sprechen die beiden nie. Von der Mutter gibt es nicht einmal ein Foto.

Gleich nach dem Abitur tritt Jurek Becker in die SED ein, studiert Philosophie und will Schriftsteller werden. Nach sechs Semestern muss er die Universität wegen ständiger Konflikte mit den Behörden und mit den allgegenwärtigen kleinen Machthabern des Landes verlassen. Der Jähzorn Jurek Beckers, der sich ungebremst entfaltete, wenn irgendein Beamter oder sonstiger Alltagsherrscher gegen alle Vernunft seine Macht ausspielte, ist berüchtigt.

Er wohnt mit seinem Freund, dem Schauspieler Manfred Krug, zusammen, schreibt Texte für das Kabarett »Die Distel« und Filmdrehbücher. Schließlich, Mitte der sechziger Jahre, schreibt er das Drehbuch zum Film *Jakob der Lügner* (1969). Eine Shoah-Geschichte. Das Drehbuch wird – trotz fehlender heroischer Rolle der sowjetischen Befreier, trotz fehlendem Heroismus überhaupt – von den Behörden der DDR genehmigt. Und auch die polnischen Behörden erteilen eine Drehgenehmigung in Krakau und in polnischen Studios. Bis sie das Drehbuch lesen. Die Genehmigung wird zurückgezogen. Angeblich stehen dringende sowjetische Produktionen an.

Becker lässt sich nicht entmutigen und – macht einen Roman daraus. Einen der schönsten, traurigsten, leichtesten, humorvollsten und tragischsten deutschen Romane über die Shoah. Die Geschichte vom Leben und Sterben in einem jüdischen Getto in einer polnischen Kleinstadt am Ende des Zweiten Weltkriegs. Es gibt keinen Widerstand hier. Nur Hunger, Elend und Verzweiflung. Bis eines Tages der unscheinbare Jakob Heym, der in seinem früheren Leben im Sommer Eis und im Winter Kartoffelpuffer verkaufte, in eine deutsche Stube gerufen wird, aus der bis dahin kein Jude je zurückkehrte. Jakob hat Glück. Er kehrt zurück und auf dem Weg hört er aus einem Radio die Nachricht, dass die Rote Armee sich nähere, eine Befreiung in absehbarer Zukunft möglich sei. Er erzählt es den Juden im Getto. Man glaubt ihm nicht. Er behauptet, ein eigenes Radio versteckt zu haben, was natürlich strengstens verboten war. Und erfindet ab sofort täglich neue Nachrichten. Fast immer gute. Der unscheinbare Kartoffelröster wird zum wichtigsten Mann im Getto, seine erlogenen Nachrichten sind das Überlebenselixier für alle. Die Selbstmorde gehen zurück, die Hoffnung ist wieder da. Nur sein Freund, dem er gesteht, dass er das alles nur erfindet, bringt sich um. Das Ende ist furchtbar. Die Juden des Gettos erleben die Befreiung nicht mehr. Die Hoffnung, die Jakob der Lügner mit seinen Radiogeschichten verbreitet hat, war falsch.

Eine unendlich traurige Geschichte, ganz ohne Rührseligkeit und Kitsch. »Ich hasse Sentimentalitäten, diese Verstandestrübungen«, hat Jurek Becker einmal geschrieben, »ich würde gern alle Löcher zustopfen, aus denen sie kriechen könnten. Jedes Mal wenn meinen Vater die Rührung überkam, bin ich aus dem Zimmer gegangen, bis er sich wieder im Griff hatte.«

Der Roman wird in beiden Landesteilen ein großer Erfolg. Doch schon während der Entstehungszeit war Becker wieder in Konflikt mit den Machthabern geraten. Er hatte sich geweigert, eine Solidaritätserklärung zum Einmarsch der Warschauer-Pakt-Staaten in die Tschechoslowakei zu unterzeichnen. Der Sozialist Jurek Becker geht immer weiter auf Distanz zum Staat und der Staat zu ihm und lässt ihn bespitzeln.

1976 protestiert er gegen den Ausschluss Reiner Kunzes aus dem Schriftstellerverband, danach gegen die Ausweisung Biermanns, er wird aus der SED ausgeschlossen, und als im folgenden Jahr sein Buch *Schlaflose Tage* (1978) in der DDR nicht erscheinen darf, verlässt er das Land. Er lebt, mit einem Reisevisum ausgestattet, um auch in Zukunft seine zwei weiterhin in der DDR lebenden Kinder besuchen zu können, in Berlin-Kreuzberg und schreibt und reist und schreibt. Immer im Wechsel DDR-Romane, die sich mit dem Leben und Leiden eines Sozialisten im real existierenden Sozialismus befassen, und Romane über die

Folgen der Shoah. *Bronsteins Kinder* (1986) ist nach *Jakob* sein bestes Buch.

Er mischt sich weiter in die Kulturpolitik der DDR ein. Der Brief, den er im Juni 1979 an Hermann Kant geschrieben hat, um bei ihm gegen Zensur, Drangsalierung und Unterdrückung des Geistes in der DDR zu protestieren, ist ein Meisterwerk des klaren, bei aller Dramatik des Anliegens aber immer auch humorvollen, scharfen, unzweideutigen politischen Protests.

Jurek Beckers größter Publikumserfolg waren seine Drehbücher zur Fernsehserie *Liebling Kreuzberg* (1986–1992) mit Manfred Krug als Anwalt Liebling. Diesen Wackelpudding verschlingenden Mann des Alltagsanstands, diesen buntkrawattigen Ringkämpfer gegen die Ungerechtigkeiten des Lebens, den haben alle geliebt. Vierzig Folgen hat Becker seinem Freund Krug auf den Leib geschrieben. Die Postkarten, die Becker zeitlebens an seinen Freund schickte, wie auch die an seinen späten Sohn Johnny gehören zu den fantasievollsten und warmherzigsten der Welt.

Noch sechs Wochen vor seinem Tod schrieb der längst Sterbenskranke an Krugs Frau Otti, er könne sich einfach nicht entscheiden, ob er ein großes Romanprojekt in Angriff nehmen solle, für das er mindestens drei Jahre brauche, oder doch nur eine längere Erzählung, die in einem halben Jahr zu schaffen sei. »In Liebe Dein Jurek«.

Am 14. März 1997 ist Jurek Becker in seinem Landhaus im schleswig-holsteinischen Sieseby gestorben.

20 Vorbilder

Sarah Kirsch, Idyllikerin mit Hang zur Apokalypse. Brigitte Reimann, Arbeiterdichterin mit tragischem Ende. Thomas Brasch, Radikalsozialist im Westen. Monika Maron, die Abrechnerin. Christa Wolf, die Heilende.

Sarah Kirsch (★1935) sieht man auf Bildern immer zwischen Gräsern laufend, auf Feldern, allein oder mit Hund, in Gummistiefeln umhergehend, als wäre die Zeit unendlich. Sarah Kirsch, die Dichterin. Sängerin der Natur, der scheinbaren Idylle, des Unheimlichen hinter dem Heimeligen. »Das ist der Sarah-Sound«, hat Stephan Hermlin gesagt. Was ist der Sarah-Sound? »Bunt, aber sehr langsam dreht sich im Norden das Kaleidoskop unser Leben geheißen, und mitunter bleibt es auch eine Weile stehen, dass der Betrachter sich ein Bild überaus deutlich einprägen kann, nichts Besonderes, nur unvergesslich.« Sarah Kirsch ist von all den Dichtern, die mit den Jahren die DDR verließen, vielleicht die Angekommenste im Westen. Weil sie in der Natur lebt, vielleicht weil sie die Natur beschreibt, vielleicht weil das Beunruhigende, das Falsche, das Lebensverschlingende dort immer schon zu finden war? Im Westen wie im Osten? Im Südharz ist sie aufgewachsen, in Limlingerode, dann hat sie Biologie in Halle studiert und Schriftstellerei in Leipzig. Dann ging es in die Natur. Zum Dichten. Weltabgewandt war sie nicht. Sie unterzeichnete den Biermann-Protest, wurde aus der SED ausgeschlossen, durfte das Land verlassen. Ging nach Schleswig-Holstein, nach Tielenhemme. Und schreibt und schreibt den Sarah-Sound. Manches ist idyllisch. Und sie wendet sich ab von der Welt:

> *Wenn man hier keine Zeitung hält*
> *Ist die Welt in Ordnung.*
> *In Pflaumenmuskesseln*
> *Spiegelt sich schon das eigne Gesicht und*
> *Feuerrot leuchten die Felder.*
> *(in: Rückenwind, 1976)*

Die späten Gedichte werden immer unheilvoller, unheilsahnender. Dunkler. Es hilft nicht mehr, hier keine Zeitung zu halten.

Brigitte Reimann (1933–1973) schreibt fern jeder Naturidylle, sie schreibt Industrie-Idyllen. Sie arbeitet zunächst als Reporterin, dann, eifrig dem Bitterfelder Weg folgend, im Braunkohlekombinat Schwarze Pumpe, wo sie die Leitung des Zirkels schreibender Arbeiter übernimmt. Und Industrie-Idyllen schreibt sie natürlich nicht, es sind Darstellungen des harten, sozialistischen Arbeitsalltags, der Konflikte und der Schwierigkeiten beim Aufbau einer sozialistischen Gesellschaft, aber am Ende finden sich immer ebenso wunderbare wie unglaubwürdige Lösungen. Brigitte Reimann ist zunächst eine große Gläubige der Sozialismus-Idee. Und selbst wenn in einer Erzählung wie *Die Geschwister* (1963) Mauerbau und Republikflucht im Zentrum stehen, siegt am Ende immer das Gute. Die gläubige Schwester kann ihren Bruder in letzter Not von seiner Flucht aus dem Staat abhalten.

Doch auch bei Brigitte Reimann verfliegt der Enthusiasmus. In ihrem letzten Buch, *Franziska Linkerhand* (1974), das sie wegen ihres frühen Krebstodes nicht vollenden kann, wird der aufreibende Kampf um wenige Zentimeter sozialistischen Fortschritts beschrieben. Eine junge Architektin zieht nach frisch überstandenem Liebesunglück in eine kleine Stadt, um große Pläne zu verwirklichen. Große, sozialistische Aufbaupläne, eine fantastische, menschenfreundliche Wohnanlage. Es ist auch ihre Geschichte, die die enttäuschte Brigitte Reimann da kurz vor ihrem Tod vollenden möchte. Über ihr Buch schreibt sie: »Die Heldentaten bestehen darin, dass man um ein paar Zentimeter Fensterbreite kämpft, und alles ist so entsetzlich alltäglich, und wo bleiben die großen Entwürfe der Jugend? Schließlich hört man auf zu bocken und macht mit ... Eine traurige Geschichte, und sie passiert jeden Tag. Ich kann das Wort enthusiastisch schon nicht mehr hören. Manchmal geht sogar mir der Treibstoff aus.«

Thomas Brasch (1945–2001) wollte immer alles und sofort. Ein radikaler Dichter und Theatermacher, dessen erste Inszenierung am Jugendtheater der Volksbühne 1966 wegen links(!)radikaler

Tendenzen verboten wurde. Einer, der sich über die Welt, so wie sie war, permanent empören musste. Und der die Kunst immer als Existenzkunst begriff. »Kunst war nie ein Mittel, die Welt zu ändern, aber immer ein Versuch zu überleben«, heißt es in seinem Stück *Cargo* (1977), das den Untertitel trägt »32. Versuch auf einem untergehenden Schiff aus der eigenen Haut zu kommen«. Es ging um alles in den Stücken und Gedichten von Thomas Brasch. Die Welt genügte nicht. Die Kunst war alles. Die Kunst war das Ganze, die Hoffnungsträgerin. »Die Revolutionierung von Formen halte ich für wesentlich politischer als die Mitteilung, dass es den Armen doch besser gehen solle«, hat er gesagt. Brasch kam drei Monate vor Ende des Zweiten Weltkriegs als Sohn jüdischer Emigranten in England zur Welt, 1947 zogen sie in den Osten Deutschlands. Braschs Vater wurde hoher Funktionär, kurze Zeit sogar stellvertretender Kulturminister. Dem Sohn half das nichts. Nach nur einem Jahr flog er 1965 »wegen Verunglimpfung führender Persönlichkeiten der DDR« von der Uni in Leipzig, nach dem Verbot seiner ersten Inszenierung begann er ein Dramaturgiestudium in Potsdam-Babelsberg. Auch hier wurde er exmatrikuliert, weil er Flugblätter gegen die Niederschlagung des Prager Frühlings verteilt hatte, und zu zwei Jahren und drei Monaten Gefängnis verurteilt. Nach einem Jahr wurde er entlassen, arbeitete als Fräser im Transformatorenwerk »Karl Liebknecht« in Berlin, bis ihm die Brecht-Witwe Helene Weigel eine Stelle im Brecht-Archiv besorgte.

Nach der Veröffentlichung seines ersten Buches im Westen, *Vor den Vätern sterben die Söhne* (1977), erklären ihm die DDR-Behörden, dass er nicht damit rechnen könne, in absehbarer Zeit Bücher in der DDR publizieren zu können. Da er aber zu diesem Zeitpunkt schon »sechs Theaterstücke, über zweihundert Gedichte und zwei Szenarien geschrieben« hat, verlässt er im Dezember 1976 die DDR.

Brasch schreibt und publiziert und protestiert weiter gegen die Ost- und gegen die Westwirklichkeit. Ein Leben in der Revolte. »Alles anders machen. Ohne Fabriken, ohne Autos, ohne Zensuren, ohne Stechuhren, ohne Angst. Ohne Polizei ... Von vorne anfangen in einer offenen Gegend.« Seine Stücke werden von der Kritik gefeiert, aber selten gespielt. Er beschimpft die

Theaterwelt, die seine neuen Formen nicht umsetzen wollen. Brasch bleibt ein Einzelner. »Ich bin einer von mir«, heißt es in einem Stück. Und am Ende seines Dramas *Rotter* (1978) steht der resignierende Satz: »Wir hatten Fieber. Das war unsere Zeit. Jetzt kommt Papier.«

In den letzten Jahren der DDR hatte er sich dem Staat, der ihn wegen ein paar Flugblättern ins Gefängnis geworfen hatte, wieder angenähert. Dass die sozialistische Alternative ganz und gar verschwand, war für ihn ein Schock. In seinen letzten zehn Lebensjahren übersetzt er Shakespeares Dramen. Die Schauspielerin und Freundin Katharina Thalbach hat in ihrem Nachwort, Shakespeare kumpelhaft Willi nennend, geschrieben: »Thomas, du und Willi, ihr konntet diese Welt so merkwürdig verstehen und sie uns schenken, um dann viel zu schnell aus dieser Welt zu gehen. Zum Glück bleiben eure Worte und uns die Chance, sie immer und immer wieder auf Bühnen und Nudelbrettern mit Leben zu erfüllen. Thomas, deine Übersetzungen bleiben, aber du fehlst mir.« Im Januar 2001 ist Brasch im Alter von fünfundfünfzig Jahren gestorben.

Auch **Monika Maron** (★1941) ist Funktionärskind. Ihr Stiefvater war der frühe DDR-Innenminister Karl Maron. Auch sie hat als Fräserin gearbeitet, obwohl sie von keiner Universität geflogen ist. Sie ist 1941 in Berlin geboren worden. Nach ihrer Zeit als Fräserin arbeitet sie als Reporterin, in den Jahren 1976 bis 1978 auch als Inoffizielle Mitarbeiterin des Staatssicherheitsdienstes. Das wurde erst 1995 bekannt. Nach der Einstellung ihrer Tätigkeit wurde sie selbst bespitzelt. Als Aktive lief sie in den Stasiakten unter dem Decknamen »Mitsu«. Als Bespitzelte als »Wildsau«. Gut ein Jahr vor der Wende verließ sie die DDR in Richtung Westen. Niemand aus dem Osten hat nach der Wende so schonungslos die Wehleidigkeit der Ex-DDRler angeklagt wie sie, was ihr nach Bekanntwerden der eigenen Stasitätigkeit nicht so gut bekommen ist. Maron ist die beste Autorin, die die DDR hervorgebracht hat. Noch mit fünfundsechzig Jahren irgendwie mädchenhaft wirkend, hat sie sich lange Zeit kampfesfroh von Debatte zu Pointe geschwungen, von starkem Buch zu starkem Buch.

1981 beendet die ehemalige Reporterin ihren ersten Roman: *Flugasche.* Die Geschichte der Journalistin Josefa, die eine Reportage über Bitterfeld, »die schmutzigste Stadt Europas«, schreiben will. Eine »wahre« Geschichte soll es werden. Das ist ihr Ziel. Die Bewohner lachen sie aus. Sie kennen das schon. Es erscheint keine Wahrheit über Bitterfeld (das im Roman nur B. heißt). Sie lachen über Josefas Blauäugigkeit. Und tatsächlich scheitert sie. Im zähen Ringen mit Vorgesetzten und Parteibossen. Der Text wird nicht gedruckt. Josefa gerät in eine Lebenskrise, die – nach der Trennung von ihrem Freund – auch eine Liebeskrise ist. »Sie betrügen mich um mich, um meine Eigenschaften. Alles, was ich bin, darf ich nicht sein.« Die Hoffnung auf Veränderung am Anfang des Romans weicht einer mehr und mehr depressiven Stimmung in der zweiten Hälfte. Monika Maron hat diesen Bruch im Nachhinein mit der Ausbürgerung Wolf Biermanns, die in die Entstehungszeit des Romans fiel, begründet.

1988 soll der Roman endlich in der DDR erscheinen. Doch aufgrund eines kritischen deutsch-deutschen Briefwechsels im westdeutschen »Zeit-Magazin« wird die Genehmigung zurückgezogen. Maron geht in den Westen.

1991 erscheint ihr bekanntestes Buch, *Stille Zeile sechs,* die Geschichte von Rosalind Polkowski, einer Historikerin in der DDR, die eines Tages beschließt, »nicht mehr für Geld zu denken«, und stattdessen zweimal pro Woche in das Haus in der Stillen Zeile Nummer sechs in Berlin-Pankow geht, um sich von dem ehemaligen Parteibonzen Herbert Beerenbau seine Lebenserinnerungen diktieren zu lassen. Und sie tippt und tippt, er häuft Phrase auf Phrase, Lüge auf Lüge, verblasste Mythen des Aufbaus, als alles begann, mit dem Sozialismus auf deutschem Boden. Und Rosalind findet in den Erinnerungen dieses alten Stalinisten alles wieder, was sie an diesem Land so gehasst hat, was sie gelähmt hat, ein Leben lang. Aber sie findet auch ihren Vater wieder, in den Erzählungen dieses pensionierten Bonzen, der selbst ein hoher Funktionär gewesen ist, und so sind die Phrasen und leeren Sätze auch Sätze ihres eigenen Lebens, und sie schwankt mehr und mehr zwischen Liebe und Hass. Kritiker haben Maron später vorgeworfen, zu nachsichtig mit dem Stalinisten umgegangen zu sein, zu viel Verständnis für einen Mann der Nomenklatura aufgebracht zu haben. Aber genau das ist die Stärke des Romans. Seine Glaubwürdigkeit. In der Perspektive der beiden Generationen der DDR: den Vätern des Aufbaus, die sich in das neue Land mit Enthusiasmus und Aufbruchshoffnung hineinbegaben, und der Generation der Kinder, die den Sozialismus als Lähmung kennen lernten. Und die DDR als ein Land, in dem kein Aufbruch, keine Veränderung möglich war. Die, wie Thomas Brasch es formulierte, »Generation der heute Dreißigjährigen in der DDR, die den Sozialismus nicht als Hoffnung auf das Andere erfahren hat, sondern als deformierte Realität«.

Als der Staat dieser deformierten Realität zusammengebrochen war, haben wenige so euphorisch gejubelt wie Monika Maron. Und wenige haben später so entschieden mit den Ostdeutschen abgerechnet wie sie. »Ich bin an ihrer Dumpfheit und Duldsamkeit, an ihrer Duckmäuserei und ihrem feigen Ordnungssinn oft verzweifelt«, hat sie in ihrem Essay *Zonophobie* von 1992 geschrieben. Und: »Die eigene Vergangenheit wird unter dem neuen Feindbild begraben, ein neues Wir ist geboren, ›wir aus dem Osten‹; endlich dürfen alle Opfer sein, Opfer des Westens.«
Danach ist es etwas still geworden um Monika Maron. Ihr bislang letztes Buch hieß *Wie ich ein Buch nicht schreiben kann und es trotzdem versuche* (2005).

Und am Ende also die Verkörperung der DDR. Die Mutter. Die Matronin. **Christa Wolf** (*1929). Wer sie einmal erlebt hat, bei einer Lesung, einer Buchvorstellung, wer einmal ihre Leser erlebt hat, ihre Leserinnen vor allem, wie sie zu ihr kommen, wie sie ihr zuhören, der hat zumindest eine Ahnung davon, was Literatur in der DDR gewesen ist. Welche Bedeutung Literatur in diesem Land ohne ein auch nur annähernd freies Medium hatte, welche Bedeutung eine Schriftstellerin wie Christa Wolf für die Menschen hatte. Eine, die gegen alle Widerstände zu ihnen gehörte. Zu diesem Land. Zu ihren Lesern.
Und sie kommen, auch viele Jahre nach der Wende noch kommen sie zu ihren Lesungen wie zu einem Gottesdienst. Als Christa Wolf im Jahr 2002 in der Kapelle Zu den vier Aposteln

in Berlin-Pankow erstmals aus ihrem Buch *Leibhaftig* (2002) vorlas, da standen die Menschen schon eine Stunde vor Beginn vor der Kirchentür mit den dicken gelben Scheiben und warteten und drängten, und die Kirche war um ein Vielfaches zu klein, und vorne, vor dem Altar, saß sie, thronte sie und sagte gar nicht groß was und auf den Bänken saßen die Menschen, meist Frauen jenseits der siebzig, und nur in der ersten Reihe, da saß der Bundestagspräsident Wolfgang Thierse. Es herrschte so eine Andacht im Raum und eine Stille, als sie zu lesen begann. Eine Krankheitsgeschichte, in der eine Erzählerin, die alle Züge Christa Wolfs trägt, zur Zeit der schwersten Krise ihres Heimatlandes, der DDR, selbst in eine schwere Krise gerät, bei Mauerdurchbruch in Berlin einen Blinddarmdurchbruch erleidet und eine Immunschwäche dazu. Es ist ihr Land, das da untergeht. Es ist ihr Körper, der das durchleidet. Und die Menschen hörten zu und fast wunderte man sich, dass aus den Bankreihen nicht Gehhilfen und dunkle Brillen in die Luft geworfen wurden von Menschen, die freudig riefen: »Ich kann gehen! Mein Gott, ich kann wieder sehen!«

Christa Wolf ist für viele Bürger der ehemaligen DDR so etwas wie eine Lebenspräsidentin. Absolut verlässliches Immerda. Der Streit, der nach der Wende in den deutschen Feuilletons losbrach, ob Christa Wolf eine »Staatsdichterin« gewesen sei oder im Rahmen des Möglichen ihr kritisches Widerspruchsrecht gebrauchte, ist nicht wirklich ein Streit. Christa Wolf war beides: Staatsdichterin und Volksdichterin zugleich. Dabei hat sie sich kompromittiert. Dabei hat sie immer wieder Kompromisse mit der Staatsmacht gemacht, auch faule, nutzte ihre Privilegien als SED-Dichterin, als die sie jederzeit Kurt Hager anrufen und um ein Visum in die Welt bitten konnte, aber sie war immer auch authentisch Mitleidende, die die Sorgen der Leserinnen, viele der Lähmungen, der Schwierigkeiten im real sozialistischen Alltag in ihren Büchern aufgeschrieben hat. Und in einem medial gleichgeschalteten Land war das für die Menschen schon eine ganze Menge.

Die Leser lieben Christa Wolf und ihre Bücher. Sie verehren sie. Sie glauben an Christa Wolf.

Was soll also da der Kritiker? Was soll jemand, der in der

Kirche die Leser schon ihre Krücken werfen sieht, Kritisches über die Bücher von Christa Wolf sagen? Ja, ich mag die Bücher nicht. Ich mag das Leiden nicht darin, ich mag das Pathos nicht. Ich mag die Klischees nicht. Der dicke Ton, mit dem mir eine Botschaft in den Kopf gepustet werden soll. Und am wenigsten mag ich die Humorlosigkeit dieser Bücher.

Nachdenken über Christa T. (1968) ist am unsichersten im Ton, am suchendsten, am tastendsten, am zweifelndsten und deshalb ihr bestes Buch. Das interessanteste ist das Buch *Ein Tag im Jahr* (2003), in dem sie seit dem 27. September 1960, als alle sozialistischen Schriftsteller der Welt von der sowjetischen Zeitung *Iswestija* aufgefordert wurden, diesen Tag zu beschreiben, jeden 27. September der folgenden Jahre beschrieben hat. Darin ist die ganze DDR, die Entwicklung dieses Landes und einer Schriftstellerin, die ein Leben lang schwankte und zweifelte und suchte und immer über all diese Zweifel hinweg zu diesem Staat gehalten hat, bis vier Monate vor der Maueröffnung als Mitglied der Partei, die die Menschen dieses Staates drangsalierte, bespitzelte und einsperrte.

Eine exemplarische deutsche Biografie des letzten Jahrhunderts. Mit viel Enthusiasmus zu Beginn, ein wenig Heldentum dann, Kompromissen auf Kompromissen und einem Hang zum Predigen.

Weltliteratur aus der Schweiz

21

Friedrich Dürrenmatt, der Kosmiker und Katastrophendichter. Max Frisch, Menschendichter, Selbst- und Lebenssucher, Lehrer vom Ich

Merkwürdig, dass zwei so unterschiedliche Schriftsteller ihr Leben lang in einem Atemzug genannt werden. Die Dioskuren. Castor und Pollux. Das Dichterpaar. Sie sind die zwei Schweizer. Der Kosmiker, der Meteor, der in seinen Werken die Welt, das Weltall und den Wahnsinn gestaltet und so weit wie möglich von sich absieht, und der Ich-Dichter, der Schuld-Dichter, der Liebes-Dichter, der nach sich fragt und zweifelt und sucht und sich selbst näher und näher kommt oder es zumindest versucht mit jedem neuen Buch.

Als sie anfingen, Schriftsteller zu werden, Dürrenmatt und Frisch, da kam ein Mann nach Zürich, wo sie lebten und wo ihre ersten Stücke aufgeführt worden waren, der berühmteste Dramatiker der damaligen Zeit: Bertolt Brecht kam aus Amerika und beobachtete aus sicherer Entfernung die politische Entwicklung in Deutschland. Er lernte Frisch kennen, er lernte Dürrenmatt kennen. Frisch bewundert Brecht von ihrer ersten Begegnung an als »das größte Talent in deutscher Sprache« und »Jesuiten des Diesseits«, von dem er sich Woche für Woche in antibürgerlichem Denken, in Grammatik, im Marxismus unterrichten lässt. Ruft Brecht an, lässt Frisch alles stehen und liegen und fährt zu ihm und lässt sich belehren. Als Friedrich Dürrenmatt Brecht zum ersten Mal im Hause eines Freundes trifft und dieser sich erfreut zeigt, den Schweizer kennen zu lernen, erkennt Dürrenmatt den unrasierten Mann in Lederjacke nicht einmal. Bei ihrem zweiten Treffen unterhalten sie sich über Zigarren. Brecht erklärt stolz, er rauche Brasil, die stärksten Zigarren der Welt. Worauf er sich von Dürrenmatt belehren lassen muss, dass die hellere Havanna, die Dürrenmatt rauche, weit stärker sei. Es ist das letzte Treffen der beiden.

Friedrich Dürrenmatt (1921–1990) hat ganz anderes im Sinn als Brechts Lehrstücke – nämlich Katastrophen, Weltenbrände, Labyrinthe und Komödien. Sein erstes, nie gespieltes Stück entsteht im Jahr 1943, mitten im Zweiten Weltkrieg. Es heißt *Komödie,* und am Ende explodiert die ganze Welt. Ein Jahr vor der ersten Atombombenexplosion in der Wüste Nevadas hat Dürrenmatt bereits die schlimmstmögliche Wendung des Weltgeschehens vorweggenommen. Die beiden im späteren Werk wieder und wieder betonten Leitsätze Dürrenmatts, dass der Welt nur noch mit der Komödie beizukommen sei und dass ein Stück erst dann zu Ende gedacht sei, wenn es die schlimmstmögliche Wendung genommen habe, hier sind sie schon angewendet. Da ist Dürrenmatt erst zweiundzwanzig Jahre alt. Er wohnte damals in einer Mansarde im Haus seiner Eltern in Bern. Und diese Mansarde malte er aus zu einem Himmel- und Hölle-Quartier. In grellen Farben, Kreuzigungsszenen, Enthauptungen, Philosophenkämpfe, einen fliegenden Nietzsche mit Hitlergruß, Kriegsszenen, Armlose, Beinlose und den Teufel, Gräberfelder, Scheinheilige, Hitler, das Ende der Welt und über der Tür ein dürres, schwarzes Kreuz. Da wohnte der Student Dürrenmatt. Da schrieb er seine ersten Texte. Was für ein Dichter.

Man kann sich Dürrenmatt eigentlich gar nicht als jungen Mann vorstellen. Er scheint gleich als Sternendompteur, als leibesvoller, alter Mann mit zerzupftem, lichtem weißem Haar und dicker schwarzer Brille auf die Welt gekommen zu sein. Zu Hause an seinem riesigen Schreibtisch in Neuchâtel über dem See thronend, die Brille hoch ins Haar geschoben und sich immer dichter an das Papier auf dem Tisch heranpressend, in die Zeichnungen hinein, in die Texte hinein. Und neben dem Tisch der riesige Globus. Und neben dem Globus das Teleskop. Wer nach immer größeren Katastrophen sucht, muss mit dem Blick weiter und weiter streifen. Und wer nach Lösungen sucht, der auch. Denn es gibt hier keine Lösungen. Wir stürzen und stürzen, immer tiefer – wohin? »Was ist zu tun, wenn man offenen Auges in den Tod rast?«, hatte Friedrich Dürrenmatt am Ende seiner frühen Erzählung *Der Tunnel* von 1964 gefragt und geantwortet: »Nichts. Gott ließ uns fallen, und so stürzen wir denn auf ihn zu.« Das war noch die Antwort des Pfarrersohnes Friedrich Dürrenmatt. In einer veränderten Neuauflage sechsundzwanzig Jahre später antwortet der Erzähler auf dieselbe Frage nur noch: »Nichts.« Als ihn der große Darmstädter Theaterkritiker Georg Hensel bei einem Besuch in Neuchâtel auf diesen Wandel ansprach, antwortet Dürrenmatt: »Ich bin so antimetaphysisch geworden.« Antimetaphysisch und ohne Trost. Die schlimmstmögliche Wendung immer noch ein wenig weiter treibend.

Die schlimmstmögliche Wendung für sein eigenes Werk und Leben hat der Katastrophendenker einmal im Gespräch mit Heinz Ludwig Arnold so formuliert: »Das Schlimmste, das ich mir vorstellen kann, ist, dass ich an einer Buchhandlung vorübergehe und dort im Fenster ein Büchlein sehe mit dem Titel: ›Trost bei Dürrenmatt‹. Dann muss ich sagen: Jetzt bin ich fertig.«

Dürrenmatt hatte Glück. Diese schlimmstmögliche Wendung seines Lebens ist bis heute nicht eingetreten. Dürrenmatt tröstet nicht. Von Beginn an. Ende der vierziger Jahre: Einige kleine Theaterskandale hatte er auf Zürichs Bühnen schon produziert, Geld hatte er damit kaum verdient. Seine Frau lag hochschwanger im Krankenhaus, da wurde er selbst mit einem Zuckerschock eingeliefert, die Hospitalkosten waren immens. Dürrenmatt rief alle erdenklichen Schweizer Verleger an, erzählte Geschichten, die er sofort für sie aufschreiben wolle, erhielt Vorschüsse von den meisten und konnte eine Weile wieder durchatmen. Leider wollten die Verleger bald auch Texte sehen. Nur für einen schreibt er etwas: Max Ras vom »Schweizerischen Beobachter« hat um einen Fortsetzungsroman gebeten. Und Dürrenmatt schreibt. Einen Krimi. Einen Fortsetzungskrimi. Er bekommt 500 Franken. Als er mit dem Geld nach Hause kommt, glaubt seine Frau Lotti, er habe das Geld gestohlen. Der Kriminalroman heißt *Der Richter und sein Henker* (1952) und wird ein Welterfolg, der Dürrenmatt noch viele Millionen Franken ins Haus bringen wird. »Die Kunst da tun, wo niemand sie vermutet«, ist eine seiner viel zitierten Werkweisheiten. Und im Kriminalroman vermutete man die Kunst damals wie heute am allerwenigsten. Doch hier lag ein großes Kunstwerk vor, ein Volkskunstwerk, das die Menschen sofort für sich entdeckten: Der mordende Kommissar, das war eine Sensation. Der aus moralischen Gründen mordende, sympathische, sterbenskranke Kommissar Bärlach – was für eine Figur. Nein, er mordet ja gar nicht selbst. Er lässt morden. Ein Leben lang liegt der Kommissar im Streit mit dem Verbrecher, dem er seine Verbrechen nicht nachweisen kann, im Streit über Gut und Böse, Recht und Gerechtigkeit. Bärlach kann den Verbrecher Gastmann nicht überführen. So manipuliert er schließlich einen anderen Mord so, dass Gastmann – in diesem Falle unschuldig – zur Strecke gebracht wird. Vom Polizisten Tschanz, den Bärlach für seine guten, für seine teuflischen Zwecke missbraucht. Ein großes Kammerspiel über Gerechtigkeit jenseits des Rechts, die Welt als widerliches Weltmodell, in der das Gute sich nur durchsetzt, wenn es die Mittel des Gegners besser beherrscht als dieser und dabei selbst zum Mörder wird.

Danach wächst Dürrenmatts Ruhm. Ein echter Weltschriftsteller, dessen Bücher in alle Sprachen übersetzt, dessen Dramen auf allen Weltbühnen gespielt werden. Denn jetzt entstehen auch seine besten und berühmtesten Theaterstücke: *Der Besuch der alten Dame* wird mit Therese Giehse und Gustav Knuth 1956 uraufgeführt, der zweite Welterfolg, *Die Physiker* erhält im Jahr 1962 sogar drei »Uraufführungen« in Folge (wie ein Jahr zuvor schon Max Frischs *Andorra*), um die aus der ganzen Welt angereisten Kritiker und Schlachtenbummler unterzubringen. Der *Besuch* ist die Geschichte von Claire Zachanassian, die vor Jahrzehnten aus ihrem Heimatdorf Güllen mit Schimpf und Schande fortgejagt wurde, weil sie schwanger war von Ill, der die Vaterschaft leugnete und die reiche Krämertochter heiraten wollte. Sie floh nach Amerika, wurde Multimilliardärin, ließ ihr Heimatdorf mit Hilfe ihres weltweiten Einflusses verarmen und kehrt jetzt als Rächerin zurück. Ihr Ziel: Ills Demütigung und Tod durch die Dorfbewohner. Ihr Mittel: Geld. Natürlich gelingt es ihr. Die Menschen sind schlecht. Die Menschen tun alles für den, der sie und ihre dunkelsten Seiten kennt und mit ihnen zu spielen versteht. Die Welt – eine Modell-Hölle, leicht zu verstehen. Wie die Menschen. In einem späteren Nachwort schreibt Dürrenmatt: »Der ›Besuch der alten Dame‹ ist eine Geschichte, die sich irgendwo in Mitteleuropa ereignete, geschrieben von einem, der sich von diesen Leuten durchaus nicht distanziert und der nicht so sicher ist, ob er anders handeln würde.«

Und dann also *Die Physiker*. Das Satyrspiel vor der letzten Tragödie. Das Drama des letzten Lachens vor dem Ende der Welt: Drei Physiker haben sich in eine Irrenanstalt geflüchtet, simulieren den Schwachsinn, um die Weltvernichtungsformel geheim zu halten bzw. zu stehlen. Möbius ist der Entdecker der Formel und der Moralist, der sich aus Angst vor den Konsequenzen seines Denkens an diesen letzten Ort der scheinbaren Sicherheit zurückgezogen hat. Die beiden anderen nennen sich Newton und Einstein und sind Agenten der Weltmachtblöcke Ost und West, mit dem Auftrag, die Formel zu stehlen. Schließlich eint die drei die Einsicht, lieber gemeinsam im Irrenhaus zu bleiben, als die Welt vernichtet zu sehen. Sie simulieren den Wahnsinn bis zum Schluss. Doch die einzig wirklich Wahnsinnige ist die Leiterin der Anstalt. Sie hat die Formel längst an sich gebracht und wird die letzte Herrscherin der untergehenden Welt. Das Opfer der drei Physiker war umsonst, denn »was einmal gedacht wurde, kann nicht mehr zurückgenommen werden«. So der Tenor des Stücks, das – je bedrohlicher das weltpolitische Gleichgewicht des Schreckens zwischen den beiden Supermächten in den folgenden Jahrzehnten noch wurde und je mehr damit die Weltuntergangsangst der Menschen wuchs und wuchs – eines der meistgespielten deutschsprachigen Theaterstücke geblieben ist. Heute wirken die Dramen Dürrenmatts durch die extreme Modellhaftigkeit des Plots etwas altmodisch, berechenbar und sogar – nein, nicht tröstlich, sondern – langweilig. Obwohl die Menschheit in Fragen der Moral eher keine und in Fragen des Weltvernichtungspotenzials naturwissenschaftlicher Erkenntnisse eher große Fortschritte gemacht hat.

Trotzdem ist Dürrenmatt ein gewaltiger Denker, Deuter, Dramatiker. Einer, der so kundig in den Naturwissenschaften war. Einer, der so gewaltsam und besessen Kunstwerke schuf und schuf, mit allem Risiko und aller Macht, mit Mut und Wut und klarem Verstand. Seine Bilder sind düstere Weltenende-Fantasien, endlose Labyrinthe mit Minotauren, Monstern und Endzeitvögeln, immer dunkler werdend, immer schwärzer. Sein unergründlichstes Buch sind die *Stoffe* (1981–90), eine der wunderlichsten, weisesten, tiefsten und abschweifendsten Autobiografien, die es gibt. Hier schwebt der dicke Denker mit einer Leichtfüßigkeit durch die Welt seines Lebens und seines Wissens, dass man nur so staunt. Fünfundzwanzig Jahre lang hat er daran geschrieben.

Im Kriminalroman *Justiz* (1985), den er schon in den fünfziger Jahren begonnen hatte und der 1985 veröffentlicht wurde, hat er sein Weltweisheitskriminalromankönnen noch einmal zu einem letzten Höhepunkt geführt. Ein Zürcher Kantonsrat begeht vor den Augen der versammelten Prominenz der Stadt einen Mord, wird verurteilt und gibt nach einiger Zeit einem jungen, idealistischen Anwalt den gut dotierten Auftrag, den Fall unter der Annahme neu aufzurollen, dass er nicht der Mörder sei. Der junge Anwalt irrt mit diesem scheinbar unsinnigen Auftrag durch das irrwitzige Sittengemälde der Schweizer Gesellschaft und droht tatsächlich jenen anderen Mörder zu finden, den es gar nicht geben kann, und dabei Verstand und Anstand zu verlieren. Eines der herrlichsten Bücher über Recht und Gerechtigkeit, über Moral und Wahnsinn, den Zustand der Schweiz und der ganzen Welt. Wirklich ein Weltroman, den man immer und immer wieder lesen muss. Eines der Bücher, das mich lehrte, was wirkliches Lesen ist. Lesen als Lebenserschütterung.

Die letzten Seiten sind ein fantastisches Abschiedskapitel vom Autor Dürrenmatt. Es geht noch einmal um alles. Um die Sterne. Um die vergehende Zeit. Sein Haus. Seine Bilder. Sein Werk. Die Dorer. Die Griechen. Atombomben. Neutronenbomben. Umweltzerstörung. Die Gnome, die Wahnsinnigen, die Weisen seines Werkes. Den Schreibtisch, der ein Schlachtfeld ist. Um Gott, die letzten Fragen und das Ende der Welt. Er endet: »Ich verlasse mein Arbeitszimmer, das nun leer geworden ist, befreit von meinen Geschöpfen. Halb fünf. Am Himmel seh ich zum ersten Mal den Orion. Wen jagt er?«

So weit von sich abzusehen war **Max Frischs** (1911–1991) Sache nicht. War es überhaupt nicht. Er ist und war der Anti-Dürrenmatt. Der Ich-Sucher. Der Liebende. Und während man über Dürrenmatt und seine Bücher staunt und lacht, empfindet man für Max Frischs Bücher eine Art Liebe. Man empfindet? Unsinn! Ich empfinde. Ich liebe. Das hat er uns gelehrt: Ich zu sagen. Ich zu schreiben. Es geht um Dich, Mensch! Leser! Um Dich persönlich! Und um mich, den Autor! Deshalb lieben die Menschen die Bücher von Max Frisch, deshalb liebe ich diese Bücher. Und deshalb liebe ich auch ihn selbst. Diesen so müde durch die dicken Brillengläser unter halbgelähmten Augenlidern hervorblinzelnden, trägen, alten Mann, wie man ihn von den Umschlägen all der Suhrkamp-Taschenbücher kennt. Kein schöner Mann, hässlich eigentlich, und so versonnen und gemütlich, die Pfeife in der Hand die Welt bedenkend. Die Welt betrauernd und sich selbst. Kein Held. Und doch liebt man ihn schon mit der ersten Zeile vieler seiner Bücher.

»Es ist im Ernst nicht anzunehmen, dass es Leute gibt, die Bin, unseren Freund, nicht kennen.« So fängt Frischs erster großer Ich-Text an. *Bin oder die Reise nach Peking* (1945), geschrieben 1944 in der Schweiz. In der Welt tobt der Krieg, und Max Frisch schreibt sein erstes Sehnsuchtsbuch. Sein erstes Buch des

Aufbruchs und des Immer-weiter-Suchens, ein Leben lang, der Suche nach dem neuen Ich, dem wahren Ich. Der Wunsch, ein anderer zu sein, das alte Leben abzustreifen, ein neues zu leben. Sein Thema, fast sein einziges – ein Leben lang: »Ich ging. Ich ging in der Richtung einer Sehnsucht, die weiter nicht nennenswert ist, da sie doch, wir wissen es und lächeln, alljährlich wiederkommt, eine Sache der Jahreszeit, ein märzliches Heimweh nach neuen Menschen, denen man selber noch einmal neu wäre, so, dass es sich auf eine wohlige Weise lohnte zu reden, zu denken über viele Dinge, ja, sich zu begeistern, Heimweh nach ersten langen Gesprächen mit einer fremden Frau. Oh, so hinauszuwandern in eine Nacht, um keine Grenzen bekümmert! Wir werden schon keine, die in uns liegt, je überspringen.« So heißt es in »Bin«.

Und noch ist Krieg. Und Max Frisch arbeitet als Architekt und schreibt gelegentlich für Zeitungen. Und was er da so schreibt, über Politik und über die Schweiz, das wundert den Frischfreund der späteren Jahre sehr. Schon 1935 hatte er den Hass geflohener Juden auf Hitler »menschlich« zwar verständlich genannt, doch entspreche diese Haltung keineswegs »unserem schweizerischen Wollen«. Und was dieses schweizerische Wollen so sein könnte, kann man aus den so genannten, 1940 erschienenen *Blättern aus dem Brotsack* erfahren, in denen Frisch vom Krieg als »Segen einer großen, bewussten Gefährdung« schwärmt, einer Gefährdung, die leider Gärten verwüsten, aber »zugleich mit Schlamm befruchten« wird. Und als die deutschen Truppen noch scheinbar unaufhaltsam weiter nach Osten vordringen, nennt Max Frisch die nationalsozialistische Aggression einen »Durchbruch in die Befreiung des lebendigen Triebes und der Tat«.

Ein Glück, dass der Kriegs- und Deutschlandfreund damals hauptberuflich als Architekt arbeitete. Den Frisch von damals kann man kaum mit dem, den wir alle kennen, in Verbindung bringen. Ein merkwürdiger, radikaler Wandel. 1944 schrieb er den traumschönen, grüblerischen *Bin,* 1945 hatte er das Drama *Nun singen sie wieder* fertig, das schon am 28. März, also mehr als einen Monat vor Kriegsende, das Thema der deutschen Vergangenheitsbewältigung auf die Bühne brachte, als diese »Vergangenheit« noch Gegenwart war. Ein klassischer Vater-Sohn-Konflikt, wie er die moralischen und politischen Debatten in Deutschland bestimmen wird. Der Vater, Oberlehrer und Mitläufer, argumentiert, er habe »Frauen und Kindern zuliebe« Kompromisse eingehen müssen und schließlich habe es auch »manches Gute« gegeben. Der Vater sagt: »Ich habe jedes Mal nur das Beste gewollt.« Der Sohn antwortet: »Sagen wir mal das Günstigste.« Das Stück wird in der Schweiz umjubelt, in Deutschland, wo es gut ein Jahr später aufgeführt wird, ist es umkämpft und umstritten. Frisch wird mit einem Schlag bekannt und ist gleich berüchtigt. Der Moralist der späteren Stücke, der großen Schulbuchstücke, *Andorra* (1961) und *Biedermann und die Brandstifter* (1955), hier ist er schon, geboren in den letzten Kriegstagen, fern des Krieges, in der Schweiz.

Doch noch ist er vor allem Architekt. Sein Großprojekt, für das er schon 1943 den Wettbewerb gewonnen hat, ist ein Freibad in Zürich. 1947 beginnt der Aushub und Brecht, den er ein Jahr später kennen lernte, ist von Frischs Bauplänen begeistert, rät, sosehr Frisch sich in seinen Stücken auch bemüht, ihm nachzueifern, doch bei der Architektur zu bleiben.

Doch Frisch will nicht. Max Frisch will Schriftsteller sein und frei. Das Jahr 1949 ist das Entscheidungsjahr. Das Jahr, in dem er alles erreicht hat und alles riskiert: Er ist glücklich verheiratet, sein drittes Kind wird geboren, das Schwimmbad wird feierlich eröffnet und allseits gelobt, er ist ein bekannter Dramatiker, seine Stücke haben Erfolg, sein Tagebuchband aus den Jahren 1946–49 (1950) wird von Peter Suhrkamp als erster Band des neu gegründeten Suhrkamp-Verlages angenommen. Innerlich, so hat er es später geschildert, löst er sich in diesem Jahr, dem Höhepunkt seines bürgerlichen Lebens, von der Familie, vom Architektenberuf und beschließt, nur noch Schriftsteller zu sein. Er bereist die Welt, nimmt ein Stipendium in Amerika an und beginnt hier die Arbeit an dem Roman, der ihn weltberühmt machen wird: *Stiller* (1954).

»Ich bin nicht Stiller!« Das ist wohl der berühmteste Romananfang in der deutschsprachigen Nachkriegsliteratur. Eine Verweigerung. Ein Protest. Und damit beginnt einer der furiosesten, schönsten, welthaltigsten deutschen Romane. Die Geschichte

149

des Amerikaners Jack White, den man bei seinem Besuch in einem kleinen Schweizer Städtchen als Anatol Ludwig Stiller wiedererkannt haben will. Jack White, der einmal Stiller war, nach Amerika in ein neues Leben floh und jetzt hier im Gefängnis sitzt. Sein altes Leben hat ihn inhaftiert. Es sind jene »Grenzen, die in uns liegen«, die Frisch in *Bin* schon beklagte und die er hier in einem dramatischen Roman beschreibt. Der Kampf gegen die Einsicht, dass man nur ein Leben hat. Immer nur eine Möglichkeit. Eine Biografie. Wie es Kürmann in dem späteren Theaterstück *Biografie: Ein Spiel* (1967) sagen wird: »Ich weigere mich zu glauben, dass unsere Biografie, meine oder irgendeine, nicht anders aussehen könnte. Vollkommen anders.« Und damit schrecklich scheitert. So scheitert auch Stiller. Mit seinem Protest gegen das Leben, wie es ist: »Ich bin nicht ihr Stiller. Was wollen sie von mir! Ich bin ein unglücklicher, nichtiger, unwesentlicher Mensch, der kein Leben hinter sich hat, überhaupt keines. Wozu mein Geflunker? Nur damit sie mir meine Leere lassen, meine Nichtigkeit, meine Wirklichkeit, denn es gibt keine Flucht, und was sie mir anbieten, ist Flucht, nicht Freiheit, Flucht in eine Rolle. Warum lassen sie nicht ab?«

Weil sie ihn erkannt haben. Weil er ihnen gehört. Weil sie sich ihr Bild von Stiller nicht zerstören lassen wollen. Am Ende haben sie ihn. Am Ende resigniert er. Am Ende heißt es nur noch: »Stiller blieb in Glion und lebte allein.«

Oh, Max Frisch. Wenige Bücher hat man so traumverloren, gierig, glücklich gelesen im Leben. Wie *Homo Faber* (1957), die Geschichte des in der Wüste notlandenden Technikers Walter Faber, der seinem Schicksal, seiner geheimen Tochter begegnet und ins größte Glück und dann ins größte Unglück stürzt? Und »Gantenbein« – *Mein Name sei Gantenbein* (1964), wo schon der Titel den Wunsch nach all den anderen Lebensmöglichkeiten, die sich im Roman, niemals aber im Leben realisieren lassen, verkündet. Die Tagebücher, in denen wie in kaum einem anderen Buch Fragen der Politik aus nächster Nähe, Liebesfragen, Lebensfragen, existenzielle Fragen neben den schönsten Alltagsbanalitäten stehen. Die Lebensfragebogen mit Fragen wie »Sind Sie sicher, dass Sie die Erhaltung des Menschengeschlechts, wenn Sie und alle Ihre Bekannten nicht mehr sind, wirklich interessiert?« Das ist Max Frisch. Die Fragen des Universums auf die persönliche Betroffenheit heruntergeschrieben. Fühlbar gemacht. Erlebbar. Wahr. Und dabei das Gespräch mit dem Leser suchend. Die Fragebogen sind Gespräche mit dem Leser. Wie seine Bücher. Im *Gantenbein* hat er es sehr einfach selbst beschrieben: »Es ist nicht die Zeit für Ich-Geschichten. Und doch vollzieht sich das menschliche Leben oder verfehlt sich am einzelnen Ich, nirgends sonst.« Das ist die Frisch-Formel. Sein ganzes Geheimnis.

Marcel Reich-Ranicki sagt immer, Frisch habe Liebesgeschichten für Intellektuelle geschrieben. Ich weiß gar nicht, ob das stimmt. Vielleicht war seine Kunst gerade, eben nicht nur für Intellektuelle zu schreiben. Sondern jenseits des Intellekts ins Herz hinein.

Und aus dem Herz heraus. *Montauk* (1975), diese wunderbare, kunstvolle, persönliche, verzweifelte Altersliebesgeschichte zu Lynn und die Erinnerung an die alte Liebe zu jener Schriftstellerin, die Ingeborg Bachmann ist und zu der er eines Nachts über die Alpen, Stunden um Stunden im Liebesrausch, nur um sie zu sehen, weiter- und weiterfährt, um ein Haar in einen Abgrund stürzt, sein Leben immer wieder fast verliert, nur um sie zu sehen noch in dieser Nacht, rasend verliebt, und als er schließlich ankommt, fragt sie nur, warum er nicht wenigstens vorher angerufen habe.

Wir kennen Max Frisch, wenn wir seine Bücher kennen. Wir kennen seine Frauen und sein Leben, sein Unglück und sein Glück. Und in Wahrheit kennen wir natürlich nichts. »Wer alles gelesen hat, kennt Max Frisch durchaus nicht besser«, hat Hans Mayer einmal geschrieben. Und wahrscheinlich hat er Recht. Wir glauben ihn zu kennen. Er gehört zu unserem Leben. In Wahrheit ist das nichts anderes als seine große, große Kunst.

Die Liebe von Ernst und Friederike

Ernst Jandl, der Volksdichter. Friederike Mayröcker macht öfters mal boingg-boingg

Was für ein schönes, seltenes, großes Liebespaar. Verbunden für ein ganzes Leben. Was für ein schönes Glück für die Literatur. Was für ein Glück für die beiden. **Ernst Jandl** (1925–2000) und **Friederike Mayröcker** (*1924). Die zwei sind eins. So unterschiedlich sie oft auch dichteten. Friederike Mayröcker muss man sich mit schwarzen, großen Haaren verborgen zwischen Manuskriptbergen in ihrer Wiener Wohnung vorstellen. Wirklich, es scheint oft so, als gäbe es mehr Bilder von ihren Manuskripten als von ihr selbst. Und Ernst Jandl sieht man immer in Aktion. Mit großen, runden Augen hinter einer Kastenbrille. Rundem Kopf. Rundem Bauch. Meist formt er ein OOO. Wie in dem Mops-Gedicht, das jeder kennt. Sie nicht? Also:

ottos mops

ottos mops trotzt
otto: fort mops fort
ottos mops hopst fort
otto: soso

otto holt koks
otto holt obst
otto horcht
otto: mops mops
otto hofft

ottos mops klopft
otto: komm mops komm
ottos mops kommt
ottos mops kotzt
otto: ogottogott
  (in: Der künstliche Baum, 1970)

Friederike Mayröcker hat geschrieben: »Je öfter wir ihm (dem Mops) begegnen, im Gedicht, desto sicherer sind wir darüber, dass sich hier eine Verwandlung vollzieht, die wunderbar immer von neuem glückt, nämlich von der Liebe zum Vokal zur Wirklichkeit des Bilds; vom Glauben an das O zur Offenbarung Poesie.« Also – ist das ein Satz? Vom Glauben an das O zur Wirklichkeit der Poesie. Da steckt er ganz drin, der Jandl und seine Gedichtkunst. Und wenn Friederike Mayröcker, die Schreibwütige, die morgens um vier aufsteht, um zu schreiben, am besten unter Manuskriptbergen gezeigt wird, dann der Ernst Jandl neben einem Mops. Das gibt es, das Bild. Eine ganze Serie davon. Sitzen auf einer Bank nebeneinander. Haben eine gewisse Ähnlichkeit. Der eine dichtet, der andere nicht. Der eine berichtet, von einem Mops vielleicht oder von Napoleon. Der andere wirkt recht interessiert. In seiner Mopshaftigkeit ruhend. Zufrieden.

Jandl und Mayröcker, beide in Wien geboren, sie im Dezember 1924, er acht Monate später. Beide arbeiten nach dem Krieg als Lehrer. Zunächst aus Idealismus. Dann aus Pflichtgefühl. Beide veröffentlichen 1956 ihr erstes Buch, das in beiden Fällen eher unbeachtet bleibt. Beide veröffentlichen zehn Jahre nichts Neues. Und dann kommen die Bücher, die sie berühmt machen. *Tod durch Musen* (1966) heißt das von Mayröcker, *Laut und Luise* (1966) Jandls Buch. Da kannten sie sich schon zwei Jahre. Jandl erinnert sich: »Es war ein Glück, dass ich mit der Dichterin Friederike Mayröcker zusammentraf, die schon damals einen guten Namen besaß, und ich schrieb an ihrer Seite viele Gedichte. Wir sind bis heute eng verbunden, aber wir leben nicht mitsammen, denn ich verstand es nicht, etwas an Glück dauerhaft zu machen.«

So leben sie getrennt mitsammen, fast an die fünfzig Jahre. Sie quittieren den Schuldienst und leben ganz der Dichtung. Beide. Einige Gedichte aus Ernst Jandls erstem Gedichtband sind Klassiker geworden. Germanistische Übertreibungsschreiber behaupten gerne, in dem Gedicht *lichtung* (1966) stecke der Wahnsinn der zweiten Hälfte des zwanzigsten Jahrhunderts. Oder gleich des ganzen. Schöner Unsinn. Aber es ist eine Demonstration des Buchstabenmagiers Jandl, der mit einer winzigen, genialen Idee ein großes Gleichnisgedicht schreiben konnte:

manche meinen
lechts und rinks
kann man nicht velwechsern
werch ein illtum!
(in: Laut und Luise, 1966)

Die taz hat den Dichter Jandl zu seinem fünfundsechzigsten Geburtstag damit geehrt, dass sie am 1. August 1990 ihre Titelseite komplett im r-und-l-Velwechserungs-Sinne tauschte. Welchem Dichter ist so etwas zu Lebzeiten passiert? Und wer einmal den Fernsehbericht gesehen hat, in dem Ernst Jandl vor vielen hundert Menschen in der Royal Albert Hall sein Napoleongedicht vortrug, das nur aus wechselnden Betonungen des Kaisernamens besteht, wie er Blätter wirft und deklamiert und umherläuft und die Augen immer weiter hervortreten aus dem runden Kopf und das Publikum mitgeht und klatscht und schließlich alles in einem beifallumrauschten Napoleon-Tumult untergeht, der weiß, was für einen großen Dichter, was für einen wahrhaftigen Volksdichter wir da im Frühsommer 2000 verloren haben.

So populär ist Friederike Mayröcker nie gewesen. Sie schrieb ihre eigenen Texte, eher privater Natur, alles Narrative, jede Ahnung von Geschichten ablehnend. Erinnerungen an einen frühen Garten, an das Kindheitsparadies Deinzendorf, den Vierkanthof in jener Weinviertler Ortschaft nahe der tschechischen Grenze, aus dem die Familie ausziehen musste, für immer, wegen Zwangsversteigerung, da war sie elf. Und dichtete später:

Erträumter einsamer blauer Engel
in meinem Herzen läutet ein heller Regen
in meinen Händen blühen die Glockenblumen
Salbeiblüten wehen mich an …
(Gesammelte Gedichte 1939–2003, 2004)

Später, viel später war der Garten, die Erinnerung daran Fluchtpunkt ihrer Poesie: »ein UNGENUSZ, eine VERFRORENHEIT, ich gehe unter, nur das Garten-Werk, der Anblick des Garten-Werks kann mich noch retten.«

Manchmal ein wenig zu leidverliebt, selbstverliebt, zu wenig sprechend mit der Welt. Jandl brachte eine kleine Ironie in ihre Gedichte hinein. Eine Schnelligkeit. Eine Gewalt. Dies hier hat sie ihm (neben vielem, vielem anderen) gewidmet:

Lassen Sie die Wörter aufjaulen!
Machen Sie öfters mal boingg-boingg!
vergessen Sie die ganze Sprache.
Legen Sie Silben aufs Eis! Wärmen Sie sich an
den Deklinationen die Füße!
Stören Sie die Sprache ein wenig mehr!
Drücken Sie sie gegen die Wand bis sie schreit!
(Gesammelte Gedichte 1939–2003, 2004)

Jandl und Mayröcker. Was für ein schönes, weltfreundliches, welterfreuendes Paar. Über den Tod hinaus: »Begraben möchten wir gemeinsam werden«, hat Ernst Jandl gedichtet, »und zwar noch lange nicht, und auch nicht unbedingt gleichzeitig.«

Jetzt ist Jandl tot. Und Frau Mayröcker lebt. Und schreibt vor allem über ihn. Ihren Mann. Ihren Dichter. »Ach Sternenzeug, bei den Klängen von Puccinis Madame Butterfly sitzen wir einander gegenüber, wie Tannenzweige seine Hand auf unserem Tisch seine Atemzüge auf unserem Tisch seine Atemzüge am Rande des Tisches – Tränen vergoss ich Liebesspuren auf unserem Weg, vertropft vergossen die Lebenszeit, und plötzlich wach ich auf aus bleichen Träumen sehe ihn leuchtend vor mir:« und sie sieht ihn kurz und spricht mit ihm und dichtet mit ihm, bis zum Schluss und schreibt dann noch: »Mich hineinzuweinen ins ungefegte Nachtgewand, wilde Tröstung, mich in seine Nachtwäsche zu verweinen, auf seinem Bett, usw.«

23 | Wut im Süden

Herbert Achternbusch, beleidigter Beleidiger. Franz Xaver Kroetz, Baby Schimmerlos hat resigniert. Elfriede Jelinek, Selbsthass und Österreich-Wahn. Thomas Bernhard, der Größte

Da sitzen die beiden jetzt in ihren kleinen Häusern, auf Teneriffa der eine, im Waldviertel in Österreich der andere. Und sind vergessen. Weg, fort aus der Welt. Kennt kein Mensch mehr. Eine dunkle Erinnerung aus einer Zeit, als noch Wut in der Welt war und in Deutschland. Verzweiflung auf den Bühnen. Skandale. Wut und Wirklichkeit. Herbert Achternbusch und Franz Xaver Kroetz. Vergessener kann man nicht sein.

Der eine, Kroetz, war eine Zeit lang der meistgespielte deutsche Dramatiker, dann ein Fernsehstar. Der andere, **Herbert Achternbusch** (*1938), war berüchtigt für Sätze wie »Brunditsch die Nazisau ist schon wieder zum Obersten des IOC gewählt worden«. Und andere Sätze, die sich auch gerne gegen die ewigen Machthaber in Bayern richteten. Den CSU-Männern wurde ihr Hemdkragen zu eng, wenn sie von ihm sprachen, und sie liefen rot an. Als die Freiwillige Selbstkontrolle die Freigabe seines Films *Das Gespenst* (1983) verweigerte, beschloss Innenminister Zimmermann sogleich die Auszahlung der letzten Rate des Bundesfilmpreises zu stoppen. Doch die Gerichte entscheiden zu Achternbuschs Gunsten. Als ihm zu Beginn seiner Karriere der Petrarca-Preis zuerkannt wird, bemerkt er erst bei der Preisvergabe, was ein solcher Preis an Vereinnahmung durch die Vergeber bedeutet, und verbrennt kurz darauf den Scheck über 20 000 Mark.

Heute sitzt er in seinem blauen Haus im Waldviertel und kann die Miete nicht bezahlen. Die Stadt München könnte ihm doch mal ein Bild abkaufen, sagt er, der immer alle beschimpft hat. Achternbusch ist Maler, Dramatiker, Romancier und Filmemacher. Aber eigentlich wollte er immer nur genug Geld haben für seine Filme. Dreißig Filme hat er gedreht in seinem Leben, fünfzig Bücher geschrieben und zwanzig Theaterstücke. Es sind alles Werke direkt aus dem Leben. Ohne großen Umweg über die Kunst. Das ist herausgeschrien. Herausgejubelt. Gegen diese verzwungene Wirklichkeit. Für eine große, große Freiheit. »Jedes Menschenherz darf glauben, dass sein Schmerz wichtig ist.« Ein schöner Satz aus seinem Stück *Revolten* (1982).

Meist geht es um die Achternbusch-Familie, immer auch um ihn selbst, einen Herrn, wie Georg Hensel einmal schrieb, den er selbst nicht besonders zu mögen scheint. Die Bücher sind nicht wirklich gut zu lesen. Das ist doch alles schon sehr wahr und schnell und herausgerissen aus dem Leben. Er hat fast alle großen deutschen Verlage durch. Keines seiner Bücher war ein Publikumserfolg. Und dann dieser schwierige, wütende Mann – das barsche Verlustgeschäft Achternbusch hat kein Verlagshaus lange ertragen. Und wenn so genannte wohlwollende Kritiker ihm rieten, er solle sich ein bisschen disziplinieren, sich und seine Kunst, dann haben sie gar nichts verstanden von dem Eruptionskünstler Achternbusch, der da sitzt, mit lichtem weißem Haar an seiner Olympia-Schreibmaschine in dem blauen Haus im Waldviertel, und wartet und sagt: »Die Theater sind satt, die sind Achternbusch satt. Aber die kommen schon wieder. Es gibt ja keinen anderen.«

Sagt er sich und glaubt es wohl selber nicht mehr recht in seiner Einsamkeit. Er ist der Verzweiflung nahe und sagt: »Aber zum Verzweifeln muss man auch begabt sein. Ich bin am Ende, denke ich ab und zu – und dann sagt das Echo in mir, am Ende warst du doch schon immer.«

Diesen Mann hat Achternbusch einen »beredten Gartenzwerg und schweigenden Hitler« genannt: **Franz Xaver Kroetz** (*1946). Lebt heute mit seiner Familie auf Teneriffa und beschimpft das deutsche Subventionstheater und die deutsche Wirklichkeit wie Achternbusch und wartet, dass man ihn wieder ruft. Aber er ist alt geworden. Die Wut ist kühl. Kroetz sagt, wenn er jünger wäre, so jung, wie er Anfang der siebziger Jahre war, dann würde er es allen noch einmal zeigen. Allen. Aber so – sitzt er in einer kleinen Wohnung in einem Betonblock auf den Kanaren und denkt an seine große Zeit, an die größte vor allem, als er in Helmut Dietls Fernsehserie *Kir Royal* (1986) den Klatschre-

porter Baby Schimmerlos gegeben hat:»Für eine neue Rolle
beim Dietl, diesem humorlosen Magenkranken, würde ich nach
Deutschland schwimmen.«

Früher, 1975, auf dem Höhepunkt seiner Dramatikerkar-
riere, als meistgespielter Autor des Landes, hat er sein Theater-
programm einmal so beschrieben:»emotional, politisch mit
den Figuren voranzukommen, Aussagen zu vergrößern, also ge-
sellschaftskritisch zu entwickeln, ohne dabei die Qualität der
genauen Menschendarstellung, der unverkitteten Story, des Hu-
mors, der Liebe zu den Figuren vor allem zu verlieren.«

Das war die Kunst des großen Kroetz. Story, Humor. Liebe
zu den Figuren. Letzteres vor allem. Immer wieder wurde ihm
»Pornographie«, Hass, Lust am Ekel vorgeworfen, immer wieder
gab es Skandale um seine Stücke. Dabei sprach kaum ein Dramatiker so direkt zum Publikum wie er. Die Kritiker etikettierten
ihn als Porträtisten der Menschen am Rande der Gesellschaft.
Dabei war jedes Bühnengeschehen weit eher im Zentrum der
Gesellschaft als jedes Kritikerleben. In Worthülsen würde gesprochen, die die Sprachlosigkeit der Personen verschleiere, hieß es.
Dabei hat Kroetz immer nur sehr genau hingehört. Auf der
Straße. Auf dem Land. In der normalen Armut. Kroetz machte Unterschichtentheater. Volkstheater im direktesten Sinn. Mit
fünfzehn ist er von der Schule gegangen, hat Semmeln ausge-
tragen, in der Psychiatrie gearbeitet, und an einer Landbühne
wurde schon bald sein Erstlingswerk *Hilfe, ich werde geheiratet*
(1969) aufgeführt. 1972 trat er in die DKP ein, bei zwei Bundes-
tagswahlkämpfen als Kandidat an und 1980 trat er wieder aus.
Er sagte:»Ich bin alles in allem heute eher forschrittsskeptisch,
was sich schwer mit dem Bild des herkömmlichen marxistischen
Fortschrittsglaubens vereinbaren lässt.«

Das hatte er schon 1977 im Vorwort seiner *Chiemgauer Geschichten,* wahren bayrischen Volksgeschichten vom Land, geschrieben, und es ist das Lebensproblem des Künstlers Kroetz, an
dem er schließlich auch gescheitert ist:»In der Kunst«, schreibt
er da,»glaub ich, haben grad die wirklich fortschrittlichen Autoren große Schwierigkeiten mit dem Positiven. Wie schafft
man es, dass man die erfundene Wirklichkeit im Werk nicht
nur von Haus aus negativ aussehen lässt. Der Hang zum Resi-

gnativen ist ja groß. Vielleicht – ja, ich meine sogar sicher – ist er berechtigt.«

Und dann, irgendwann, kam die Explosion des Positiven im Leben des Franz Xaver Kroetz. Er wurde »Baby Schimmerlos«, der Münchner Klatschreporter in *Kir Royal* – und alle liebten ihn. Und Kroetz liebte seine Rolle. Liebte seine Rolle so sehr, dass er, als er im wirklichen Leben Hans Hermann Tiedje, den damaligen Chefredakteur der *Bild*-Zeitung kennen lernte, beschloss, auch im wahren Leben Baby Schimmerlos zu werden. Klatsch-Kolumnist für die Blätter, die er einst verachtet und bekämpft hatte. Für *Bild* und *Welt* und *Bunte.*

Vielleicht ist das jetzt eine lächerliche später in sein Leben hineingedeutete Interpretation, aber irgendwie hat ihn das aufgefressen. Man tauscht nicht ungestraft sein Leben gegen eine Rolle. Man kann nicht mitspielen im »Bild«-Zeitungs-Geschäft als Pose. Als Zitat. Als Rolle.

Sosehr er später auch zurückwütete. Sich zurücksehnte, »endlich wieder rein und radikal Worteschmied, Wortzusammensetzer« zu sein. Es war vorbei. Seine neueren Gedichte sind kitschig, seine Dramen leer und platt. Doch Kroetz schreibt weiter. Ein Kroetz, der kämpft.

»Ich wachse meiner Bestimmung zu: Maler sein, getreuer Maler, Chronist der Leidenden, der Untergehenden, der Vergessenen.« So war sein großer Lebensplan. Jetzt ist er selbst vergessen.

»Sie brauchen das ganze nicht erst zu lesen wenn sie glauben zu keiner gegengewalt fähig zu sein.« So beginnt gleich mal ihr erster Roman. Keine Halbheiten. Keine Kunst oder so. Handlung! Jetzt! Das ist nicht nur so hingeschrieben. Hier geht es um alles. *wir sind lockvögel baby* (1970) heißt **Elfriede Jelineks** erster Roman und die Anweisungen an die Leser gehen gleich weiter: »sie sollen dieses buch sofort eigenmächtig verändern« und weiter: »sie sollen die Untertitel auswechseln. Sie sollen hergehen & sich überhaupt zu VERÄNDERUNGEN außerhalb der legalität hinreissen lassen.«

Und wenn ich diesen Untertitel gar nicht verändern will, weil ich zum Beispiel gar keine Lust dazu habe oder ihn ganz gelungen finde? Könnte man als Leser ja mal so gegenfragen. »Ich bin ein klassischer autoritärer Charakter«, hat sie später in Interviews gesagt und meinte damit ihren Reflex zum Gehorsam, den sie in sich spüre. Aber es ist auch ein Reflex zum Befehl in der Kunst Elfriede Jelineks. Eine Kunst, die keinen Widerspruch duldet.

Das Drama ihrer Kindheit. Wieder und wieder hat sie es erzählt. Das späte, späte Kind, das sie war. Der Vater 48, die Mutter 43, als sie geboren wurde. Als einziges Kind. Der Vater überlebte als Jude und Sozialist die Nazizeit mit kriegswichtiger Arbeit und gefälschtem Ariernachweis. Nach dem Krieg zwang er seine Tochter, sich mit ihm immer wieder Filme mit den Leichenbergen in den Konzentrationslagern anzusehen. Bald schon wurde er krank und verlor den Verstand. Elfriede Jelinek sagt, sie habe ihm das nie verziehen. Das verzeihe man einem Vater nicht. Und sie gibt sich die Schuld an seinem Tod. Und dann die Mutter. Katholikin aus großbürgerlichem Hause. Entschlossen, das Kind zu Karriere, Kunst und großem Erfolg zu erziehen. Jelineks Werk ist voll von Hass- und Mordfantasien gegen die Mutter. Vor allem in der *Klavierspielerin* (1983), dem Roman der verhinderten Pianistin Erika Kohut, die unter dem Erziehungsterror ihrer Mutter zerbricht. Auch in Interviews hat Elfriede Jelinek offen ihren Hass auf ihre Mutter eingestanden. »Also ich bin sicher von der Mutter zerstört«, sagt sie im Gespräch mit André Müller. Und als er sie fragt, wo sie lebe, die verhasste Mutter, deutet sie nach oben und sagt: »Hier, in diesem Haus, über mir. Gott ist oben. So gehört es sich auch.«

Später, als sie krank und schwach war, hat sie sie gepflegt, die Mutter, jeden Tag, bis zu ihrem Tod. Da war sie 97.

Elfriede Jelinek ist nicht gern auf dieser Welt. Sie mag die Menschen nicht. Sie mag sich selber nicht. »Ich kann nur aus negativen Emotionen heraus kreativ sein. Wäre ich mir sympathisch, fände ich das zwar angenehm, aber ich würde nicht schreiben. Es gibt eine Kreativität, die aus dem Positiven entsteht, und eine, die errungen wird, weil sie sich gegen etwas behauptet.« Jelineks Kunst ist dieser Welt abgerungen. Der Männerwelt. Der Welt des fortbestehenden Faschismus. Das sind die beiden Themen in Jelineks Werk. Der Faschismus wurde 1945 nur in der großen Politik beseitigt. In Österreich hat er sich in die Familien zurückgezogen. Das beschreibt sie in ihrem Werk. Das beschreit sie. Das bekämpft sie. »Glauben Sie an eine gerechte Welt?«, hat André Müller sie gefragt, und sie antwortete: »Eigentlich nicht. Aber ich höre trotzdem nicht auf, dafür zu kämpfen. Ich brauche ein Koordinatensystem, nach dem ich mich orientieren kann.« Lange Zeit bot ihr das die Kommunistische Partei. Nach dem Zusammenbruch des Ostblocks fehlt ihr das. Doch der Hass ist geblieben. Und der Ekel.

Ihr Land vergilt es ihr mit Gegenhass. Selten wohl ist eine Künstlerin im eigenen Land solch massiven öffentlichen Anfeindungen ausgesetzt gewesen wie Elfriede Jelinek in Österreich. Man muss schon eine außerordentliche Konstitution haben, um das auszuhalten. Neuerdings hat sie einen Nobelpreis, um sich zu wappnen. Mit Geld und Ehre – vor Missachtung und Mordgelüsten. Es nützt ihr wenig. Als sie von der Nachricht erfuhr, sagte sie, sie sei erschüttert, und fuhr nicht zur Verleihung nach Stockholm. Sie könne sich dem nicht aussetzen. Nicht den Menschen. Nicht der Ehre.

Niemand spricht so offen über Verletzlichkeit und das Leiden am Leben wie Elfriede Jelinek. Seit der Volksschulzeit sei sie in immer wieder wechselnden Psychotherapien. Sie leidet öffentlich. In Interviews, in ihren Stücken und in ihren Büchern. Es ist André Müller, der zu ihr sagt, das grausamste Bild, das sie in ihrer Kunst erfunden habe, um den Selbsthass zu beschreiben, sei eine dramatische Selbstverletzung. »Das habe ich nicht erfunden«, gibt sie sogleich zu. Darauf Müller konserniert: »Die Frau im Buch zerschneidet sich mit einer Rasierklinge die Scheide.« Und Jelinek: »Das habe ich wirklich getan.«

Was konserniert hier mehr? Die schreckliche Tat oder die unfassbare Offenheit, in der sie darüber spricht?

Es gibt keine Schonung in Elfriede Jelineks Werk. Für niemanden. Die Künstlerin schont sich selber nicht. Und so müssen Leser, Mitwelt, Umwelt mit derselben Schonungslosigkeit rechnen. Ihr größter Erfolg war ihr größtes Missverständnis. Der Roman *Lust* von 1989 ist die Geschichte des sexbesessenen Fabrikdirektors Hermann, der sich aus Angst vor Aids plötzlich entscheidet, statt auf Prostituierte wieder auf die körperlichen Dienste seiner Frau zurückzugreifen. Und aufs schonungsloseste, drastischste wird dieser große Rückgriff beschrieben und beschrieben. Ein Anti-Porno, so war es geplant. Der Verkaufserfolg dürfte jedoch auf ein Missverständnis zurückzuführen sein oder auf die Tatsache, dass die Grenzen zwischen Porno und Anti-Porno für die Konsumenten durchaus fließend sind. 200 000-mal hat sich *Lust* verkauft. Die Künstlerin selbst nannte die Rezeption eine »massenmediale Katastrophe«.

Bei all dem schrecklichen Leiden soll nicht unterschlagen werden, dass viele Passagen in Jelineks Werk durch ihre total überzogene Drastik und ihre große Sprachkunst wahnsinnig komisch sind. Anders wären die Bücher der großen Schmerzensfrau auch gar nicht zu ertragen.

Und so sitzt sie in ihrem Haus in Wien, gut zwanzig Minuten von der Innenstadt entfernt, auf ihrem Sofa mit Stahlgestell, wenn man sie besucht. Sie thront mit Jelinek-Frisur und leuchtend rotem Lippenstift. Sie sagt, dass sie sich natürlich liften lassen wird, wenn der körperliche Verfall beginnt, und dass sie eigentlich nur in Ruhe gelassen werden will. Auf dem Sofa sitzt auch noch ein Teddybär. Und ein rosa Kissen. Da ist »Elfi« draufgestickt. Und glücklich sei sie, wie sie sagt, wenn sie Perry-Mason-Filme anschaut.

Am Anfang war das Alleinesein. »Meine Mutter hat mich weggegeben«, so beginnt eine Lebenserinnerung von **Thomas Bernhard** (1931–1989). Es war im Sommer 1930. Herta Bernhard hatte im salzburgischen Henndorf als Haushaltshilfe gearbeitet. Ihr Vater, der erfolglose Landschriftsteller Johannes Freumbichler, hat sich immer gewünscht, dass sie Balletttänzerin wird, aber seine Geldnot verhindert diesen Plan und Herta Bernhard muss ihrerseits die Eltern unterstützen. Dort, in Henndorf, passiert das Unglück. Sie wird schwanger und der werdende Vater, der Tischlergeselle Alois Zuckerstätter, will von einem Kind oder einer Heirat nichts wissen. Herta Bernhard sucht in Holland Arbeit, um sich und den Eltern die Schande der unehelichen Geburt zu ersparen. Sie arbeitet als Küchenmädchen, später in einer Hebammenschule, wo sie auch als Lehrobjekt für die Schülerinnen herhalten muss. Am 9. Februar 1931 kommt Thomas Bernhard zur Welt. Kurz nach der Geburt erreicht sie ein Brief

Zuckerstätters, aus dem hervorgeht, dass mit seiner Unterstützung nicht zu rechnen ist. Erst als Thomas Bernhard acht Jahre alt ist, wird Zuckerstätter in einem Vaterschaftsprozess zur Anerkennung seines Sohnes gezwungen. Ein Jahr später bringt er sich um. Eine Fotografie aus dieser Zeit zeigt einen Mann, der von späteren Fotos Thomas Bernhards kaum zu unterscheiden ist. Als Bernhard das bemerkt, ist er, so schreibt er später, zutiefst erschrocken.

Nach drei gemeinsamen Monaten in einer Entbindungsanstalt, die ledige Mütter aufnahm, muss Herta Bernhard wieder arbeiten. Von morgens um sechs bis abends um zehn. Den Sohn muss sie weggeben, zunächst zu Bekannten, dann in eine Kinderbewahranstalt mit barbarischen Besuchsregeln. Alle zwei Wochen nur darf die Mutter zu Besuch kommen. Besuchsdauer zwanzig Minuten. Das Kind darf dabei nicht aus dem Bett genommen werden. In einem Brief an ihren Vater bemerkte Herta Bernhard, ihr Sohn starre sie bei ihren Besuchen immer nur fremd und vorwurfsvoll an.

»Meine Mutter hat mich weggegeben. Ich bin in Holland, in Rotterdam, auf einem Fischkutter gelegen ein Jahr lang bei einer Frau. Meine Mutter hat mich alle drei, vier Wochen dort besucht. Ich glaub nicht, dass sie sehr viel für mich übrig gehabt hat damals. Das hat sich allerdings dann geändert. Ich war ein Jahr alt, wir sind nach Wien, aber doch das Misstrauen, das dann auch angehalten hat, wie ich zu meinem Großvater gekommen bin, der mich wirklich geliebt hat, umgekehrt. Dann die Spaziergänge mit ihm – das alles ist in den Büchern später, und diese Figuren, Männerfiguren, das ist immer wieder mein Großvater mütterlicherseits … Aber neben dem Großvater immer wieder – man ist allein.«

So hat es Bernhard später aufgeschrieben. Manches daran ist falsch, Rotterdam, das Schiff, aber die Erinnerung an den Beginn des Lebens, eine Ahnung von jener Zeit der frühesten Isolation und Einsamkeit, die hat den Menschen Thomas Bernhard immer beherrscht und auch sein Werk, das in seiner Konsequenz und Kraft, in seiner Leidenschaftlichkeit, in seinem Hass, in seiner Übertreibungskunst, seiner Weltverachtung, seiner Verzweiflung und Liebe einmalig ist in der deutschsprachigen Literatur

163

der Nachkriegszeit. Thomas Bernhards Bücher sind die besten, die nach dem Krieg in deutscher Sprache geschrieben wurden. Bald geht es zurück nach Österreich. Thomas wächst bei seinen Großeltern auf, zunächst in Wien, und als es dort zu teuer wird, auf dem Land, im salzburgischen Seekirchen. Später kommt Bernhard in ein Heim für schwer erziehbare Kinder, wo er dem nationalsozialistischen Erziehungsinferno schutzlos ausgesetzt ist und sich schon früh mit Selbstmordgedanken trägt. Die kurzen Aufenthalte zwischendurch bei den Großeltern sind wie Ausflüge in ein Paradies. Obwohl es auch hier nicht einfach war. Die Großeltern sind arm, in ihrer Wohnung gibt es kein Mobiliar, nur Zuckerkisten stehen herum und das Leben der ganzen Familie ist beherrscht von den Kunstanstrengungen des Großvaters. Er schreibt mit ungeheurer Konsequenz und Ausdauer, ohne auch nur einen Funken an Resonanz in der Welt für sein Werk zu finden. Das Überleben sichern ausschließlich die Frauen mit großer Mühe. Der Großvater ist ein Geistestyrann, der seine Mitmenschen mit seiner Kunst beherrscht. »Was ich anstrebe, muss geschehen, oder das Dasein hat für mich keinerlei Wert. Dazu brauche ich eure restlose, bedingungslose Hilfe, und Aufopferung«, schreibt er in einem Brief an seine Frau. Immer wieder droht er, sich umzubringen, schließt sich in seinem Zimmer ein und die Familie wartet stundenlang auf den Schuss. Doch der kommt nicht. Johannes Freumbichler lebt weiter, schreibt weiter und verlangt weiterhin die volle Unterstützung: »Herta weiß, was ich von ihr jeden Ersten erwarte, ohne Ausnahme.«

Auf langen Spaziergängen erzählt er seinem Enkel, von dessen frühem Selbstmordversuch er emotionslos in seinem Tagebuch berichtet, immer wieder von seinen Plänen und der unbedingten Notwendigkeit der Kunst und des Schreibens. Es gibt wunderbar idyllische Aufnahmen des Großvaters mit großem Hut und Nickelbrille unter einem Baum, dem kleinen Enkel Thomas tief, tief in die Augen sehend. Die ganze Familie ist ihm hörig und als er 1949 schwer krank ins Krankenhaus kommt, folgt ihm sein Enkel mit einer nicht ausgeheilten Erkältung, die sich bald zu einer lebensbedrohlichen Tuberkulose verschlimmert, nach. So hat es Thomas Bernhard in seinen autobiografischen

Romanen geschildert. Wie gesagt, es sind Romane, nicht alles ist genau so geschehen und es ist auch eine Art Künstlerlegende, die sich Bernhard hier erschreibt, aber dies ist wahr: Bernhards Erkrankung verschlimmert sich so rapide, dass die Ärzte ihn schon aufgegeben und zusammen mit anderen hoffnungslosen Fällen in ein Sterbezimmer gelegt haben. Die Krankenschwestern kommen immer wieder ins Zimmer und prüfen seinen Puls, ob er noch lebt.

Und das ist der dramatischste Moment in den Erinnerungen Bernhards. Den Gang ins Krankenhaus, den Gang in die Krankheit, hat er als »Nachfolge« empfunden, als Großvater-Nachfolge, doch die letzte Konsequenz, die Nachfolge in den Tod, geht der Junge nicht. Er schildert seine Rettung als willentliche Abkehr vom sterbenden Vorbild, als Selbstrettung aus der Vorhölle ins Leben zurück. Der Großvater stirbt und Thomas Bernhard lebt. Zwar wird er noch lange Zeit krank und geschwächt in Kliniken und Sanatorien zubringen, aber jetzt empfindet er den Tod des Großvaters sogar als eine Befreiung, als Ende seiner »ersten Existenz« und als eine Neugeburt. Ins eigene Künstlertum hinein. Vom Großvater erbt er die Schreibmaschine und die Wandertasche, in der er auf seinen Spaziergängen Bleistift und Notizbuch bei sich trug. Ausrüstung eines werdenden Schriftstellers. Nie hatte der Großvater Zweifel daran gelassen, was er von seinem Enkel erwartete: die Erfüllung der Mission, an der er so gründlich gescheitert war. Weltruhm erlangen mit einem notwendigen, einem großen Werk.

Herta Bernhard gelingt die Abkehr von ihrem Vater nicht. Schon Jahre zuvor hatte sie ihm geschrieben: »Wenn du traurig bist, bin auch ich es. Mir kam es eben so vor, als wären wir zusammen ein einziger Mensch, der leben oder zugrunde gehen muss.« Und Thomas Bernhard erinnerte sich später, sie habe nach dem Tod Freumbichlers ganz ruhig gesagt, »dass mit dem Leben ihres Vaters auch ihr Leben zu Ende« sei. Anderthalb Jahre nach ihrem Vater stirbt sie an Krebs.

Und Thomas Bernhard lebt. Sein Werk beginnt. Zunächst schreibt er Gedichte. Natur- und Heilsgedichte nach dem Vorbild seines Großvaters. Und wer den späten Bernhard liebt, der wird, wenn er die frühen Texte erstmals liest, einen Schock er-

165

leiden. *Mein Weltenstück* heißt ein besonders hübsches aus dem Jahr 1952. Es endet so:

Ja lauter fremde Menschen gehen
Im Sonnenschein, jahrein, jahraus
Vorbei an unserm alten Haus.
Die Wäsche flattert auf dem Strick
Und drüber träumt ein Mensch vom Glück,
Im Keller weint ein armer Mann,
Weil er kein Lied mehr singen kann ...
So ist es ungefähr bei Tag,
Und jeder neue Glockenschlag Bringt
     tausendmal denselben Blick,
Durchs Fenster in mein Weltenstück.
(in: Münchner Merkur vom 22.4.1952)

Als er später einmal gefragt wurde, was da so drinstehe, in seinen frühen Gedichten, hat er geantwortet: »Na, der Mond geht halt auf oder die rote Laterne oder ein endloser Wald zieht sich hin, solche Themen halt, Kinderthemen. Ich hab ja damals auch einen Roman angefangen, ›Peter geht in die Stadt‹ hat er geheißen. Da kommt einer an am Salzburger Bahnhof und will in die Stadt gehen. Aber nach 150 Seiten war der immer noch beim Hotel Europa, da ist er g'rad erst in die Straßenbahn eingestiegen und da hab ich gedacht, das wird nichts, der kommt nicht vom Fleck.«

Dieser Mann will Schriftsteller werden, unbedingt. Doch ihm fehlt der Stoff. Er dichtet also weiter kleine Idyllen vor sich hin und schreibt für die Zeitung, das *Demokratische Volksblatt* in Salzburg. Kulturberichte und Rezensionen, humoristische Gerichtsberichte und auch hier: idyllische Landschaftsreportagen und Wunschbilder einer schönen Welt. Für Bücherleser hält er 1953 kluge Tipps bereit: »Wir sollten uns hinwenden an das reine, nicht angekränkelte Buch, das problemlos gestaltet ist und doch fähig ist, uns ein klares Weltbild zu erweisen.«

Wie kann es sein, dass der Schriftsteller, der später die angekränkeltsten, die verzweifeltsten Bücher der Welt schreiben sollte, zunächst so vehement das Gegenteil vertritt und fordert?

Ohne allzu große Psychologisiererei kann man sicher sagen: Die Verzweiflung und die Angst, die Todessehnsucht, die Einsamkeit und die Kälte, all das war von Anfang an in ihm, in dem kleinen Jungen schon, der Geige spielend, weinend in der Kammer seines Nazikinderheimes stand und Selbstmordträume träumte. Es dauerte nicht lange, bis der junge Thomas Bernhard erkannte, dass er diesen Weg nicht weiter gehen kann. In den Gedichten kann man diesen Weg von der Weltverherrlichung zur Weltbeschimpfung am besten nachvollziehen. Der erste veröffentlichte Gedichtband *Auf der Erde und in der Hölle* von 1957 zeigt einen Dichter, der den Abschied von Gott noch nicht vollzogen hat, der aber zweifelt und fragt und sucht und das Leben kaum erträglich findet: »Warum muss ich die Hölle sehn? Gibt es denn keinen anderen Weg zu Gott?« Im ein Jahr darauf erschienenen Band *In hora mortis* heißt es schon:

Ich bin zerstört in dieser Zeit
die mir ihr Messer stößt ins Herz
o Herr, der mich in Schnee und Eis lässt knien

und

ich fürchte meine Seele
und den Tag, der an der Mauer lehnt
und mich zersägt.

(in: In hora mortis, 1958)

In der Zwischenzeit hat Thomas Bernhard eine Regie- und Schauspielausbildung am Salzburger Mozarteum absolviert und ist dabei mit der künstlerischen Avantgarde in Berührung gekommen, er hatte viel Trakl, Pascal, Eliot, Pound und vor allem die Gedichte Christine Lavants gelesen. Und er hat die Lampersbergers kennen gelernt, gleich nach seiner Zeit auf dem Mozarteum. Der moderne Komponist Gerhard Lampersberger und seine Frau bildeten den Mittelpunkt eines avantgardistischen Künstlerkreises, der sich in Wien im »Art Club«, vor allem aber auf dem herrschaftlichen Landsitz der Lampersbergers, im kärntnerischen Maria Saal, traf. Der aristokratische Lebensstil, der

Reichtum des Komponisten und die Modernität seiner Arbeiten haben den jungen Bernhard tief beeindruckt. Er schrieb Libretti für Lampersbergers moderne Kammeropern, schrieb kurze Stücke. Sie waren eine Kunst- und Lebens- und Aufführungsgemeinschaft und Thomas Bernhard widmete dem Komponisten, »dem einzigen und wirklichen Freund«, seinen Gedichtband *In hora mortis*. Irgendwann um 1960 ging man im Streit auseinander, weil man sich über Aufführungsrechte nicht einigen konnte. Und im großen Weltbeschimpfungswerk, das nun beginnen sollte, wurde kaum ein früher Weggefährte so heftig beschimpft, so böse karikiert wie das frühe Freundschaftspaar, dem Bernhard so viel verdankte. Einer seiner letzten Romane, *Holzfällen. Eine Erregung* aus dem Jahr 1984, ist eine wütende Abrechnung mit dem Komponistenpaar, das darin als »die Auersbergers« nur sehr dürftig verkleidet auftritt. Es war einer der größten Buchskandale der deutschsprachigen Nachkriegsliteratur. Die erste Auflage des Buches wurde polizeilich beschlagnahmt. Thomas Bernhard verließ Österreich. Die Widmung für »In hora mortis« hat er in allen folgenden Neuauflagen getilgt.

Damals waren sie entscheidende Förderer. Materiell und künstlerisch. Verschiedene Kritiker haben später darauf hingewiesen, dass die serielle Kompositionstechnik Lampersbergers eine Entsprechung in der konstituierenden »seriellen Grammatik« der Werke Thomas Bernhards gefunden habe. Damals begann Bernhard Prosatexte zu schreiben. »Ich bereite mich auf mich selbst vor, das alles ist nur eine Vorbereitung auf mich selbst« heißt es in dem Buch *In der Höhe. Rettungsversuch, Unsinn* (1989), das er 1959 schrieb und das zunächst unveröffentlicht blieb. Und an anderer Stelle: »Persönlichkeit, Politik, Hass: *schreiben Sie ein Buch, das vollkommen ihrer Art entspricht, ein Buch, das allen vollkommen entspricht.*« Thomas Bernhard bereitete seinen Auftritt als Künstler in der Welt akribisch vor. Den Prosaband *Ereignisse* (1969) mit einunddreißig extrem verknappten, kühlen Beobachtungstexten, der beim Verlag S. Fischer bereits in den Satz gegangen war, zog er in letzter Sekunde zurück. Zwar hatte er mit großem Stolz in Anzeigen des Verlages gesehen, dass dort sein Name weit über Thomas Mann prangte, aber er ahnte, dass dieses Buch ihn noch nicht auf dem Gipfel seines Könnens zeigte. Es würde warten müssen. Mit seinem ersten Prosaband wollte er »die Welt erobern«.

1963 erschien *Frost,* sein erster Roman. Mit dem eroberte er zwar nicht auf Anhieb die ganze Welt. Aber die Presse war sofort begeistert. Beinahe jedem, der dieses Buch las, war klar, dass hier ein völlig neuer Ton erklang. Dass hier ein Mann auftrat, der die deutschsprachige Literatur erschüttern würde. Ein Künstler, der Künstler war mit letzter Konsequenz. Einer, in dessen Büchern es um alles geht. Um den Wahnsinn, die Einsamkeit, die Kälte und den Tod. Alle großen Bernhard-Themen sind im ersten Roman schon angelegt. Ein Famulant nimmt den Auftrag an, den Maler Strauch, der, von der Welt zurückgezogen, im abgeschiedenen Bergdorf lebt, zu beobachten. »Etwas Unerforschliches erforschen. Es bis zu einem gewissen erstaunlichen Grad von Möglichkeiten aufzudecken.« Das ist der Plan des Famulanten. Und der Maler erzählt. Die Lebens- und Verzweiflungsgeschichte eines Künstlers, dessen Eltern sich nicht um ihn kümmerten, der bei den Großeltern aufwuchs. »Der Großvater nahm den Enkel mit in Landschaften, in Gespräche, in Finsternisse hinein.« Doch die größte Finsternis begann, als der Großvater starb. Und sie wird nie mehr enden.

In *Frost* erlaubt sich Bernhard mitunter noch eine Schmerzenssüßlichkeit, die schon mit dem nächsten Buch aus seinem Werk verschwinden wird. Die Trauer und das Selbstmitleid streifen hier manchmal noch den Kitsch: »Er war so allein, dass er oft in fremden Höfen auf einem Treppenstein saß und vor Übelkeit glaubte, sterben zu müssen. Tagelang ging er herum, sprach Leute an, die ihn für verrückt hielten, als ungezogen und Ekel erregend empfanden. Auf dem Land erging es ihm da nicht anders: die Wiesen und Felder sah er oft tagelang nicht, denn vor Tränenwasser sah er nicht aus den Augen heraus.« Am Ende kann der Famulant mit letzter Kraft noch fliehen. Die Verzweiflung des Malers hätte ihn beinahe verschlungen und selbst noch in den Selbstmord getrieben. Das Buch endet mit der Meldung, dass Strauch verschwunden sei, und da die Schneefälle tagelang besonders heftig waren, muss die Suche abgebrochen werden.

Jetzt hat Thomas Bernhard seinen Ton gefunden: In rascher Folge erscheinen weitere Bücher. Die Erzählung *Amras* (1964), der Roman *Verstörung* (1967), über dessen Protagonisten Peter Handke schrieb, »er redet, wie zur Lebensrettung«, und: »der Fürst war besessen vom Reden, er sprach, so sagte er, aus Angst zu ersticken.« Das war es. Das war der Bernhard-Ton. Das atemlose Rasen durch die Welt des Denkens. Die Kraft, die Schnelligkeit, die Angst. Angst vor der letzten Atemlosigkeit. Angst vor dem Wahnsinn. Schnelles Reden, schnelles Schreiben, immer schneller, immer intensiver, immer konsequenter. Bernhards Werk wächst und wächst. Nachdem er erste Literaturpreise erhalten hat und man hoffen kann, dass der Erfolg bei der Kritik auch den Erfolg beim Publikum nach sich ziehen wird, kauft er sich 1965 einen spektakulären Vierkanthof im oberösterreichischen Obernathal, an dem er über zehn Jahre lang bauen, verbessern, renovieren wird. Der Kaufpreis ist hoch. Er verschuldet sich, auch um durch äußere Notwendigkeiten zum Schreiben gezwungen zu sein. Ihm soll es nicht so gehen wie dem Großvater, der für gar nichts schrieb. Thomas Bernhard ist auch ein hervorragender Geschäftsmann in eigener Sache. Sein einziger Freund ist schon bald der Realitätenvermittler Karl Ignaz Hennetmair, der ihm mit den Jahren noch einige weitere große Höfe verkauft und der über die gemeinsamen Spaziergänge und Fernsehabende und Weihnachtsfeste ein herrliches und sehr überraschendes Buch geschrieben hat.

Denn das hat ja vor allem den Mythos Thomas Bernhard ausgemacht und die Wirkung seiner Beschimpfungsprosa noch erhöht: dass da einer wirklich sein Leben in dieser unglaublichen Einsamkeit verbringt. Dass nie irgendetwas von einer Liebe bekannt wurde, auch nicht von einer unglücklichen. Kaum etwas von Freunden, außer dem geisteskranken Paul Wittgenstein, den er in *Wittgensteins Neffe* (1982) porträtiert, nichts von einer Frau. Außer seinem »Lebensmenschen«, Hedwig Stavianicek, der »Tante«, wie er sie nennt, einer fünfunddreißig Jahre älteren Frau, die ihn zunächst finanziell unterstützt, ihm ihre Wiener Wohnung zur Verfügung stellt, ihn pflegt, wenn er krank ist, und die Einsamkeit unterbricht, wenn sie unerträglich geworden ist. Sie ist Mutter, Förderin, Pflegerin, Gesprächspartnerin, der wichtigste Mensch für ihn in seiner zweiten Lebenshälfte. In seinem späten Roman *Alte Meister* (1985) hat er nach ihrem Tod ein Requiem auf sie geschrieben. Und er ist in ihrem Grab und dem ihres Mannes, der früh verstarb, beerdigt worden.

Ja, und dann war da noch Ingeborg Bachmann. Die er aus der Ferne verehrte. Aber wehe ihr, sie kam zu nah. Einmal zeigte sie Interesse an einem großen Bauernhaus ganz in seiner Nähe. Sie wollte auch so einen Vierkanthof haben. Hennetmair war bereit, doch Bernhard machte sehr, sehr deutlich, dass eine Einsamkeit zu zweit nicht die Einsamkeit war, die er meinte. Bachmann kaufte keinen Hof. In der Erzählung *Ja* (1978) hat er sie als unglückliche »Perserin« porträtiert, die in der Einsamkeit zum Hauskauf entschlossen ist. Die Erzählung endet so: »Wie ich zwei Tage später zu dem gänzlich verlassenen, noch nicht halb fertigen und schon wieder verrotteten Haus auf der nassen Wiese gegangen bin, ist mir eingefallen, dass ich der Perserin auf einem unserer Spaziergänge in den Lärchenwald gesagt hatte, dass sich heute so viele junge Menschen umbringen und es sei der Gesellschaft, in welcher diese jungen Menschen zu existieren gezwungen sind, vollkommen unverständlich, warum und dass ich sie, die Perserin, ganz unvermittelt und tatsächlich in meiner rücksichtslosen Weise gefragt hatte, ob sie sich selbst eines Tages umbringen werde. Darauf hatte sie nur *Ja* gesagt.«

Die wenigen positiven Frauengestalten in der Männerwelt der Bücher Thomas Bernhards sind eigentlich alle nach dem Vorbild Ingeborg Bachmanns gestaltet. Joana in dem Kunstbetriebsabrechnungsroman *Holzfällen,* Maria in seinem großen Abschlusswerk *Auslöschung* (1986).

Ansonsten: Männer. Verzweifelte, die sich um den Verstand reden oder reden, um den Verstand zu retten, die am Schreiben des ersten Satzes eines genialen Geisteswerkes scheitern, am ersten Ton eines Musikstücks. Die auf der Suche sind nach Vollkommenheit, nach einer Lösung, nach Erlösung von der Angst. Und alle scheitern. Lächerlich, hoffnungslos, die Welt verfluchend, rettungslos. Am Anfang des Werkes stehen Ärzte im Zentrum und die Medizin gilt als höchste Wissenschaft. Doch bald schon werden die Ärzte durch Baumeister und Architekten ersetzt und ihre Häuser sind gebaute Philosophie. Eine tödliche Philosophie zumeist. Immer sind die Helden Geistesmenschen, auf der Suche nach dem einen Gedanken, der ihr Leben rettet und ihren

Verstand. Die alles aufs Spiel setzen und denken und die Welt verfluchen. Die größte Angst gilt dem Gang nach »Steinhof«, die große Psychiatrie in der Nähe von Wien seit undenkbaren Zeiten. »Steinhof«, das ist das Ende. Eine Erlösung und Synonym der allergrößten Angst.

Kondensiert ist all das, all der Wahnsinn und die Angst und das Lachen, in der kurzen genialen Erzählung *Gehen* von 1971, in der der Denker und Spaziergänger Oehler dem Ich-Erzähler schildert, wie ihr gemeinsamer Freund, der große Geistesmensch Karrer, verrückt geworden ist und nach Steinhof kam. Und zwar endgültig. Wie er, beim Spaziergang mit Oehler über die letzten Wahrheiten diskutierend, plötzlich beschloss, den so genannten Rustenschacherschen Laden aufzusuchen, um die Qualität der dort angebotenen Hosen zu prüfen und entsetzt glaubt feststellen zu müssen, dass es sich bei den angeblich erstklassigen Hosen in Wahrheit um tschechoslowakische Ausschussware mit einer Vielzahl »schütterer Stellen« handelt. Die Besessenheit, mit der Karrer um diese Wahrheit kämpft, mit der er die Worte »tschechoslowakische Ausschussware« und »diese schütteren Stellen« wieder und wieder ausruft und darüber am Ende tatsächlich den Verstand verliert, das ist so lächerlich, tragisch und fürchterlich und komisch. Wie das ganze Werk des großen Komödianten, der mit dem Lachen die Verzweiflung über die Welt, die Einsamkeit und die Unmöglichkeit des einen rettenden Gedankens nicht verspielt oder negiert, sondern nur noch größer macht, wahrer und unausweichlicher.

In diesen Jahren, Anfang der Siebziger, beginnt Bernhard Theaterstücke zu schreiben. Mit *Ein Fest für Boris* (1970), *Die Macht der Gewohnheit* (1973) und all den anderen Stücken entdeckt er den Sarkasmus, die Ironie, das grimmige Lachen als befreiende Kraft, und das Publikum entdeckt den Beschimpfungsmeister als großen Komödianten. Und mit dem Erfolg auf der Bühne erobert das Lachen auch die Prosawerke Bernhards. Die schwer erträgliche Enge und Kälte der ersten Werke wird leichter, wahnsinniger und immer übertriebener.

Irgendwann Ende der siebziger Jahre erfährt er von seinem Halbbruder, dem Arzt Peter Fabjan, dass ihn die Spätfolgen seiner frühen, schweren Erkrankung in nicht allzu ferner Zeit töten werden, dass ihm das Atmen immer schwerer fallen und er früher oder später ersticken wird. Vielleicht in einem Jahr, vielleicht in zehn Jahren, das ist ungewiss. Bernhard reagiert mit noch mehr Arbeit, mit einer noch schnelleren Textproduktion. Mitunter erscheinen jetzt bis zu drei Bücher pro Jahr. Er wütet, übertreibt, schreibt schnell und gut und böse wie nie, reist viel durch Europa, verbringt die Winter meist im Süden, ist immer unterwegs, immer wieder in einem seiner Höfe. 1984 erscheint sein vielleicht schönstes Buch: *Holzfällen,* vordergründig eine böse Abrechnung mit den frühen Förderern, aber in Wahrheit ist das Buch, das aus der Sicht eines bernhardartigen Betrachters im Ohrensessel die Erlebnisse auf einem so genannten »künstlerischen Abendessen« in Wien beschreibt, eine fulminante Abrechnung mit dem gesamten Kulturbetrieb, mit der ganzen Stadt, dem ganzen Land. Und am Ende ist es in einer der rührendsten Liebeserklärungen der Literatur genau das Gegenteil:

»und ich dachte, während ich lief, dass ich dem auersbergerischen Alptraum davonlaufe, und lief tatsächlich mit immer größerer Energie diesem auersbergerischen Alptraum davon in die Innere Stadt und dachte während des Laufens, dass diese Stadt, durch die ich laufe, so entsetzlich ich sie immer empfinde, immer empfunden habe, für mich doch die beste Stadt ist, dieses verhasste, mir immer verhasst gewesene Wien, mir aufeinmal jetzt wieder doch das beste, mein bestes Wien ist und dass diese Menschen, die ich immer gehasst habe und die ich hasse und die ich immer hassen werde, doch die besten Menschen sind, dass ich sie hasse, aber dass sie rührend sind, dass ich Wien hasse und dass es doch rührend ist, dass ich diese Menschen verfluche und doch lieben muss und dass ich dieses Wien hasse und doch lieben muss und ich dachte, während ich schon durch die Innere Stadt lief, dass diese Stadt doch meine Stadt ist und immer meine Stadt sein wird und dass diese Menschen meine Menschen sind und immer meine Menschen sein werden und ich lief und lief und dachte, dass ich, wie allem Fürchterlichen, auch diesem fürchterlichen so genannten *künstlerischen Abendessen* in der Gentzgasse entkommen bin und dass ich über dieses so genannte *künstlerische Abendessen* in der Gentzgasse schreiben werde, ohne zu wissen, was, ganz einfach *etwas* darüber schreiben werde und ich lief und lief und dachte, ich werde *sofort* über dieses sogenannte *künstlerische Abendessen* in der Gentzgasse schreiben, egal was, nur *gleich* und *sofort,* über dieses *künstlerische Abendessen* in der Gentzgasse schreiben, *sofort,* dachte ich, *gleich* immer wieder, durch die Innere Stadt laufend, *gleich* und *sofort* und *gleich* und *gleich,* bevor es zu spät ist.«

Doch es war noch nicht zu spät. Bernhard hatte da noch fünf Jahre zu leben. Er schrieb die Romane *Alte Meister* und *Auslöschung,* forderte Österreich mit seinem letzten Drama *Heldenplatz* (1988), aus Anlass des fünfzigsten Jahrestages des Anschlusses Österreichs an Nazideutschland im Burgtheater uraufgeführt, zu einem letzten Duell, das er, unter unfassbarer Medienanteilnahme, triumphal für sich entschied.

Im Dezember 1988 erleidet er in Malaga einen schweren Herzanfall. Seine Bruder holt ihn nach Hause. Sein Zustand verschlechtert sich, er kann kaum noch atmen, ringt immer verzweifelter nach Luft. Unter Maximaleinsatz von Medikamenten fährt er zum Notar, um sein Testament festzulegen, in dem er sein Heimatland mit einem letzten Bannfluch belegt und die Inszenierung seiner Stücke dort verbietet.

Doch dann helfen auch die Medikamente nichts mehr. Am Abend des 11. Februar 1989 sagt Thomas Bernhard zu seinem Bruder: »Schau, das ist jetzt eigentlich der Todestag vom Großvater.« Vierzig Jahre ist das her. »Plötzlich an diesem Abend« hat sein Enkel es bemerkt. Am nächsten Morgen um sieben Uhr ist Thomas Bernhard gestorben.

Der Witz. Die Welt. Die Wirklichkeit. Dichter in Frankfurt

24

Wilhelm Genazino, Dichter des Durchschnitts. Eckhard Henscheid, Hesse mit Weltgeltung, hat sich selbst vergessen. Robert Gernhardt, Lichtdichter, kann alles

So – und hier kommt also: das Frankfurt-Triumvirat. Die drei Männer mit dem ausgedünnten Haar, die den deutschen Humor einst auf Weltniveau gehoben haben. Und die Literatur haben sie gleich mit gehoben. Sie haben die gute Laune in das Schreiben zurückgebracht, die Klarheit, die Weisheit und die genaue Weltwahrnehmung. Sie haben das Lebenserhellungsblatt *Pardon* mitgegründet, und zwei von ihnen später die mindestens ebenso erhellende Weltzeitschrift *Titanic*. Sie haben – genervt von den Oberschlaumeiern, den verschroben schwadronierenden Weltverbesserern der sechziger und siebziger Jahre – das Deutschland jener Jahre in tausendseitigen Trilogien »des laufenden Schwachsinns«, des unsichtbaren Angestellten Abschaffel oder gleich von »IchIchIch« aufgeschrieben. Sie sind gewichtige Mitglieder der Neuen Frankfurter Schule, die auf die kritische Theorie mit kritischer Praxis reagierte, mit kritischem Witz und einer klaren Sprache. Sie kommen aus Ambach in der Oberpfalz. Aus Tallin in Estland. Aus Mannheim am Neckar. Sie kamen alle nach Frankfurt, um berühmt zu werden. Und sie wurden es in Maßen und leben alle immer noch da. Doch ihre Zweitwohnsitze haben sie in der Toskana, in Arosa und in Heidelberg.

Wilhelm Genazino, 1943 in Mannheim geboren, beschloss sehr früh, ernsthafter Schriftsteller zu werden. Schon mit sechzehn schrieb er, nach der Lektüre der Geschichten Wolfgang Borcherts, erste Erzählungen und als Zweiundzwanzigjähriger seinen ersten Roman, *Laslinstraße* (1965), der zwar gedruckt, aber praktisch nicht beachtet wurde. Genazino ist das heute sehr recht. Es ist das erste Produkt eines Fluchtwillens aus der engen Spießigkeit der Elternwelt. Der neunzehnjährige Axel Degen versucht, der Elternhöllenwelt einer Zweizimmerwohnung mit Dauerfernsehbeschallung zu entkommen, verliebt sich, flieht und wird doch immer wieder zurückgesogen, zurückgehalten von dem »schleimigen Gespenst der Gewöhnung und der Langeweile« seiner kleinbürgerlichen Herkunftswelt.

Lesen wollte das erst mal keiner, und Genazino verdiente sein Geld als Journalist und Humorproduzent. Bis ihn die »Abschaffel-Trilogie« (1977: *Abschaffel;* 1978: *Die Vernichtung der Sorgen;* 1979: *Falsche Jahre*) bekannt machte und ihm als Künstler Anerkennung verschaffte. Abschaffel, einunddreißig Jahre alt, Angestellter einer Speditionsfirma, der durchs Leben treibt, sich leben lässt, handeln lässt, einer, den man übersieht, einer wie alle, einer, der glaubt, »dass zwischen ihm und den Anderen ein grundsätzlicher Unterschied war«. Und genau dieser Glaube macht ihn so gleich. So typisch und exemplarisch. Genazino schreibt: »Jeder Angestellte war ein privates Monstrum. Allein die Vielzahl ihrer persönlichen Wehwehchen verleitete die meisten dazu, sich schon für Persönlichkeiten zu halten, die mit anderen Menschen nichts gemein hatten. So war das auch mit Abschaffel.«

Im Ton dieser freundlichen Selbstverständlichkeit werden große Wahrheiten der Angestelltenwelt geschrieben. Präzise Beobachtungen aus dem kleinen Alltag der siebziger Jahre der Bundesrepublik Deutschland. Aus der Sicht von Abschaffel. Dem Beobachtungs- und Selbstbeobachtungsmeister, dem kleinen Mann mit dem kleinen Willen, ein Alltagsheld, ein Angestellter. Übersehen von allen, von Genazino entdeckt und für immer festgehalten.

Er ist sehr fleißig, der Genazino, schreibt fast jedes Jahr einen Roman, so will es scheinen, in einigen verplaudert er sich, verliert sich in ferne Assoziationswelten, und er sagt selbst, es sei sehr wichtig, zwischendurch mal einen nur mittelguten Roman zu schreiben. Die besten tragen schöne Reihentitel: *Der Fleck, die Jacke, die Zimmer, der Schmerz* von 1989 ist ein Roadmovie mit kleinen Kunstmomenten, die Wallfahrt eines kleinen Menschen aus dem Großraumbüro auf den Spuren der großen Kunst in der Welt. Der andere: *Eine Wohnung, eine Frau, ein Roman* (2003). Sonderlinge auf der Flucht vor sich selbst. Sie laufen und laufen und beobachten und kleben fest in ihrer Welt, die sie verachten und die sie brauchen.

Genazino hat sich in seinen Beobachtungs- und Beschreibungskunstwerken weiter und weiter verfeinert und sich schließlich sogar zu Büchner-Preis-Ehren emporgeschrieben. »Kultur ist ein Zufallsbetrieb«, sagt er. Und: »Ich erwarte eigentlich nichts.« Bei Lesungen sind die Leute immer überrascht, wie normal er aussieht, »gar nicht wie ein richtiger Schriftsteller«. Genazino sagt: »Ich habe keine Ahnung, wie ein Schriftsteller aussehen soll.« Nicht so wie er, anscheinend. Nicht so wie der Erschaffer von Abschaffel, dem König der Durchschnittlichkeit, der Normalität.

Eckhard Henscheid (*1941) hat auch eine Trilogie der siebziger Jahre in Frankfurt geschrieben und darüber, wie sie wirklich waren. Alles begann mit dem Großroman unter dem schönen Titel *Die Vollidioten* (1973), und darum ging es auch im Groben. Um das Leben, das Reden und das Trinken in einer Frankfurter Kneipe Anfang der Siebziger. Stammtischrevolutionäre, Bier- und Äbbelwoivisionäre, große Redner, kleine Täter, *Pardon*-Mitarbeiter, Kneipenfreunde, das ganze schwätzende Frankfurt an einem Tisch. Neu hinzu kommen Jackopp, der Schweizer, der sich in das lebensfrohe Frl. Czernatzke verliebt und in seiner Not den Erzähler, der die ganze Sache eigentlich distanziert betrachten wollte, mit hineinzieht, und der notorisch geldknappe Kloßen, der die Weltformel beherrscht wie kein Zweiter: »Es ist fast immer der gleiche Satz: ›Hör mal, kannst du mir 20 Mark leihen?‹ Immer und immer diese acht entscheidenden Wörter, und immer in der gleichen Reihenfolge! Denkt man sich die ersten beiden, die ja nur der Höflichkeit bzw. Entschärfung der angespannten Situation dienen, weg, so bleiben sechs Wörter übrig: können, du, mir, 20, Mark, geben. Ein Hilfszeitwort, zwei persönliche Fürwörter, ein Zahlwort und ein Hauptwort als Träger eines der schwerwiegendsten Dinge der Welt! Interessanterweise fehlt das Adjektiv. Nun, daran sieht man, wie zweitrangig das Adjektiv in unserer modernen Zeit ist. Ich persönlich habe gut gezielte Adjektive dagegen sehr gern, obwohl sie natürlich immer ein bisschen Glückssache sind, so unsicher wie unsere gesamte geworfene Existenz ...« So redet er dahin und schart mit diesem Buch gleich eine wahre Anbetungsgemeinde um sich.

Der Erzähler Henscheid. Die Kritik fand ihn lange nur witzig (als wenn das nicht schon riesig wäre), nicht bedeutend. Aber die Schwachsinnstrilogie ist noch heute eine wunderschöne Frankfurt-Deutschland-Welt-Archäologie, ein großes Werk des weisen Trinkens, der antikapitalistischen Trunkenheit, des hessischen Grundsatzhumors, der traumhaften Endlosigkeit glücklich vertrunkener Zeit.

Und danach – er war Mitglied seiner eigenen Gemeinde geworden – zitierte Henscheid und »erledigte« so lange so genannte »Fälle«, dass er irgendwann selbst zu einem wurde. Er lebt mit tief gegerbter Stirn in Frankfurt, Ambach und Arosa, grantelt, gibt der rechtsextremen »Jungen Freiheit« Interviews und sitzt am Stammtisch seines Geistes und schimpft und verachtet.

Mit dem Dichter **Robert Gernhardt** (*1937) geht es wie folgt zu Ende:

ACH

Ach, noch in der letzten Stunde
werde ich verbindlich sein.
Klopft der Tod an meine Türe,
rufe ich geschwind: Herein!

Woran soll es gehen? Ans Sterben?
Hab ich zwar noch nie gemacht,
doch wir werd'n das Kind schon schaukeln –
na, das wäre ja gelacht!

Interessant so eine Sanduhr!
Ja, die halt ich gern mal fest.
Ach – und das ist Ihre Sense?
Und die gibt mir dann den Rest?

Wohin soll ich mich jetzt wenden?
Links? Von Ihnen aus gesehn?
Ach, von mir aus! Bis zur Grube?
Und wie soll es weitergehn?

Ja, die Uhr ist abgelaufen.
Wollen Sie die jetzt zurück?
Gibt's die irgendwo zu kaufen?
Ein so ausgefall'nes Stück

Findet man nicht alle Tage,
womit ich nur sagen will
– ach! Ich soll hier nichts mehr sagen?
Geht in Ordnung! Bin schon
        (in: Lichte Gedichte, 1997)

So wird es dann sein. Still wird es dann sein und Deutschland wird einen seiner größten Dichter verloren haben. Er dichtet schon lange viel vom Tod. Von einer Herz-OP berichtet er in *Herz in Not* (1998) in hundert Eintragungen, in *Die K-Gedichte* (2004) von seiner Krebskrankheit. Sie verdunkeln sich, die Gedichte des Lichtdichters Robert Gernhardt, des lichten, hellen, klaren Strahlwortdichters, des lustigen Dichters, der über den lustigen Dichter dichtete:

Das Gedicht verdichtet, sagt man.
Doch, was machen, wenn es labert?
Wenn es, Sinn und Form verlassend,
fremdworts durch die Zeilen zabert?
Wenn es jeglichem Verstehen
Grollgleich sich und muff entzitzelt
Und durch immerblaue Schlödheit
Vorderrücks zum Trübfall bitzelt?
Wenn es – aber halt! Der Kluge
Hat schon nach der ersten Strophe
Aufgehört zu lesen, ergo
Ist, wer jetzt noch liest, der Doofe.
(Und der pflegt ja bei Gedichten
eh auf Sonn und Firm zu zichten).

Den großen Dichter Robert Gernhardt kann man nur ehren, indem man ihn selber sprechen lässt. Er hat es doch alles so melodisch, herrlich, sprachauskennend wie keiner verknappt, verkürzt und kondensiert die Welt, die Alltagswelt, den Sport, die Liebe, die Hässlichkeit der Fußgängerzonen in den Bänden *Die Blusen des Böhmen* (1977), *Besternte Ernte* (1976), *Wörtersee* (1981). Einen *Gelungenen Abend* bedichtet er so:

> *Kommst du mit rein?*
> *Aufn Schluck Wein.*
>
> *Setzt du dich hin?*
> *Aufn Schluck Gin.*
>
> *Bleibst du noch hier?*
> *Aufn Schluck Bier.*
>
> *Gehen wir zur Ruh?*
> *Aufn Schluck Du.*
> *(in: Weiche Ziele, 1994)*

Ist das nicht schön?

Und hässlich ist was anderes. Hässlich ist, was ihm so einfällt, »nachdem er durch Metzingen gegangen war«, und er beginnt also:

> *Dich will ich loben: Hässliches,*
> *du hast so was Verlässliches.*
>
> *Das Schöne schwindet, scheidet, flieht –*
> *Fast tut es weh, wenn man es sieht.*
>
> *Wer Schönes anschaut, spürt die Zeit,*
> *und Zeit meint stets: Bald ist's soweit.*
>
> *Das Schöne gibt uns Grund zur Trauer.*
> *Das Hässliche erfreut auf Dauer.*
> *(in: Körper in Cafés, 1987)*

Alles drin: Wahrheit. Witz. Weisheit. Welt. Und Form und Reim. Fehlt nichts. Sitzt. Wird nicht vergessen.

180

Wie auch nicht *ottos mops,* den Gernhardt natürlich weiterge-
dichtet hat, den mops, viel weiter, mit anna statt otto und gans
statt mops, mit gudrun statt otto und luchs statt mops, mit gitti
statt otto und hirsch statt mops. Und mit enzensberger und seinem exeget. Das geht dann so:

enzensbergers exeget hechelt
enzensberger: geh her exeget
enzensbergers exegeht fleht
enzensberger: nee exeget nee
enzensbergers exeget kleckert
enzensberger: Ekel erregend
enzensbergers exeget quengelt:
elender enzensbergerexegetenschelter
enzensberger: nervender esel
enzensbergers exeget flennt
enzensberger: hehehe
        (in: Lichte Gedichte, 1997)

Das macht Gernhardt am liebsten: Kollegen imitieren, verlachen, preisen, bemitleiden, kopieren, tote und lebende und kommende und vergessene. Alle wohnen in Gernhardts Gedichten.
Er ist der große Bewahrer, Leser, Wiederleser und Wiederver-
werter.

    Und er hat auch Dramen geschrieben, Romane und Essays.
Doch Meister ist er in der Gedichtklasse. Obwohl in seinem
Essay *Was bleibt. Gedanken zur deutschsprachigen Literatur unserer
Zeit* (1985) doch immerhin eine mögliche, kleine Wahrheit ver-
steckt ist, in seinem Fazit: »Was also bleibt? Je sorgsamer wir
die deutschsprachigen Veröffentlichungen nach 1950 abwägen,
desto nachdrücklicher wird auf die Dauer eine, und nur eine, ins
Gewicht fallen: Diese.«

25 | Wahre Größe kommt von außen

W.G. Sebald, Erinnerungsschreiber aus Norwich

Es sind Autoren wie **W. G. Sebald** (1944–2001), die die sechzig Jahre der deutschen Nachkriegsliteratur zu goldenen Jahren gemacht haben, zu spannungsreichen, vielfältigen, traditionsfreudigen, geschichtsbewussten, geschichtssuchenden und -bewahrenden Jahren, zu Jahren einer großen Literatur. Autoren, die von außen kommen. Vom Rand. Wie W.G. Sebald, der Professor für deutsche Literatur aus Norwich in Suffolk, einem vergessenen, verträumten Winkel Englands, der im Alter von gut vierzig Jahren zu schreiben begann. Ein Langgedicht, das auf Umwegen zum großen Literaturentdecker Hans Magnus Enzensberger gelangte, und damit fing die Geschichte an.

Oder nein: Sie fing früher an. Viel früher:

Vielleicht fing alles mit dieser Fotografie an. Mit dieser Fotografie, die er dem Reporter von der *New York Times,* der ihn kurz vor seinem Tod besuchte, gezeigt hat. Darauf ist ein junger deutscher Soldat zu sehen, ein toter Soldat, der während des Zweiten Weltkriegs bei einem Autounfall ums Leben gekommen war. Das Bild zeigt nur den unbekannten Soldaten, umgeben von Blumen in Schwarz-Weiß. W.G. Sebald war fünf Jahre alt, als er das Bild zum ersten Mal sah, und zu dem Reporter sagte er, er glaube, diese Fotografie sei für ihn der Ort, an dem alles begann – »ein großes Unglück war geschehen«, über dessen Ursachen und Begleitumstände er überhaupt nichts wusste.

W.G. Sebald wurde am 18. Mai 1944 im Allgäu geboren. Vom Krieg war hier kaum etwas zu spüren. Doch 1947 kam der Dreijährige zum ersten Mal in das zerstörte München. Ein prägender Besuch wie keiner sonst. Wann immer er später historische Aufnahmen in Schwarz-Weiß sah, dachte er: »Das ist es, wo du herkommst. Das ist dein Territorium. Die Trümmerwelten der Nachkriegszeit, das ist meine Herkunft.« Eine Herkunft, die ihm von Anfang an merkwürdig fern gerückt war. Man sprach von diesen Dingen nicht in seinem Land. Man sprach nicht von den Leichenbergen von Dresden und nicht von denen in Auschwitz. Auch im Studium änderte sich das nicht: »Die Germanistik ist ja in jenen Jahren eine mit beinahe vorsätzlicher Blindheit geschlagene Wissenschaft gewesen und ritt, wie Hebel gesagt haben würde, auf einem fahlen Pferd.«

Und diese Geschichtsvergessenheit trieb W.G. Sebald 1966 nicht auf die Barrikaden, sondern nach England. Er lehrte an der Universität von Manchester und hatte seit 1988 einen Lehrstuhl für Neue deutsche Literatur an der Universität von Norwich. Ungefähr zur Zeit, als er die Professur übernahm, begann Sebald zu schreiben. Ein Elementargedicht über den berühmten Meister des Isenheimer Altars, Matthias Grünewald, den Alaskaforscher Georg Wilhelm Steller und den Autor selbst. Ein wundersam-poetisches Langgedicht, das das Heil in einer imaginierten, heilen Vergangenheit sucht. Enzensberger las es, druckte es und damit fing alles an. Es war später weniger das Heil, das Sebald in der Vergangenheit suchte und fand, sondern vor allem die Verheerungen der deutschen Geschichte. Auch in den Essays zur österreichischen Literatur, die er zunächst folgen ließ, zu Joseph Roth und Peter Handke, zu Christoph Ransmayr und Adalbert Stifter. Es war das Unheil, das er da fand in den meisten Büchern, und eine Art Heilung durch den Geist. Da las er sich hinein und schrieb sich auch in den Essays bald in ein Träumerisches hinüber, ins Wandernde, Wandelnde, Poetische. In den *Ringen des Saturn* (1995) hat er es dann meisterhaft verbunden, das Naturwandernde mit dem Literarhistorischen. Ein Reisebericht. Zu Fuß durch seine neue Heimat Suffolk. Auf den Spuren Joseph Conrads und Chateaubriands.

Einen guten Teil seiner Forschungszeit verbrachte er in Archiven, in Bibliotheken, Trödelläden, auf der Suche nach dokumentarischem Material aus der Zeit, die er beschreiben wollte, auf der Suche nach Geschichten. Seine Bücher sind voll mit Bildern, schlechten Bildern meist, gefundenen und immer öfter auch selbst gemachten. Keine Kunstfotografien, Arbeitsfotografien. »Ich mache mir mit der Kamera Notizen«, hat er gesagt und war fast nie mehr ohne Fotoapparat unterwegs. Die Kunst der Reportage betrachtete er als unbedingte Voraussetzung, um das Handwerk des Schriftstellers auszuüben: »Jeder junge Schriftsteller sollte am besten zehn Jahre als Reporter gearbeitet haben.«

So entstanden Bücher, an der Nahtstelle zwischen Dokument und Fiktion.

Und dann, 1990, begab sich W. G. Sebald auf den offiziellen Prüfstand der neueren deutschen Literatur – nach Klagenfurt. Er las eine Passage aus dem erst drei Jahre später veröffentlichten Prosabuch *Die Ausgewanderten* (1993). Das Buch seiner größten Meisterschaft, in dem er sein Collageprinzip am kunstvollsten anwendete. Die unglaublich bewegende Geschichte von vier deutsch-jüdischen Emigranten und dem unstillbaren Schmerz des Überlebens, der Schuld und des innerlichen Sterbens. Ein Buch, über das die große Susan Sontag später schreiben sollte: »Gibt es das noch – große Literatur? Wie sähe angesichts des unaufhaltsamen Niedergangs des literarischen Ehrgeizes und der gleichzeitigen Dominanz des Seichten, Oberflächlichen, der sinnlosen Grausamkeit als normative Romansujets heutzutage ein würdiges literarisches Unternehmen aus? Zu den wenigen Antworten gehört das Werk von W.G. Sebald.« Und die *New York Times* forderte den Nobelpreis für ihn. Aus diesem Buch also las er in Klagenfurt, der Folgeinstitution der Gruppe 47, las der Ausgewanderte, der aus Verzweiflung über die deutsche Vergangenheitsverdrängung Ausgewanderte über jüdische Überlebende, über Ausgewanderte und ihr ewiges Leiden an der Geschichte. Las dieses großartige Buch und – fiel durch. Preise bekamen: Birgit Vanderbeke, Franz Hodjak, Ludwig Roman Fleischer, Ingeborg Harms, Cornelia Manikowsky und Pieke Biermann. Sebald fuhr ohne Preis nach Hause, nach England. Der deutsche Literaturbetrieb schätzt die Außenseiter nicht. Die Gruppe 47 wollte von den zurückkehrenden Emigranten nichts wissen. In der Folgeinstitution Klagenfurt hatte der ewige Emigrant Sebald, der über das Schicksal der Ausgewanderten Weltliteratur schrieb, keine Chance.

Tröstlich zu sehen, dass die Klagenfurter den weltweiten Erfolg Sebalds und seiner Bücher nicht verhindern konnten.

Er trug den späten Ruhm mit Würde, Stolz und einer feinen, leichten Selbstironie. Als ich ihn bei einem seiner letzten öffentlichen Auftritte im Keller einer großen Buchhandlung im amerikanischen Seattle sah, war es schön zu beobachten, wie er angesichts des großen Andrangs und der verehrungsvollen, bewundernden Fragen aus dem Publikum immer wieder leise lächelte, ein feiner Herr mit weißem Haar und weißem Schnurrbart, er trug einen blauen Anzug, weißes Hemd und las mit sonorer Stimme und nicht zu überhörendem süddeutschen Akzent aus der englischen Übersetzung von *Austerlitz* (2001), jenem »Prosabuch unbestimmter Art«, wie er es nannte, seinem letzten Buch. Die Geschichte eines sechzigjährigen Mannes, der als kleines Kind mit einem Kindertransport von Prag nach Großbritannien kam, dort bei walisischen Eltern aufwuchs und sich erst fünfundfünfzig Jahre später auf die Suche nach der eigenen Identität macht und bereit ist, Fragen zu stellen, die er zuvor nie fragen wollte.

Auf die Frage, warum er denn, nach dreißig Jahren in England und ganz offenbar so glänzend englisch sprechend, immer noch auf Deutsch schreibe, antwortete er: »Schreiben ist für mich Erinnerung. Und diese Erinnerung in mir spricht deutsch.«

Die Geschichte mit der alten Fotografie des bei einem Autounfall ums Leben gekommenen Soldaten ist in derselben Woche in der *New York Times* erschienen, in der W.G. Sebald selbst bei einem Autounfall in England ums Leben kam. Er wurde siebenundfünfzig Jahre alt. Der Schriftsteller Sebald kaum älter als zehn.

Vom Ende der Welt 26

Christoph Ransmayr, mit Reinhold Messner auf der Suche
nach den letzten Abgründen. Robert Menasse, mit Hegel um
die ganze Welt

Er ist der große Wanderer der deutschsprachigen Gegenwartsliteratur. Der Wanderer durch die Welt. Dreiviertel jeden Jahres verbringt **Christoph Ransmayr** (*1954) unterwegs in allen Weltgegenden. Oft mit seinem Freund Reinhold Messner, dem er sogar ähnlich sieht, mit den lockiglangen Haaren, dem Schnurrbart, dem stechenden Blick. Oft auch allein. Es sind die einsamen Regionen, die er sucht. Und die Berge. Nepal, den Himalaya.

Er schreibt traumhaft schöne, einsamkeitsfrohe, leuchtende Texte über die Reisen. Die beginnen einfach so: »An einem Februartag des Jahres 1993, es war der Neujahrstag der Tibeter, fiel ich am See von Phoksundo aus der Zeit.« Und er fällt und schreibt und zwar präzise und wundersam zugleich, gefühlt und beobachtet – erlebt: »Ich glitt so sachte aus der Zeit in jene Mitte der Welt, aus der so viele Spuren und Wege an die Seen der Kartographen und die der Dichter und ebenso tief in die Vergangenheit wie in die Zukunft führen, dass mich erst mein Begleiter einholen und am Ärmel zurückziehen musste – an den See von Phoksundo.«

Dies sachte Gleiten aus der Zeit, das ist das erzählerische Programm von Christoph Ransmayr. Gleiten aus der Zeit und aus der Menschenwelt, in die Wüste, ins ewige Eis, in eine steinerne Vergangenheit, eine fantasierte Einöde. Wo Christoph Ransmayr dichtet, da war schon lange keiner mehr. Die letzte, große Einsamkeit, das ist der Ort des Dichters Ransmayr. In seinen Prosawerken kann einem das mitunter gehörig auf die Nerven gehen. Das fängt schon mit seinem ersten Buch an: *Strahlender Untergang* (1982) heißt es und im Untertitel »Ein Entwässerungsprojekt oder Die Entdeckung des Wesentlichen« und da geht es um ein wissenschaftliches Experiment in der Wüste, in der ein übergroßes Terrarium, mit Mauern umschlossen, errichtet wird, um dort Menschen auszusetzen, zu ihrer völligen »Entwässerung«, zum Austrocknen, zum Einswerden mit der Natur, mit der Wüste. Das ganze schön in Versform gesetzt:

Was liegt näher,
als ein wässriges Wesen,
das sich den Blick auf das
Wesentliche
Mit Gerümpel verstellt,
unter Entzug aller Ablenkung zu
entwässern,
damit es wenigstens
im raschen Verlauf seines Untergangs
zum erstenmal Ich sagen kann?
Ich,
und dann nichts mehr.

Und schließlich:

> *Zurück bleibt die Wüste*
> *und ein entwässerter Rest,*
> *aus dem nun endlich*
> *nichts mehr*
> *hervorzugehen braucht.*

Hier, in seinem ersten Buch, klingt das Thema des Werkes schon an: die Warnung vor den schließlich menschheitsvernichtenden Folgen des Fortschritts und der modernen Wissenschaften, verbunden jedoch mit einer merkwürdigen Endzeitverzauberung, die eine Erde ohne Menschen als ihr eigentlich gemäße Form betrachtet: »Menschenleere ist keine Alptraumwelt«, hat er in einem Interview einmal gesagt, »sondern der Normalzustand im Universum und selbst erdgeschichtlich eine höchst realistische, nur gelegentlich höllische Perspektive.«

Das schönste Buch aus jener »höllischen Perspektive« ist sein zweites: *Die Schrecken des Eises und der Finsternis* (1984). Ein halb dokumentarischer, halb erdichteter Reisebericht einer österreichisch-ungarischen Nordpolexpedition von 1872–74, die ein Nachkomme eines der Teilnehmer im Jahr 1981 nachvollzieht. Ehrlich gesagt sind die dokumentarischen Teile des Buches, also die Tagebucheintragungen der Reisenden von damals, die schönsten. Die Schnee- und Weltreflexionen des Nachkommens Mazzini, der dann auch, im Gegensatz zur Urexpedition, im ewigen Eis verloren geht, sind etwas anstrengend. Aber es ist trotzdem ein großes Abenteuerbuch, wie es nicht viele gibt.

Seinen größten Erfolg hatte Ransmayr mit einer Flucht in die Antike: *Die Letzte Welt* (1988) heißt das Buch, das ein in zweiundzwanzig Sprachen übersetzter Welterfolg wurde. Es ist ein Reisebericht an den Verbannungsort des römischen Dichters Ovid, der bei seiner Ansprache zur Eröffnung eines neuen Stadions in Rom die Etikette missachtet. Er wird verbannt ans Schwarze Meer, in die Stahlkocherstadt Tomi, und hier verbrennt er sein großes Werk, »Die Metamorphosen«. Nach Jahren dringt die Kunde nach Rom, der Dichter sei tot, und auf den Weg macht sich ein neuer »Mazzini«, ein neuer Nachspürer einer fernen Einsamkeit, einer Vergangenheit: Cotta, halb fiktiv und halb historisch, heißt der Ovid-Verfolger, und er erreicht die Verbannungswelt des Dichters und begegnet dort den Figuren aus Ovids Großwerk, den Wesen der »Metamorphosen«. Doch die schöne, menschenleere Welt der Dichtung und der Fantasie wird durch den schnöden Stöberer zu Stein: Ovid »hatte schließlich eine Welt von den Menschen und ihren Ordnungen befreit, indem er jede Geschichte bis an ihr Ende erzählte. Dann war er wohl auch selbst eingetreten in das menschenleere Bild, kollerte als unverwundbarer Kiesel die Halden hinab oder hockte als triumphierendes Purpurmoos auf dem letzten verschwindenden Mauerrest der Stadt.« Es geht ein wenig schwülstig zu in Ransmayrs leeren Welten, ein wenig bedeutungsschwanger und wolkenschwer und sprachgewichtig. Die Ransmayr-Mischung aus Forschung und Dichtung, aus Staunen und Wissen kippt oft zu sehr auf die Seite Staunen, Dichtung, schwere Worte. Und diese Kombination aus Wissenschaftskritik und Fortschrittsverdammung auf der einen Seite und Endzeitverzauberung und dunkler Romantik auf der anderen ist zumindest »politisch verdächtig«, wie Herr Settembrini sagen würde.

Vollends aus dem Gleichgewicht gerät sein bislang letztes Buch *Morbus Kitahara* (1995), die japanische Bezeichnung für eine kurzfristige Augentrübung oder Blindheit. Es ist die Geschichte einer Stadt im Salzburgischen, die nach einem großen Krieg nach Vorbild des historischen, nie verwirklichten Morgenthau-Plans zu einer vorzivilisatorischen, agrarischen Industriebrache gemacht wird, zu einem archaischen Sperrbezirk inmitten einer modernen Welt. Es ist ein Roman voller Gleichungen, Anspielungen, Parallelen zur europäischen Nachkriegszeit im Ton einer tief empfundenen Überpoetik, düster, unheildräuend – kitschig.

Auch im Werk dieses österreichischen Dichters geht es nicht gerade fortschrittsfroh voran. Im Gegenteil. Vielleicht kann man den Inhalt der Romantrilogie, die ihn berühmt machte, am besten mit dem Titel des dritten Bandes erklären: *Schubumkehr* (1995). Das Katastrophale dieses Ereignisses aus der Flugzeugtechnik lässt er den ehemaligen Rennfahrer und zwischenzeitlichen

Flugunternehmer Niki Lauda erklären: »Wenn es die Schubumkehr unerwartet einschaltet, dann hat man die Vorwärts- und die
Rückwärtsbewegung gleichzeitig – dann muss es ja alles zerle-
gen.« In den drei Romanen **Robert Menasses** (*1954) wird eine
Welt gezeigt, die es in der Tat nach und nach zerlegt, die von
einem unbedingten Fortschrittsglauben in eine Welt der totalen
Regression, der Infantilität, der immer aufs Neue reproduzier-
ten Nichtigkeiten und der Leere übergeht. *Sinnliche Gewissheit*
(1988) heißt der erste Band, und sinnliche Gewissheit ist auch
die niedrigste Stufe der Erkenntnis in Hegels *Phänomenologie des
Geistes,* der Punkt, von dem alles ausgeht, all der Fortschritt, das
Schreiten des Weltgeistes. Bei Menasse ist es der Ort, an den alles
zurückkehrt und zurückkehren will. Sinnliche Gewissheit. Kein
Denken mehr. Nur Regression.

Die drei Bände sind voller Bezüge auf die Phänomenologie,
und im zweiten Band, dem Roman *Selige Zeiten, brüchige Welt*
(1991), entwickelt der Protagonist, der Philosophiestudent Leo
Singer, in stundenlangen Bargesprächen sogar eine eigene Ge-
genphilosophie, die *Phänomenologie der Entgeisterung,* die Menasse später als eigenes Buch veröffentlicht (1995). Und auch die
Romantrilogie lässt sich als ein Gegen-Hegel lesen. Aber – und
das ist die Kunst Menasses – sie lässt sich eben auch ganz ohne
Hegelkenntnis lesen. In einem Interview hat er mal gesagt: »Die
Reflexion muss in der sinnlichen Erzählung gleichsam versi-
ckern. Sie muss in der Literatur verschwinden – aber sie muss
sie sättigen.«

Hegelgesättigt und lebensgesättigt, das ist die Menasse-For-
mel. Der Mann ist Boxer und Philosoph, hat in Wien, Salzburg
und Messina studiert, währenddessen die Zeitschrift *Zentralorgan herumstreunender Germanisten* gegründet, über den »Typus
des Außenseiters im Literaturbetrieb« promoviert und ging
dann gleich, dem Titel seiner Promotion folgend, nach Brasilien. An der Universität São Paulo lehrte er Hegel, Benjamin
und Lukacs und begann den ersten Roman *Sinnliche Gewissheit,*
über den Ich-Erzähler Roman Gilanian, der an der Universität
São Paolo lehrt und an einem Roman unter dem Titel *Sinnliche Gewissheit* schreibt. Wir lernen hier zum ersten Mal den
Privatgelehrten Leo Singer kennen, der an jener *Phänomenologie*

der Entgeisterung arbeitet. Es geht um Liebe, Geistesdebatten, Alkohol, den Fortschritt, den Rückschritt und die Sonne. Meist trifft man sich in der Bar Esperanca, beim Wiener Kneipenwirt Oswald, und das Leben beginnt und der Abstieg. In *Selige Zeiten, brüchige Welt* sind wir schon etwas weiter, Leo Singer, der Entgeisterer, der zum letzten Mal die entgleitende Welt in ein philosophisches System hineinschreiben möchte, droht zu scheitern. Judith Katz, seine Geliebte, seine Muse, die wie er als Kind jüdischer Eltern zur NS-Zeit nach Brasilien geflohen und in den sechziger Jahren nach Wien zurückgekehrt war, heißt es, sei gestorben. Zum Glück für den Philosophen, der sich, nun endlich von der Wirklichkeit der Liebe befreit, voranphilosophieren kann. Doch Judith lebt. Und beide treffen sich in Brasilien, in der Bar Esperanca, wieder. Leo schwadroniert statt zu schreiben, Judith hört zu, er scheint gescheitert, doch eines Tages entdeckt er in Judiths Aufzeichnungen: sein Werk. Sie hat alles mitgeschrieben. Abend für Abend in der Bar. Er tötet die Verräterin, veröffentlicht sein Werk, das aber unbeachtet bleibt. Die Welt entspricht schon so sehr seinen Beschreibungen, dass niemand mehr in der Lage ist, die große Wahrheit zu erkennen. Im dritten Band, der *Schubumkehr,* ist endgültig auf »Volle Kraft zurück« geschaltet worden. Roman Gilanian kehrt aus Brasilien zurück, um seine Mutter auf dem Land zu besuchen, die einen fünfzehn Jahre jüngeren Mann geheiratet hat, und in einer Umweltmustergemeinde ein vorbildliches Rückzugsleben zu führen. Doch der Erzähler entdeckt überall die Schrecken der Vergangenheit, der Grundriss der Gemeinde erscheint als eine einzige Ansammlung von Hakenkreuzen, der Ökoterror treibt Menschen aus ihren Häusern und Kinder in den Tod. Eine Welt des Schreckens. Die Schubumkehr hat voll eingesetzt. Und erst am Ende bricht, mit der Öffnung des Eisernen Vorhangs, eine Art Hoffnung ins Geschehen, die die Menschen jedoch ratlos zurücklässt.

Robert Menasse ist ein Weltverächter und ein Liebender, ein Kämpfer mit großem Fabuliertalent, der auch jetzt, in Österreich, ständig in irgendwelche Geschichts- und Politikkämpfe verwickelt ist, mit der Linken wie der Rechten. Er boxt im Ring und in der Presse und oft auch in den Büchern.

Die drei Goldjungs

27

Sten Nadolny, Entschleunigung als Lebensprinzip. Patrick Süskind, ich bin ein Geheimnis. Bernhard Schlink, der dichtende Richter

Rührender und liebenswerter kann man seine Schriftstellerkarriere eigentlich nicht beginnen. Er hat gewonnen, damals, 1980, den Ingeborg-Bachmann-Preis in Klagenfurt. Er hatte das fünfte Kapitel aus seinem noch unveröffentlichten Roman *Die Entdeckung der Langsamkeit* (1983) vorgelesen, und die Jury war so beeindruckt wie später die ganze Welt. Und er bekam also den Preis und **Sten Nadolny** (*1942) sagte, schön und gut, aber das Preisgeld, das verteile er unter allen teilnehmenden jungen Autoren, wegen des »schädlichen Wettkampfcharakters« der Veranstaltung. Den Juroren hat er das in einem höflichen Brief mitgeteilt. Schöner Marketingtrick für einen Karrierestart, würde man heute sagen, aber wer den freundlichen, sanften, ruhigen Herrn mit der großen Brille einmal selbst erlebt hat, weiß, dass ihm nichts ferner liegt als solches Denken. Und der Roman der Langsamkeit, aus dem er hier gelesen hatte, der ließ noch ein bisschen auf sich warten. Nadolny debütierte mit dem Roman *Netzkarte* (1981), in dem sich der Studienreferendar Ole Reuter kurz vor Ende seines Studiums auf eine Reise durch die Bundesrepublik begibt, auf der Suche nach dem »ewigen Sonntag des Gemüts«, einer Art Glück, das er jedoch nur kurz und nur aus der Ferne zu sehen bekommt. Vier Jahre später, in der Liebe und im Studium gescheitert, begibt sich Reuter wieder auf die Reise. Resigniert, gelähmt, geschlagen. Und sieht nur einen Ausweg in der Zukunft: »Die Enkel und Urenkel müssen sehen, dass einiges wieder langsamer wird und anderes gerechter. Sonst bleiben nur Medien, Langeweile und eine neue Bombe.«

Das war das Fanal für die achtziger Jahre, die hohe Zeit der Technikangst und Technikgläubigkeit, der Nachrüstungsdebatten und Atomtodpanik. Waldsterben, heilloser Fortschritt, Aufstieg der Grünen. Und Nadolny hat in den Jahren der immer rasanteren Veränderung der Welt ein Monument der Entschleu-

nigung errichtet, ein Beharrungsbuch gegen das blinde Voran-
hasten: *Die Entdeckung der Langsamkeit*. Ein genialer Titel.

König der Entschleuniger ist der britische Seeoffizier und Entdecker John Franklin. Manisch verlangsamt bis zur Behinderung
entdeckt der junge Polarforscher in einem Zeitalter des Reisens
und der Industriellen Revolution die Langsamkeit als Stärke.
Seine Erfolge in Politik und Wissenschaft erringt er gerade wegen seiner Widerständigkeit, Zaghaftigkeit und Bremskraft. Ein
Held in der Gegenbewegung, von Nadolny behutsam aus dem
Historischen ins Jetztzeitige hinübergeschrieben. Gegenfigur
jenes Zeitgefühls, das Paul Virilio drei Jahre zuvor in seinem
Essay *Geschwindigkeit und Politik* beschrieben hatte, und stiller
Held der erstarkenden Ökologiebewegung. »Denn er konnte
die schnellen Vorgänge und Laute ignorieren und sich solchen
Veränderungen zuwenden, die ihrer Gemächlichkeit wegen für
andere kaum wahrnehmbar waren.« 1,2 Millionen Mal hat sich
das Buch inzwischen weltweit verkauft. Der Bremser war ein
Welterfolg. Und doch kämpft Nadolnys Held einen aussichtslosen Kampf gegen die Geschwindigkeit. Ganz aussichtslos? Ja,
hat Nadolny vor einiger Zeit in einem Interview gesagt, die
Beschleunigung nimmt weiter zu, doch er konstatierte zufrieden: »Zugenommen hat auch die Nischengesellschaft, die auf
die Bremse tritt und dem immer schnelleren Abhaken und Er-
ledigen die Kraft des Nachsinnens, Beharrens und Anschauens
entgegenhält.«

Nadolny entschleunigt auch im wirklichen Leben. Gleich
nach der Wende, als sich der ganze Osten Deutschlands auf die
Suche nach schnellen Autos machte, kaufte er sich einen Tra-
bant und fuhr damit durchs Land. Das sei noch wirkliches Autofahren, erklärte er begeistert. Doch wahrer Widerstand ist nicht
beim Autofahren möglich. »Wenn irgendwo, dann wohnt der
Widerstand im Erzählen, listig, schwer erkennbar, erst nach län-
gerer Zeit wirksam. Erzählen widersteht der Eile.«

Nadolny ist der große Widerstandskämpfer der deutschen
Nachkriegsliteratur. Seine folgenden Bücher hatten nicht mehr
die Kraft dieses einen großen Weltbuchwurfs und inzwischen
scheint er ganz froh, wenn er klare Schreibaufträge bekommt
wie kürzlich vom Ullstein-Verlag, für den er die Geschichte

des Verlages (*Der Ullsteinroman,* 2003) schrieb. Aber Nadolny kämpft weiter. Gegen die Zeit. Nadolny fährt Trabbi. Und Nadolny schreibt.

Und was dieser Herr den ganzen Tag so tut, das wüssten alle gern: der einzig wahre Goldjunge der deutschen Literatur. Unser Exportschlager. Das Wunderkind. Das große Geheimnis. **Patrick Süskind** (*1949). Was er anfasst, wird Gold. Was er schreibt, wollen alle augenblicklich kaufen, lesen, sehen. Schreibt er ein Theaterstück (*Der Kontrabass,* 1984), wird es sogleich das erfolgreichste der Spielzeit und der nächsten noch gleich mit. Schreibt er das Drehbuch einer Fernsehserie (*Monaco Franze,* 1983; *Kir Royal,* 1986), bekommen die Leute noch nach zwanzig Jahren feuchte Augen, wenn sie sich kollektiv daran zurückerinnern. Macht er einen Kinofilm (*Rossini,* 1997), gehen alle, alle rein, auch wenn es darin eigentlich nur um ihn selbst und sein Stammlokal und um den Produzenten des Films und den Regisseur des Films und alle ihre Freunde geht. Und schreibt er einen Roman, dann verkauft er sich so oft, wie sich seit *Im Westen nichts Neues* kein deutsches Buch mehr verkauft hat. Fünfzehn Millionen Mal wurde *Das Parfum* (1985) verkauft, in siebenunddreißig Sprachen übersetzt. Jetzt könnte man natürlich fragen: Wie macht der Mann das? Aber alle fragen sich nur: Wer ist dieser Mann? Denn der Autor Patrick Süskind ist ein Phantom. Er gibt keine Interviews. Er lässt sich nicht fotografieren. Auf einem von zwei bekannten Bildern, die es von ihm gibt, sieht man einen weichen, scheuen Herrn mit etwas lichtem Haar, der staunend, fragend in eine unbestimmte Höhe schaut. Es heißt, er wohnt in München-Schwabing. Über ihm habe eine Zeit lang Veronika Ferres gewohnt, die jeden fremden Mann im Treppenhaus sofort verklagte. In seiner Wohnung soll es wenig prachtvoll sein, Trödelmöbel, der einzige schöne Gegenstand sei ein Klavier. Auch die Kleidung sei ihm nicht sehr wichtig, Wollpullover, Entspannungshosen, betont leger. Der Mann ist frei. Man kennt ihn ja nicht. Literaturpreise nimmt er keine entgegen. Wozu auch? Sein Vermögen ist beträchtlich. Was er mit all dem Geld wohl macht? Es gibt eine Geschichte, die war nicht ganz so erfolgreich wie all die anderen Dinge, die er schrieb, obwohl

193

sie wunder-, wunderschön ist und eigentlich fast die schönste, *Die Geschichte von Herrn Sommer* (1991). Herr Sommer ist ein geheimnisvoller Mann, der durch die Kindheit eines kleinen Jungen wandert. Der Junge erlebt einige Abenteuer, aber vor allem erlebt er eine erste kleine, wahre, echte Liebe. Der Mann läuft durch das Dorf. Morgens früh läuft er los. Spät abends kommt er zurück. Die Leute wundern sich über ihn, der Junge träumt von ihm. Die Leute erzählen sich Geschichten über den Mann, von dem keiner etwas weiß. Und als der Vater des Jungen einmal bei strömendem Regen im Auto neben dem Wanderer herfährt und ihm anbietet, er möge einsteigen, sonst hole er sich noch den Tod, antwortet er nur: »Ja so lasst mich doch endlich in Frieden!« Am Ende des Buches, zu dem der Wunderzeichner Sempé herrliche Bilder gemalt hat, ist die Kindheit des Jungen vorbei und Herr Sommer geht in den See. Der Junge sieht zu, wie Herr Sommer immer weiter im See verschwindet. Er wandert in den Tod: »Und dann, mit einem Mal, war er weg. Nur noch der Strohhut lag auf dem Wasser. Und nach einer fürchterlich langen Zeit, vielleicht einer halben, vielleicht einer ganzen Minute, blubberten noch ein paar große Blasen empor, dann nichts mehr. Nur noch dieser lächerliche Hut, der nun ganz langsam in Richtung Südwesten davontrieb. Ich schaute ihm nach, lange, bis er in der dämmrigen Ferne verschwunden war.«

Und sein Geheimnis nimmt er mit.

Der Kontrabass ist ein Einpersonenstück über einen vereinsamten Kontrabassisten, der in seinem schallisolierten Zimmer mit dem gehassten, geliebten Instrument eine intime Zweierbeziehung führt und sich mit ihm gegen die böse, die lächerliche Außenwelt vereint. Das Drama seines Lebens: Ein Kontrabass genügt sich nicht selbst. Es ist ein Gemeinschaftsinstrument. Er braucht ein Orchester, um sinnvoll zu musizieren.

Das Parfum (1985) ist der Roman einer Welterschließung, der Welt des Duftes mit Hilfe immer neuer Worte und Umschreibungen. Die Geschichte des Parfumeurs Jean-Baptiste Grenouille, der 1738 als unehelicher Sohn einer Fischverkäuferin zwischen stinkenden Abfallbergen auf die Welt kommt, zum König der Düfte wird, zum Massenmörder, zum Herrscher, zum Monster. So lebensvoll, so sprachprächtig, geschichtskundig und erfindungsreich ist kaum ein zweites deutsches Buch. Es verwandelt den Leser beim Lesen. Man riecht die Welt danach mit einer anderen Nase. Und der Beginn ist heute fast schon klassisch: »Im achtzehnten Jahrhundert lebte in Frankreich ein Mann, der zu den genialsten und abscheulichsten Gestalten dieser an genialen und abscheulichen Gestalten nicht armen Epoche gehörte. Seine Geschichte soll hier erzählt werden.«

Eine Geschichte, die heute, zwanzig Jahre später, fast jeder kennt.

Den Autor kennt niemand.

Zur Aufführung seines *Kontrabass* in Wien hatte er im Programmheft geschrieben: »Ich verbringe den größten Teil meines Lebens in immer kleiner werdenden Zimmern, die zu verlassen mir immer schwerer fällt. Ich hoffe aber, eines Tages ein Zimmer zu finden, das so klein ist und mich so eng umschließt, dass es sich beim Verlassen selbst mitnimmt.«

Dagegen kann man über diesen Mann fast alles wissen. Er geht gern mit großen Schritten sonntags im beinah bodenlangen Mantel mit Hund und Frau am Ufer der Berliner Havel entlang und sieht dabei zu Boden. Er hält an der Berliner Humboldt-Universität Vorlesungen in Staatsrecht vor meist vollem Haus, amtiert seit 1988 als Richter des Verfassungsgerichtshofs für das Land Nordrhein-Westfalen, er ist gern beim Bundespräsidenten zu Gast, und seinen größten Erfolg verdankt er einer Fernsehsendung. **Bernhard Schlink** (*1944) ist Juraprofessor, Verfassungsrichter und einer der erfolgreichsten deutschen Autoren der Nachkriegszeit. Am Anfang schien das alles halbwegs gewöhnlich, etwas exzentrisch vielleicht, aber noch nicht unglaublich, als er, ein Jahr bevor er zum Verfassungsrichter berufen wurde, einen Kriminalroman veröffentlichte. *Selbs Justiz* (1987) war der etwas merkwürdige Titel, der sich erklärt, wenn man weiß, dass der ermittelnde Privatdetektiv im Zentrum des Romans Gerhard Selb heißt. Und schon in diesem ersten Kriminalroman ist das Schlink-Thema vorgegeben, das ihn später so erfolgreich und so umstritten machen sollte: die deutsche Vergangenheit, die nicht vergehen will, und die Unmöglichkeit einer pauschalen Verurteilung oder Freisprechung einer Gruppe von Menschen. Selb, im ersten Roman achtundsechzig Jahre alt, war zur NS-Zeit Staatsanwalt und glühender Anhänger des Systems. Er glaubt sich geläutert, stößt aber bei seinen Ermittlungen immer wieder auf Menschen aus seiner Vergangenheit, die ihm klar machen, dass Leid und Ungerechtigkeit und die Folgen von Verbrechen nicht vergehen, solange die Opfer leben, und Opfer – das sind auch die Nachgeborenen. Die Krimis von Schlink – später folgten noch, etwas kalauerhaft *Selbs Betrug* (1992) und *Selbs Mord* (2001) – enden alle im Offenen, werden nicht gelöst im klassischen Sinn, sondern lassen den Leser mit der Offenheit zurück.

Wie gesagt, das hätte alles so weitergehen können, ein Richter, der Krimis schreibt, deutsche Geschichtskrimis. Aber Bernhard Schlink wollte mehr. Und er hat einen Roman geschrieben, über Täter und Opfer, Verführung und Gewalt. Der Roman, der 1995 erschien, heißt *Der Vorleser* und erzählt die Liebesgeschichte des fünfzehnjährigen Michael Berg zu der gut zwanzig Jahre älteren Straßenbahnschaffnerin Hanna Schmitz im Deutschland der fünfziger Jahre. Sie zeigt dem Jungen, was die Liebe ist, zeigt ihm alles, in der Badewanne und anderswo, und es wird vermerkt, dass sie immer duschten, bevor sie sich liebten, und irgendwann ist Hanna verschwunden. Michael Berg studiert Jura, und als er eines Tages einem deutschen NS-Prozess beiwohnt, sieht er sie wieder: Hanna ist angeklagt, als ehemalige KZ-Wächterin an der Ermordung zahlreicher Juden beteiligt gewesen zu sein.

Und während des Prozesses erfährt Berg noch ein Geheimnis über die KZ-Wächterin. Sie kann nicht lesen und nicht schreiben. Es ist ihr zweites großes Geheimnis, und auf irgendeine dunkle Weise scheint es mit dem ersten zusammenzuhängen. So sieht es ihr früherer Geliebter, wenn er in sie hineindeutet: »Sie kämpfte nicht nur im Prozess. Sie kämpfte immer und hatte immer gekämpft, nicht um zu zeigen, was sie kann, sondern um zu verbergen, was sie nicht kann.« Die These, dass ihre Leseschwäche sie also quasi zur SS getrieben hat und auch der Weg zur KZ-Wächterin sich damit irgendwie erklären lasse, ist schon – na, wenigstens seltsam. Im Gefängnis wird sie schnell ein besserer Mensch, Berg nimmt ihr die Klassiker der Weltliteratur auf Kassette auf, und sie lernt selber lesen. Natürlich nur von KZ-Überlebenden und jüdischen Zeugen: Primo Levi, Elie

Wiesel, Hannah Arendt. Der Prozess der Läuterung oder Über-Läuterung der gewesenen KZ-Wächterin Hanna wird nicht nur angedeutet, nein, wird Seite für Seite demonstriert. Und auch die letzte Konsequenz ist sie bereit zu tragen: Am Tag ihrer Freilassung bringt sie sich um.

In Deutschland kam die Geschichte der guten KZ-Wächterin gleich sehr gut an, die Kritik pries, dass hier nicht den üblichen Gedenkschablonen gefolgt würde. Doch die Begeisterung war nichts gegen den Erfolg, den das Buch in Amerika hatte. Nach einem Auftritt in der berühmten Buchverkaufssendung von Oprah Winfrey schnellte *Der Vorleser* als erstes deutsches Buch in der Geschichte überhaupt auf Platz eins der Bestsellerliste der *New York Times*. Schnell waren eine Million Bücher verkauft und der deutsche Jurist Schlink war der Liebling der Leserinnen. Kritik gab es kaum. Bis dann einige Jahre später Schlinks Erzählungsband *Liebesfluchten* (2000) auf Englisch erschien. Ein solider Erzählband, an dem es nicht viel auszusetzen gab, doch als eine lobende Besprechung dieses Buches im renommierten *Times Literary Supplement* erschien, hagelte es plötzlich Leserbriefe, den *Vorleser* betreffend. Und es äußerten sich nun renommierte Kritiker mit einer Wut und Empörung, wie man es in diesem ehrwürdigen Blatt nur selten liest. Jeremy Adler, Germanist am Londoner King's College, sprach von »Kulturpornographie« und einem »Kitschbild, das an die Propaganda der Nazis erinnert«, ein anderer Beitrag erklärt sogar: »Wenn Literatur irgendeine Bedeutung haben soll, dann ist darin kein Platz für den ›Vorleser‹.«

All das ist natürlich auch großer Quatsch. »Nazipropaganda«, »keine Literatur« – Unsinn. Aber es hatte sich da etwas aufgestaut in der Zeit, als *Der Vorleser* als eine Art neuer Erinnerungsroman gefeiert und gelesen wurde. Und den Vorwurf des Kitsches und eines etwas verschrobenen Geschichtsbildes kann man Bernhard Schlink nicht ersparen.

28 | Politik, Aufklärung, Verklärung

Rolf Hochhuth, Dichter stürzt Ministerpräsidenten. Günter Wallraff, das ist wahre Aufklärung. Martin Walser, Leiden an Deutschland. Botho Strauß, der Seher. Peter Handke, Gruppentöter, Popstar, Pilzsucher. Georg Klein, warum?

»Mein Vater heißt Hitler.« Was für ein ungeheurer Satz. Was für ein großes Bild für diesen Mann und seinen Kampf, sein Schreiben, sein Sammeln und sein Anklagen. Weltgeschichte ist auch persönliche Geschichte. Politische Verantwortung ist immer auch die Verantwortung des Einzelnen. »Mein Vater heißt Hitler«, hat der Dramatiker **Rolf Hochhuth** gesagt. Sein Vater war Schuhfabrikant im hessischen Eschwege und wahrscheinlich ein harmloser Mann. Aber Hochhuth sagt: »Für mich, den ehemaligen Pimpf in Hitlers Jungvolk, den Augenzeugen vom Abtransport der Juden – für mich liegt die Auseinandersetzung mit Hitler allem zugrunde, was ich schreibe.«

Und wer Hitler seinen Vater nennt, ist auch bei der Wahl seiner Gegner nicht kleinlich. Hochhuth wählt zum Auftakt den Papst und die ganze katholische Kirche. Sein erstes Stück *Der Stellvertreter,* das 1963 unter der Regie Erwin Piscators in Berlin uraufgeführt wird, ist eine furiose Bühnenanklage gegen Papst Pius XII., seine Rolle und die seiner Kirche während der Herrschaft des Nationalsozialismus, die um Neutralität und Nichteinmischung bemühte Kirche angesichts des größten Schreckens der Welt. Dem schweigenden Papst wird die Figur des Jesuitenpaters Fontana gegenübergestellt, der mit den Juden ins KZ und in den Tod geht.

Die Resonanz war ungeheuerlich. Nie zuvor und nie danach wurde in Deutschland die Rolle der katholischen Kirche während der NS-Zeit so kontrovers und unter Einbeziehung weiter Teile der Bevölkerung diskutiert. Es gab Demonstrationen für und gegen Hochhuth und sein Drama, der Bundestag debattierte das Thema, das Stück wurde in dreißig weiteren Ländern aufgeführt, und wo immer man es spielte, ging es in den Debatten danach sogleich um alles: um Moral und Verantwortung, um

Märtyrer und Feiglinge und die Herausforderungen der Macht. Kritiker machten geltend, dass es sich beim *Stellvertreter* gar nicht wirklich um ein Stück, sondern um eine kunstlose Dokumentensammlung mit holzfällerartigem Rollenzuschnitt auf der Bühne handele. Aber der Erfolg war zu groß, als dass solche Einwände irgendetwas bedeutet hätten.

Hochhuth siedelte gleich nach dem Erfolg nach Basel über, hinaus aus dem erhitzten Land. In seinen nächsten Stücken wendet er sich der Gegenwart zu – mit eher mäßigem Erfolg. Doch als er wieder ein Thema der NS-Zeit für sich entdeckt, muss ein deutscher Ministerpräsident zurücktreten und Hochhuths Ruhm erreicht seinen Höhepunkt. Es geht um die Rolle der deutschen Justiz während der Hitler-Diktatur, die Rolle deutscher Richter. In seinem Stück *Juristen* (1979) stehen sich ein junger Assistenzarzt und ein alter Richter gegenüber. Dem Assistenzarzt droht aufgrund des Radikalenerlasses Berufsverbot in öffentlichen Krankenhäusern, während der Minister, der in der NS-Zeit als Militärrichter Dutzende Todesurteile erließ, unbeschadet seine Karriere fortführen kann. Vorbild des Ministers war der baden-württembergische Ministerpräsident Filbinger, der noch vor der Uraufführung von *Juristen* aufgrund der vorbereitenden Erzählung *Eine Liebe in Deutschland* (1978) zurückgetreten ist. Ein bislang einmaliger Fall in Deutschland.

Das war es dann aber auch mit Hochhuths Kunst. Seine revolutionären Nachwende-Stücke *Wessis in Weimar* (1993) und das Anklagestück gegen das maßlose Gewinnstreben und die Entlassungswut der Deutschen Bank *McKinsey kommt* (2003), in der die Erschießung des Vorstandsvorsitzenden Josef Ackermann als logische Konsequenz seiner Geschäftspolitik dargestellt wird, haben nur noch kurze Empörungswellen zur Folge.

Die neuen Gegner sind selbst für Rolf Hochhuth zu groß und zu diffus: Kapitalismus, Wessi, Treuhandanstalt, Deutsche Bank. Und auf der Bühne laufen nur noch Parolen umher und eine sinnlose Empörung. Bei der Uraufführung des *McKinsey*-Stücks im ostdeutschen Städtchen Brandenburg konnte man den alten Mann während der Aufführung in einem blau leuchtenden Glaskasten seitlich über der Bühne das Geschehen dirigieren sehen. Im weißen Hemd, das Sakko, wie immer, lässig über die Schultern geworfen, lief er von rechts nach links und wieder zurück und deutete hin und her. Man konnte ihn nicht hören. Er lief hinter Glas. Die Schauspieler sahen ihn nicht. Das Stück war grauenvoll.

Am Anfang stand bei ihm die Kunst. Das glaubt man ja kaum bei jemandem, dessen Schreibmotto später sein sollte: »Kunst, das wäre das Allerletzte!« Aber damals, als er kaum achtzehn Jahre alt war, da war es noch nicht das Allerletzte und da schrieb er am Expressionismus geschulte Gedichte, die durchaus Kunstanspruch hatten, wenn sie auch auf einem Flugblatt erschienen, der *Flugschrift für Lyrik*. Aber sein lebenslanges Empörungs- und Widerstandspotenzial, das hat **Günter Wallraff** (★1942) erst gesammelt, als er den Militärdienst verweigern wollte und dieses Ansinnen vom Staat abgelehnt wurde. Zehn Monate war er beim Bund, sah sich »Willensbrechungen und Schikanen« ausgesetzt, da er sich beharrlich weigerte, eine Waffe zu tragen. Er galt als »Unruhestifter und Zersetzer«, wurde in die psychiatrische Abteilung eines Bundeswehrlazaretts eingewiesen und als »abnorme Persönlichkeit« entlassen.

Wallraff, der das Gymnasium nach der Mittleren Reife verlassen hatte, um wie Hochhuth zunächst als Buchhändler zu arbeiten, ging jetzt in die Industrie und erlitt in deutschen Großbetrieben die zum Teil unmenschlichen Bedingungen, denen die Arbeiter dort ausgesetzt waren. Seine ersten Reportagen erschienen in einer Gewerkschaftszeitung, später als Buch. Die selbst erlebte Wirklichkeit war sein einziges Material. Und als Hans Magnus Enzensberger im Kursbuch seine berühmte Grabrede auf die Literatur hielt, war Wallraff einer seiner Kronzeugen, das leuchtende Beispiel, was eine Gegenkunst für Möglichkeiten bietet. Wallraff schrieb damals: »Nicht Literatur als Kunst, sondern Wirklichkeit! Die Wirklichkeit hat noch immer größere und durchschlagendere Aussagekraft und Wirkungsmöglichkeit, ist für die Mehrheit der Bevölkerung erkennbar, nachvollziehbar und führt eher zu Konsequenzen als die Fantasie des Dichters.«

Wallraff hatte seine Methode gefunden und entwickelte sie weiter. Ob im Obdachlosenasyl, in der Fabrik, in kirchlichen

Organisationen oder auch an der Spitze eines Versicherungskonzerns, Wallraff ließ sich immer ganz ein auf jede Situation, lebte mit, litt mit, schrieb mit. Unter Einsatz des Lebens. Als er sich 1974 aus Protest gegen die griechische Militärjunta auf dem Athener Syntagmaplatz an einen Laternenpfahl kettete und Flugblätter gegen das Regime verteilte, wurde er von Polizisten zusammengeschlagen, verhaftet und im Hauptquartier der Geheimpolizei gefoltert. Erst nach dem Sturz des Regimes, nach zehn Monaten, kam Günter Wallraff wieder frei.

Und war sofort wieder in neuen Verkleidungen, mit neuen Zielen unterwegs, deckte, verkleidet als Waffenhändler, die Putschpläne des portugiesischen Generals Spinola auf und begab sich als Journalist Hans Esser ins Zentrum der publizistischen Macht in Deutschland, zur *Bild*-Zeitung. Sein daraus resultierendes Buch *Der Aufmacher. Der Mann, der bei »Bild« Hans Esser war* erschien 1977 und machte wahrheitsverbiegende Methoden des Boulevardblattes erstmals detailliert publik. Es beschäftigte die Gerichte der Bundesrepublik viele Jahre lang, bis ein Grundsatzurteil des Bundesverfassungsgerichts dem Autor 1983 in Grundzügen Recht gab.

Und im Jahr darauf kam dann Wallraffs Welterfolg in die Buchläden, sein Bericht *Ganz unten* (1985), die Geschichte des Hilfsarbeiters Ali, die bis heute allein in Deutschland mehr als vier Millionen Mal verkauft und in dreißig Ländern als Buchsensation gefeiert wurde.

Das Buch gab Einblick in eine Welt, von der der gemeine Buchleser oder gar der Kritiker nicht die Spur einer Ahnung hatte. Günter Wallraff war der Hilfsarbeiter »Ali Levent Sigirlioglu« – jeder kennt heute noch das Coverbild des kohleverschmierten, schnauzbärtigen Leidensgesichtes unter dem großen grauen Helm. Niemand kann in diesem Bild den Autor Wallraff erkennen. Er wird der Mann, den er beschreibt. Zweieinhalb Jahre lang. »Ich (Ali)« heißt es immer wieder im Buch, in dem es um alles geht: um den Arbeitsalltag, um die Bezahlung, die Lebensgefahr und die täglichen Demütigungen, den täglichen Rassismus, das Leben als beinahe Nichts. Ali erhält als Leiharbeiter einen Lohn von 5 Mark die Stunde, keiner zahlt für ihn Sozialabgaben, die Firma, die ihn verleiht, erhält 52 Mark pro Stunde. Die Arbeitgeber verstoßen gegen alle Schutzvorschriften. Die Gesundheit leidet massiv. Immer wieder ist er in Lebensgefahr. Der Erfolg ist einmalig in der deutschen Literatur- und Kulturgeschichte. Binnen sechs Wochen sind eine Million Bücher verkauft. Menschen, die noch nie einen Buchladen betreten hatten, kauften das Buch. Thyssen gab den meisten Leiharbeitern feste Verträge, Politiker reagierten aufgebracht, Sprecher aller Bundestagsfraktionen sahen sich genötigt, Wallraffs Arbeit zu würdigen, die Schutzbestimmungen in den Betrieben wurden verschärft, Strafverfahren gegen Verantwortliche eingeleitet.

Es war Wallraffs größter Erfolg. Später hat er das Buch einen Fluch genannt. Es gab unendlich viele Scharmützel in der Zeit danach, Konzerne gegen Wallraff, die Linke gegen Wallraff, die ihm geistigen Diebstahl und Plagiat vorwarf und in einer Schärfe mit ihm abrechnete, wie nur alte linke Kampfgenossen miteinander abzurechnen vermögen. Der Springer-Verlag enthüllte erst vor kurzem eine angebliche Tätigkeit als Stasi-IM, die sich aber nicht belegen ließ. Wenn man Wallraff jetzt begegnet, trifft man auf einen wahnsinnig erschöpften Mann. Er wirkt stets angespannt und grau und nur die kleinen Augen hinter den runden Brillengläsern sind noch wach und schnell und aufmerksam.

Er wirkt, als hätte er zwei, drei Kämpfe zu viel gekämpft im Leben. Aber den Blick auf dieses Lebenswerk verdeckt all dieses nicht. Seine Bücher haben unsere Welt verändert. Wer sonst kann das von sich behaupten?

»Ein Autor verändert im besten Fall dadurch, dass er schreibt, sich selber: Und ich habe immer mit Proust gesagt, hunderttausendmal, dass ein Buch ein Instrument sei, mit dessen Hilfe der Leser besser in seinem eigenen Leben lesen könne.« Das schreibt **Martin Walser** (*1927). Er wehrt sich damit dagegen, dass seine Novelle *Ein fliehendes Pferd* (1978), die damals hymnische Kritiken auch von früheren Feinden erhalten hatte, als eine Neuausrichtung seines Schaffens gedeutet wurde, dass er womöglich ein unpolitischer Autor geworden sei. Alles falsch, er, Walser, habe sich nicht verändert. Sein ästhetisches Programm bleibe das gleiche. Und die Politik? Bleibt außen vor. Martin Walser war lange Zeit einer der am weitesten links stehenden deutschen Autoren, unterstützte die DKP, protestierte gegen den Vietnamkrieg weit vernehmlicher als die meisten Kollegen und hatte Ende der sechziger Jahre auch ausdrücklich die »dokumentarische Literatur«, wie sie etwa ein Wallraff oder ein Hochhuth betrieben, begrüßt und die Einleitung zu Erika Runges Arbeiterdokumentation, den *Bottroper Protokollen,* geschrieben.

Und seine Ansicht, dass der Autor mit seinem Schreiben bestenfalls sich selbst verändere, war auch nicht von Anfang an sein Standpunkt: »Solange eine Gesellschaft bei ihren Mitgliedern tendenziell Unwissenheit über die Gesellschaft erzeugt, die Verhältnisse noch von ihren falschen Namen leben, so lange ist es schwer vorstellbar, dass Schriftsteller dauerhaft darüber hinweggetäuscht werden können, dass ihnen im Befreiungsprozess dieser Gesellschaft Arbeit zukommt.«

Walsers erster Roman *Ehen in Philippsburg* (1957) ist die Geschichte einer Anpassung. Der Journalist Hans Beumann aus der Provinz gibt alles, um sich in der besseren Gesellschaft Philippsburgs zu integrieren. Durch Anpassung bis zur Selbstverleugnung. Wer oben ankommt, in der meinungsbestimmenden, meinungsbildenden Gesellschaft der Bundesrepublik, so die Botschaft des Romans, erkennt sich selbst nicht mehr, ist nur noch eine angepasste Aufstiegshülle, sich selbst entfremdet, unglücklich.

Das ist das Lebensthema Martin Walsers und Generalbass vieler seiner Bücher: die kleinen Kämpfe im Mittelmaß des Lebens. Das Leben der deutschen Mittelklasse, der Kleinbürger und das Scheitern an den Vorstellungen, die man sich vom Leben macht, das Scheitern an den Verhältnissen, an den Normen und Vorgaben der vorherrschenden Klasse. Jetzt, kurz nach den *Ehen,* lernen wir Anselm Kristlein kennen. Mittelpunkt einer ganzen Trilogie. *Halbzeit* (1960), *Das Einhorn* (1966) und *Der Sturz* (1973) sind die Titel der Kristlein-Bücher eines nun unermüdlich Roman an Roman fügenden Autors. Kristlein ist ein Kämpfer aus der Unterklasse, wie schon Beumann es war. Er hat sein Studium abgebrochen und kämpft nun den Kampf um Anerkennung als Handelsvertreter in Stuttgart, später als Werbefachmann und Schriftsteller. Es geht um Aufstieg und Kampf und Egoismus, darum, die bestehenden Verhältnisse zu seinem Vorteil zu nutzen und am Ende meistens doch zu scheitern. Das ist das traurige Schicksal, das Martin Walsers Helden teilen. Träume töten. Anpassen. Schlau sein. Kristlein sagt: »Deshalb veranstalte ich das unauffällige, gewissermaßen zarte Morden unter meinen Erwartungen. Dabei ging ich so vor, dass ich die größten und höchsten, die atemberaubenden, das gegenwärtige Leben vergiftenden Erwartungen immer zuerst erledigte. Meistens hatte ich bis nach Mitternacht zu tun, bis ich die kleinsten umgebracht hatte, denn die kleinsten sind die zähesten.«

Das ist das Programm von Walserhelden, und das wird sehr ausschweifend und nicht immer in alle Details hin lesenswert ausbuchstabiert. Eines der Klischees der Walser-Rezeption lautet, er habe die Kulturgeschichte des deutschen Mittelstandes geschrieben und immer weiter fortgeschrieben. Die Geschichte des deutschen Langweilers und Mitläufers. Eines Typus, der von all den Hochglanz- und Abenteuer-Literaten missachtet worden ist und ungeschildert blieb. Stimmt ja, es ist nur nicht immer so wahnsinnig interessant.

Kristlein wird nach dem Ende der nach ihm benannten Trilogie vom Autor Walser, der ein sehr persönliches Verhältnis zu seinen Figuren pflegt, öffentlich verabschiedet. Kristlein ist der erste Walserheld, der nicht einfach nur scheitert, sondern den sein Scheitern, die Vorstellungen, die er sich vom Leben machte, sogar umbringen. Er sucht den Tod.

Im Anschluss an die Kristlein-Bücher versucht Walser, seine politischen Überzeugungen in seine Bücher einzubauen, erschafft mit der Figur Gallistl (*Die Gallistl'sche Krankheit,* 1972) einen Mann, dem seine kommunistischen Freunde theoretische Möglichkeiten einer Überwindung aus der Würstchenlage des immer den gesellschaftlichen Normen Hinterherhechelnden vorleben. Und der diesen in Teilen bereit scheint zu folgen. Doch Walser verfolgt Gallistl in seinen weiteren Büchern nicht.

Neue Figuren werden geboren. Lange hat er auf sie »gespart«, sagt er. Sie leben zum Teil bis heute in Walsers Welt. Sie heißen Gottlieb Zürn und Franz Horn und Helmut Halm. Und sie alle leben das von Walser erdachte Mittelklasseleben fort. Aber sie sind leiser. Er nennt sie »die Einsilbigen« und sieht sich in einer neuen Rückzugsstufe seines Werkes. Vom Ich ist der Erzähler in die dritte Person übergewechselt. Und mit *Ein fliehendes Pferd* ist er jetzt nicht nur bei den Kritikern, sondern auch beim Publikum erfolgreich. Dem Leser von heute scheint jedoch mit dem Wechsel der Perspektive und den neuen Protagonisten nur eine unwesentliche Belebung und Bewegung in die Stillstandswelt des deutschen Mittelstandes hineingekommen zu sein.

Und dann gibt es da ja noch ein Thema, das ihn schon früh von seinen linken Freunden trennt. Das Thema heißt Deutschland. Deutsche Teilung, deutsche Schuld, und das wird mit den Jahren immer drängender, bis es irgendwann fast zu einer Manie werden sollte. Schon in den sechziger Jahren hat Walser für eine Überwindung der Teilung Deutschlands getrommelt. In dem Roman *Dorle und Wolf* (1987) hat er es zum ersten Mal zum tragenden Thema eines Buches gemacht. Er fand nur wenige Leser. Und mit den Kolumnen *Geständnis auf Raten* (1986), die er von 1983 bis 1985 schrieb, begann er seinen langen Kampf um ein neues, unverkrampftes, deutsches Nationalgefühl. Da schon sprach er von dem »Versailles-Diktat«, das er in seinen Deutschlandreden in letzter Zeit gern wiederholte, mit dem er den Siegermächten des Ersten Weltkriegs die Schuld am deutschen Nationalismus und Fremdenhass aufbürdete: »Der deutsche Rassismus hätte sich ohne die Minderwertigkeit, zu der die Sieger Deutschland verurteilten, nicht zum Wahn gesteigert. So getreten richtet man sich über jedes Maß auf.«

Walser, der früh schon politisch sehr korrekte, fast schon überkorrekte Texte zur deutschen Schuld geschrieben und sehr glaubhaft von der Last gesprochen hat, die die Schuld Auschwitz für Deutschland und für ihn bedeute, er will sich langsam frei machen von dieser schweren Last. Verbunden mit dem Reden über sein »Geschichtsgefühl« und »der Wunde namens Deutschland«, die »wir offen halten müssen«, wie er es in seiner Rede über Deutschland im Oktober 1988 proklamierte, deutete das zwar auf eine politische Hellsichtigkeit und auf einen echten Willen zur nationalen Einheit, der bei Politikern aller Parteien längst zu Lippenbekenntnissen geworden war. Verbunden mit dem Willen, von jener Schuld endlich loszukommen, und sei es auch nur dadurch, dass man den Siegern des Ersten Weltkriegs indirekt diese Schuld auferlegt, führte es aber bald zu einer sehr unangenehmen »Gefühls«-Mischung, die Walser, je mehr er dafür angegriffen wurde, um so verbissener verteidigte.

An so genannten Walser-Debatten jedenfalls hat es in den darauf folgenden Jahren nicht gefehlt. Es wirkte, als wollte Walser immer entschlossener von einer »Last« loskommen, und je schärfer ihm widersprochen wurde, um so stärker beharrte er darauf, wie ein kleines Kind, das sich nichts verbieten lassen will.

Ich habe keine große Lust, das alles noch einmal aufzurollen. Mich nervt der kindliche Affekt und die Selbststilisierung als einsamer Märtyrer danach. Von mir aus soll er doch von Auschwitz loskommen. Und sich im Ausland als Deutscher wieder stolz und unverbogen geben. Soll sich nur nicht mit seinem Geschichtsgefühl als Redner für ein ganzes Land aufschwingen. Und Leute, die es immer noch notwendig finden, sich zu erinnern und auch das Mahnmal für die ermordeten Juden in Berlin nicht für eine »Monumentalisierung der Schande« halten, sondern für einen notwendigen Teil nationaler Gedenkkultur, solche Leute möge er bitte nicht mit seinem Etikett von der »Banalität des Guten« auf eine Stufe mit den Massenmördern von Auschwitz stellen.

Sein Biograf, der Journalist Jörg Magenau, schildert in seinem jüngst erschienenen Buch über Walser, wie er 1992 dem Autor vom Bodensee das erste Mal begegnete und ihm, zusammen mit einem Kollegen, einige Fragen zu Deutschland stellte. »Unsere Fragen«, so Magenau, »regten ihn sichtlich auf. Plötzlich griff er sich an die Brust, warf sich in seinen Stuhl zurück, erstarrte und verstummte. Uns schien: minutenlang. Wir fürchteten das Schlimmste und fragten so hilflos wie dümmlich, ob ihm nicht gut sei. Doch, doch, presste er zwischen zusammengebissenen Zähnen heraus, es geht gleich wieder.«

Spätestens nach Lektüre dieser Episode wird wohl jeder glauben, dass Martin Walser Deutschland wirklich am Herzen liegt und dass er das alles sehr, sehr ernst meint.

Wie herrlich wäre für uns alle: Heilung für Walser. Und Ruhe für uns.

So. Und an dieser Stelle könnte man gleich damit weitermachen. Mit Politik, mit Deutschland, mit einem Linken, der ein Rechter wird, der Walsers »Last« den »Schatten« nennt, das »Mal«, »Verhängnis von sakraler Dimension« oder einfach »das Gefängnis«. Der in seiner späten Jugend von den Schriften Adornos buchstäblich so gefesselt war, dass er seinen Traum, Schauspieler zu werden, nicht verwirklichen konnte. »Die Lektüre lähmte ihm die Glieder.« So wurde er zunächst Kritiker, dann Dramaturg in den ersten wilden Jahren des Berliner Schaubühnenensembles um Peter Stein, dann Dramatiker und schließlich Schriftsteller. Der einsamste wohl, den wir haben, und einer der besten. Einer der hellsichtigsten Gegenwartsseher und Vergangenheitskenner, ein Mythensucher und Wahrheitsfinder.

In diesem einen schrecklichen Essay von 1993, dem *Anschwellenden Bocksgesang,* hat er seine Weltbetrachtung in traurige und unheilsschwangere Floskeln gegossen, den so genannten Achtundsechzigern die Schuld am aufkommenden Neofaschismus und der Verflachung der Welt gegeben, hat sich vor den Karren der Nationalprahlhänse der so genannten »selbstbewussten Nation« spannen lassen und zog sich dann aber ganz aus der Welt zurück. In der Uckermark hat er ein weißes Haus gebaut, am Rand eines kleinen Dorfes. Er trifft fast niemanden. Manchmal kommen seine Frau und sein Sohn vorbei. Sonst ist es sehr still im Haus von **Botho Strauß** (*1944). In seinem letzten Buch *Der Untenstehende auf Zehenspitzen* (2004) steht: »Täglich sich etwas unergründlich machen. Das ist das Leben.«

Einmal habe ich Botho Strauß getroffen. Auf einen Brief hatte er überraschend prompt geantwortet. In kleiner, schneller Füller-Schrift schrieb er, nein, dort oben in der Uckermark empfange er keinen Besuch. Aber wenn er einmal nach Berlin komme, werde er sich melden. Kaum zwei Wochen später kam ein zweiter Brief. »Ich neige nicht zu leeren Versprechungen«, schrieb er, und nächste Woche Dienstag sei er um 13 Uhr in einem alten italienischen Restaurant in Berlins Westen. Wenn ich kommen wolle, solle ich kommen. Absagen sei nicht nötig. Er sei auf jeden Fall da.

Botho Strauß beginnt zu reden, als ich noch gar nicht richtig am Tisch sitze. Er spricht von guten Restaurants, dem herrlichen »Exil« von Oswald Wiener damals, zu Schaubühnenzeiten am Halleschen Ufer, von den Anfängen der Paris Bar, als noch nicht jeder viertelprominente Westberliner dort einen Stammplatz hatte, und all den neuen Berliner Prominentenrestaurants, die Strauß immer schon zu kennen scheint, bevor das Gros der Prominenten kommt. Wird es zu bunt, wechselt er wieder. Einmal im Monat, sagt er, sei er nur noch in Berlin. Er hat noch eine Wohnung hier. Doch er kennt die Stadt und ihre neuen Orte. Immer noch.

Das also ist Botho Strauß. Der Mann, den die politisch Aufrechten hassen und die Schauspieler und Regisseure lieben. Der unbekannte Mann, der auch seine Büchnerpreisrede aus Scheu vor der Öffentlichkeit verlesen ließ und an den die junge, schöne, erfolgreiche Regisseurin Christina Paulhofer gerade einen öffentlichen Liebesbrief geschrieben hat: »Ich habe durch deine Texte – vielleicht zu früh – alles gelernt, was es einem Begeisterungs- und Bewunderungswilligen, die Liebe größenwahnsinnig Denkenden, also romantischen Menschen, fast unmöglich macht, nicht in einer ständigen Ent-Täuschung zu leben.« Und beendet den Brief: »Lieber Botho, meine größte Verehrung. Ich liebe dich. Heirate mich. Head on, seien Sie wohl gegrüßt von Ihrer Christina Paulhofer.«

Strauß, einst der meistgespielte deutsche Dramatiker, kommt auf Deutschlands Bühnen kaum noch vor. *Kalldewey, Farce* (1981), *Groß und klein* (1978), *Der Schlusschor* (1991), selbst Aktuelleres wie das Gesellschaftspanorama *Der Narr und seine Frau heute Abend in Pancomedia* (2001) werden kaum gespielt. Das sei in Ordnung, sagt er. Jetzt seien eben die Jungen dran. »Die Existentialisten konnten mit Hauptmann auch nichts anfangen.« Ein Unerschütterlicher spricht, der seinen Platz in der Geschichte kennt. Nur über die modernen Inszenierungen regt er sich auf, die Videoinstallationen überall. Er nennt das »technische Überfremdung«. Und dass nicht mehr geredet werde auf der Bühne. Als ich vom »Aneinander-vorbei-Reden« seiner Bühnenmenschen rede, widerspricht er heftig: »Noch nie haben Personen in meinen Stücken aneinander vorbeigesprochen. Im Gegenteil, sie verspinnen sich mit Worten und verzahnen sich nie.«

Ein schöner Satz. Auch für die Menschen in den Prosabüchern von Botho Strauß. Verspinnen mit Worten, ohne sich zu verzahnen. In *Paare, Passanten* (1981) steht der lebenstraurige

Satz: »Mir ein unfassliches Gesetz, das so Vertraute wieder in Fremde verwandelt. Verfluchte Passanten-Welt!«

Und diese Passanten-Welt schreibt Botho Strauß auf. Vorbeistürzende, sich Treffende, Heranwachsende, Sterbende, sich Trennende. Er braucht nur wenige Striche und das Bild ist vor dem Auge des Lesers da, so intensiv und so genau wie bei keinem anderen Autor der Gegenwart. Es sind Ausschnitte des Lebens. Adnoten. Botho Strauß war wohl einer der ersten Schriftsteller mit Computer, schon 1983 hatte er eine riesenhafte Olivetti mit Bildschirm auf seinen Berliner Schreibtisch gehievt und seitdem ist er König der Cut-and-Paste-Tasten, ein Ausschneider. »Wenn es den Computer nicht gäbe, wäre aus mir vielleicht ein richtiger Romanautor geworden«, sagt Strauß, trinkt Wein und lacht. Und erzählt von der großen Scheune neben seinem Wohnhaus, die eigentlich eine Pornoproduktionsfirma kaufen wollte, aber er war schneller und richtet sich jetzt eine Bibliothek dort ein. Im Moment stünden nur Bücher von ihm selbst darin. Ob er manchmal in ihnen lese? Wozu, fragt Strauß. Er schreibe doch im Grunde immer am selben Buch. Die neuen seien nur Verbesserungsversuche der schon geschriebenen.

So kommt man auch, wenn man die Bücher von Botho Strauß zusammenfassen will, in Schwierigkeiten. Sie ähneln sich in Form und Figuren. Es sind Augenblicke der Gegenwart und Träume der Vergangenheit, manchmal der Zukunft, kühl mitgeschrieben von einem, der immer da ist, wenn sich seine Figuren gerade nackt zeigen. Oder glücklich: »In ihrer ersten Stunde haben sich zwei, die noch mit dem Anfang spielen, so sehr verspätet, dass sie nun, jeder in seine Familie, sein Ehegatter zurück, durch den fremden Stadtteil hasten müssen, um eine U-Bahn zu erwischen, die sie mit noch eben unauffälligem Verzug nach Hause bringt. Die Eile, der Wind, der stolpernde Lauf rütteln das locker sitzende Geständnis frei, das in der Ruhe noch nicht herauskommen wollte. Und während sie rennen, die Frau um zwei Schritte dem Mann voraus, keucht er's hinter ihr her. Mit seinen Rufen, die wirken wie die anfeuernden Liebkosungen des Jockeys am Hals seines Rennpferds, prescht die Geliebte schneller noch voran, als habe ihr das Glück die Peitsche gegeben. In der Hetze kann sie den Kopf kaum wenden, um in die

Luft zurückzurufen, dass auch sie ihn liebe. Dann verlieren sich beide in der Menschenmenge und finden sich erst am nächsten Tage wieder.«

So ein einfaches, unkompliziertes, offenes Glück ist nicht sehr häufig in der Welt des Botho Strauß. Das schweigende Unglück ist weit, sehr weit im Übergewicht. Noch auf derselben Seite, nachdem er kurz von dem Urlaub eines Paares, einem Streit, der zu zwei Tagen Wortkargheit geführt hat, berichtet, steht: »Jede Liebe bildet in ihrem Rücken Utopie. In grauer Vorzeit, vom Glück und von Liedern verwöhnt, liegt auch der Ursprung dieser kläglichen Partnerschaft. Und der Beginn erhält sich als tiefgefrorener, erstarrter Augenblick im Herzen der Frau.«

Die besten, intensivsten, sprachsichersten und klarsten Bücher von Botho Strauß (er hat auch mächtig sprachverrutschte Aufblasbücher geschrieben, *Wohnen Dämmern Lügen* (1994) etwa) sind *Die Widmung* (1977), das formal geschlossenste, der so genannte Roman *Der junge Mann* (1984), *Paare, Passanten* und die neueren, leichteren (Botho Strauß hasst es, wenn man seine Bücher »leicht« nennt, er selber sei ein Freund des schweren Buches, sagt er), *Die Nacht mit Alice, als Julia ums Haus schlich* (2003) und *Der Untenstehende auf Zehenspitzen*. Sie haben nicht mehr das Auftrumpfende der mittleren Jahre.

Wenn man ihn heute auf den fatalen *Bocksgesang* anspricht, sagt er zwar, er habe da gar nichts zurückzunehmen, aber er bereue manchmal schon, dass er früher oft dachte, man müsse schrill und laut reden, um überhaupt wahrgenommen zu werden. Heute sei die Zeit der Kämpfe vorbei. Ihm genüge jetzt der leise Ton. Und die wenigen Zuhörer und Leser.

Einmal im Gespräch zeigt sich doch noch kurz die alte Kampfeslust. Es geht um die Windräder, die überall und auch vor seinem Haus die Natur im Namen des Naturschutzes aufs Schändlichste verschandeln. Wenn man entgegnet, ach, die seien doch ganz schön und weiß und modern, sieht er einen entsetzt an, schweigt kurz und fragt dann fassungslos: »Gehen Sie manchmal in die Natur?« So ist Botho Strauß mit sechzig Jahren ein Windmühlenbekämpfer geworden.

Immer samstags lädt Strauß das Dorf in sein großes DVD-Kino in seinem Haus. Es ist umsonst. Man muss nur still sein und darf kein Popcorn und keine Chips oder so was mitbringen. Er, der im Lesen und Schreiben nach immer neuen Verknüpfungen zur Vergangenheit sucht, zeigt am liebsten Zukunftsfilme, zum Beispiel Spielbergs *A.I., The Matrix* und *Seven*. Einblicke in eine andere Welt. In seinem letzten Buch gibt es nur einen Traum von der Zukunft, die Resultate einer neurochemischen Revolution, die der Autor für sich nutzen würde: »Eine planlose Reise durch das eigene Gedächtnis, von dessen Umfang oder gar kultureller Tiefe niemand etwas weiß.« Er würde sofort reisen, schreibt er, und: »Ich würde niemals zurückkehren.«

Sie haben ihn »das Mädchen« genannt. Damals, Ende April 1966 in Princeton. »Das Mädchen« – so wurde jener Mann auch später im *Spiegel* genannt, der als völlig Unbekannter zum Treffen der Gruppe 47 in die USA geflogen war. Und als er zurückkam, kannte ihn das gesamte Kulturestablishment des Landes – und sollte ihn nicht mehr vergessen. »Dachte ich mir gleich, dass Sie mich kennen«, hatte er auf das Gruppe-47-Altmitglied, den arrivierten Schriftsteller Milo Dor, eingeredet, der auf dem Flug nach Amerika zufällig neben ihm saß. Natürlich kannte Dor ihn nicht. Aber das interessierte **Peter Handke** (*1942) nicht. Er würde ihn kennen lernen. Das war sicher.

Nur einen Monat zuvor hatte der Dreiundzwanzigjährige sein erstes Buch veröffentlicht: *Die Hornissen* (1966). Außer einer ausgewogen freundlichen Kritik in der *FAZ* war noch nichts erschienen. Aber sein Verleger Siegfried Unseld hat ihm trotzdem schon eine Einladung verschaffen können. »Die Gruppe« ist auf dem Höhepunkt ihres Ansehens und ihrer Macht. Sie repräsentiert die deutsche Literatur. Nein, sie ist die deutsche Literatur. Und dazu gehört auch die deutsche Kritik. Joachim Kaiser, Walter Jens, Hans Mayer, Marcel Reich-Ranicki – sie gehören fest zum Kreis, es ist ein perfektes Machtsystem. Wer drin ist, gehört dazu. Oft ist die Gruppe mit Weltruf in andere Länder eingeladen. Weltweit kann man die deutsche Literatur quasi buchen. Zwei Jahre zuvor ist die deutsche Literatur in den Nobelpreis-Sälen der schwedischen Akademie aufgelaufen und hat großen Eindruck gemacht. Und jetzt also Amerika. Jetzt also Princeton. Und jetzt also das Mädchen.

Der Tag ist fast vorbei. Die Lesungen waren durchschnittlich, nichts Besonderes. Die 140 Teilnehmer bereiten sich so langsam auf den Abend vor. Hermann Peter Piwitt, ein heute fast vergessener Autor, dem vor einigen Jahren sogar Rowohlt, sein lebenslanger Verlag, den Vertrag gekündigt hat, Piwitt also hatte gelesen, nicht schlecht, nicht gut. Egal. Handke steht auf, ein blaues Schirmmützchen auf dem Kopf, zierlich über die Ohren gekämmte Haare, enge Hosen, mit »Osterei-Gesicht«, wie Erich Kuby im *Spiegel* später schreibt. Und er redet und redet, von der »Beschreibungsimpotenz in der gegenwärtigen deutschen Prosa«, von einer »läppischen Beschreibungsliteratur«, die hier vorgetragen würde, belobigt von einer ebenso »läppischen Kritik«. Der Chef der Gruppe, Hans Werner Richter, versucht zu unterbrechen, es sei nicht üblich, eine literarhistorische Rede ... usw. Aber Handke redet weiter und schimpft und wütet.

Und die auf diese Weise von einem Niemand mit Schirmmützchen Bespuckten und Beschimpften im Saal »hießen den Aufstand freudestrahlend willkommen«, wie Dieter E. Zimmer in der *Zeit* später schreibt. »Freudestrahlend kamen die Angegriffenen dem Revolutionär entgegen und drückten ihm den Bruderkuss auf die Wange.«

Es war das Ende der Gruppe 47, die sich zuvor schon über politische Fragen zerstritten hatte, über Verfahrensfragen und Fragen der Eitelkeit. Sie treffen sich noch einige Male. Aber im Grunde ist Princeton das Ende. Was danach kommt, ist Erinnerung und Trotz. Die Gruppe hat ihre Zeit gehabt.

Der neue Star heißt Peter Handke.

Auf der Party am Abend will keine rechte Stimmung aufkommen. Es gibt zu wenig Bier und die Journalisten scharen sich alle um den neuen Mann. Der da auf dem Sofa sitzt und den Amerikanern die Gruppe 47 erklärt. Hans Werner Richter geht kopfschüttelnd vorbei.

Nein, bei den großen Männern, den Kraftprotzen der Gruppe, kommt er nicht so gut an. Als später in New York der Verleger Ledig-Rowohlt auf die Dachterasse des St. Moritz Hotels am Rande des Central Park lud und Peter Handke aus irgendeinem Grund mit einer Holzhand herumlief und damit die anderen Teilnehmer begrüßte, schnappte sich Günter Grass Handkes Mützchen und schrieb mit Filzstift für alle sichtbar auf den Rand »Ich bin der Größte«.

Die Nummer eins (G.G.) dachte da noch, sich mit Spott des aufstrebenden Bürschchens erwehren zu können. Zu Hause schrieb er dann einen offenen Brief unter der Überschrift »Bitte um bessere Feinde«, den Handke souverän retournierte. Es half alles nichts. Handke war da. Und er würde nicht mehr weggehen. Er war glücklich, dass alles so gut gelungen war. An den *Spiegel* schrieb er, nachdem dieser über ihn berichtet hatte: »Schon von klein auf ist es mein Wunsch gewesen, in Ihrem Magazin zu erscheinen. Es schien mir eines der erstrebenswertesten Ziele für einen Schriftsteller, im ›Spiegel‹ erwähnt zu werden. Von diesem Wunsch getrieben habe ich mich auch bei der Tagung der Gruppe 47 zu Wort gemeldet und konnte, noch während ich sprach, zu meiner Freude bemerken, dass Herr Erich Kuby, der Vertreter Ihres Magazins, von meinen Worten Notiz nahm. Jetzt war alles gewonnen. Ich machte noch einige starke Bemerkungen um ganz sicher zu gehen. Aus dem Bericht des Herrn Kuby entnehme ich nun, dass meine List gewirkt hat.«

Was für ein lässiger Auftakt, was für ein cooler, selbstironischer, selbstsicherer Mann. Was für ein Schriftsteller! Und jetzt klappte alles. Nur zwei Monate nach seinem Auftritt wurde sein Theaterstück *Publikumsbeschimpfung* (1966) uraufgeführt. »Ihr Maulhelden, ihr Hurrapatrioten, ihr jüdischen Großkapitalisten, ihr Fratzen, ihr Kasperl, ihr Proleten, ihr Milchgesichter, ihr Heckenschützen, ihr Versager, ihr Katzbuckler, ihr Leisetreter, ihr Nullen, ihr Dutzendware, ihr Tausendfüßler, ihr Überzähligen, ihr lebensunwertes Leben, ihr Geschmeiß, ihr Schießbudenfiguren, ihr indiskutablen Elemente.« So wurde das Publikum beschimpft. Und das Publikum jubelte. Die Kritik jubelte. Endlich ein großes Wollen auf der Bühne, endlich ein Autor mit Kraft und Energie, ein Einzelner, der sich gegen alle stellte. Gegen den Konsens. Gegen die Müdigkeit.

Peter Handke ist jetzt ein Star. Seine Bücher erreichen Riesenauflagen, seine Lesungen sind Happenings mit Musik und Lichtbildern und Tanz, und entweder verliest er zu Beginn irgendwelche Alltagstexte, Gebrauchsanweisungen, Mannschaftsaufstellungen, projiziert Kreuzworträtsel an die Wand, die gemeinsam zu lösen sind, oder lässt sich selbst geschriebene Texte aus dem Publikum heranreichen, die er feierlich vorträgt und irgendwann dann mal einen eigenen Text. Er sieht so cool aus, dass er bei einer Lesung in Graz, als er sich in den von der Polizei abgesperrten überfüllten Saal, in dem er lesen soll, hineindrängen will, abgeführt wird. Denn die Antwort auf die Frage, was er hier wolle (»Lesen« hatte er gesagt), reichte ihnen nicht. »Dann geh ins Kaffeehaus«, haben sie gesagt und wegen des darauf folgenden Tumultes kam es später sogar zum Prozess gegen Handke wegen Amtsehrenbeleidigung.

In rascher Folge erscheinen jetzt seine Bücher: Hörspiele, Dramen, Essays, Romane, Erzählungen. Jedes Jahr gibt es mindestens zwei neue Sachen von Handke. Der Betrieb muss laufen. Er muss im Gespräch bleiben. Handke ist vor allem auch ein Marken- und Medienmann. Niemand weiß wie er, wie das Geschäft läuft. Von vielen Büchern weiß er zunächst nur den Titel. *Die Angst des Tormanns beim Elfmeter* (1970), *Der kurze Brief zum langen Abschied* (1972), *Ich bin ein Bewohner des Elfenbeinturms* (1972). Dann erst schreibt er los.

Der Titel *Die Angst des Tormanns beim Elfmeter,* hat er später in einem Interview gesagt, »der hat so eine Atmosphäre erzeugt, die mir einfach Lust gemacht hat zu schreiben.« Und diese Lust zu schreiben, die Lust zu beobachten und die ganze Welt aufzuschreiben in einer Geschichte, das merkt man jeder Zeile der frühen Handke-Bücher an. Und die Lust zur Rebellion, gegen die Sprache und gegen die Welt, die sie beschreibt. Sportmoderatoren von heute, die ganz stolz sind, den Titel eines modernen literarischen Werkes zu kennen, und einmal in das Buch hineinsehen, wenden sich enttäuscht ab, da es darin nicht gar so direkt um das im Titel angesprochene Thema geht, sondern eher in einem gefühlten Dichtersinn. Als wir ihn kennen lernen, ist der ehemalige Torwart Josef Bloch längst schon Monteur und mit der Welt entzwei. Er verlässt seine Arbeit, streift durch eine ihm plötzlich unverständliche Stadt und ermordet eine Kinokassiererin. Scheinbar ohne Grund. Rebel without a cause. Doch der Grund ist die Welt. Der Grund ist alles.

Große Empörungsbücher schreibt er zu der Zeit. Und dann, 1972, *Wunschloses Unglück,* die Geschichte vom Selbstmord seiner Mutter. Nur sieben Wochen nach ihrem Tod hatte er das Schreiben begonnen. Er beginnt das Buch mit dem Bericht über ihre Todesanzeige in der *Kärntner Volkszeitung*. Es ist ein merkwürdig distanziertes, kühles, trotzdem ungemein berührendes Buch. Von einem, der später darauf besteht, nie ein persönliches Wort in eines seiner Bücher hineingeschrieben zu haben, ein ungemein persönliches Buch. Über das Drama eines sinnlosen, leeren Lebens, mit kaltem, kaltem Blick: »Als ich im letzten Sommer bei ihr war, fand ich sie einmal auf ihrem Bett liegen, mit einem so trostlosen Ausdruck, dass ich ihr nicht mehr näher zu treten wagte. Wie in einem Zoo lag da die Fleisch gewordene animalische Verlassenheit. Es war eine Pein zu sehen, wie schamlos sie sich nach außen gestülpt hatte; alles an ihr war verrenkt, zersplittert, offen, entzündet, eine Gedärmeverschlingung. Und sie schaute von weitem zu mir her, mit einem Blick, als sei ich, wie Karl Rossmann für den sonst von allen erniedrigten Heizer in Kafkas Geschichte, ihr GESCHUNDENES HERZ. Erschreckt und verärgert bin ich sofort aus dem Zimmer gegangen.« Und zum Schluss, als der Tod schon erzählt ist, heißt es: »Als Kind war sie mondsüchtig.« Und: »Im Zorn schlug sie die Kinder nicht, sondern schnäuzte ihnen höchstens heftig die Nase.« Und: »Einmal ist mir beim Brotschneiden das Messer abgerutscht, und mir kam sofort wieder zu Bewusstsein, wie sie den Kindern am Morgen kleine Brotstücke in die warme Milch geschnitten hat.«

Das Buch führte wochenlang die Bestsellerlisten an.

Herrliche Bücher erschienen danach. Die Textsammlung *Als das Wünschen noch geholfen hat* (1974), das erste Tagebuchjournal *Das Gewicht der Welt* (1977), so leicht und voller schöner Weltbetrachtungen und Ideen und Gedanken, von denen jeder einzelne ein neues Buch beginnen könnte. Das Schreiben schien ihm leicht zu fallen. Das Gewicht der Welt war fliegenhaft. Gar nicht zu spüren. »Für mich ist es halt wichtig, dass es eine Lebenslust gibt, nicht nur eine deklamierte, sondern eine präzisierte, und die hab ich halt manchmal, und die möchte ich halt formulieren«, sagte er in einem Interview. Und im Journal heißt es einmal, am 10. Juni 1976: »Ich lache zu viel.«

Dann kam der Bruch. Ein neuer Handke, von dem sich das

215

Publikum abwandte. Der Medienstar gab plötzlich vor, nur noch für sich zu schreiben. 1979 erschien *Langsame Heimkehr*. Es ist ein neuer hoher Ton in den Büchern, ein Ton, der in den nächsten Jahren hoch und höher getrieben wird bis dorthin, wo ihm beinahe niemand mehr folgen will und kann. Es sind Selbstfeiern des Betrachters und des Betrachtens, religiöse Erweckungsblicke in die Welt, die nur der wahre Seher sehen kann. Doch das Schlimmste ist: Die Leichtigkeit geht ihm verloren. Das bei allem Ernst und aller Tragik Spielerische all seiner ersten Bücher, das Dichterische, das mit den Lesern Sprechende. Handke selbst sagt über den Prozess seines neuen Schreibens: »Die Anstrengung bei der ›Langsamen Heimkehr‹ war so ungeheuerlich; wie ich mich mit jedem Wort zur Ruhe habe quälen müssen.« Und diese Qual erlebt auch der Leser. »Jetzt find ich keine Leser mehr«, sagt er. Was natürlich übertrieben ist. Aber die Zeit des Bestsellerautors Handke war vorbei.

Sosehr er immer vorgab, ihm sei das ganz egal, er schreibe eben für sich und einige wahre Leser, so sehr ist das natürlich falsch. Handke wollte Leser. Aufmerksamkeit. Jeder Autor will das. Aber keiner will es so verbissen wie er. Wie sonst ist sein wilder Einstieg in den Betrieb zu erklären. »Ich will da rein.« Jetzt katapultierte er sich selbst wieder heraus. In dieser Zeit begann auch sein großer Hass. 1988 sagte er in einem Interview über sein Schreiben: »Man möchte die Leute vernichten. Was in der Literatur herumkrabbelt, das möchte man alles vernichten.«

Ein Dämon sei in ihm und den lässt er immer wieder auch in seinen Büchern raus, in Mordfantasien gegen den Kritiker Marcel Reich-Ranicki, den er in der *Lehre der Sainte-Victoire* (1980) als Hund auftreten lässt (»Ja, das hat mir unglaubliches Vergnügen bereitet«), oder in Beschimpfungen von Kollegen jeder Richtung. Am neuen Misserfolg sind alle schuld. Am besten gleich das ganze Land: »In Deutschland«, sagt er, »ist keine Größe mehr möglich, weil keine Sühne stattgefunden hat nach den Verbrechen des Nationalsozialismus. Es fehlt die metaphysische Entsühnung.« Das also hält den Dichter Handke klein. Alles klar.

Es wird einsam um Peter Handke, und er beschließt, die Einsamkeit zu zelebrieren. Mit Nachdruck. Den Büchern tut das nicht gut. Erst seine drei *Versuche* über die Müdigkeit, die Jukebox und den geglückten Tag, die von 1989 bis 1991 erscheinen, nähern sich den Lesern wieder an.

Aber er sammelt nur die Kräfte für das »summum opus«, das Buch mit allem, *Mein Jahr in der Niemandsbucht* (1994). Das war vom Suhrkamp Verlag so groß angekündigt und gleichzeitig so geheim gehalten worden, dass am Morgen des 31. Oktober 1994, dem Tag der Auslieferung, die Literaturchefs des Landes ab sieben Uhr vor dem Suhrkamp-Haus in Frankfurt standen, um das in größter Schrift auf tausend Seiten hochgedruckte Hauptwerk in Empfang zu nehmen. Doch es lohnte sich nicht. Viel Luft, viel Anstrengung, ein Deutschland nach dem Bürgerkrieg wird geschildert, aber es geht nur um den einsamen Seher auf seinem Baumstumpf: »Zwischendurch sah ich mich weiterhin als den Einzigen mit solch einer Geschichte, den sonst wäre sie doch längst schon erzählt worden und klassisch?«

Oder weil es gar keine Geschichte ist? Doch je weniger sich die Welt bereit findet, Peter Handke zu loben, umso mehr ist er selbst bereit: »Meine Bücher sind für mich das reinste Lesevergnügen. Wenn ich sie lese, wird mir die Brust weit, und ich denke, das ist aber schön geschrieben, das hat er gut gemacht.«

Und dann kam auch noch Jugoslawien. Handke, der sich in all den vergangenen Jahren in sein beharrlich erschriebenes Bild der Welt verbissen hat, glaubt nun reale und erzählerisch konstruierte Wirklichkeit miteinander in Deckung bringen zu können. Er reist nach Beginn der Balkankriege immer wieder nach Jugoslawien, in das verfallende Land, vor allem nach Serbien, das er genau zu jener Zeit als paradiesisches Natur- und Menschlichkeitsidyll beschreibt, in der in Bosnien von Serben der Völkermord verübt wird. Die muslimischen Opfer erscheinen als mediengeile Simulanten, die die wahren Opfer des Krieges, die Serben, ein zweites Mal ins Verderben stürzen. In seinem Bericht *Eine winterliche Reise zu den Flüssen Donau, Morawa und Drina oder Gerechtigkeit für Serbien* (1996) und in mehreren späteren Büchern schreibt er es auf. Und er wütet gegen die westliche Welt, gegen die Zeitungen, die Journalisten, die NATO, den »Tötungsminister« Joschka Fischer, gegen »den Typ, der Bundeskanzler ist« und der »das neue Auschwitz«, das die Nato in Serbien anrichte, mitverantworte. Er tritt aus der katholischen Kirche aus, gibt seinen Büchner-Preis zurück und spricht mit beinahe keinem Journalisten mehr. Nur einmal noch hat er eine Idee, der Mediendichter: »Ich könnte mir vorstellen, dass man irgendetwas macht, das nicht gefälscht werden kann. Eine Direktsendung zum Beispiel mit vielen Journalisten, wo man vorher und nachher keinen Kommentar abgibt. Und ich habe das Gefühl, die Journalisten wollen das auch, die haben sich selber so satt.«

Das ist das Einzige, was Peter Handke als Medienereignis noch durchgehen lassen wollte. Doch die Journalisten hatten sich noch nicht satt genug. Das Welt-Interview kam nicht zustande.

Er hat dann noch ein Buch veröffentlicht, auf der Suche nach dem einen wahren Bild in einer wüsten Medienwelt, es heißt *Der Bildverlust* (2002) und ist sehr schwer und leer, dann einen Don-Juan-Roman (2004), ein Liebesbuch, das wieder an Schönheit und Wahrheit gewinnt und mitunter selbstironische Züge trägt, ein Buch der Erschöpfung nach all den Kämpfen, und zuletzt der letzte Band seiner Tagebücher *Gestern unterwegs* (2005), Aufzeichnungen vom November 1987 bis Juli 1990. Die Zeit, als eine Welt einstürzte. Osteuropa. Der Kommunismus. Doch Handke sah nur sich. Seine Sehnsucht, sein Suchen. Einen Eintrag gibt es zum Mauerfall: »Zum ersten Mal seit dem 31. Dezember 1970 wird seit dem gestrigen 8. November wieder die Sonnenscheindauer der DDR regelmäßig verbreitet. (9. Nov. 1989)«

Schade, dass er diese Lässigkeit gegenüber dem Weltgeschehen so bald schon gänzlich eingebüßt hat.

Die Lässigkeit.

»Ich wusste, dass Sie mich kennen.«

Die Poesie.

»Ich lache zu viel.«

Das Mädchen.

Hätte Günter Grass ihm nicht etwas anderes auf den Hutrand schreiben können?

Zwanzig lange Jahre hatte der Augsburger Sprachlehrer im Verborgenen geschrieben. Romane, Geschichten, Erzählungen.

Dann kam 1998 der Roman *Libidissi* und im Jahr 2000 sein Auftritt in Klagenfurt beim deutschsprachigen Lesewettstreit. Schon im Einspielfilm, mit dem die Lesenden vorgestellt werden, sah man einen glatzköpfigen Mann mit tief in den Höhlen liegenden Augen selbstbewusst in die Kamera blicken und sagen: »Was ich schreibe, schreibe ich als Mann.« Und kaum hatte er gelesen und den ersten Preis gewonnen, war das deutsche Feuilleton verliebt in ihn. Kein überregionaler Kulturteil, der ihn jetzt nicht um Texte bat, kaum ein Feuilleton, das seine Bücher nicht staunend lobte. Auf jede Frage der Redaktionen hatte er eine Antwort, Walser, Winter, Wunderglaube, Schundromane, Fernsehen, Arno Schmidt, nichts war zu banal, nichts zu abseitig, nichts zu bedeutend, um nicht von **Georg Klein** (*1953) gedeutet zu werden. Gleichzeitig beklagte er sich über den ganzen Betrieb, die verschworene, verkommene Gemeinschaft der Feuilletonisten, das Meinungskartell, das Feuilleton an sich. Doch keiner hat ihm offenbar einmal gesagt: »Äh, also, Herr Klein, das Feuilleton, sind Sie.« Der Kritiker Helmut Böttiger hat das einmal irgendwo geschrieben, aber Georg Klein hat es vielleicht nicht gelesen. Oder er sieht es naturgemäß ganz anders. Alles, was das deutsche Feuilleton mitunter so anstrengend, langweilig und unlesbar macht, bringt Georg Klein locker mit. Offen zutage liegende Alltags- und Lesephänomene so lange mit Rätselworten, Dunkelheiten und angeblichen Geschichtsbezügen zu umstellen und zu beschweren, bis man meint, jetzt sei es schwer genug, jetzt darf es ins Feuilleton hinein.

Auch in seinen literarischen Werken, die meist in Höhlen, Röhren, Schächten, deutschen Mythen und Kanälen spielen, trägt er gerne alles zur weiteren Verdunkelung dieser schon ohne Kleins Verfinsterungskunst recht finsteren Orte bei. Und die Kritiker sehen entzückt Georg Kleins Figuren dabei zu, wie sie durch »den deutschen Urschlamm« waten. Und drückt sich ein Held in einer U-Bahn eine Eiterpustel auf, schreibt er: »Sofort nach diesem ploppenden Geräusch floß grünliche Flüssigkeit über Bertinis Nasenspitze. Der Eiter tropfte ihm auf Kinn und Brust, schleimte in einer Menge aus dem Pickelloch, die seinem Ursprung gar nicht angemessen war.« Und auch dieser Vorgang weist wohl weit über sich selbst hinaus. Das ist also die

Kunst und also sehr bedeutend. Und auch der Titel seines ersten Buches ist natürlich nicht einfach nur ein Rätseltitel, nein, ein Literaturlexikon vermerkt: »Der Titel des Romans ›Libidissi‹ darf nicht zuletzt als Ausdruck des libidinösen Verhältnisses des Autors zur Sprache gelesen werden.« Was für ein Quatsch.

Georg Klein ist also nicht alleine schuld. Er trifft auch auf ein bewunderungsbereites Fachpublikum, das in jedem unverständlichen Wort gerne ein Geheimnis findet, eine große Bedeutung, aus Angst vor der Banalität, die dahinter stecken könnte, oder aus Angst, nicht dabei gewesen zu sein, wenn eine tiefe Erstaunlichkeit enthüllt wird und man selbst ist vielleicht der Dummkopf, der dachte, »Libidissi« steht vielleicht nur für − »Libidissi«.

»Was ich schreibe, schreibe ich als Mann.« Seit seinem ersten großen Auftritt rätselt eine erschütterte Fachwelt, was Georg Klein mit diesem Satz wohl gemeint haben könnte.

29 | Sammler und Bewahrer, Mitschreiber, Dokumentaristen. Des Alltags. Der Geschichte. Der Sprache. Der Außenseiter. Des Ich

Walter Kempowski, der Weltbewahrer. Gabriele Goettle, die Zuhörerin. Joachim Lottman, Mitschreiber des Ich und der ganzen Welt. Jörg Schröder, Mitschreiber des Kulturbetriebs. Max Goldt, Spracharchäologe, Witzchensammler, Alles-Entlarver. Ernst-Wilhelm Händler, der Chef

Schwerin, 20. März 1948, Einzelzelle im Gefängnis des sowjetischen Geheimdienstes. Der Häftling **Walter Kempowski** (*1929) beschließt, sich umzubringen. Er ist achtzehn Jahre alt. Er hat alles verloren, ist von der Schule geflogen, hat seine Lehre abgebrochen, der Vater ist am vorletzten Kriegstag gestorben, jetzt haben ihn die Sowjets festgenommen. Der Vorwurf: Spionage. Kempowski hatte bei seiner Festnahme Unterlagen dabei, die

die Demontage der väterlichen Reederei in der sowjetisch besetzten Zone belegen. Kurz darauf wird auch sein Bruder als
Mittäter verhaftet. Und nach drei Tagen im Wasserkarzer, unbe-
kleidet, immer und immer wieder von russischen Wärtern mit
kaltem Wasser übergossen, antwortet der Häftling schließlich auf
die immergleiche Frage, ob auch die Mutter von seinem Vorha-
ben gewusst habe, mit »Ja«. Daraufhin wird auch seine Mutter
inhaftiert.

Walter Kempowski hat sich das nie verziehen. Er bindet sich
ein Taschentuch um, steckt einen Löffel zwischen Tuch und Hals
und dreht und dreht, hakt den Löffel am Hemd ein und wird
ohnmächtig. Er erwacht, versucht es erneut und gibt schließlich
auf.

Walter Kempowski wird von einem sowjetischen Militär-
tribunal zu fünfundzwanzig Jahren Arbeitslager verurteilt. Zunächst sitzt er in Einzelhaft, dann drei Jahre mit 400 Männern
auf engstem Raum in einer Massenzelle in Bautzen, zusammen
mit KZ-Kapos, Juden, die Auschwitz überlebt hatten, Bankdirek-
toren, Sozialdemokraten, die sich der Zwangsvereinigung von
KPD und SPD widersetzt hatten, Kaufleuten, Glasbläsern, Fin-
nen und Amerikanern.

Die Zeit in Bautzen wird für ihn lebensprägend. Als Überle-
bensstrategie beginnt er zunächst, sein eigenes Leben zu rekonstruieren. Tag für Tag: »Ich habe auf meiner Pritsche gelegen, mir
Augen und Ohren zugeklemmt und mir zum Beispiel vorgestellt:
Was hast du am 1. April 1938 gemacht? Es ist natürlich ausgeschlossen, das völlig zu rekonstruieren, aber man kann einkreisen,
sich Gebiete erschließen, an die man zuvor nicht dachte, wie lebten damals die Eltern, welche Freunde hatte man usw. Oder die
Wohnungseinrichtung bis auf den Tapeziernagel genau.«

Und irgendwann begann er Geschichten der Mithäftlinge zu
sammeln. Oft hat er das Wispern geschildert, das man während
des Freigangs im Hof leise nach draußen dringen hörte, die Stimmen der Mitgefangenen, ein Geschichtschor. Kempowski hörte
zu, lauschte drinnen den Gesprächen zwischen den Gefangenen
und sammelte die Schicksale ein.

Nach acht Jahren wurde er begnadigt und aus der Haft entlassen. Seine Mutter war schon vor ihm freigelassen worden,

221

der Bruder folgte wenig später. Sie zogen in den Westen, wurden aber nicht als politische Häftlinge anerkannt. Spionage, das sei ein strafrechtlicher Grund und kein politischer. Noch 1994 schreibt er in sein Tagebuch: »Die größte Enttäuschung meines Lebens war die Ablehnung meines Antrags auf Anerkennung in Hamburg. Bis heute nagt es an mir, der Schlag war zu kräftig. Dass ich daraus letztlich die Kraft zog für meinen Beruf, das ist eine ganz andere Sache.« Da steht Kempowski, ohne Schulabschluss, ohne Lehre, von der Haft gezeichnet, mitten im Leben, ganz am Anfang.

Er macht sein Abitur nach, studiert Pädagogik in Göttingen, wo er auch seine spätere Frau Hildegard kennen lernt. Die beiden werden als Junglehrerehepaar in das Dorf Nartum bei Bremen versetzt. Und Walter Kempowski beginnt zu schreiben. Über seine Haftzeit, über seine Mithäftlinge, über sich – in Zitaten und kurzen Erinnerungseinträgen. Anfang März 1969 erscheint *Im Block* im Rowohlt-Verlag. Seine Mutter lag damals in einem Rotenburger Krankenhaus im Sterben. Sie hat in dem ersten Buch ihres Sohnes nur noch geblättert und beklagte sich, dass der behandelnde Arzt sich mehr für das Buch als für ihre Krankheit interessiere.

Die Kritiken in den Zeitungen sind gut, der Verkauf miserabel, der Finanzchef des Rowohlt-Verlages erklärt dem Chef Ledig-Rowohlt, dass er mit solchen Büchern den Verlag ruiniere. Der hüllte sich in den Rauch seiner Zigarre und schwieg. Die nächsten Bücher von Kempowski verlegt er nicht mehr.

Ein Fehler: Denn mit dem nächsten Buch *Tadellöser & Wolff* (1971) kam der Erfolg auch beim Publikum. Es erobert die Bestsellerlisten und verkauft insgesamt eine halbe Million Exemplare. Auch der Fortsetzungsband *Uns geht's ja noch gold* (1972) wird ein Erfolg. Die Leser erkennen sich offenbar in der Kriegs- und Nachkriegsgeschichte und den Erlebnissen der Familie, die Kempowski schildert, wieder. Es war die erinnerungslose Zeit damals, der Blick ging streng voran, und Kempowski war der Mann, diese Lücke des bürgerlichen Erinnerns zu schließen. Mit dokumentarischen Einschüben, einer Unmenge norddeutscher Zitate und Redewendungen, Werbetexten, Schlagertexten, wie aus einem übergroßen Gehör auf eine Lauschmatrize abgeschrieben. Kempowski erweiterte sein Erinnerungswerk. Mit den Romanen *Aus großer Zeit* (1978), *Schöne Aussicht* (1981) und *Herzlich willkommen* (1984) schafft er seine »Deutsche Chronik«. Bei der linken Kritik kam das lange Zeit nicht gut an. Kempowski galt als bürgerlicher, erinnerungsseliger, unpolitischer Nostalgie-Autor, der weit neben den fortschrittlichen Projekten der Linken lag. Kempowski stand da eher außen vor. Zur Gruppe 47 wurde er einmal eingeladen. Es war nicht seine Welt und er war nicht ihr Schriftsteller. Peter Rühmkorf hat ihn damals fröhlich ahnungslos gefragt, was er in unser aller Goldenen Fünfzigern getrieben habe, worauf er: »Mensch, da hab ich doch in Bautzen gesessen!« antwortete. Man wollte davon nicht wirklich etwas wissen.

In der Zwischenzeit hat Kempowski ein anderes Projekt begonnen, das später das Bindeglied bilden wird zu seinem einen großen Lebensprojekt. Es sind Befragungsbücher aus der NS-Zeit. Unkommentierte Stellungnahmen und Erinnerungen von Menschen, die dabei waren, die Kempowski arrangiert, aber unkommentiert als eine Art »Geschichtsbuch von unten« herausgibt. Und in dieser Zeit muss ihm auch die Idee gekommen sein für sein Meisterstück, für das Riesenprojekt, das die nächsten fünfundzwanzig Jahre sein Leben bestimmen sollte: *Das Echolot* (1993–2005). Am 14. März 1978 schreibt er in sein Tagebuch »Gedanke, ein Archiv für ungedruckte Biografien aufzumachen«. Den Gedanken trägt er mit sich herum, bis er zwei Jahre später eine Anzeige in einer Zeitung aufgibt: »Walter Kempowski«, steht da, »sucht Fotos und Negative, die herumliegen und nicht mehr gebraucht werden: Schnappschuss, Porträt, Genre (bis 1950). Wer stiftet sie meinem Archiv? Ferner: unveröffentlichte Tagebücher und Autobiografien.«

Schon zwei Tage später kommen die ersten Sendungen an, und bis heute vergeht im Hause Kempowski fast kein Tag ohne neue Bilder, Tagebücher, Erinnerungen aus Deutschland und der Welt. Er hat noch ein paar Anzeigen hinterhergeschaltet. Aber inzwischen muss er das längst nicht mehr: Walter Kempowski ist der allgemein anerkannte Erinnerungsbewahrer Deutschlands geworden.

Und irgendwann hat er begonnen, dieses Material zu arrangieren. Zu einem Buch, zu zwei Büchern, drei, vier – *Das Echolot. Ein kollektives Tagebuch* –, es war eine Sensation. Das hat man so noch nicht gelesen. Kempowski hat aus den Zusendungen eine Welt geschaffen, eine Welt dokumentiert, eine Zeit in einer Weise nachvollziehbar gemacht, wie man es nicht für möglich gehalten hätte. Die ersten vier Bände umfassen die Zeit der Schlacht um Stalingrad, die Zeit des Umschlags des Krieges. Der Alltag von Schriftstellern, Präsidenten, sterbenden Soldaten, glücklichen Zivilisten, Propagandaministern, zitternden Müttern, Händlern, Strandgehern, Urlaubern, Mördern, Kindern, von Geschichtsmachern und Geschichtserleidern, Geschichtenerfindern und Kämpfern. Alltag im Krieg, Alltag in der Welt – Geschichte.

Mit zehn Bänden hat Kempowski das *Echolot* inzwischen abgeschlossen. Sein großes Archiv in Nartum darf man nach Anmeldung benutzen. Ich habe für die Zeitung, anmaßend, einmal ein eigenes »Echolot« zusammenstellen wollen. Zum 17. Juni 1953. »Wunderbar«, sagt Kempowski am Telefon, »kommen Sie vorbei.« Er wohnt in einem wunderlichen großen Haus, am Rand des Dorfes, mit Turm, dem »Schriftstellerturm«, und in der Mitte ist Erde aus Rostock vergraben, Heimaterde, und ein gnomartiger Hausgeist wacht über die Geschicke des Hauses, es gibt einen endlosen »Büchergang« mit langen Regalen, und unter dem Schreibtisch des Schriftstellers im ersten Stock ist ein Stein aus dem Steinbruch des Zuchthauses Bautzen vergraben. Zur Begrüßung macht seine Frau ein paar Brote und Tee, ich bin mit einem Kollegen gekommen. Dann lässt er uns in seiner riesigen Geschichtssammlung allein. Es reicht fast in die Gegenwart hinein. Alles ist aufgezeichnet worden. Alles. Manche Aufzeichnungen dürfen nicht veröffentlicht werden. Das steht extra dabei. Und ich habe wohl noch nie ein so böses Fax bekommen wie einige Tage später, als Kempowski bemerkte, dass ich versehentlich eine verbotene Aufzeichnung kopiert hatte. Das war eine Todsünde. Zum Abschied hatte er zu uns gesagt: »Ach, wie gerne würde ich mit euch jetzt noch ein Bier trinken. Wenn ich überhaupt Bier trinken würde und jetzt nicht zum Frisör müsste.« Und streicht seine grauen Locken zurück vor Freude über den guten Witz.

Als der letzte Band des *Echolots* Anfang 2005 Unter den Linden in Berlin vorgestellt wird, ist Horst Köhler gekommen. Er will dabei sein bei diesem geschichtsträchtigen Ereignis, dem Abschluss eines einmaligen Geschichtswerks nach fünfundzwanzig Jahren. Außerdem sammelt er Material für seine Rede zum sechzigsten Jahrestag des Kriegsendes, die er vorbereitet. Wen könnte er da Besseres treffen als Walter Kempowski, den Dokumentaristen der Geschichte. Den Sammler.

Inzwischen sitzt er längst an anderen, viel, viel größeren Projekten. *Ortslinien* nennt es sich. Es ist eine Art Dokumentation des letzten Jahrhunderts. Jeder Tag des Jahrhunderts soll durch ein Produkt, ein Kunstprodukt dokumentiert werden, das an diesem einen Tag entstanden ist. Eine Musik, eine Erfindung, ein Text, ein Buch. Eine Jahrhundertaufgabe – die richtige für Kempowski.

Irgendwann, Anfang der achtziger Jahre, ist **Gabriele Goettle** (*1946) einfach losgefahren. Zusammen mit ihrer Freundin Elisabeth Kmölniger im VW-Bus ins Land hinein. Zu den Menschen, die dort wohnen und kämpfen und leben, einfach so. Sie hatte schon vorher als Journalistin gearbeitet, gab die »anarcho-feministische« Zeitschrift *Die Schwarze Botin* heraus, und ihre Texte veröffentlichte sie in der gerade gegründeten, links-alternativen Tageszeitung *taz*. Sie schrieb, langsam und lang. Bald schon bekamen ihre Reportagen aus dem Land einen festen Platz in der Zeitung und sie ein festes Gehalt. An jedem letzten Montag des Monats steht seitdem auf zwei Zeitungsseiten die neue Goettle-Geschichte. Eine feste Bank. *Freibank* heißt die Rubrik bis heute und verspricht immer noch »Kultur minderer Güte, amtlich geprüft«. Das ist jedoch schon lange kalkuliertes Understatement, denn seit Anfang der neunziger Jahre Hans Magnus Enzensberger, der große Literaturentdecker, auch Gabriele Goettles Reportagen in seine »Andere Bibliothek« aufnahm (*Freibank. Kultur minderer Güte amtlich geprüft,* 1991), sind die Feuilletons voller Lob und Begeisterung für diese aufmerksame, wache, stilsichere, unaufgeregte Reporterin des deutschen Alltags.

Gabriele Goettle fährt hin. Gabriele Goettle hört zu. Lange

hört sie zu und fragt und hat den Mut zu ungewöhnlichen Fragen. *Deutsche Sitten* (1991) heißt ihr erstes Buch. Es beginnt so: »Wie euphorisch und gesellig man werden kann durch ein paar bunte Lappen, davon macht sich der routinierte Geldverdiener keine Vorstellung. Dabei, was sind schon 370 Mark Sozialhilfe? Es ist eine Schande, dass durch sie alle nagenden Sorgen verschwunden sind.« Es geht um die Armen und Leisen, um selbstverständliche Sorgen und einen merkwürdig verqueren Alltag. Selten geht es um Außergewöhnliches. Das Gewöhnliche wird erstaunlich durch die Ruhe des Fragens, durch die Zeit, die sie sich lässt, durch die merkwürdigen und sehr privaten Fragen, die sich die Besuchten mit der Zeit nicht nur gefallen lassen, sondern anscheinend gern beantworten, durch den Blick der Reporterin. Es ist ein anderes *Ganz unten* als das spektakuläre Verkleidungsbuch Günter Wallraffs. Gabriele Goettle kommt als Journalistin, als bekennende Berichterstatterin zu den Menschen. Dabei könnte niemand (außer vielleicht Patrick Süskind) einfacher verdeckt ermitteln als Gabriele Goettle. Denn auch sie ist ein nahezu unbekanntes Wesen. Sie steht grundsätzlich für keine öffentlichen Auftritte zur Verfügung, es gibt nur eine uralte Aufnahme von ihr, braunstichig, vergilbt, darauf sieht man eine beleibte Frau mit langen, dunklen Haaren, die etwas von einer Indianerin hat. Auch die Redakteure der *taz*-Kultur-Redaktion haben sie noch nicht gesehen. Ihre Texte kommen immer rechtzeitig per Fax. Die Fotos von Frau Kmölniger mit genauen Anweisungen, wie die zu platzieren seien, stets dabei.

Nachdem sie *Deutsche Sitten, Bräuche* (1994) und *Spuren* (1997) in drei Büchern gründlich ermittelt hat, wandte sie sich den Ärmsten der Armen in Deutschland zu und ging von Suppenküche zu Suppenküche in Berlin und redete und hörte und schrieb auch hier wieder Reportage auf Reportage. Derzeit ist sie jeden Monat bei einem *Experten* (2003), stillen Vertretern einer Wissensgesellschaft von unten. Unglaubliche Auskenner in Bereichen, von denen man zuvor noch gar nichts gehört hat. Immer noch mit Elisabeth Kmölniger. Immer noch einmal im Monat ein Fax und ein Brief an die *taz,* die dafür jeden letzten Montag des Monats ihre gemeine Kulturberichterstattung ruhen und der Deutschlandkartografin die Seiten überlässt.

Für Leser und Redakteure ist das manchmal ärgerlich. Es ist wahnsinnig tagesunjournalistisch, wahnsinnig altmodisch und wahnsinnig cool.

Wir kommen zu **Joachim Lottmann** (*1956), Sohn des FDP-Mitbegründers Joachim Lottmann, genialer Weltmitschreiber, Lügner, Prahlhans, Fälscher, Erfinder der deutschen Popliteratur, Großvater der deutschen Popliteratur, Anwalt aller Enkel, Allesfotograf und Allesschreiber, Schaumschläger, Geschichtendieb, Über-Ich-AG, Weiterschreiber, merkwürdiger Mensch. Als ihn sein späterer Verleger Helge Malchow Mitte der achtziger Jahre in Hamburg besuchte, zeigte ihm Lottmann zunächst ein gut gefülltes Bücherregal. Vierzig bis fünfzig Bücher, schätzt Malchow, und alle waren von Lottmann geschrieben, abgetippt und selbst gebunden. Ein geheimes Werk, das niemand kannte. Malchow las und fand, was alle Lottmann-Leser später in den veröffentlichten Büchern finden sollten. Manisch schnelle, gehetzte, detailbesessene Mitschriften des Lebens, Buch für Buch für Buch. Daneben Fotoalben in mindestens ebenso großer Zahl. Darin war, schön ordentlich beschriftet, die Welt da draußen abgebildet. Album für Album: ein leckeres Hühnergericht vom Wienerwald, eine leere Colabüchse auf dem Gehweg, die Pedale des Fahrrads eines Freundes. Der damalige Lektor Malchow verschaffte Lottmann einen Vertrag samt Vorschuss und dreimonatigem Wohnrecht in seiner Wohnung. Von Mai bis Juli. In dieser Zeit entstand *Mai, Juni, Juli* (1987).

Das ist kein Buch, das ist das Leben. Das Leben auf der Suche nach dem einen guten Buch, dem neuen Buch, das so noch nie geschrieben worden ist. Es ist ein Buch zwischen dreiundzwanzig Romananfängen, ein Roman der Romanverwerfungen, der Neuentdeckungen, der Schreibverhinderung. Ein Buch gegen die Wiederholung, gegen die Langeweile, gegen das Schreiben als Lebensablenkung, gegen das Lesen als Lebensersatz. Ein Schriftsteller, der noch kein Schriftsteller ist, weil er noch nichts geschriftstellert hat, sitzt in einer Dachstube und bedenkt das Schreiben. Und schreibt nicht. Warum?

Erstens, weil er so ganz anders schreiben will als alles bisher Gewesene: »Kein Sex, keine verdammt gute Literatur, keine Mo-

227

nomanie, keine Exzesse, kein Tiefgang, keine Fantasie, Mystik, L'amour fou, Tinnef, Aberglaube, Spökenkiekerei und immer so weiter.«

Zweitens, weil er so viel zu schreiben hat, weil so unendlich viele potenzielle Romananfänge den jungen Schriftsteller bedrängen: Ein DDR-Roman? Eine Trinkergeschichte? Ein Minderheitenroman über Intellektuelle? Eine Erkundung der eigenen Biografie? Alles ist möglich. Das macht das Schreiben schwer.

Drittens schreibt er nicht, weil er ja leben muss und das Leben loben und immer wieder begeistert feststellen, dass man am Leben ist: »Schon richtig, dass ich gerade nichts erlebte – aber wenn ich nun NICHT hier auf der Lenkstange des angelehnten Fahrrads sitzen und auf den glühenden Asphalt gucken könnte, weil ich tot wäre?« Das wäre schlecht. Das wäre sogar das Schlechteste auf der Lottmann-Werte-Skala. Denn die ist kurz: »Erst das Leben, dann die Literatur, dann der Tod.«

Und viertens schreibt er ja doch. Weil jede Sekunde so wertvoll ist, dass sie beschrieben und festgehalten werden muss. Weil das Leben ein Fest ist. Ein Lottmann-Fest.

Das Buch war der Auftakt für ein schönes, schnelles, unverrätseltes, lebendiges, gegenwärtiges, wahres Schreiben in Deutschland. Vorbild für viele, die nach ihm kamen.

Aber es wurde kaum gekauft. Und schon fünfzehn Jahre später, als ich ein spätes Lob auf dieses Buch in der Zeitung schreiben wollte und mein Exemplar verliehen hatte, war es auch in keinem Antiquariat mehr zu bekommen. Der Einzige, der in Berlin noch ein Exemplar zu haben schien, war: Lottmann.

Das Buch lieh er mir gern, und als das Lob schließlich erschienen war und der Verlag sich entschlossen hatte, eine neue Auflage des Buchs zu drucken, schrieb er einen seitenlangen Dankesbrief, sein Glück sei jetzt vollkommen und er schulde mir »mithin einen sechsstelligen Betrag«. Wegen des riesigen Erfolges, der nun ganz sicher folgen würde.

Die Hoffnungen haben sich, ehrlich gesagt, nicht ganz erfüllt. So viele Käufer fand das Buch nun nicht. Aber die Feuilletons des Landes wollten plötzlich Lottmann-Reportagen drucken. Die Art, wie Lottmann die Welt sieht, euphorisch, melancholisch, schnell und immer so knapp an der Wirklichkeit vorbei und dabei oft auch ziemlich gut geschrieben, das wollte die Reflexions- und die Debattenwelt jetzt plötzlich gerne lesen. Und sein Verlag brachte sogar ein neues Buch von ihm heraus: *Die Jugend von heute* (2004), der Bericht von einem »Onkel Jolo«, der empört über die Leblosigkeit der jungen Menschen der Gegenwart stattdessen das Leben von ihnen fordert, das wahre Leben. Und schreibt das alles mit.

Wir blenden uns einmal kurz ins Literarische Quartett ein. Es ist März 1988, Zweites Deutsches Fernsehen. Es geht um den Verleger, Pornokönig, Jaguarfahrer Jörg Schröder und sein neues Buch. Also:

Jürgen Busche: »Und ›Siegfried‹, wie ist das?« – Marcel Reich-Ranicki: »Erich Fried?« – Busche: »Nein, ›Siegfried‹.« – Hellmuth Karasek: »Von diesem Frankfurter.« – Busche: »Verleger. Ist gut geschrieben.« Reich-Ranicki: »Schröder! Oh Gott, oh Gott, wollen wir auf diese Ebene der Literatur gehen?« – Busche: »Wieso nicht? Was mir Spaß macht, lese ich zunächst mal. Ich kümmere mich nicht darum, dass ich sage, das ist Fontane, das ist meine Ebene. Das Buch habe ich damals gerne gelesen.« – Reich-Ranicki: »Ein Buch gerne lesen und die Bedeutung eines Buches erkennen, das sind zwei verschiedene Sachen.« – Busche: »Was kommen Sie immer mit Bedeutung, die Bedeutung überlasse ich Ihnen. Ich möchte das Vergnügen haben.«

Damals war das Buch schon sechzehn Jahre alt. 1972 erschienen, ist *Siegfried* die Geschichte eines Lebens voller Wut, Hass und Selbstsucht, die Geschichte des Verlegers **Jörg Schröder,** der im Dreck geboren wurde, 1938 »auf den Rieselfeldern vor Berlin«, wie er schreibt, wo die Kanalisation endet und sein Leben begann. Ein Leben zwischen Menschenmonstern, in Armut, Hunger und täglichen Demütigungen. »Bomben und Maschinen machten mir keine Angst, aber vor Menschen hatte ich Horror.« Und dieser Mann beschließt, den Dreck gründlich zu verlassen, im Glanz zu leben, solange es geht. Er machte eine Buchhändlerlehre. Das war noch wenig glanzvoll, er nimmt sich danach vor, »nie im Leben mehr irgendetwas mit Kultur zu tun zu haben«, und säuft und vögelt und hurt sich durch die Düssel-

229

dorfer Nacht. Alles das schreibt Schröder auf beziehungsweise er diktiert es dem Journalisten Ernst Herhaus, der das mitschreibt, und selten wohl hat sich in der deutschen Buchgeschichte ein Mensch so freimütig und stolz als Arschloch, Übermacho, Männerprotz präsentiert wie dieser Mann. Schon als er gleich zu Beginn die Vergewaltigung seiner Mutter durch einen russischen Soldaten wegwischt mit einem raschen »Ich bin sicher, dass ihr das auch Spaß gemacht hat. Der hat sie nicht mit der Pistole gezwungen«, kann man das Buch eigentlich direkt angewidert in eine Ecke werfen, aus der man es nie wieder herausholt. Aber es ist eben doch irgendwie ein unglaublich schonungsloses Buch, auch gegen sich selbst.

Schröder verkauft dann Schreibmaschinen, sitzt in der Werbeabteilung von Kiepenheuer & Witsch, steigt beim Darmstädter Melzer-Verlag ein, gründet seinen eigenen, den legendären März-Verlag, in dem unter anderem Rolf Dieter Brinkmanns Gedichtsammlung *ACI* erscheint und Bernward Vespers *Reise,* sie nennen ihn den »Springer der Linken«, er verkauft pornografische Bestseller und erotische Bücher, er vögelt, betrügt, macht sich dick, fährt Jaguar und trägt teure Anzüge. Er verrechnet sich, verliert Verlag und alles und stürzt ab.

Auf einem Foto sieht man ihn kurz vor dem Sturz, es sind noch einmal Reporter vom *Stern* vorbeigekommen. Er steht vor seinem riesigen Landhaus in Hessen, trägt Anzug und Krawatte, zwei Damen eingehängt, beide völlig nackt, daneben steht sein Jaguar im Laub. Eine der Frauen, bemerkt er im Buch, wurde wenige Tage später in London zur »Miss Minihose« gewählt, die andere ist die Prinzessin Solms von und zu Lich. Als ihr Mann, Graf Solms, das Bild im *Stern* sieht, reicht er sofort die Scheidung ein.

Es ist eine unterhaltsame, böse, schonungslose, protzige Reise durch die Nacht, was wir da lesen, vom Dreck zum Glanz und wieder zurück.

Heute hat Schröder keinen Verlag mehr. Aber er erzählt noch. Und so heißt auch die Schriftenreihe, die man abonnieren kann. Viermal im Jahr erscheint *Schröder erzählt* (1990 ff.), Berichte aus dem so genannten Kulturleben.

Rainald Goetz hat über Schröder mal geschrieben: »Sein

Erzählen belehrt einen auf eine unschlagbar unterhaltsame, wahrhaft komische Weise, wie genau die Radikalität aussieht, die von eigenen mickrigsten Kümmerlichkeitsecken genauso unspektakulär spricht wie vom eigenen Größenwahn, und wie von diesem Punkt, wo alle Entlarvungs- und Selbstentlarvungsabsichten längst zu nichts verglüht sind, das Ich explodiert ins tröstlich Unbesondere, Allgemeine, Verwechselbare. Das ist dann ganz unerwartet große Würde: Jedem Leser-Ich wird, so wie mir, Radikalität zum eigenen Eigenen und darin genau zum Wir gegeben. Das ist superselten. Das ist Glück. Das allein wäre schon genug.«

Früher, als **Max Goldt** (*1958) noch »Kolumnen« schrieb, da war er das Sprach- und Weltbeobachtungsvorbild für viele. Er beobachtete, sezierte, zerlegte Sprachspiele des Alltags, absolut wasserfeste Formulierungen, wie man zuvor dachte, und – petsch – fand eine Unklarheit, eine Lächerlichkeit in jenem Ausdruck, den man jahrelang leichtfertig und ohne Hintergedanken benutzt hatte. Es war entblättert und vergoldet und dadurch nackt und traurig in seine Bestandteile zerlegt. Nicht mehr zu benutzen, ohne an Goldt zu denken.

Goldt, der Mann aus Göttingen, der 1977 nach Berlin zog, um hier eine Fotografenlehre abzubrechen, für Fanzines zu schreiben und Musik zu machen. Mit der Band »Foyer des Arts« und allein als Experimentalmusiker. Goldt also, der 1983 sein erstes Buch mit kurzen Texten unter dem Titel *Mein äußerst schwer erziehbarer schwuler Schwager aus der Schweiz* (1983) bei einem Berliner Kleinstverlag herausbrachte und langsam mit seinen Lesereisen durch Deutschland begann, erst mit eher überschaubarer Zuhörerzahl, inzwischen längst in großen Theatern mit Ereignischarakter. 1989 begann er mit seinen regelmäßigen »Kolumnen« in der Satire-Zeitschrift *Titanic* und in dieser Zeit war es, dass sich ein euphorischer Kreis von Anhängern bildete, die sich die Texte gegenseitig herbeizitierten, auswendig herumerzählten, lachten, lasen und sich auf den nächsten Monat freuten, auf den neuen Goldt, die neue Weltentdeckung im Alltäglichen, die neue Spracherhellung, den neuen Verlust einer alten Selbstverständlichkeit. Man musste das kennen. Nicht dass man danach

noch irgendeine harmlose Formulierung so vor sich hinbenutz-
te und Max Goldt hatte sie gerade in seiner letzten Kolumne
enttarnt und schon war man der Dumme.

Man musste das also lesen und es war auch eine Riesenfreude
immer. Gern erzählt man sich noch heute die Sache mit den Voll-
kornbäckern, die aus irgendeinem Grund irgendwann einmal
begonnen haben, Körner oben auf das Brot zu pappen, anstatt sie
hineinzubacken in das Brot, und nun hat man beim Schneiden
immer den Ärger und alles ist voller Körner in der Küche und
Goldt fragt sich, wer, zum Teufel, macht die weg, die ganzen Körner? Der Bäcker jedenfalls nicht. Kritiker haben auch immer wieder bemerkt, dass er ein sehr konservativer Mensch ist, der Max
Goldt, und dass er den Pullunder schon aus Überzeugung trug,
als die Retro-Schicken von Berlin-Mitte sich noch ausschütteten
vor Lachen über die Pullunder der Welt, und den »Sonnabend«
verteidigte Goldt, als flächendeckend und sogar schon in einigen
Hamburger Cafés plötzlich von »Samstag« gesprochen wurde
und Leute, die immer noch zum Beispiel von »Sonnabendabend«
sprachen, ungebremstem Spott ausgesetzt waren.

Das ging so, bis 1998 die Kolumne endete, und irgendwann
kam der 11. September 2001 und Max Goldt wurde »ernsthaft«.
Was für ein Missverständnis, denn natürlich war Max Goldt
schon immer ernsthaft. Das Lachen der Leser war immer ein
Lachen der Erkenntnis, ein Überraschungslachen, ein Staunen
über eine neue Weltsicht durch Sprachentzauberung. Er veröffentlichte ein Tagebuch unter dem Titel *Wenn man einen weißen
Anzug anhat* (2002) und darin standen Bemerkungen wie »Bei
den ersten Vorträgen dieses Textes ärgerte ich mich über das
von einigen Zuhörern ausgehende Gelächter.« Gut. Und wann
darf man noch lachen, bitte? An vom Autor ausdrücklich aus-
gewiesenen Lachstellen? Gar nicht mehr? Eher Letzteres. »Es
gibt einen sehr beliebten Text von mir, in dem kommt das Wort
›Klofußumpuschelung‹ vor. Die Begeisterung, die dieser Ausdruck erzeugt hat, ist mir rätselhaft.« Ja, wir gestehen: Uns hat
das damals auch gefallen, das schöne Wort. Scheinbar ein Fehler.
Denn der »sehr beliebte Text« des Autors war offenbar nicht
lustig gemeint.

In Interviews erklärt Herr Goldt, dass er sich »immer ohne

Wenn und Aber der Hochkultur zugehörig gefühlt hat«, er berichtet, dass Herren vom Marbacher Literaturarchiv einige Raritäten aus seinem Manuskriptbestand abholten, um sie in den heiligen Archivhallen des deutschen Geistes zu lagern. Sehr zu Recht, meint Goldt, denn »so richtig total irrelevant bin ich ja auch wieder nicht«.

Die Texte, die er jetzt außerhalb des Tagebuches schreibt, dürfen also auch nicht mehr Kolumnen heißen, das sei »eine allzu bescheiden-irreführende Bezeichnung«. Sie heißen jetzt »Szenen und Prosa«, und wenn Max Goldt uns damit sagen will, dass sie jetzt nicht mehr komisch sind, nicht mehr enthüllend und nicht mehr wahr und man sie ganz einfach nicht mehr lesen muss, dann hat er damit allerdings Recht.

Was für ein Sprung jetzt: hinüber nach Regensburg. Hier war der Industriebetrieb des Schriftstellers **Ernst-Wilhelm Händler** (1953). Er hatte die Firma Anfang der neunziger Jahre von seinem Vater übernommen. Händler war der Chef. Chef von zweihundert Mitarbeitern. Und Ernst-Wilhelm Händler ist der Autor eines erstaunlichen Romanwerks, in dem viele Fäden der deutschsprachigen Gegenwartsliteratur und ihrer Geschichte zusammenlaufen. In seinem bislang letzten Roman *Wenn wir sterben* (2002) hat er die markantesten Stimmen der deutschen Literatur des letzten Jahrhunderts hineintransferiert. Die Menschen sprechen wie die Figuren von Rainald Goetz. Oder wie die von Elfriede Jelinek, von Robert Musil oder Peter Handke. Es ist, als käme die deutsche Literatur in der Romanwelt des Ernst-Wilhelm Händler endlich zusammen, um zunächst gemeinsam und schließlich gegeneinander zu wirtschaftlichem Erfolg zu kommen, die Globalisierung zu meistern, gar als Chance zu nutzen, bis nur noch einer übrig bleibt und am Ende sogar dieser letzte untergeht. Der letzte Kämpfer in der Wirtschaftswelt. »was ist der mensch?«, heißt es hinten auf dem Umschlag, »ein haufen fleisch, in geld eingewickelt?« Es ist ein rasantes Leidensbuch, ein Buch der Kälte und des Kampfes aus dem Herzen der Wirtschaftswelt heraus, nicht dort unten, wo das Leiden der Arbeiter ist, nein oben, wo das Geld verdient wird, wo es um Visionen geht, um Wettbewerb, um Strategien, um Aufstieg und den großen Untergang. »Die Poesie dort suchen, wo sie niemand sonst finden will«, lautet das Motto des Romans, und auch wenn wir das zum Beispiel schon von Dürrenmatt kennen, trifft es doch nirgendwo so gut zu wie auf die Bücher Ernst-Wilhelm Händlers, dem Unternehmensdichter.

»Regensburg ist eine Boomtown.« Herr Händler sitzt auf der Rückbank des Taxis und erklärt mir seine Heimatstadt. »Vor und nach dem Krieg war hier kaum Industrie, kaum Geld. Deshalb wurde auch nichts zerstört. Nicht im Krieg durch Bomben und nicht nach dem Krieg durch Horten. Wir haben hier fast italienische Verhältnisse. Und seit BMW hier ist, ist Regensburg Boomtown. Herrliche Lage, herrliche Stadt und nur eine Stunde zum Flughafen München.« Zu den einzelnen historischen Gebäuden hier könne er leider nichts sagen. »Wenn ich Gäste in der Firma habe, engagiere ich immer einen Führer.«

Ernst-Wilhelm Händler hat sein Leben straff organisiert. So war es noch, als ich ihn 2003 besuchte und sein Unternehmen wankte, aber noch zu retten schien. Arbeitswelt und Schreibwelt sind streng getrennt. Tagsüber Fabrikdirektor in Regensburg, am Wochenende Familienvater in München, in der Woche abends liest der besessene Leser Händler ungezählte Bücher, und an den Wochenenden abends ist er Schriftsteller und schreibt, auch wenn er unterwegs ist, auf Geschäftsreisen in der Welt.

Bevor er die Firma des Vaters übernehmen durfte, arbeitete Händler in der Schlosserei der Fabrik und an anderen Handwerksorten. Das Büro des Vaters durfte er nicht betreten, bis er promoviert war. Studiert hat Händler analytische Philosophie und Mathematik. Germanistik kam nicht in Frage, obwohl er schon immer ein begeisterter Leser war. »Das galt als nichts Ernsthaftes bei uns zu Hause.« Seine Mutter war Chemikerin, der Vater Ingenieur. Als er die Firma endlich übernehmen durfte, hat er alles radikal umgestellt: »Mein Vater hat gewartet, bis Bestellungen kamen, und dann, je nach Kundenwünschen, produziert. Ich habe den Markt analysiert und unsere Produktpalette extrem erweitert.« Und ist inzwischen in großem Stil gescheitert. Die lukrativen Firmenanteile hat Siemens übernommen, die anderen muss er abwickeln. Doch es geht weiter. Sein Schreiben geht weiter.

Händler denkt groß. Auch sein Schreibvorhaben, das er etwa zu der Zeit entwickelte, als er die Firma übernahm, ist unbescheiden. Auf zehn bis elf Romane ist sein Werk angelegt, noch bevor die erste Zeile geschrieben ist. Die Verleger, denen er davon berichtet, halten ihn für größenwahnsinnig. Nur einer nicht: Joachim Unseld. Sohn des Suhrkamp-Verlegers Siegfried Unseld. Leider hat da die Stabübergabe nicht so gut geklappt. Der Vater schmeißt den Jungen raus und so hilft Händler der Unterstützer vorerst nicht. Doch als er einen eigenen Verlag gründet, die Frankfurter Verlagsanstalt, ist Händlers Erzählungsband *Stadt mit Häusern* (1995) eines der ersten Bücher des Hauses. Und seitdem erscheint Buch auf Buch. *Der Kongress* (1996) zunächst, der Wissenschaftsroman, in dem zwei Philosophieprofessoren, zwei Denkschulen sich bekämpfen und der neuen knallhart rechnenden Wirtschaftswelt auf ihre Weise begegnen. Und dann der *Fall* (1997), die Geschichte eines Machtkampfs in einem mittelständischen Unternehmen, in dem der Firmengründer dem Sohn die Nachfolge verweigert. Der Vater stirbt, der Sohn rationalisiert und entlässt, der Onkel schreitet ein, der Sohn zieht sich in die Welt der Literatur zurück und scheitert schließlich als Firmenchef und auch als Autor, denn sein Verlag macht Pleite, der Roman bleibt ungedruckt. Da hatte der wahre Händler mehr Glück. Von ihm erscheint auch weiter Buch auf Buch. Wenn man ihn trifft, auf Buchmessen zum Beispiel, ist er stets der glücklichste Gast: »Ich fahre dahin wie in die Ferien. So viele Menschen, mit denen man über Bücher sprechen kann.« Für Händler ist das ein Traum.

Jetzt hier in Regensburg hat er uns inzwischen in ein prachtvolles, altes Restaurant in der Altstadt geführt. Ein kleiner Saal, Flügeltüren aus Wurzelholz, Steinsäulen am Rande. Händler, schlank, groß, im dunkelgrünen Dreiteiler, kurze schwarze Haare, die Idee eines Grauschimmers an den Schläfen, wird als Stammgast mit zurückhaltender Herzlichkeit begrüßt. An dem einzigen noch besetzten Tisch im Raum hat er gleich einen Bekannten entdeckt, er schreitet schnell herüber, schüttelt Hände, redet kurz, kehrt zurück, an unseren Tisch, führt mit knappen Worten durch die Karte, verwirft das von mir gewählte Menü als »nun doch etwas zu leicht«, erklärt, heute keinen Alkohol zu trinken, da morgen Sport auf dem Programm stehe.

Wir bestellen Mineralwasser und ein nicht gar so leichtes Menü, ich rede vom Ende des Romans *Wenn wir sterben,* in dem vier Frauen um die Macht im Unternehmen kämpfen und ein desaströses Ende erleben. »Zerstört?«, fragt Händler. »Die Frauen sind zerstört am Ende? Ja, vielleicht. Es ist aber zugleich nur die halbe Wahrheit. Jedes System schafft sich die Menschen, die es braucht. Insofern sind sie nicht zerstört, sondern funktional.«

Ernst-Wilhelm Händler ist ein freundlicher und sanfter, aber bestimmter Widersprecher. »Sie können das natürlich schreiben«, sagt er zum Beispiel gerne, »aber ...«. Also: »... Aber die Endzeitstimmung ist eigentlich nur eine persönliche Stimmung der Frauen. Keine generelle. Mich interessiert die Seelenlage der Menschen.«

Händler berichtet aus der Welt der Wirtschaft, von der Krise seines Unternehmens und dem Glück des Schreibens. Dem Glück des kleinen Ruhms, der sich ganz langsam einzustellen beginnt.

Er weiß, dass das alles enden kann und wird. Er weiß es. Einmal im Jahr fährt er zur Jahresversammlung des deutschen PEN-Clubs. Er fährt nur hin wegen eines Moments. Wegen des Moments, in dem die im letzten Jahr verstorbenen Mitglieder verlesen werden. Von denen man zumeist die Namen nicht mal kennt oder schon lange, lange Zeit vergessen hat. Die einmal große Namen hatten und von denen man dachte, sie seien schon lange tot, weil niemand mehr von ihnen sprach. Er sagt: »Wie schnell ist man vergessen.«

Doch das Werk Ernst-Wilhelm Händlers wird so schnell nicht vergessen werden. Da kann er sicher sein. Und vorerst schreibt er ja auch noch. Elf Romane sind sein Ziel, das groß geplante Werk. Und vier sind erst erschienen.

Jenseits des Ostens – die Grenzüberwinder

30

Ingo Schulze, Westalltag in Altenburg. Thomas Brussig, Maueröffnung als Witz. Reinhard Jirgl, dunkeldeutsche Rätsel. Katja Lange-Müller, die Lehrerin. Durs Grünbein, der Klassiker ist müde

Sie alle sind im Osten geboren und aufgewachsen, sind Kinder der DDR und wurden zu Schriftstellern erst im anderen Deutschland. Wie ein Komet schoss der Dichter Durs Grünbein in den Himmel über das wiedervereinigte Land. »Ecce poeta!« hatte sein Verleger Siegfried Unseld zur Begrüßung des jungen Mannes aus Dresden gerufen, als 1988 sein erster Gedichtband *Grauzone morgens* erschien, und nach der Wende stimmten in diesen Ruf alle Feuilletons des Landes ein. Während sie das erste veröffentlichte Buch des Beleuchters der Ostberliner Volksbühne, Reinhard Jirgl, in all der Feierlaune übersahen. Jahrelang schon hatte er in der DDR geschrieben und geschrieben, ohne Chance auf Veröffentlichung. Jetzt endlich hatte sich der Aufbau-Verlag bereit erklärt, in seiner Reihe »Außer der Reihe« Jirgls Buch *Mutter Vater Roman* (1990) zu veröffentlichen, da verschwand das Land und mit ihm auch die Reihe. Denn dieser Mann schrieb einen zu widerständigen Stil, um ein Land in Feierlaune dafür aufnahmelustig zu finden. Katja Lange-Müller hatte schon früher die Gelegenheit zur Ausreise und zur Publikation im Westen genutzt. Noch aus der DDR heraus sandte sie 1984 das Manuskript ihres ersten Erzählbandes *Wehleid – wie im Leben* an den S. Fischer Verlag im Westen, der es sogleich annahm. In ihrem Land machte man ihr deutlich, dass man das für keine gute Idee halte, und legte die Ausreise nahe. So zog sie in den Westen, las in Klagenfurt, gewann den Bachmann-Preis, noch bevor das erste Buch erschienen war.

Im vereinigten Deutschland vertrieben sich die Kritiker derweil die Zeit mit der Suche nach dem so genannten Vereinigungsroman. Günter Grass nahm die Forderungen ernster als alle, dachte sogleich: »Wer, wenn nicht ich?« und schrieb mit

Ein weites Feld einen so hanebüchenen Roman vom Reißbrett, dass man nicht Reich-Ranicki heißen musste, um das Buch in einem Anfall von Empörung aus dem Fenster zu schleudern. Doch kaum hatten die Kritiker ihr Entsetzen jedem mitgeteilt, der es hören wollte, und beschlossen, lieber gar nichts mehr zu erwarten, als dieser unbekannte junge Herr mit der weichen Stimme und dem lichten Haar aus Ostberlin daherkam und den Vereinigungsroman als große Groteske unter dem Titel *Helden wie wir* veröffentlichte. Und drei Jahre später waren auch die ernsthaftesten Forderungen erfüllt, als der Dresdener Immenslockenträger Ingo Schulze, der sich die ersten Jahre der Einheit mit der Gründung und Leitung von Anzeigenblättchen vertrieben und mit Sankt Petersburger Glücksgeschichten jede Menge Preise gewonnen hatte, mit seinen Aufzeichnungen aus dem sächsischen Provinzstädtchen Altenburg die Leser glücklich und die Einheitsromanforderer endlich zufrieden gemacht hatte.

Das sind sie also: die Neuen aus dem Osten. Für die die Einheit, im Gegensatz zu ihren westdeutschen Kollegen, ein echter Lebenseinschnitt war und die ein neues Schreiben mitbrachten ins neue Land.

Er erzählte von einem besonders fernen Osten, von Russland, von Sankt Petersburg. Ein halbes Jahr hatte **Ingo Schulze** (★1962) 1993 dort verbracht und Stoff für dreiunddreißig Romane gefunden. Doch er machte daraus nur dreiunddreißig Miniaturen, *33 Augenblicke des Glücks* (1995) nannte er sie. Der Mann war überall, war mit Schuhputzern im Dreck und auf stinkenden Müllhalden, mit verlorenen Herren am Grab ihrer Mutter, er lässt sich von Huren an einer Hotelbar Vorträge über die russischen Klassiker halten und ist dort, wo das größte Elend ist, der nahe Tod und immer auch ein Augenblick der Erkenntnis und des Glücks. Hubert Winkels hat Ingo Schulze ein Erzählchamäleon genannt. Das ist sehr gut gesagt, denn Ingo Schulzes große Kunst, die ihn stets vor Kitsch bewahrt, ist sein Blick. Der klare Blick, die Klarheit der Sprache. Die ungeheure Nähe zum Gegenstand, ohne voyeuristisches Gieren und blödes Sich-gemein-Machen, was er mit dem Buch *Simple Storys* (1998) noch weiter perfektionierte. Neunundzwanzig Geschichten aus dem zwischen Leipzig und Zwickau gelegenen kleinen Städtchen Altenburg, wo der Autor einst als Dramaturg, als Zeitungsgründer und Redakteur gearbeitet hatte und wo er sich auskennt wie nirgends sonst. Wo er vor allem die Wendezeit erlebte. Die große Zeit, die er dort erlebte, wo sie nur ganz klein war. Wo sie – oh ja, auch in Altenburg – groß schien am Anfang und wo die Menschen schon an Wunder glaubten, als sie nach kurzer Reise mit westdeutschem Pass plötzlich in Assisi standen, am anderen, verbotenen, nie für wirklich gehaltenen Ende der Welt. Das ist das Epochenereignis des Schuldirektors Ernst Meurer und auch ein Augenblick des größten Glücks, bis er unverhofft dem Lehrer Dieter Schubert begegnet, den der Rektor einst wegen politischer Verfehlungen vom Schuldienst suspendieren und ins Bergwerk überwechseln ließ. Das geht nicht gut aus, für beide nicht. Und es sind die kleinen Geschichten, die geschehen, Unglücksgeschichten in der neuen Welt. Ohne große Worte. Von Schicksal ist nirgends die Rede. Am Ende sind die Geschichten ein Roman. Aus der dürren neuen Wirklichkeit.

Und dann war es sieben Jahre lang still um Ingo Schulze. Immer wieder gab es kurze Interviews, ja, er arbeite an einem großen Roman aus den Wendezeiten, allein, der Anfang sei unlösbar schwer. Drei Jahre suchte er nach der richtigen Perspektive. Und schließlich fand er sie: ein Briefroman, in romantischer Tradition. Ingo Schulze fungiert als Herausgeber der Briefe des verhinderten Schriftstellers, Traum-Oppositionellen und Zeitungsgründers Enrico Türmer aus Altenburg. Mit ganzem Titel nennt sich das Buch: *Neue Leben. Die Jugend Enrico Türmers in Briefen und Prosa. Herausgegeben, kommentiert und mit einem Vorwort versehen von Ingo Schulze* (2005). Ja, das klingt prätentiös und sperrig und altmodisch. Der Briefroman erweist sich aber als perfekte Form, um das Leben Türmers in den Wendezeiten zu beschreiben. Er schreibt in der Gegenwart der beginnenden neunziger Jahre Briefe aus seiner Vergangenheit an eine fern geliebte Fotojournalistin im Westen, erzählt die Geburt des Schriftstellers in der DDR aus dem Geist der geträumten Opposition. Wie Türmer versuchte, Schriftsteller zu werden, um schreibend widerständig zu sein und es in der Wirklichkeit nicht sein zu müssen. Wie er dann, für wenige Minuten, zu einem Vor-Wende-Helden wird, mit einer flammenden Rede im Theater Altenburgs im Herbst der großen Revolution. Und dann, als er erkennt, dass sein Land untergehen wird, in Lethargie verfällt. Es war ja Wahnsinn, erkennt er jetzt, an der Abschaffung dieses Staates zu arbeiten, der ein Traumstaat war, für Schriftsteller. Den ein bloßes Gedicht erschüttern konnte. In dem Schriftsteller Allmachtsträume träumen konnten, sogar oder gerade jene, die gar nichts veröffentlichten. »Zu gefährlich für mein Land« war das Ruhmesblatt, mit dem sie sich schmücken konnten. Und dann war alles vorbei. Das Land geht unter und die Literatur spielt keine Rolle mehr. Türmer träumt und schaut und denkt, gründet schließlich eine Zeitung, aus der später ein kleines Druckimperium erwächst. Die Briefe der Gegenwart, die er an seine geliebte Schwester und einen Jugendfreund schreibt, unterbrechen immer wieder die Rückschau der Briefe an die Westfreundin. Es sind Lehrjahre des Kapitals und Ingo Schulze hat die große Lehrgeschichte jener Übergangsjahre geschrieben. Die Lebensstationen Türmers ähneln denen Schulzes, vom heimlichen Schriftsteller zum Theaterdramaturgen in Altenburg, zum Leiter eines Anzeigenblattes am selben Ort. Doch am Ende wird Türmer in Konkurs gehen und fliehen. Ingo Schulze wurde Schriftsteller. Einer der besten, die wir haben.

»Es war von vorne bis hinten zum Kotzen, aber wir haben uns amüsiert.« Das schreibt **Thomas Brussig** (*1965), der Mann, den sie als Klamauk-Heini missverstanden, als er 1995 *Helden wie wir* veröffentlichte. Da hat man bei all der sensationell lustigen, grotesken DDR-Alltagsüberzeichnung den Zorn übersehen, der in diesem Buch steckt. Der Zorn auf dieses kleine Spitzelland, seine Befehlsarschlöcher, Schriftstellerinnen, die aussehen wie die überstrenge Eiskunstlauftrainerin von Katharina Witt und überall, wo sie gefragt werden, systemerhaltende Reden schwingen und sich in letzter Sekunde auf die richtige Seite schlagen. All dieser Zorn macht das Buch des so friedlichen berlinernden Brussig erst richtig aus. Über das System sagt Ultzsch, der angepasste, lächerliche Held, der ein ganzes Land zum Einsturz brachte: »Es verunstaltete Menschen: Es brachte sie dazu, zu lieben, was sie hassen mussten. Und das mit einer Intensität, dass

sie das nicht mal heute wahrhaben können. *Ich brauche* gar nicht
›Erinnert Euch!‹ zu verordnen, ich weiß – dass nichts, was irgendeiner tat, das System zum Einsturz brachte. Es gab nur einen,
und das bin ich.«

Das Buch war der Auftakt für all die Ostalgiewellen, die danach das ganze Land überrollten und uns bis heute nicht in
Ruhe lassen. Leider hat man die Brussigwut dabei schnell über
Bord geworfen, so dass nur Folklore und rote Rührseligkeit
blieb. Brussig selbst ist über die Jahre seinem Thema treu geblieben und schichtet Vereinigungsbuch auf Vereinigungsbuch.
Der Mann hat sein Thema gefunden und lässt es nicht mehr los.
Sein letztes Buch, der Sechshundertseitenroman *Wie es leuchtet*
(2004), ist in seinem übergroßen Wollen zum übergroßen Wurf
allerdings sehr bemüht, zu voll, zu ungebändigt, zu schwach geschrieben.

Wir wollen den alten Brussig wiederhaben. Den unangestreng-
ten Phrasenentlarver mit Witz und Wut und der, wenn er mal
mit anderen Schriftstellern in einem Hamburger Luxushotel einige Tage eingesperrt wird, um irgendeinen Preis zu gewinnen,
die Kollegen immer wieder auf sein Zimmer nötigt, um noch
einmal, ein letztes Mal *Die nackte Kanone zweieinhalb* anzusehen
und zusammen zu lachen, zu lachen und zu lachen.

Da wäre **Reinhard Jirgl** (*1953) nicht mit dabei. Dieser Mann
lacht eher nicht. Schnauzbart, Mittelscheitel, trauriges Gesicht.
Er schreibt Bücher des Eigensinns, der wütenden Weltbewah-
rung, des Abgrunds und der Dunkelheit. Merkwürdige Bücher
in merkwürdiger Sprache, mit merkwürdigen Worten in merkwürdiger Schreibweise. Geschult an Arno Schmidt und einem
eigenen Kopfbürokratismus, der »und« als »&« und Zahlwörter,
auch innerhalb von Wortkombinationen, immer als Zahlen
schreibt, unentwegt Wörter mit Strichen und Doppelstrichen
verbindet und trennt, Sätze mit Ausrufezeichen und Fragezei-
chen beginnt, den ganzen Text zerstückelt, jeden Buchstaben
hinterfragt, so dass das Lesen ein Kraftakt ist, ein Sichhinein-
krampfen in den fremden Kopf des Autors. In die schwarze Welt
der DDR und der Zeit davor. Es sind Bücher, die nicht gerade
um Leser betteln. Besser gesagt: Sie sind eigentlich gegen die

241

Leser geschrieben. Stolze Rezensenten sagen jetzt: Ja, der wahre
Leser kämpft sich in jeden guten Text hinein. Das sei eben der
Unterschied zwischen wahrem Leser und Spaßleser. Schon gut.
Die Frage ist doch nur, ob es sich lohnt.

Die Antwort: Ja und Nein.

Erstens ist es ärgerlich. Und zweitens: Manchmal weiß man
nicht, ob es sich gelohnt hat, es bleibt nur so ein Rauschen im
Kopf zurück. Was soll das sein? »Sofort mit 18 Jahren zog ich
fort. Der Zufall aus eigener Beharrlichkeit & nachweisbarem
Behörden-Pfusch bei der KaWehVau verhalf mir zur Überwindung einer Unmöglichkeit, als Lediger, nicht straffällig Gewor-
dener oder ebenso wenig als nicht *anderweitig zu bevorzugende
Person,* im-Osten dennoch !legal 1 Wohnung zu bekommen: 1-
Zi-Whg. m. Kü, 2. St, Ofenhzg, AWC f. 4 Fam. 1/2 Tr. Tiefer –
an grausam=belärmter Straßenkreuzung, 1zig nachts zwischen
2 und 4 Uhr war etwas Ruhe : 1=jener ostzonaler Brutnester
für Hass. (Und wäre !jedesloch gezogen: Nur !fort aus diesem
Abbruchgefilde 1 Da-Heims…)«

So. Manchmal läuft es auch schneller. Manchmal gibt es
auch andere Leserabschreckungstricks. Wechsel der Erzählper-
son, ohne Zeichen, wer spricht wann, kaum zu entziffern, und
manchmal lohnt es sich einfach: Manchmal sind da eine Kraft
und ein apokalyptischer Wahnsinn.

Reinhard Jirgl hatte zur Wendezeit sechs fertige Romanma-
nuskripte in der Schublade. Der Roman *Abschied von den Feinden* (1995) ist ein Horrorbuch und Liebesbuch, eine Geschichte
der DDR, schrecklich, wüst und anders als alles: zwei Söhne in
der DDR, Söhne eines ehemaligen SS-Offiziers, der in den Westen flüchtete, Söhne einer Mutter, die in einer psychiatrischen
Anstalt leben muss, Söhne, die im Waisenhaus aufwachsen und
bei Pflegeeltern, die sich später in die gleiche Frau verlieben, ge-
gensätzliche politische Systeme unterstützen, der Ältere verrät
den Jüngeren, der flieht in den Westen, das Land geht unter, die
Familie geht unter. Das alles wird auch noch mit Szenen der
Eroberung Südamerikas unterlegt. Es gibt Stellen nationalen
Schwulsts und des negativen Nationalismus: »Es ist Das Deut-
sche: Das Faust- & das Schächer-Syndrom, in allen Deutschen
–: Der Stürmer, solange sie obenauf sind: Der um Vergebung

winselnde Ganove am Kreuz, wenn die Sache schief gegangen ist: – dieses Deutsche in den Deutschen, das dieser Zeit diese Gestalten gibt.«

Erschöpft von so viel Deutschland und Apokalypse und Schicksal und pechschwarzen Unausweichlichkeiten in Buchstabenverrenkungen auf die Seiten gehämmert, überwiegt am Ende doch das Gefühl: Es lohnt sich wohl eher nicht.

Aber sie lohnt sich: **Katja Lange-Müller** (*1951). Erstaunliches Leben, schöne Bücher. Funktionärskind, das von der Mutter denunziert wurde. Was ihr die Relegation von der Oberschule und ein Jahr in einem Teppichkombinat in Ulan Bator einbrachte. Ideenreich waren sie ja, die Machthaber des Ostens. Renitente Personen musste man nicht unbedingt ins Gefängnis stecken. Ein Jahr Erfahrungensammeln in der Mongolei reichte da völlig aus. Aber es reichte nicht aus, um Katja Lange-Müller einzunorden.

Die ersten sechs Jahre ihres Lebens verbrachte sie in einem Heim. Die Eltern waren mit dem Aufbau des Staates beschäftigt. Die Mutter, Inge Lange, zunächst hauptberuflich bei der FDJ, seit 1961 im Zentralkomitee der SED, später Kandidatin des Politbüros, der Vater, trinksüchtiger Redakteur der Parteizeitung *Neues Deutschland*, später stellvertretender Intendant des DDR-Fernsehens. Irgendwann nehmen sie ihre Tochter doch zu Hause auf, sie fliegt einige Zeit später von der Schule, weil sie Walter Ulbricht imitiert, macht an einer anderen Schule den Abschluss und lernt Schriftsetzerin. Mit achtzehn zieht sie wieder aus, besetzt eine Bude im Berliner Scheunenviertel und arbeitet als Layouterin bei der *Berliner Zeitung*. Das ist ihr schon schnell nicht mehr interessant genug, und sie arbeitet fünf Jahre lang als Pflegerin auf einer geschlossenen psychiatrischen Frauenstation. 1976 unterzeichnet auch sie den Protest gegen die Biermann-Ausbürgerung. Da hat sie zum ersten Mal bewusst als Funktionärskind gehandelt: »Ich wusste, dass es egal ist, was die Hilfsschwester Katja macht, wenn aber die Tochter von Inge Lange unterschreibt, hat das ein Gewicht.« Dann studierte sie am Leipziger Literaturinstitut, das damals noch den Namen Johannes R. Becher trug und an dem sie in den neunziger Jahren lehrte, brachte das Jahr in

Ulan Bator hin und arbeitete dann als Lektorin beim Altberliner Verlag in Ostberlin. Doch ihr Manuskript schickte sie in den Westen. S. Fischer nahm es an und es war kein Halten mehr. Katja Lange-Müller ging in den Westen und schrieb. Heute lebt sie im tiefsten Westberlin, im Wedding, kennt jeden wichtigen und jeden jungen Schriftsteller der Stadt und schreibt immer noch. Unverbittert, lebenskundig, lebensfroh. Sie ist für viele junge Autoren wichtig gewesen. Als Lehrerin am Literaturinstitut. In der so genannten Häschenschule von Klagenfurt, dem Literaturkurs, der jedes Jahr vor dem großen Wettlesen um den Bachmann-Preis stattfindet. Autorinnen wie Judith Hermann, Terezia Mora und Karen Duve werden nicht müde darauf hinzuweisen, wie viel sie dieser Frau und ihrem Schreiben verdanken.

Ihr Schreiben? Mit *Wehleid – wie im Leben* (1986) fing alles an. Wehleid klingt ja ein bisschen nach Schmerzensliebe, Trauerversunkenheit und so. Davon hat ihr erstes Buch mit zweiunddreißig Prosastücken aber fast nichts. Melancholie, ja, Einsamkeit, Erinnerungen, alles das. Aber schon diese ersten Texte folgen dem unverwechselbaren Lange-Müller-Klang. Eigenwillig, schnell, immer neue Bilder findend, eingeschnappt, böse, ironisch, im größten Schmerz noch lachbereit. Immer noch einen Sprachwitz parat, wo man sich schon ausweglos umstellt fand von Ausweglosigkeiten. Es sind Geschichten aus Ulan Bator darin und aus Berlin, Texte über verstorbene DDR-Grenzsoldaten und »Schizzo-Omas« in geschlossenen psychiatrischen Anstalten. Aus dem Leben, wahr, erlebt und kunstvoll zur Geschichte verdichtet. Auf Schreibmaschine geschrieben hat sie jede Seite so oft wieder abgetippt, bis kein Fehler mehr darin war. Immer wieder neu.

Dann kam zwei Jahre später das deutsch-deutsche Teilungs- und Fantasiebuch *Kasper Mauser – Die Feigheit vorm Freund* (1988). Die Geschichte von Rosa Extra aus Ostberlin, Anna Nass, die aus der DDR stammt, aber vor einiger Zeit in den Westen übersiedelte, und Jürgen-Amica Hermann, der zu Beginn des Buches hinüberwechselt von Ost nach West und den Anforderungen des abrupten Systemwechsels mit dem Wechsel in eine Kasper-Identität trotzt. Die Erzählerin pendelt zwischen den Welten, berichtet mal aus der West-, mal aus der Ostperspektive. Das Glück ist nirgendwo. Anna sieht sich von einem »Ehe-

maligen«-Leben umstellt und nirgends Jetzt und Zugehörigkeit,
Rosa schreibt Bücher, »die hier keiner druckt und dort keiner
kennt«. Und für Jürgen-Amica ist die Kasperrolle auch nur ein
Ausweg auf Zeit. Seine Grabinschrift lautet

> *Denn so ist das Leben in Deutschland geworden:*
> *Die einen haben Katzen,*
> *die anderen nichts*
> *und Ekel Konjunktur.*

Doch den Spott und die Trauer und die Melancholie bewahren
sich alle Figuren von Katja Lange-Müller, die am Leben bleiben.
Und sie selbst bewahrt es sich auch.

Und dann war da also dieser junge Mann. Dieser Dichter aus
Dresden. Zweiundzwanzig Jahre alt war **Durs Grünbein** (*1962),
als seine ersten Gedichte entstanden, seine ersten Essays und
Übersetzungen. Und fünfundzwanzig, als *Grauzone morgens*
(1988), sein erster Gedichtband, bei Suhrkamp im Westen er-
schien. Der Verleger Siegfried Unseld war hingerissen. Aber die
Welt merkte noch nichts. Es ist von Leere die Rede, von der
Zähigkeit der Verhältnisse, jenseits aller Moden. Etwas geht zu
Ende. Es ist nicht zu viel interpretiert, aus heutiger Sicht die
Ahnung eines Endes hineinzulesen. Das ist alles schon drin in
diesen Gedichten, jenseits aller Moden des Prenzlauer Bergs in
dieser letzten Zeit:

> *An diesem Morgen gingen die 80er Jahre*
> *zuende mit diesen Resten der*
> *70er, die wie die*
> *60er schienen: nüchtern und wild.*

> *»3 Jahrzehnte mit einer Hoffnung im Off ...«*

> *Nimm dir ein Negativ (und vergiss):*
> *   diese Warteschlangen sich kreuzend an*
> *Haltestellen, die Staus im*
> *Berufsverkehr, total*

Eingefrorene Gesten am Zeitungskiosk, die
Missverständnisse (»Sind Sie verletzt?«)
(»Kennen Sie DANTE?«) …

Stillstand, Warteschlangen und eingefrorene Gesten. Aber etwas geht zu Ende. Die Achtziger. Was das heißt, weiß der Dichter damals noch nicht.

Aber eine Hoffnung ist da. Und eine Sehnsucht in all dem Grau:

…«Viertel nach 2 …«, und »Kein
Traum in Aussicht…«, nur diese ziellose Müdigkeit.
In New York

hättest du todsicher jetzt den
Fernseher angestellt, dich zurückgelehnt
blinzelnd
vom Guten-Morgen-Flimmern belebt.

Grund, vorübergehend in New York zu sein, nannte er das Gedicht. Einfach so.

Es ist dies unangestrengt Beiläufige, das trotzdem formsicher, traditionsgewiss mit der Gedichtgeschichte spielt, sie nutzt, zitiert und diesen Band so schön macht. Neben diesem Grau und der Bewegungslosigkeit des Inhalts, der überall ein Ende ahnt.

Und dann ist es da, das Ende. Und Grünbein dichtet, unter dem Titel *12/11/89:*

Komm zu dir, Gedicht, Berlins Mauer ist offen jetzt.
Wehleid des Wartens, Langeweile in Hegels Schmalland
Vorbei wie das stählerne Schweigen … Heil Stalin.
Letzter Monstranzen Glanz, hinter Panzern verschanzt.
Langsam kommen die Uhren auf Touren, jede geht anders …

Das neue Land – der neue Dichter! Was für ein Auftakt: »Komm zu dir, Gedicht, Berlins Mauer ist offen jetzt.«

Und so kam das Gedicht in Durs Grünbeins Versen also auch wirklich zu sich. Die Kritiker waren außer sich. Durs Grünbein war der Dichterkomet der ersten Jahre. Er hatte alles: Dichter des Ostens, scheinbar ohne Vergangenheit, mit aller Zukunft für sich, kundig in allen Traditionen, sie souverän nutzend, alles wagend, mit allem Pathos der neuen Welt und mit offenen Augen für die Gegenwart, einem tiefen Wissen um die Vergangenheit, einer Ahnung für die Zukunft. Aber vor allem: dem offenen Blick, dem unbedingten Willen zum Dichten und der Bereitschaft, die ihm von der Öffentlichkeit zugedachte Rolle anzunehmen und souverän auszufüllen. Programmatisch-unprogrammatisch erklärte er: »Der neue Künstler hat kein Programm mehr, sondern nur noch Nerven. Stil ist allenfalls noch ironisch spielerische Tarnung oder Mimikry, insektenhafter Bewegungsablauf im Zwielicht von Gewächshausnachmittagen. Zwischen Nekrophilie und Neurologie führt ihn sein Weg im Zickzack durch die urbanen Gefangenenzonen, nicht anders als der von Kinderbanden, die ihre Zeit mit Autojagden, S-Bahn-Surfing oder Kaufhaus-Piraterie verbringen.«

Rasch erscheinen weitere Gedichtbände, und schon 1995 wird er mit der höchsten deutschen Dichterehre ausgezeichnet, dem Georg-Büchner-Preis, in einem Alter, wie alle damaligen Berichterstatter vermerken, in dem diese Auszeichnung zuvor nur Hans Magnus Enzensberger und Peter Handke erhalten haben. Mit zweiunddreißig Jahren ist der Dichter Durs Grünbein auf dem Gipfel seines Ruhmes. Dann veröffentlichte er fünf Jahre lang nichts.

Als er wieder auftaucht, ist er abgeklärter. In seinem Gedichtband *Nach den Satiren* (1999) findet sich mitunter ein selbstironischer Ton, ein ungläubiger Blick auf sich selbst als Klassiker. Wer spricht? »Seine Majestät, das Ich. Was aber, wenn sich, wie oft im Gedicht, jedes Mal ein Anderer dahinter verbirgt? Ein altes Ich, ein neuer Ton – was weiß die Stimme schon davon?«

Und gleichzeitig ist in den Gedichten eine Art Rückzug. Ein immer stärkerer Bezug auf die Antike. Die Römer und er, die Welt und die Klassik. Und wenn man ihn in diesen Tagen anruft, um ihn zum Beispiel um einen Text zur schweren Oderflut für die Zeitung zu bitten, dann sagt er gleich zu und dichtet von antiken Fluten, Weltensturz und vergangenen Untergängen. Und die Wirklichkeit da draußen, die hält er sich vom Leib.

Er hat inzwischen graue Haare, trägt eine silberne Brille und manchmal scheint das Wort zuzutreffen, das er am Anfang seines Schreibens über den früh verstorbenen Dichter Eugen Gottlob Winkler gebrauchte, den er »seelisch ergraut« genannt hat.

Der Komet ist müde geworden. In einem Tagebucheintrag aus der Silvesternacht 1999/2000 lässt er eine Besucherin sagen: »Wer wie unsereins etwa zur Halbzeit (des Jahrhunderts) auf die Welt kommt, sagen wir 1962, gehört am Jahrhundertende zum alten Eisen. Die besten Jahre hat er schon hinter sich. Mit seinen Gewohnheiten und Anschauungen gilt er als Invalide, unheilbar an Anachronismus erkrankt. Kurz gesagt, er hat ausgedient, sobald er im nächsten Jahrhundert erwacht.«

Grünbein hat nicht ausgedient, aber die Müdigkeit ist groß im neuen Jahrhundert. Der Kater nach all den Jubelstürmen, die ihm alle in den Jahren danach in hämischer Kritik zurückgezahlt wurden. Jetzt ist er noch nicht vierzig und dichtet unter dem Titel *Das pessimistische Alter:*

> *Ruhig Blut, Siculus. Sag dir lieber schon jetzt:*
> *Immer wird noch ein anderer kommen,*
> *Der beweist: sie haben dich überschätzt.*
>
> *Vergiss das Lob, das dir schmeichelt. Es rinnt*
> *An der Pisswand hinab, die zum Herzensgrund führt.*
> *Es zeugt nur den Neid, dieses hässliche Kind.*
>
> *Nimm mich, den sie durch Ruhmhallen hetzten.*
> *Seit der Cäsar tot ist, kräht kein Hahn mehr nach mir.*
> *Früher der Erste, leb ich heut unter den Letzten.*
>
> *(in: Erklärte Nacht, 2002)*

Die Geschichte von Durs Grünbein ist auch die Geschichte eines Abstiegs und einer Erschöpfung. Von einem, dem es von vornherein um alles ging. Ein Dichter ohne Wahl, wie er noch 2005 in seiner großen Hölderlin-Rede sagte: »Von wegen Klassik oder romantische Ironie, volkstümlicher Humor oder Pathos der Distanz: Jeder folgt seinem eigenen Dämon, der ihn von Anfang an leitet, im besten Fall in eine neue Ausdruckswelt.«

»Komm zu dir Gedicht«, damit fing alles an. Euphorie des Beginnens, als alles möglich war und alles wirklich wurde.

Jetzt heißt es, am Ende des Buches *Erklärte Nacht* (2002):

> *Was bleibt, sind Gedichte. Lieder, wie sie die Sterblichkeit singt.*
> *Ein Reiseführer, der beste, beim Exodus aus der menschlichen*
> *Nacht.*

Kurz vor der Stille

31

Undine Gruenter, Inzest, Angst und wahre Dichtung. Peter Stamm, Blitzeis des Lebens. Terezia Mora, der neue Klang aus Ungarn. Felicitas Hoppe, Tahiti im Herzen und Bügeln im Sinn. Marcel Beyer, der Stimmensammler. Judith Hermann, der Traum von Berlin

Hier geht es gleich um den Wahnsinn und die Ruhe und die Sehnsucht danach. Um weite Reisen und tiefe Blicke. Um Felicitas Hoppes Weltumrundung. Terezia Moras archaische Fluchtgeschichten aus dem Osten. Um Marcel Beyers Kampf gegen die Mickrigkeit der Sprache. Undine Gruenters stille Gärten. Und Judith Hermanns Rauch und Musik und Weltbetrachtung.

Sie ist die Traurigkeit. Die Dichterin von Paris mit weißem Gesicht und schwarzem Haar. **Undine Gruenter** (1952–2002). Ihre Geschichte beginnt so: Am 27. August 1952 wurde sie in Köln geboren. Ihre Mutter, Astrid Claes, war die »geistige Geliebte«, wie er so sagte, des Dichters Gottfried Benn. Sie schickte ihm nach einiger Zeit ein Bild von ihr und ihrer Kleinen. Der Dichter antwortete: »Zu ihrem neulich gesandten Bild: Mich stört der Säugling auf ihrem Arm, sieht so blöd aus.« (Es gibt wirklich Momente, in denen man glauben könnte, deutsche Dichter hätten allesamt so dermaßen ein Rad ab, dass man sich doch lieber anderen Literaturen oder einer Geschichte des deutschen Sports zuwenden möchte.) Die ehrgeizige Intellektuelle gab sie ins Wai-

249

senhaus, denn auch Undines Vater, der Literaturprofessor und »akademische Don Juan«, wollte nichts von ihr wissen. So lebte sie also anderthalb Jahre im Heim, dann bei den Großeltern, dann bei der Mutter, die sie ständig überwachte. Mit fünfzehn versucht sie das erste Mal zu fliehen, mit neunzehn dann das zweite Mal. Und als sich ihr endlich der Vater zuwendet, wird das Unglück erst vollkommen. In einem »Bezauberungsschock« verliebt er sich in seine Tochter, nimmt sie zu sich und unterhält mehrere Jahre eine sexuelle Beziehung zu ihr.

Währenddessen studiert sie Jura, Literaturwissenschaft und Philosophie in Heidelberg, Bonn und Wuppertal, verfällt in schwere Depressionen, beginnt eine Promotion über Franz Hessel und schreibt Tagebuch und einen Roman. *Bild der Unruhe* (1986), ein erster Versuch, die Einsamkeit aufzubrechen. In dieser Zeit lernt sie Karl Heinz Bohrer kennen, den damaligen Feuilletonchef der *Frankfurter Allgemeinen Zeitung* und Literaturprofessor. Ein Kollege ihres Vaters. Die beiden heiraten und ziehen nach Paris.

Und Undine Gruenter lebt dort ganz dem Schreiben. Im Erzählungsband *Das gläserne Café* (1991) findet sie zu ihrem Ton, dem schönen, melodischen Gruenter-Klang, dem Französischen abgelauscht und scheinbar mühelos ins schwerfällige Deutsche hinübergerettet. Geschichten der abwesenden Liebe, der Suche danach und der Einsicht, dass sie auf Dauer nicht möglich ist. »Hingerissenes und melancholisches Sehen«, hat sie ihre Art der Weltbetrachtung genannt. Das ist es. Ein kleines Wunder, dass beides zugleich möglich ist. Wie bei den Flaneuren von damals. Undine Gruenters Bücher spielen in Gärten und Labyrinthen, in einer grünen, genau geplanten Welt. In ihrem Journal *Der Autor als Souffleur* (1995) gibt sie schonungslos Auskunft über sich selbst, ihr Leben und die Herkunft ihres Schreibens. Doch bald schon erkrankt sie an Lateralsklerose. Ihr ganzer Körper wird von einer Lähmung erfasst und nach langer Krankheit auch das Innere des Körpers. Ihr letztes Buch kann sie nur noch mit schwachem Atem ihrem Mann diktieren. Es ist der letzten Atemlosigkeit entrissen und ihr schönstes Buch geworden: *Der verschlossene Garten* (2004), ein so zartes und leises Buch, dass alle Begriffe, die es zu fassen versuchen, so klotzig und schwerfällig wirken. Ein leises

Buch, kurz vor dem Schweigen. Manchmal wortreich, manchmal nicht. Es ist die Geschichte einer Liebe zwischen einem sechzig Jahre alten, knorrigen Denker, dem Ich-Erzähler, und Equilibre, einer jungen, schönen, träumerischen, dunklen, verschwiegenen, lebenswissenden, lebenserstaunten Frau. Einem Luftmädchen. Einer zarten Dame mit kleinen Flügeln. Und mit einer großen, schweren, dunklen Angst: »Wovor hast du Angst? – Ich habe keine Angst. Ich will nicht, dass man es ausspricht. – Wovor hast du Angst? – Ich will nicht, dass man darüber redet. Ich will nicht, dass man alles zerredet. – Also glaubst du es doch? – Ich glaube es und glaube es nicht. – Du weißt, es ist wahr. – Aber ich habe Angst. Wenn man es ausspricht. – Wenn man es ausspricht? – Es könnte zerstört werden. – Du hast keine Angst, dass es wahr werden könnte? – Sei still, sei still. Du hast es versprochen.«

So reden sie. So schweigen sie. Und leben in einem Haus mit einem perfekten, hoch ummauerten Garten vor den Toren von Paris.

Doch ihre Liebe dauert nicht. Wie keine Liebe dauern kann.

Nach langer Zeit sehen sie sich wieder. Equilibre und ihr Mann. Sie sitzen in einem Café, trinken jungen Sancerre und essen Brot. Sie trägt wieder ihr schwarzes Kleid. Sie sehen sich an, sie haben nichts zu reden. Sie sind sich fremd geworden, wie je nur zwei sich einst aufs wundersamste Liebende fremd werden können. Sie verabreden neue Treffen, von denen sie beide wissen, dass es sie nie geben wird. Nicht in dieser Welt. Sie hatten ihr Glück. Es ist vorbei.

Noch bevor das Buch erscheinen konnte, war Undine Gruenter tot.

Von ihm gibt es noch nicht so viel zu erzählen. Dafür aber viel zu erwarten: **Peter Stamm** (*1963), der leiseste unter den jüngeren deutschsprachigen Autoren. Obwohl »jünger«. Immerhin 1963 geboren in Weinfelden in der Schweiz. Ein junger, feiner Herr mit dunklem Haar und Seitenscheitel, den Mund leicht geöffnet. Er redet leise und genau. So schreibt er auch. »Agnes ist tot. Eine Geschichte hat sie getötet.« So beginnt Peter Stamms erstes Buch, der Roman *Agnes* (1998). Agnes ist Physikstudentin und verliebt sich in einen älteren Sachbuchautor aus der Schweiz.

251

Doch die wirkliche Liebe reicht ihr nicht. Sie möchte, dass sie Buch wird, ihre Geschichte ein Roman. Der Autor wehrt sich, schon einmal habe er eine Liebe durch das Schreiben für immer verloren. Doch sie besteht darauf, er schreibt und die Fiktion überholt die Wirklichkeit, wird anders, schöner, größer und gewinnt am Ende eine Macht über das Leben, die nicht mehr einzudämmen ist, bis Agnes, den Romanbeginn einlösend, stirbt. Das Buch hat sie getötet. Peter Stamm erzählt die dramatischsten Dinge im kleinsten Ton. Im Erzählungsband *Blitzeis* (1999) wird die Stille fast unerträglich. Stamms Gestalten sind von einer Willenlosigkeit, die zum Verzweifeln ist. Das Leben geschieht, sie sehen zu, sehnen sich nach einem Zuhause, sie lieben sich, verlieren sich und sehen die Welt durch Milchglasscheiben. Es regnet und plötzlich schlägt das Blitzeis zu wie aus dem Nichts und wir sehen in ein unbewegtes Leben.

Auf die Dauer ist diese Kunst nicht sehr gut zu ertragen. Im bislang letzten Buch, dem Erzählungsband *In fremden Gärten* (2005), geschieht Unerhörtes. Immer wieder. Und die Menschen bleiben starr vor Schreck. Aus bloßem Durchhaltewillen und Demonstration von Stärke. Die Familien sind Familien am Abgrund, und es genügt nur eine Winzigkeit, das Idyll zum Schlachtgemälde umzumalen. Ruth aus der Titelgeschichte hat ein Leben voller Schläge und Zumutungen erduldet, leise lächelnd, weitergehend. Bis zu dem einen Moment … »Da erst war Ruth zusammengebrochen, die vorher alle Schicksalsschläge hingenommen hatte und nie verzagt war, die zu ihren Brüdern gestanden hatte nach den schlimmsten Taten und selbst nach dem Tod ihres Vaters mit stolzem und ruhigem Gesicht durch den Ort gegangen war. Nicht plötzlich war es geschehen, sondern langsam wie in einer jener Zeitlupenaufnahmen, in denen die Mauern eines Gebäudes sich voneinander lösten, zerbrachen oder in sich zusammenfielen, bis nur noch eine Staubwolke zu sehen war. Die Nachbarin musste zuschauen, konnte nichts tun, wenn sie Ruth im Garten stehen sah, gebeugt und mit erloschenem Blick, einen Rechen in der Hand, aber wie gelähmt.«

Das war im Herbst 1997, in einer alten Villa im Majakowskiring von Berlin-Pankow, gleich gegenüber dem großen Haus, in dem damals noch die Witwe Walter Ulbrichts lebte. Der Nachwuchswettbewerb »open-mike« in der Literaturwerkstatt, die damals in jener Villa untergebracht war, plätschert so dahin, Studenten und gelangweilte Nachwuchsdichter hängen in den tiefen Sesseln neben dem Podium. Da tritt sie ans Mikrofon. Es ist ihr erster öffentlicher Auftritt. Sie liest eine Erzählung, die einzige, die sie bisher geschrieben hatte. Sie beginnt zu lesen, und die hängenden Hörer richten sich auf. »Großvater ist tot«, liest sie. Dann Pause. »Großvater trinkt. Er sitzt allein in der Küche. Matt glänzen die gelbweißen Fliesen mit den aufgeklebten Kirschen. Stille. Eine Stille, als wäre die Welt ausgeschaltet.« Sie liest mit dunkler Stimme, dunklem Klang, langsam, sicher, als wenn sie immer lesen würde, lesen müsste, als sei sie nur im Lesen, im Lesen dieses Textes zu Hause. Es ist die Geschichte einer Sucht, Geschichte einer Kindheit in einem anderen Land. Die Geschichte eines Sterbens und einer Wiederkehr, Geschichte des Ekels, der Gewalt in extrem kurzen, kraftvollen Sätzen. Schonungslos und still. »Ich beobachte Großvaters Gesicht. Tot. Abweisend. Aggressiv das Gesicht des Sterbens. Mutter sagt, er wäre sanft eingeschlafen. Sie irrt sich.« Es gibt keinen Zweifel an diesem Tag, dass **Terezia Mora** (*1971), die sich damals noch Kriedemann nennt, den Wettbewerb gewinnt. Zwei Jahre später gewinnt sie auch den Bachmann-Preis in Klagenfurt und ihr erstes Buch erscheint: *Seltsame Materie* (1999), Erzählungen aus einer ländlichen, archaischen Welt in den Grenzregionen Osteuropas.

Terezia Mora wurde 1971 in Sopron in Ungarn geboren. Ihre Familie gehörte zur deutschsprachigen Minderheit und führte ein Außenseiterleben. »Wer spricht, wie man in meiner Familie spricht, ist ein Faschist«, heißt es in einem der Texte und »Sprechen fremd und beten nicht. Man dreht sich um zu uns und ist ganz still.« Das Buch löst alle Versprechen ein, die sie mit ihrem ersten Auftritt gegeben hat. Poesie aus einer anderen Welt.

1990 ist Terezia Mora nach Berlin gekommen, hat dort studiert, Hungarologie und Theaterwissenschaften, später Drehbuchschreiben an der Film- und Fernsehakademie. Sie schreibt zunächst Drehbücher fürs Fernsehen und übersetzt aus dem Ungarischen, Peter Ezterhazys achthundertseitiges Hauptwerk etwa, *Harmonia Caelestis* (2001), und viele andere Werke zeitgenössischer ungarischer Autoren.

2004 erscheint dann ihr erster Roman *Alle Tage* und sie beweist, dass ihr Ton, ihr großer, tiefer, ernster Ton auch über weite Strecken trägt, dass ihr ein großes Maß an Variationen zur Verfügung steht und die Sprache immer unverwechselbar bleibt. Anders als alles andere. Eine andere Melodie, aus dem Ungarischen herübertransformiert in ein neues, schönes Deutsch. Es ist die Geschichte des Übersetzers Abel Nema, eines Mannes auf der Flucht aus einem Land Osteuropas, das es nicht mehr gibt, das in fünf neue Länder zerfallen ist, von denen keines sich mehr für ihn zuständig fühlt. Er führt ein Leben ohne Pass, mit vielen Heimatländern und mit keinem. Er pendelt zwischen den Ländern und zwischen den Menschen, zu Beginn des Buches pendelt er kopfüber von einer Teppichstange. Er spricht zwölf Sprachen und redet nicht. Er sucht die Liebe seines Lebens, die hinter ihm liegt, und er läuft voran und voran. In immer neuen Sprachen versucht er die Welt auf einen Begriff zu bringen, zu bändigen und schweigt immer mehr. Es ist ein Buch voller Ideen und Grausamkeiten, ein Buch aus einer Welt des Übergangs, der für die Menschen in seiner Mitte wie ein Untergang wirkt. Ein Untergang ist.

Wenn sie einem so gegenübersitzt, in einem Straßencafé in Berlin-Prenzlauer Berg, ist sie ganz Dichterin, lebt in ihrer eigenen Welt und spricht so, wie sie liest, in dunklem Ton und überlegt und ruhig. Sie liest keine Zeitungen, keine Bücher von lebenden Kollegen. Jetzt erzählt sie vom Schreiben, verscheucht eine Wespe mit der Hand, erzählt von der einen besonders grausamen Szene, in der der Geliebte Abel Nemas sterben muss, und dass sie sich diese Szene in der Mitte des Buches ganz bis zum Schluss aufgehoben hat. Aus Angst. Als sie sie schließlich geschrieben hat, sagt sie, war sie völlig erledigt und erschöpft, ging auf ein Grillfest am Abend, erzählte die Geschichte ihres Mordes dem Mann am Grill. Der sagte nur: »So was wollen die Leute nicht lesen« und wendet das Fleisch.

Was für ein Ignorant an diesem Grill. Die Leute wollen das lesen, sollen das lesen. Es ist eine neue Welt.

Halt! Wir wollen in eine Geschichte schauen. Jetzt und hier. Wir springen ja von Welt zu Welt, von Dame zu Dame, von Buch zu Buch. Jetzt mal kurz Pause. Jetzt lesen Sie mal: »Unermüdlich bereitete meine Mutter mich auf das Leben vor, seit mein Vater eines Morgens den Bus bestiegen hatte, als führe er wieder zur Arbeit. Aber auf seinem Weg wurde es plötzlich Sommer. Ein lauer Windstoß musste ihm ins Genick gefahren sein, so dass ihm die Tasche aus der Hand fiel und sich noch im Fallen öffnete. Akten und Hefte wehten auf die Straße, konnten jedoch von vorübergehenden Sammlern geborgen und in das nächste Museum Arbeit und Unglück gebracht werden, das unsere Nachbarn seither an Wochenenden gern und kostenlos besuchen.«

Ist das nicht schön? Und traurig? Und lebenswahr? »Auf seinem Weg wurde es plötzlich Sommer.« Kurz darauf beginnt die Erzählerin das Schreiben. Ich füllte die Bögen bis hinunter zum Rand, denn meine Mutter liebte das Geräusch der kratzenden Feder beim Schreiben.« Die Geschichte heißt *Die Sommerverbrecher,* und zu diesem Titel allein darf man doch schon mal gratulieren. **Felicitas Hoppe** (*1960) hat sie geschrieben, in ihrem Debüt-Erzählungsband *Picknick der Friseure* (1996). Das war ein schöner Erfolg, 1996, und sie gewann Preise und verdiente etwas Geld und mit dem Geld umrundete sie die Welt auf einem Containerschiff. Und über diese Reise hat sie gleich das nächste Buch geschrieben, den Roman *Pigafetta* (1999), ein Weltumrundungsbuch mit fantastischen Gestalten, merkwürdigen Gedanken aus einer Welt, die sich eher im Kopf der Erzählerin und in den Büchern als auf dem Meer und auf dem Schiff gefunden haben. Und Pigafetta, der Schiffschronist von Magellan, tritt auf, wenn auch etwas anders als in der wirklichen Geschichte. Aber wen kann das interessieren, wenn statt der so genannten Wahrheit eine Weltumrundungsdichtung entsteht. Genau geschaut, fantastisch gedacht, präzise aufgeschrieben. Der Sprachwitz steckt in jedem kleinen Wort. Und *Pigafetta* ist große Dichtung als Abenteuerroman verkleidet – oder umgekehrt.

Felicitas Hoppe ist eine kleine Frau mit kurzen Haaren, kleinen Perlenohrringen und einer stets vorbildlich gebügelten Bluse. Sie redet schnell und scheint schon zu dichten, während man selbst noch am Hinterherhören ist. Sie reist und schreibt und bügelt gern. Auch in ihren Romanen wird viel gebügelt. Bügeln gegen das Unglück, gegen die Unordnung der Welt. Tahiti im Herzen und Bügeln im Sinn, das ist das wunderliche Lebens- und Schreibprogramm Felicitas Hoppes. In ihrem Ritterroman *Paradiese, Übersee* (2003) hat sie das bislang am konsequentesten verfolgt.

Ein Ritterroman? Ja, denn ein Ritter spielt eine der Hauptrollen. Es ist ein Mittelalterroman, der nicht im Mittelalter spielt. Der nur die Ausrüstung des Mittelalters nutzt und die Gelegenheit, hier nicht psychologisieren zu müssen. »Romane aus dem Mittelalter sind Bücher ohne den ganzen Seelenmist, der uns wie Bleischuhe an den Füßen klebt«, sagt Felicitas Hoppe. In diesem Buch geht es auf Reisen, in ein merkwürdig vertrautes Indien, das Züge Luxemburgs trägt. Munter der Hund, ein stummer Ritter und ein manisch mitschreibender »Pauschalist« sind unterwegs auf Berbioletten-Jagd, den seltensten Tieren der Welt. Zweimal ist Hoppe für den Roman nach Indien gereist. Doch kommt es nur mit dem Namen vor. Als sie bei ihrer zweiten Reise ihre Indien-Erzählung *Fakir und Flötist* vorlas, waren die Menschen empört. Das wahre Indien kam gar nicht vor. »Exotismus« warf man ihr vor und meinte Dichtung, Erfindung, »höheres Finden« nach Thomas Mann.

»Früher dachte ich, man muss lange an einem Ort sein, um ihn wirklich zu kennen«, sagt Felicitas Hoppe. »Heute weiß ich, je kürzer man dort ist, desto mehr weiß man über eine Stadt, ein Land.«

Paradiese, Übersee weiß viel über das Land, das es beschreibt, viel über die Dichtung, viel über das Reisen: »Denn das ist das Geheimnis, schnell muss man sein, gehen, bevor man gekommen ist, schneller verschwunden als aufgetaucht, wie ein Wind, wie der Sturm, der Träumern und Schläfern das Dach über dem Kopf wegreißt, und zwar im Handumdrehen.«

Da saß der junge Mann dem alten Dichter gegenüber und hörte zu. Es war im Wiener Gasthaus Ubl im Sommer 1988 und der Sprachmagiker Ernst Jandl redet und redet mit dem jungen Mann, der gerne Dichter werden will. Er redet von der Mickrigkeit und dass die das allerschlimmste sei, eine »mickrige Haltung der Sprache gegenüber«, das sei das Letzte. Es war ein Beginn für **Marcel Beyer** (★1965), der damals 22 Jahre alt war. Das Gespräch mit Jandl und die Gedichte seiner Lebensfrau, Friederike Mayröcker, haben Marcel Beyer zum Schreiben gebracht. Er schrieb in Literaturzeitschriften und in dem Kopfmusikmagazin *Spex,* er gab eine Schriftenreihe heraus, die »Vergessene Autoren der Moderne« wieder entdeckte.

Und er schrieb. Gedichte und einen Roman, *Das Menschenfleisch,* der 1991, als er erschien, fast unbemerkt blieb. Die Geschichte der Suche nach einer Sprache für die Liebe, die Suche nach dem neuen Ausdruck für ein immer neues Gefühl und die Suche nach Beweisen für eine Eifersucht, die stets nur eine Ahnung bleibt. Das war noch sehr ein Kopfroman. Der Erfolg kam erst 1995 mit dem Buch *Flughunde,* der Geschichte vom Klang des »Dritten Reiches«, vom Klang des Bösen und der Verführung. Die Geschichte von Hermann Karnau, dem Akkustiker von Goebbels, der für die Beschallungsanlagen der großen Auftritte des Propagandisten verantwortlich ist. Er wird zum manischen Schallsammler des Schreckens, der die Stimmen der gefolterten Opfer der Macht zu einem großen Höllen-Tonarchiv versammelt. Wie Süskinds Grenouille zum monströsen Duftsammler wird Karnau zum besessenen Klangsammler ohne Gnade, der mit Skalpell und Sonde den Menschen noch den letzten Schmerzensschrei entpresst.

Das Buch wird ein großer Erfolg, und noch im Jahr seines Erscheinens verlässt Marcel Beyer seine Heimatstadt Köln und zieht – in den Osten. Nach Dresden, wo er heute noch wohnt. Das hat keiner seiner Kollegen aus dem Westen gemacht. Es sind die Jahre, in denen jeder nach Berlin zieht, jeder, der dichtet oder sich als Dichter fühlt, reiht sich ein in den großen Tross in Richtung neue Hauptstadt. Beyer nicht.

Es sei die Dunkelheit der Straßen in der Nacht, hat Marcel Beyer einmal geschrieben, die Nächte sind nicht tagesgleich erleuchtet wie in Köln. Dunkel ist die Stimmung seiner Bücher. Er sei selbst überrascht gewesen, beim späteren Lesen von *Flughunde,* dass fast alle Szenen in der Nacht spielen, im Schwarz. Es ist die ideale Dichterzeit, die Nacht, die Zeit der Möglichkeiten, der freien Assoziationen. Er spricht gern von einer schwarzen

Katze in der Nacht, wenn er von seiner Dunkelheitsbegeiste-
rung spricht: Wir sehen nur zwei leuchtende Augen. Der Rest
fügt sich in unserem Kopf zu einem Katzenbild, das unserer
Erfahrung entspricht. Jedem sein eigenes Katzenbild. Eine Mög-
lichkeitskatze. Dichterkatze. Ein Monster vielleicht. Absolut un-
mickrig. Wie Felicitas Hoppe, die meint, je kürzer sie in einem
Land sei, desto besser kenne sie es.

Möglichkeiten einer neuen Welt.

Der Mauerfall war so ein Moment im Leben Marcel Beyers,
sein Umzug dann und später auch: der 11. September – Zeit der
Unsicherheit, Dichtungsbeginn, Weltveränderung, die schwarze
Katze. Beyer schreibt: »Die Frage ist doch nicht, welche Meinung
jemand, der mit Sprache umgeht, von der Welt hat, sondern:
Wie lassen sich heute, nach dem Ende des Kalten Krieges – in
Zukunft auch: nach dem 11. September 2001 – politische, gesell-
schaftliche Fragen in den Blick nehmen, ohne dabei bestimmte
ästhetische Positionen aufzugeben?«

Marcel Beyer ist einer der skrupulösesten, sprachaufmerksams-
ten, genauesten deutschen Autoren. Manchmal, in einem Text,
kann man ihm beim Dichten zusehen, wenn er in seinem Es-
sayband *Nonfiction* (2003) auf dreizehn Seiten beschreibt, wie
er einmal ein Gedicht, das den Titel *Die Spucke* tragen sollte,
nicht geschrieben hat. Zwei Monate Arbeit an einem Gedicht,
das keine Form annimmt. »Trotz der ungefähr dreißig Seiten
mit Notizen zu Exkursionen und Geschichte, zu Bildern und
Struktur des geplanten Gedichts, trotz mehrfacher Versversuche
ist ›Spucke‹ kein Gedicht geworden.«

Das ist eine Musik von Tom Waits, von Massive Attack oder später von Coldplay vielleicht. Der Rauch einer Zigarette vielleicht,
die Fahrt über die Frankfurter Allee in Berlin, die Fahrten hinaus,
an einen See, an ein halb verfallenes, altes Haus, an einen Kiefern-
strand, die Erinnerung an einen Sommer, der vorbei ist, an ein
Gefühl, ein Glück, ein Schweben, eine Zeit, in der alles möglich
war und noch nichts wirklich. Verstehst du das? Es war so möglich, das Leben. Die Welt, die lag ja vor einem und die Stadt, diese
große Stadt der Möglichkeiten und das flache leere Land drum
herum. Es konnte zu allem kommen in dem Leben, das vor uns

lag. Alles konnte sein. Ja, warum nicht? Fahren wir hinaus. Kann sein, uns geschieht eine Geschichte. Oder es passiert uns nichts. Wir sind bereit. Wir haben Zeit. Unendlich viel Zeit.

Die Geschichten von **Judith Hermann** (*1970) sind mein Traum von Berlin und mein Traum vom Leben. Egal, welche Begriffskübel die Kritiker da alle begeistert oder beschämt über ihr und ihrem Buch ausgeleert haben, »Sound einer Generation« und der ganze Unsinn in leeren Formeln. Man kann es eben nicht heraustragen, das Buch und alles, was darin beschrieben ist, vor allem in den kleinen leeren Stellen zwischen den Worten beschrieben ist, das kann man eben nicht heraustragen in einen Zeitungsartikel hinein.

»Dieser Sommer war Sonjas Sommer. Wir fuhren zum Rudern hinaus an die Seen, und ich ruderte Sonja über das spiegelglatte, schilfgrüne Wasser, bis mir die Arme schmerzten. Wir aßen am Abend in den kleinen Gaststätten der Dörfer – Schinkenplatten und Bier –, und Sonja bekam rote Wangen und ganz sonnenhelles Haar. Wir fuhren mit der Bahn nach Hause, Sträuße von Feldblumen im Arm, die Sonja alle mit zu sich nahm. Ich arbeitete selten, studierte die Landkarten der Umgebung und wollte in allen Seen schwimmen gehen, die es gab. Sonja schleppte immer einen Rucksack voller Bücher mit, las mir vor und rezitierte ein Gedicht nach dem anderen. Die Abende waren warm, wir zählten unsere Mückenstiche, und ich brachte ihr bei, auf einem Grashalm zu blasen. Der Sommer war eine Kette aus hellen blauen Tagen, ich tauchte in ihn hinein und wunderte mich nicht. Wir verbrachten die Nächte in Sonjas Wohnung, durch deren hohe, große Fenster man die Spree sehen konnte, wir schliefen nicht miteinander, wir küssten uns nicht, wir berührten uns kaum, eigentlich nie. Ich sagte: ›Dein Bett ist ein Schiff‹, Sonja antwortete nicht – wie immer –, aber sie sah den ganzen Sommer über wie eine kleine Siegerin aus.«

Das ist das Buch von Judith Hermann, der Erzählungsband *Sommerhaus, später*, der im Herbst 1998 erschienen ist und so ein ungeheurer Erfolg wurde und mit dem das Gerede vom Fräuleinwunder begann, als wenn wir in einem anderen Jahrhundert leben würden. Jeder kennt das Bild von ihr. Den Pelzbesatz um den Hals, den melancholischen Blick in weite Fernen, die. markante Nase, das hochgesteckte Haar.

»Ende Juli, wir saßen auf dem winzigen und leeren Bahnhof von Ribbeck und warteten auf den Abendzug zurück in die Stadt, machte Sonja ihren Mund auf und sagte:

›Irgendwann wirst du mich heiraten.‹

Ich starrte sie an und schlug eine Mücke auf meinem Handgelenk tot; der Himmel war rötlich, und über dem Wald lag ein blauer Dunst, ich sagte: ›Was bitte?‹ und Sonja sagte:

›Ja. Heiraten. Wir werden dann Kinder kriegen und alles wird gut.‹«

Sie ist dann lange durchs Land gereist mit diesem Buch und durch die Welt, sie hat ein Kind bekommen und wieder geschrieben. *Nichts als Gespenster* (2003) heißt der Erzählungsband, der dann erschien. Und die Menschen darin sind die gleichen, sie reisen in die Welt und sie sind älter geworden. All die Möglichkeiten des Lebens liegen vielleicht immer noch vor ihnen, aber sie werden langsam drängender. Sie wollen, müssen Wirklichkeit werden. Das Leben verlangt Festlegungen. Das Schweben vergeht. Der Traum vom Leben muss ausgelebt werden und hört auf, ein Traum zu sein.

Ja, das ist banal. Und traurig. Und wahr. Und wahnsinnig schön.

Wie Judith Hermanns Geschichten.

Die Erzähler

32

Siegfried Lenz, leise aus der Zeit gefallen. Uwe Timm, Lebensfreundlichkeit und kleiner Widerstand. Jakob Arjouni, Magic-Jakob mit Genialitätspause. Helmut Krausser, der Mörder in dir. Frank Schulz, der Laubenphilosoph. Daniel Kehlmann, der Kommende

Wenn man heute einen neuen Roman von **Siegfried Lenz** (*1926) liest, versinkt man in einer anderen Zeit. Dabei sollen es doch eigentlich Gegenwartsromane sein und die Ausstattung der Welt, die er beschreibt, trägt die Namen unserer Zeit. Es ist aber nur eine schlecht sitzende Verkleidung, hinter der man sofort die wahre Zeit erkennt, in der die Handlung spielt. Es sind die fünfziger Jahre, und manchmal auch die Zeit davor. Die Menschen reden wie in den fünfziger Jahren, sie haben die Sorgen der fünfziger Jahre, die Welt ist eng und traditionsgewiss und scheinbar ausweglos und die Romane sind getragen von einem unerschütterlichen Glauben an den guten Menschen, an den grundanständigen, jungen Mann, der seinen kleinen Idealen folgt und den die Welt da draußen hindert an seinem anständigen Leben. Es ist, als hätte Siegfried Lenz die letzten fünfzig Jahre in einem Wohnkokon verbracht, jenseits jeder neuen Wirklichkeit. Die Romane *Fundbüro* (2003) und *Arnes Nachlass* (1999) sind ein seltsames Lesewunder, schön zu betrachten, schön zu lesen, zu staunen, dass es diese Welt noch gibt, in einem Kopf, in einem Buch, aber auf die Dauer ist es beklemmend, diese Enge, dieser falsche Glaube. Doch Siegfried Lenz hat treue Leser. Herübergerettet aus einer Zeit, als man eine große treue Zahl von ihnen noch eine »Gemeinde« nannte. Jedes neue Buch ist auf den Bestsellerlisten. Lenz ist eine sichere Bank. Da weiß man, was man kauft.

Seit damals, 1951, als *Es waren Habichte in der Luft* (1951) in der Tageszeitung *Die Welt* als Fortsetzungsroman erschien. Siegfried Lenz war 1943, mit siebzehn Jahren, zur Marine eingezogen worden, nach nur viermonatiger Ausbildung hatte man ihm das erste Bordkommando auf der »Admiral Scheer« übertragen. Das Schiff wurde versenkt, Lenz überlebte und beschloss zu desertie-

261

ren. In Todesangst verbrachte er lange Zeit in dänischen Wäldern, die Verhaftung und Erschießung durch seine alten Kameraden stets vor Augen. Doch er hatte Glück, geriet in englische Gefangenschaft, wurde Dolmetscher einer Entlassungskommission, wurde freigelassen, studierte in Hamburg und kam schließlich als Kulturredakteur zur *Welt*. Willy Haas, Gründer und Leiter der *Literarischen Welt,* beauftragte Lenz damit, den täglich erscheinenden Fortsetzungsroman von Graham Greene einzurichten, das heißt auf Spannungsklippen hin einzuteilen. Lenz machte es und dachte sich wohl, das wird er jetzt auch einmal versuchen, und er schrieb seinen ersten Roman *Es waren Habichte in der Luft*. Englische Offiziere, die ihm den Journalimus beigebracht hatten, so erinnert sich Lenz noch heute, hätten ihm geraten, als er ihnen seine Desertationsgeschichte andeutete: »Speak it out!«, und das machte Lenz. Er erzählte die Geschichte eines siebzehnjährigen Notabiturienten, der zur Marine eingezogen wird, sein Schiff geht unter, er desertiert. Es geht um Existenzielles, es geht um Schuld und Todesangst und um das einfache Erzählen der eigenen Geschichte, in einer blumigen, schweren, bilderreichen Sprache. Der Ton war damals schon da, der Lenz-Ton, und es gab genug Leser, die diesem Erzähler von Anfang an folgen wollten. Er veröffentlichte von nun an in rascher Folge Romane und Erzählungen, in denen es um die verlorene Heimat Masuren, um Schuld und deutsche Geschichte und das Leiden an der Gegenwart geht, um den Konkurrenzdruck und die Menschen, die in dem allgemeinen großen Aufstieg zurückblieben, die Verlierer des Wirtschaftswunders.

1968, die deutsche Studentenbewegung strebte ihrem Höhepunkt zu, erschien das Buch von Siegfried Lenz, mit dessen Titel sein Name für immer verbunden bleiben wird. Es wurde Schullektüre für Hunderttausende und war das deutsche Erinnerungsbuch für all jene, die ein Unbehagen an der Kontinuität deutscher Geschichte in vielen gesellschaftlichen Bereichen nach der NS-Zeit verspürten, aber weit davon entfernt waren, die Protestformen und -inhalte der Studenten zu unterstützen. Ein sozialdemokratisches, deutsches Schuldbuch, ein Lehrbuch: *Die Deutschstunde* (1968), in der der junge Siggi Jepsen in einer Strafarbeit zum Thema »Die Freuden der Pflicht« die Geschichte

seines Vaters, des nördlichsten Polizeipostens Deutschlands, und
dessen Jugendfreund, des Malers Max Ludwig Nansen, erzählt.
Ein Lehrstück deutscher Pflichtversessenheit, auf die die politischen Machthaber bis in den letzten Winkel des Landes hinein
rechnen können. Die Kunst des Malers gilt als entartet. Er darf
nicht mehr malen. Der Polizist soll die Befolgung des Verbots
überwachen. Der Maler denkt, sein Freund wird seine Pflicht so
eng nicht sehen und ihn seiner inneren Pflicht, dem Malen, folgen lassen. Doch der deutsche Polizist ist der perfekte Untertan
und Vollstrecker des Systems. Auch nach dem Sturz der Herrscher fühlt sich der Polizist noch an den alten Befehl gebunden
und überwacht das Malverbot. Diese Transformation der Schuld
und der Verbrechen aus dem Feld der Politik in ein allgemein
»Menschliches« hat man dem Buch schon beim Erscheinen vorgeworfen. Dabei ist das eines der Geheimnisse seines riesigen
Erfolges.

Schon zuvor, seit 1965, hat sich Siegfried Lenz aktiv in der
Politik engagiert, war für Willy Brandt auf Wahlkampftour, und
1970 fuhr er mit auf jene große Reise, als Brandt in Warschau
die Ostverträge unterzeichnete. Es ist das zweite große Thema
des Erzählers Siegfried Lenz geworden. Der Verlust der Heimat
Masuren und der Kampf um die eigene Erinnerung, die man
sich nicht von Revanchisten, nicht von Vertriebenenverbands-
funktionären, nicht durch Nazis und durch niemanden nehmen
lassen darf. Die politisch wache Erinnerung, die von den Ursachen des Verlustes, der Vertreibung weiß, die Folgen billigt, sich
aber das Trauern über den Verlust nicht nehmen lassen kann und
will. Der Roman *Heimatmuseum* (1978) ist das schönste und ein-
drücklichste Dokument dieses Erinnerns an damals, an die Landschaft, die Menschen, die Vergangenheit, die Zeit von Siegfried
Lenz.

Und hier taucht er gleich wieder auf. In einer Geschichte des
dreizehn Jahre jüngeren **Uwe Timm** (*1940). In einer Geschichte,
die Timm unter dem etwas albernen Titel *Die Entdeckung der Currywurst* (1993) zum Durchbruch verhalf. Der junge Mann heißt
Bremer, er ist ein blutjunger Marinesoldat aus Norddeutschland,
der kurz vor Kriegsende desertiert und nun in Hamburg bei der

Marktfrau Lena Brücker, unter Lebensgefahr für beide, Unterschlupf gefunden hat. Sie verliebt sich in den jungen Mann, und um das Glück noch zu verlängern, verschweigt sie ihm sogar das Kriegsende. Und es wird erzählt und erzählt, Anekdoten des kleinen Widerstandes während des Krieges, private Heldengeschichten, ausgedacht oder wahr, aber immer der Devise folgend »Wer erzählt, überlebt«. Und eigentlich schweift das Erzählen nur umher, um sich langsam diesem Wunderrezept jener Wunderwurst zu nähern, und da ist der Junge schon längst wieder auf und davon und es war natürlich gar nicht Siegfried Lenz, nur einer, der sich sein Leben geliehen hat, für einen Moment.

Sein Erzählprogramm hat Timm sicher nicht von Lenz, obwohl es durchaus Ähnlichkeiten gibt. Im Programm der von Timm gemeinsam mit einigen Kommilitonen gegründeten »AutorenEdition«, in der sein erster Roman *Heißer Sommer* (1974) erschien, heißt es, man wolle sich um einen »großen Lesekreis« bemühen und verpflichte sich deshalb einer »realistischen Schreibweise«. »Die gesellschaftlichen Probleme sollen anschaulich und unterhaltsam dargestellt werden.«

An diesem Programm hat Timm damals maßgeblich mitgewirkt und diesem Programm fühlt er sich bis heute verpflichtet.

Ist ja ein nicht ganz häufiger Fall in Deutschland: ein ganz und gar schwurbelfreier Kopf, voller Geschichten und Recherchebereitschaft und eigenem Erleben, ganz und gar unverrätselt wiedergegeben. Man hat es ihm lange nicht gedankt in Deutschland, und es sieht schon fast aus wie Bosheit der Leser, dass der erste wirkliche Durchbruch, der erste, große Verkaufserfolg des Uwe Timm die Geschichte vom *Rennschwein Rudi Rüssel* (1989) war. Die Geschichte, die er eigentlich nur für seinen Sohn geschrieben hat, und nun war er also für alle der Autor vom *Rennschwein Rudi*. Noch vor der *Currywurst*.

Als Romancier der Studentenbewegung hat er begonnen. 1974 erschien sein Roman *Heißer Sommer*. Es ist die Geschichte eines politischen Erwachens, ein klassischer Entwicklungsroman. Der Germanistikstudent Ullrich Kraft sitzt an einer Seminararbeit über Friedrich Hölderlin, als die Ereignisse über ihm zusammenschlagen. Wozu noch Hölderlin, wenn es jetzt darum geht, die Welt zu verändern? Ullrich vollzieht äußerlich diesel-

ben Stufen »politischen Erwachens« wie sein Erfinder damals
selbst. Er tritt dem SDS bei, erlebt den Tod Benno Ohnesorgs
in Berlin aus nächster Nähe, füllt die gefühlte Lebensleere mit
kurzem Liebes- und Drogenglück, geht auf die Barrikaden und
erlebt die brutale Staatsmacht auf der einen und die bornierte
und ebenso brutale Revolutionsmacht seiner Mitkämpfer auf
der anderen Seite und wendet sich, von beiden Seiten angewidert, einer angewandten Alltagspolitik der kleinen Schritte zu,
spielt Straßentheater vor Fabriken und lernt zum ersten Mal in
seinem Leben echte Arbeiter kennen. Das Ende des Buches ist
voller Zuversicht: Der Marsch durch die Institutionen hat gerade erst begonnen.

Doch im nächsten Studentenrevolutionsfolgenroman, *Kerbels
Flucht* von 1980, ist die Zuversicht verflogen. Es ist ein Buch
der Ernüchterung. Kein Aufbruch mehr. Lähmung, Resignation
und Kälte regieren. Christian Kerbel hatte an alles geglaubt,
an jedem Kampf teilgenommen, sein Germanistikstudium ge-
schmissen, und jetzt ist er Taxifahrer in München. An die Stelle
der revolutionären Hoffnungen ist die Wirklichkeit getreten.

Zwischendurch hat sich Timm einem ferneren Teil der
deutschen Geschichte zugewandt. *Morenga* (1978) ist die Geschichte des Völkermords, den deutsche Soldaten im damaligen
Deutsch-Südwestafrika, dem heutigen Namibia, an den aufständischen Hereros verübten. 80 000 Menschen wurden von deutschen Soldaten in die Wüste getrieben, nur 15 000 überlebten.
Timm wendet sich diesem in den Siebzigern fast unbekannten
Teil deutscher Geschichte zu, indem er auf kunstvolle Weise
Dokumente des Krieges, Heeresberichte, Briefe deutscher Soldaten, Kolonialmemoiren mit der fiktionalen Geschichte des
deutschen Veterinärmediziners Johannes Gottschalk verknüpft.
Gottschalk, zu Beginn des Feldzuges ein überzeugter Unterstützer des deutschen Vorhabens der gewaltsamen Zivilisierung der
Hereros, verliert mit der Zeit seine europäische Zuversicht, ist
aber trotzdem nie zum Widerstand bereit. Aus der Perspektive
dieses wankelmütigen Westlers wird die Geschichte ohne mo-
ralsicheres Auftrumpfen als Geschichts- und Geschichtenbuch
erzählt.

Das bislang beste Buch Uwe Timms erschien im Jahr 2003

und heißt *Am Beispiel meines Bruders*. Und es ist genau das: die Geschichte seines älteren Bruders, der der Liebling und junger Held der Familie war, im Zweiten Weltkrieg kämpfte und sich freiwillig zur Waffen-SS meldete, bald schon der Totenkopfdivision, einer SS-Eliteeinheit zugeteilt wird und schließlich in Russland stirbt. Sein Bruder Karl-Heinz Timm ist seitdem das leere Zentrum der Familie, der Stolz des Vaters, immer noch, der bis in die fünfziger Jahre darüber räsoniert, wie der Krieg hätte gewonnen werden können. Timm erzählt die Geschichte seiner Familie, das gemeinsame Beschweigen der Vergangenheit, seine Ausbruchsversuche, die immer härter werdenden Auseinandersetzungen mit dem Vater, sein Eintritt schließlich in die DKP und dabei immer diese Erinnerung an den fremden großen Bruder, den Bewunderten aus der Totenkopfdivision. Der Schriftsteller Maxim Biller hat einmal angemerkt, dass es in der Geschichte der deutschen Nachkriegsliteratur ausschließlich Opfer-Literatur gibt, dass niemand je aus der Sicht der Täter geschrieben hat. Timm macht hier den Versuch. Tastend nur und vorsichtig, aber er umkreist förmlich die Dokumente des Täters, die ihm geblieben sind. Die Briefe und das Tagebuch. Die Angst des Autors, darin Beweise für mörderische Untaten des Bruders zu finden, und die Suche nach dem Geheimnis, nach der Wahrheit zugleich, das ist unheimlich gut geschrieben. Und die Aufzeichnungen schließlich enthüllen auch wirklich einen kalten, tötenden Soldaten, der schreibt »75 m raucht Iwan Zigaretten, ein Fressen für mein MG« und andere Sätze, die der Autor erschrocken fürchtet, als Andeutungen zahlreicher Morde lesen zu müssen. Das Tagebuch endet mit dem Eintrag: »Hiermit schließe ich mein Tagebuch, da ich für unsinnig halte, über so grausame Dinge, wie sie manchmal geschehen, Buch zu führen.«

Dieser Mann hatte von Anfang an die deutsche Gegenwart im Sinn. Die deutsche Wirklichkeit. Den Schmutz, die Wahrheit und den Witz. Hessen, Frankfurt, Bahnhofsviertel. Die Welt des Verbrechens. Keine Literaturhauswelt. Keine Literaturstipendiatenwelt. Bordelle. Asylbewerberheime. Zuhältervillen. Zwanzig Jahre war **Jakob Arjouni** (*1964) gerade mal alt, als sein erster Krimi erschien. *Happy Birthday, Türke!* (1985). Ein Erfolg gleich bei Erscheinen, nicht erst nachdem er von Doris Dörrie verfilmt worden war, obwohl das den Ruhm natürlich stark vergrößerte. Es war ein Krimi, ja, und viele sagten, nur um etwas zu sagen, zu dem Überraschenden, dem Neuen, das sei in der Tradition von Dashiel Hammett geschrieben oder so. Aber es war vor allem ein deutscher Krimi, mit einem deutsch-türkischen Detektiv, Kemal Kayankaya, in der Hauptrolle, einem echten Hessen, einem von unten. Der sich im Dreck auskannte, am Bahnhof in der Verbrecherwelt, Drogenwelt. Das war nicht angelesen, ausgedacht. Das war erlebt und echt und schnell und gut. Vier Kayankaya-Romane hat er bislang geschrieben und er hat kaum an Kraft und Fahrt und Witz verloren.

Jakob Arjouni kommt aus Hessen, ist in Frankfurt geboren, in der hessischen Provinz aufgewachsen, hat die legendäre Odenwald-Schule besucht, von der schon der frühreife Internatsschüler Klaus Mann so lange schwärmte, bis er sich doch zum Ausreißen entschloss. Jakob Arjouni ist einer der freundlichsten, angenehmsten, abenteuerlustigsten, ideenreichsten Autoren. Er ist politisch engagiert in einem womöglich altmodischen Sinn, war es vor allem zur Zeit der Balkankriege, er ist ein Mann, der die Fachwerkhäuser in Michelstadt im Odenwald ebenso liebt wie das Frankfurter Bahnhofsviertel, der in Berlin-Kreuzberg zu Hause ist wie im südhessischen Dieburg, im deutschen Norden wie in Frankreichs Süden, einer, der die Welt kennt und der schreiben kann.

Und er kann noch mehr als gute Krimis. Wie zur lässigen Demonstration seines ganzen Könnens hat er 1996 den lebensweisesten, lustigsten, bittersten Berlinroman der an Berlinromanen wahrlich nicht armen neunziger Jahre geschrieben: *Magic Hoffmann.*

Fred Hoffmann hat zusammen mit zwei Freunden im Südhessischen Ende der achtziger Jahre eine Bank überfallen. Hoffmann wird geschnappt, seine Freunde nicht. Er verrät sie nicht. Er sitzt die Gefängnisstrafe allein ab, die Beute verstecken die beiden Mittäter. Und danach, das versprechen sie sich, gehen sie zusammen nach Kanada, um dort das hessische Nationalgetränk zu keltern: Apfelwein. Die Hoffnung lässt ihn das alles gut überstehen. Doch während seiner Haftzeit ist etwas passiert mit dem Land, das für die Ewigkeit am Rand der Welt festbetoniert zu sein schien: Deutschland wurde wieder vereinigt.

Ein neues Land. Oder zumindest tun alle gegenüber Hoffmann so wahnsinnig neu und aufgeregt. Er macht sich auf nach Berlin, doch die Freunde sind so neu und aufgedreht und verwandelt wie alles um ihn herum. Mittäterin Annette hat ihren Anteil an der Beute in eine Filmproduktionsfirma gesteckt und ist in ganz besonders blasiert schwadronierende, scheinelitäre Kreise geraten, sein Freund Nickel strebt eine Uni-Karriere an und hat sein Geld ins Eigenheim gesteckt. Wie Magic Hoffmann versucht, das hysterische neue Land zu verstehen und seine alten Freunde, wie er beharrlich auf die Treue pocht, während alle um ihn herum nur noch »Neue Zeit!« rufen, das ist so traurig schön und wahr geschrieben, wie man es sich von einem guten Buch nur wünschen kann.

Danach erschien die schöne Geschichtensammlung *Ein Freund* (1998) und der bislang letzte Kayankaya-Roman *Kismet* (2001), und man dachte, der Mann hat seinen Ton gefunden, der ist einer der wichtigsten und besten jüngeren Autoren, die wir haben.

Aber irgendwas ist dann passiert. Arjouni ist ein anderer geworden, und der Wandel war nicht zu seinem Besten. Die Märchensammlung *Idioten,* die er 2003 vorlegte, war süßlich und nicht zu gebrauchen, und der 68er-Verhöhnungsroman *Hausaufgaben* (2004) so voller Phrasen und ausgedachter Probleme, dass man sich den alten Arjouni-Ton, die Weltgewissheit, Weisheit, Lebenskenntnis, Schreibkraft zurückwünscht.

Wer ist dieser Mann? Lassen wir ihn sich kurz selbst vorstellen: »Ich bin ungerecht, jähzornig, eitel, unduldsam, selbstbezogen, arrogant, nachtragend, vorlaut, sicherheitsbedürftig, besserwisserisch, zu wenig hilfsbereit, intolerant und leicht verletzbar – und unternehme nichts dagegen, weil es sich um Eigenschaften handelt, die allesamt der Kunst förderlich sind. Mein Ich ist ein Projekt, kein Mensch.«

Gestatten – **Helmut Krausser** (*1964), Verfasser der Hagen-Trinker-Trilogie mit dem großen Trinker-Klassiker *Fette Welt*

(1992), des Musikgeschichtsromans *Melodien* (1993), der Teufels-
geschichte *Der große Bagarozy* (1997), des schwarzromantischen
Killerromans *Thanatos* (1996), der Kitschnovelle *Schmerznovelle*
(2001), dem selbstentblößendsten, großkotzigsten und wahrsten
Tagebuchwerk (1992–2004) der deutschen Gegenwart und vieler anderer Bücher. Auch er war zwanzig, als die Öffentlichkeit
zum ersten Mal von ihm hörte. Er las 1985 eigene kurze Texte
im Bayerischen Rundfunk und schloss ein Jahr später sein erstes Romanmanuskript ab, das allerdings erst viele Jahre später
veröffentlicht werden sollte. *Schweine und Elefanten* (1999) war
der Titel und es war der Auftakt jener Trilogie, die Krausser in
die deutsche Literaturwelt hineinschießen sollte, dass es nur so
krachte. Krausser war da und Kraussers Bücher konnte man von
Anfang an kaum überhören, so krakeelten die von der ersten
Seite an herum. Steigen wir mal ein, in die *Fette Welt* des Hagen
Trinker. Aus dem ersten Kapitel »Die Kampfmöse«:
»Tengelmanntüte auf dem Arm, klopfe ich.
Es gibt eine Klingel, aber die macht bing bang bing bong!
Diese Tür müsste man eintreten. In zwei Hälften schräg aus
den Angeln hängend, klaffender Bruch und blätternder Lack.
Würde ihr gut stehn.
LASS SIE NICHT ZU HAUS SEIN! LASS SIE GESTOR-
BEN SEIN! LIEBES SCHICKSAL! NIMM IHN VON MIR –
DIESEN KELCH BÖSARTIGKEIT ON THE ROCKS!
Angela öffnet.
So sehr hab ich gebetet. Umsonst. Es kann keine Telekinese
geben. Sonst wär ihr – bei all meiner Inbrunst – mindestens ein
Arm abgefallen.«
Er wird es nicht beim Beten belassen, Hagen Trinker. Er wird
die Kraft noch finden, die Tür einzutreten statt einzubeten. Er
wird von seiner schiefen Lebensbahn noch ganz hinunterfallen,
Hagen Trinker, Sänger, Trinker, Drogenfreund, Poet, Unterge-
her, Frauenbetrachter, Frauenverschlinger, Herumlungerer, Entdecker, Schläger, Penisheld. Da wird nichts analysiert und an-
troposophieforschend erkundet, da wird gelebt, als sei das nichts,
geschrieben, als müsse das genau so geschrieben werden. Hagen
wird Sargträger in einem Bestattungsunternehmen, Hagen liebt
Judith, die erst sechzehn ist, und Hagen sieht in der ganzen Stadt

die Schlagzeilen, die vor »Herodes« warnen, »Herodes, dem Babymörder«, der sich selbst einen »Forscher der Stille« nennt und der Verdacht kommt auf, dem Leser und Judith und uns, dass Hagen Trinker und Herodes womöglich ein und dieselbe Person …

Das ist ein bestimmendes Motiv in Kraussers Werk. Der Mörder in dir. Die Abgründe, die so abgründig sind, dass du selbst sie nicht kennst. Krausser kennt sie, Krausser schreibt sie auf. In filmischen schnellen Szenen.

Man folgt auch dem großen Krausser in seinen letzten Büchern nicht mehr ganz so gern, wie man dem alten, prahlhänsigen Lebens-Krausser gefolgt ist. Ganz anders als Arjouni, der sich in eine merkwürdige seichte Leichtigkeit verliert, wandelt Krausser mit seinen neuen Büchern auf anspielungsreichen Kunst- und Rätselwegen, die immer weniger zur Breitbeinigkeit seines Stils zu passen scheinen.

Aber auch hier sind wir ja mitten im Werk, mitten in der Mitte des Lebens und des Schreibens, und Krausser gehört, wie auch Arjouni, zu den besten, den interessantesten deutschen Autoren von heute. Die schreibt man nicht so einfach ab. Im Gegenteil. Wir warten und hoffen und lesen.

Wie auch **Frank Schulz** (*1957), den wir hier gerade sehen, wie er da sitzt, auf seiner Couch oder »Kautsch«, wie er schreiben würde, in der Wohnküche seiner kleinen Wohnung in Hamburg-Altona, Tee auf Tee trinkt, eine Marlboro Lights nach der anderen raucht, eine Decke unter den Arm geklemmt, unter blondem, langem, lichtem Haar hervorschaut und sagt: »Ich war mit den Nerven ziemlich am Ende.« Im Herbst 2001 ist sein zweiter Roman erschienen, den die Rezensenten der deutschen Feuilletons feierten, »Opus Magnum«, »Großer Wurf«, »Ein Ereignis«, »schlicht das beste Buch des Jahres« und so weiter. Und da hätte ja ein Autor, der mit seinem trinkseligen, wortschöpfenden Erstling *Kolks blonde Bräute* (1991) eher einen Untergrunderfolg gelandet hatte, eigentlich allen Grund zur Freude, wenn jetzt neben Trinkern, Lebenskennern, echten Lesern auch Feuilletonisten Frank Schulz zu lesen und zu loben beginnen. Was für ein Traum für den seit zehn Jahren arbeitslosen ehemaligen Redak-

teur eines kleinen Anzeigenblättchens, der seit Beginn der Ar-
beitslosigkeit an diesem neuen Buch geschrieben hat, nebenher
fünfzig Bewerbungen in die Welt hinausschickte, um zu leben
und zu arbeiten, der von Freunden mit Krediten unterstützt
wurde, um weiter schreiben zu können. Und jetzt lieben also
alle dieses Buch, das *Morbus fonticuli* (2001) heißt und im Untertitel »Die Sehnsucht des Laien« und eine so wunderbar schwadronierende Beschreibung einer Lebensflucht ist, aus dem Leben des Bodo Morten, des arbeitslosen ehemaligen Redakteurs
eines Anzeigenblättchens, weg von der »Kautsch« in ein neues
Leben hinein, auch wenn es nur eine Laube ist, nicht weit weg
vom Ort des Alltags zuvor, und der dort aber sein Doppelleben
führt mit einer neuen Liebe und es bekennt in ein Tagebuch
hinein, in dem er alles bekennt, alles erkennt, alles beschreibt
in einem hanseatischen Wunderwortton, dass der Hamburger
Leser in Heimatlichkeit träumt und der Ortsfremde staunt und
nachschlägt im Glossar am Ende des Buches.

Und – ach so, die Nerven des Frank Schulz auf der Couch.
Jedenfalls am Tag der Buchvorstellung, nach zehn Jahren Arbeit
und Entbehrung und Hoffnung und allem, geht der Verlag pleite. Das Buch wird kurz ausgeliefert, die restlichen Exemplare
konfisziert, sein Verleger, Gerd Haffmanns, hat die Rechte an
seinen Autoren schon ein Jahr zuvor in akuter Finanznot ver-
pfändet, ohne denen das zu sagen. Das Weihnachtsgeschäft geht
vorbei und *Morbus fonticuli* ist nicht zu kaufen. Schulz ist der
Verzweiflung nahe, wird in eine Klinik für psychosomatische
Krankheiten eingewiesen und erst im nächsten Frühjahr wird
die Sache geregelt, ein neuer Verlag bringt das Buch neu heraus
und Frank Schulz bekommt den Erfolg, den er verdient. Er und
sein Buch.

Was für eine schöne Wut! Gegen das Funktionärsdasein der deutschen Gegenwartsautoren hatte er gewütet, gegen die Nettig-
keit des ganzen Betriebs, der einen permanent in Jurys sitzen
sehen wolle und in Stadtbibliotheken und der damit dafür verantwortlich sei, dass die deutsche Gegenwartsliteratur sich auf einen Ton vorsichtigen Mittelmaßes eingependelt habe und keine
Risiken mehr eingehe. Vortragssaalkompatibel, das war das Wort,

das traf. – Eigentlich wollte er in diesem Text, den er für eine Zeitung schrieb, nur die Tagebücher Helmut Kraussers loben. Aber diese Anklage, die musste erst noch raus. Der Literaturbetrieb ist Lähmung. Eine Lähmung, gegen die sich der junge Erfolgsschriftsteller Daniel Kehlmann wehrt. Mit aller Macht.

Wer ist dieser Mann? Wer ist **Daniel Kehlmann** (*1975), der im Alter von zweiundzwanzig Jahren seinen ersten Roman veröffentlichte, ein Jahr später sein Studium der Germanistik und Philosophie abschloss und einen Erzählungsband erscheinen ließ? Der danach zu Suhrkamp wechselte, drei weitere Romane folgen ließ, von denen der bislang vorletzte, *Ich und Kaminski* (2003), die furiose Geschichte eines skrupellosen Kulturjournalisten und Biografen, der einen greisen Avantgardekünstler mit seinem Lebensbeschreibungsehrgeiz verfolgt, zum größten internationalen Bucherfolg eines jungen deutschen Autors seit langer Zeit geworden war und in zwölf Sprachen übersetzt wurde. Und der sich in seinem bislang letzten Buch, *Die Vermessung der Welt* (2005), aus der Gegenwart verabschiedet und das Leben des größten deutschen Mathematikers, Carl Friedrich Gauß, und des größten deutschen Forschungsreisenden, Alexander von Humboldt, als parallele Welterforschungsgeschichten neu erzählt. Ein Roman über die deutsche Klassik auf Reisen, über den unbedingten Glauben an die Vernunft, über Obsessionen und Visionen.

Daniel Kehlmann wurde 1975 in München geboren und lebt seit seinem sechsten Lebensjahr in Wien. Ich habe ihn einmal in Madrid getroffen. Seine spanische Freundin lebt und arbeitet hier. Er ist oft lange hier. Wenn ich ihn besuchen komme, hatte er vorher geschrieben, dann sage er es aber lieber gleich, er spreche fast kein Spanisch, es sei ihm sehr unangenehm und wenn ich darüber in meinem Bericht spöttische Bemerkungen machen wolle, bitte sehr, er habe es verdient. Doch als wir dann in der Cerveceria auf der Plaza Santa Ana im Herzen von Madrid sitzen, bestellt er die Tapas des Tages sehr souverän. Das, was er könne, habe er in Mexiko gelernt, sagt er, nicht bei seiner Freundin, die spreche viel zu gut Deutsch. Er war zwei Monate in Mexiko, zu Gast bei der österreichischen Botschaft, und es hieß, die meisten Überfälle in der Stadt passierten im Taxi. Aus

Angst vor Überfällen habe er während der Fahrten immer wild auf die Fahrer eingeredet, um die Überlebenschancen im Falle eines Überfalls zu erhöhen.

In Mexiko kam ihm auch die Idee zu einem Humboldt-Roman. Überall erinnerten Gedenksteine und Straßennamen an den deutschen Weltreisenden. Kehlmann las und forschte, das war lange, bevor Hans Magnus Enzensberger mit seiner zentnerschweren Humboldt-Edition den Mann in Deutschland wieder zu einem Massenstar gemacht hatte. Und seine Reisen begeisterten ihn und vor allem, dass dieser Mann, der die deutsche Klassik, die Form, die Haltung, die staatsmännische Weltgewissheit der deutschen Klassik wie kaum ein Zweiter repäsentierte, sich in die Welt begab. In den Schmutz, zu den Menschenfressern, in die Sümpfe des Amazonas, auf menschenunbekannte Höhen stieg, sich in aktive Vulkane abseilen ließ, die Läuse der Ureinwohner zählte, gegen die Sklaverei kämpfte und kein Geheimnis am Wegesrand unerforscht lassen konnte. Ein besessener Wahrheitssucher und Weltvermesser und noch im tiefsten Schlamm und bei größter Hitze in seiner preußischen Uniform. Und der all das aufgeschrieben hat, aber in einer solch stolzen, nicht sehr lesbaren Trockenheit, die von der Wahrheit der Reise, von dem Elend und der Komik des stets um Haltung bemühten preußischen Barons in den Kratern der Vulkane natürlich nichts weiß und nichts zugeben kann.

Das war der Anfang. Und dann kam ein anderer Charakter dazu. Der Mathematiker Gauß. Kehlmann wollte schon lange über ihn schreiben. Mathematik, die Grenzen der Mathematik und der Zahlenwelt, das hatte schon in seinen frühen Romanen oft eine Rolle gespielt. Und Gauß, das melancholische Genie mit Selbstmordgedanken und dem Willen zur Weltberechnung völlig ohne Reiseehrgeiz, stattdessen nur mit Sternbeobachtung, Formelwissen, Gedankenreisen beschäftigt, das war der zweite Mann, dessen Leben er parallel zu Humboldt erzählen wollte. Und das gelingt Kehlmann auf fast traumwandlerisch sichere Art und Weise. Der eine in Göttingen, der andere in der Welt. Und Kehlmann wirbelt die Geschichte umher, erfindet manches frei hinzu, stößt sich von Fakten ab, erläutert hier mal eben kurz und grob die »Disquisitiones Arithmeticae« von Gauß, lässt Goethe

273

auftreten und verschwinden, Georg Forster, den greisen, senilen Kant, beginnt Geschichten, wirft sie fort. Daniel Kehlmann ist ein echter Erzähler. Der Geschichten liebt und der erzählen kann. Dessen Vorbilder Nabokov und Updike heißen und der die großen südamerikanischen Romanciers verehrt.

Mit großem Feuer spricht er von den Autoren, die er liebt, auch von den deutschen Klassikern, dem modernen Erzähler Grass, den unmodernen, langweiligen Böll und Walser, von W. G. Sebald und all den anderen Königen der deutschen Nachkriegsliteratur, die jenseits der Gruppe 47 schrieben und spät, zu spät oft, zu anerkannten Größen wurden. Oder die man vergaß. Vom großen österreichischen Erzähler Leo Perutz schwärmt er und dass er Joseph Roth nur wenig wahrgenommen habe, »weil das der Bereich meines Vaters war«, des Filmemachers Kehlmann, der in den sechziger Jahren verschiedene Roth-Romane verfilmt hatte. Kehlmann spricht sehr angenehm mit leichtem österreichischen Singsang. Und wenn man ihn sieht, auf den meisten Fotos und auch im Leben, wirkt er wie jemand, der nicht ganz zu Hause ist, in seinem Körper, immer etwas unsicher, hölzern, sich selbst beobachtend. Erst im Gespräch über Bücher gewinnt er seine wahre Größe, seine Sicherheit.

Eine Sicherheit im Erzählen, die alle seine Bücher auszeichnet. Kehlmann sieht so weit wie möglich von sich ab in diesen Büchern. Er sucht und erfindet Geschichten. Von Menschen aus einer anderen Welt. So unautobiografisch wie er erzählt kein anderer Autor der jüngeren Generation. Er sucht mit größtem Fleiß, findet und erfindet die erstaunlichsten und dabei glaubwürdigsten Figuren. »Romane müssen wahrscheinlicher sein als die Wirklichkeit«, sagt er. Auch sein Gauß, sein Humboldt sind ja »erfunden«, auf der Grundlage einer erforschten Wirklichkeit. Die meisten seiner früheren Figuren entsprangen ganz der Fantasie: Arthur Beerholm, der Zauberkünstler aus seinem ersten Roman *Beerholms Vorstellung* (1997), der seine Zauberkunst abbrach, auf dem Höhepunkt seines Könnens, aus Angst, das Unwahrscheinlichste könnte wahr werden. Der feuerbegeisterte Fernsehtechniker aus dem Erzählungsband *Unter der Sonne* (1998), der Brandsätze in Wohnungen installiert, die Brände beobachtet und sein Handeln mit Heraklit rechtfertigt. Und der

Physiker David Mahler aus *Mahlers Zeit* (1999), der die Formel zur Weltumkehr findet, aber an der Anwendung gehindert wird. Und schließlich Kaminski, der Künstler als Betrüger eines ganzen Lebens, der seinen karrieresüchtigen Biografen locker auszukontern versteht. David Kehlmann ist ein toller Erzähler, der alle Gefahren des Schreibens kennt. Manchmal vielleicht ein bisschen zu gut. Aber Kehlmann ist der Mann der Zukunft. Unter den Jungen sicher der mit dem größten erzählerischen Potenzial, dem größten Fleiß, der größten Stilsicherheit. Und, seit der *Vermessung der Welt,* das sich in den ersten drei Monaten rund 300 000-mal verkauft hat, auch der erfolgreichste.

Hass und Tanz und Wirklichkeit und Liebe
33

Rainald Goetz, vom Kampf zum Tanz zum Schweigen. Maxim Biller, jede Lüge wird erschossen. Thomas Meinecke, Jäger und Sammler. Benjamin von Stuckrad-Barre, der Wille zum Glück. Michael Lentz, der laute Poet. Feridun Zaimoglu, Dichter aus der Wunderhülle. Werner Schwab, das Leben als Feind. Christian Kracht, am Grab von Thomas Mann

Das ist **Rainald Goetz:** geboren am 24. Mai 1954 in München, als Sohn eines Chirurgen und einer Fotografin. Schule in München, zwischendurch ein Jahr an einer Highschool in Flint, Michigan, USA, 1974 Beginn eines Doppelstudiums der Geschichte und der Medizin an der Ludwig-Maximilians-Universität in München, 1978 Promotion zum Dr. phil. mit einer althistorischen Dissertation, 1980 Praktisches Jahr in der Nervenklinik der Universität München, 1981 Approbation als Arzt, 1982 Promotion zum Dr. med. mit einer Untersuchung zu Hirnfunktionsstörungen, 1983 Publikation des ersten Romans *Irre.* Und Auftritt in Klagenfurt: »In dem Moment, sage ich zu Gagarin, wacht ein Kritiker auf und findet: Sehr seltsam. Was ist das? Das ist doch keine Literatur. Wir wollen doch die Kunst vorgelesen kriegen.

275

So einen räsonierenden Schmarren könnten wir ja selber hin-
schreiben und vorlesen. Dann wäre alles anders. So geht das
nicht. Hören Sie auf zu lesen, Herr Goetz. Schnauze, Kritiker,
sage ich zum Kritiker, der mir das sagt, jetzt bin ich dran.«
Das liest Herr Goetz in Klagenfurt mit wirrer, weißgefärbter
Wavefrisur, und der Auftritt damals, im Sommer 1983, das war
ein Einschnitt in der Geschichte der deutschen Literatur nach
dem Krieg, das war ein Schnitt und es ist so oft, so unendlich
oft erzählt worden, diese Geschichte von damals, dieser Schnitt,
er hat eine solche Bedeutung erhalten, wird jedes Jahr, wenn
die jungen Hoffnungsschreiber und die routinierten Juroren
und die vergnügungssüchtigen Journalisten wieder einmal in
Klagenfurt zusammenkommen zum so genannten wichtigsten
Nachwuchswettbewerb der deutschen Literatur, dann wird jedes Jahr aufs Neue diese Geschichte erzählt, wie es war, damals,
als sich Rainald Goetz die Stirn aufschnitt und das Blut auf
das Manuskriptblatt tropfte und tropfte und der Schriftsteller
Rainald Goetz geboren wurde. »Das ist doch ein Schmarren,
sagte Raspe, das ist doch ein Krampf, denen was vorzulesen, was
eh in meinem Roman hineingedruckt wird, eine tote Leiche
wäre das, die ich mitbringen täte und hier voll tot auf den Tisch
hinlegen täte, ich bin doch kein Blödel nicht, ich lege denen
doch keinen faulig totig stinkenden Kadaver da vor sie hin, von
dem sie eine Schlafvergiftung kriegen müssen, es muss doch
BLUTEN, ein lebendiges echtes rotes Blut muss fließen, sonst
hat es keinen Sinn.« Und das Blut floss also und Goetz las weiter, beschimpfte die Kritiker, die »Peinsäcke« des Kulturlebens,
den Staat, die »PolitFlaschen«, »StaatsIdioten«, ließ immer mal
wieder ein »Heil Hitler!« fallen, auf dass die Schlafenden wieder
aufwachten, und er las von all dem Schweren, das vor ihm liege,
in der Kunst, im Schreiben, von seiner Aufgabe: »Die ist was viel
was Schwereres, die notwendige Arbeit ist: die Wahrheit schreiben von allem, die keinen BigSinn nicht hat, aber notwendig ist,
notwendig ist das einfache wahre Abschreiben der Welt.«

Das ist Rainald Goetz und sein Programm, das er da hervorlas,
und diese Angst immer in sich und die Verzweiflung und die Wut
und der unbedingte Wille, da nicht eingekastelt zu werden, in dieses stille Kulturkästchen, sondern die Wut sich zu bewahren im

Schreiben, da keine Geheimnisse hineinzulegen in dieses Schreiben, wo die Wahrheit doch geschrieben werden muss, ganz unverstellt und der Leser eine Idee von dieser Wahrheit bekommen muss, wie sie ist, da draußen in der Welt und in der Psychiatrie zum Beispiel, wo der Schriftsteller Goetz groß geworden ist, wo seine Wut wuchs und die Verzweiflung auch und der Wille zu leben, zu kämpfen und zu schreiben. »Die Welt ist tot. Keiner hilft. Meine Verzweiflung schreit: Dich gibt es gar nicht.«

Einen Preis gab es nicht für Rainald Goetz. Seine Stirnschneiderei wurde als schnöde Inszenierung abgetan, von der man sich hier jetzt mal schon gar nicht beeindrucken lasse, und es stimmt ja auch und es wäre auch ganz ohne Bedeutung geblieben, dieser Text und dieses Blut, wenn Goetz nicht der Goetz geworden wäre, den wir heute kennen, ein Schriftsteller mit einem beeindruckenden Werk, ja, Werk, mit einigen unvergesslichen Büchern, die man an beliebiger Stelle aufschlagen kann und es ist ein schöner Satz genau dort, ein Satz mit einem fantastischen Klang oder mit einem noch nie gedachten Gedanken, der in einen hineinfährt wie ein Blitz oder eine Klinge in die Stirn. Das Werk hat den Schnitt von damals beglaubigt und gerechtfertigt und auch sein Programm, seinen Angriffsplan: »Wir brauchen keine Kulturverteidigung. Lieber geil angreifen, kühn totalitär roh kämpferisch und lustig, so muss geschrieben werden, so wie der heftig denkende Mensch lebt. Ich brauche keinen Frieden, denn ich habe den Krieg in mir.«

Gleich sein erster Roman löste die Versprechungen ein. *Irre* ist die Geschichte des Psychiaters Dr. Wilhelm Raspe und es ist auch die Geschichte eines Mannes, in den der Krieg einzieht als Notwendigkeit und der zum Schriftsteller wird, der das Kulturleben verachtet und die Kunst liebt. Als Wahrheit. Aber langsam: Dr. Raspe, der im Klagenfurt-Text *Subito* (in: *Hirn,* 1986) schon aufgetreten ist, beginnt voller Enthusiasmus sein Leben als Arzt in einer Psychiatrie, er will helfen, heilen, seine medizinische Kunst anwenden. Doch sein Enthusiasmus ist nirgends willkommen, es geht um Verwaltung der Geisteskrankheiten, Verwaltung der Kranken. Der erste Teil des Buches ist eine Montage aus Vorlesungen, Fallbeispielen und Ich-Berichten. Der zweite Teil gewährt einen Blick von außen, auf diesen Raspe, auf seine Anstrengungen, sein Ziel zu erreichen, zu helfen und eine Karriere als Arzt zu beginnen, und die Verzweiflung über das »Helfen-NichtKönnen« und der dritte Teil ist dann der Abschied von dem allem, der Abschied aus der Psychiatrie, ins Nachtleben hinein, in den Tanz, den Exzess, ins Schriftstellerleben.

Ein Studium, ein langes, langes Studium, Aufbau von Begeisterung, Heilungswille, Karrierewille, Wille jetzt das Leben zu beginnen, den Lebensdienst und überall sind Mauern und Gesetze, überall ist Routine und der Wille zum Weiter-So. *Irre* ist das Buch zum Entschluss, da nicht mitzumachen, das große Andere zu wagen. Den einzigen Ausweg. Das Schreiben. Die Kunst.

Fünf Jahre später liest man von diesem Raspe als Student. Es ist die Zeit, bevor er Arzt wird, lange bevor er Schriftsteller wird, er lebt in Paris, in einer winzigen, dunklen Dachkammer, in selbst gewählter Isolation und erlebt das Jahr 1977, den deutschen Terrorherbst, er lebt das alles mit, lebt den Hass der Terroristen mit, den Hass auf diesen Staat, »deshalb wird jetzt die Freilassung aller Gefangenen gefordert im Austausch mit der Schleyergeisel, auch zur Staatserniedrigung, weil der Schmidtstaat der totalste Staat ist, den man als Deutscher je gesehen hat, Jahrgang vierundfünfzig. Eine solche so genannte Demokratie ist für einen von Geburt an Deutschen der Faschismus und sonst nichts.« Und er lebt aber auch die Angst des Opfers mit, den Horror des Gefangenen. Raspe ist Sympathisant und Opfer in einem. Der schwarze Umschlag des Suhrkamp-Bandes, auf dem in riesigen, aggressiv-roten Buchstaben Name des Autors und Titel des Buches stehen, zeigt unten ein kleines Bild: den Autor mit kahl geschorenem Kopf und großen Augen in die Kamera starrend, hinter ihm das RAF-Symbol mit fünfzackigem Stern und Maschinengewehr. Er sieht aus wie ein Terrorist, entschlossen und stolz vor dem Zeichen seiner Macht, in Wahrheit ist es aber die entwürdigende Pose, in der die Terroristen ihre entführten Opfer zwangen, um der Öffentlichkeit zu zeigen, wer jetzt der Herr über den Entführten ist. Auf der Rückseite des Buches stehen vier rote Worte, die fast den ganzen Umschlag füllen: »Fight for your right.« Es ist ein Kampfbuch, das auch die Opfer kennt, ein Buch des Abschieds von Gewalt. »Und weil ich kein Terrorist geworden bin, deshalb kann ich bloß in mein eigenes

nes weißes Fleisch hineinschneiden«, hatte er schon in *Subito* geschrieben. Hier, in *Kontrolliert* (1988), schneidet Goetz tief und immer tiefer. »Was Lüge, Finsternis, Hölle, Familie automatisch addiert bekanntlich ergeben, kann sich dann jeder als Terror in sich im Vitalen anschauen, wo schwarz das Blut das Herz durchschießt.« Am Anfang schnell und gewalttätig, aber immer in einer wunderschönen Poesie, und es hilft ja nichts, man muss in einem Text über Rainald Goetz zitieren, sonst kann man nicht erklären, wie diese Wahrheit klingt: »Ich stand auf und ging ans Fenster Richtung See, und als ich die Spiegelung durchbrochen hatte, berührte schon die alte Stirn das Glas. Ich lehnte mich fest dagegen und schaute raus. Im Augenwinkel stand der arme treue Hocker wartend in der Ecke. Unverrückt thronte endlich ruhigäugig schwarz der Schädel auf dem schwarzen Tisch, in der Mitte weiß das nicht beschriebene Papier, und links war buntfarben mit viel durchgrenzten Kontinenten und noch mehr blauen Meeren ein Modell der Erde, auf der in echt der Mond die Menschen leben sieht. Der Schreiber lauschte, alles hört er, war so gefasst. Ich könnte die ganze Nacht am Fenster stehen heute und da raus schauen, sagte ich und ging zurück zu meinen schlafenden Gebirgen. Ich setzte mich wieder zu ihnen auf den Boden und haute freundschaftlich auf jeden Packen drauf. Der Kampf hat erst begonnen. Draußen gingen die Wächter auf und ab, die Uhr war verhängt, die Schrift erhört.« Und wer da nicht Büchners »Lenz« zum Beispiel heraushört, der hat keine Ohren. Aber man muss es natürlich nicht heraushören, wie man überhaupt alle literarischen Bezüge des Großlesers Goetz nicht herauslesen muss aus seinen Büchern. Aber es vervielfacht den Genuss. An vielen Stellen leuchten Kafka herauf und Hölderlin und Schiller und vor allem oft und immer wieder der Arzt und Revolutionär Büchner. Später, in seinem Internettagebuch *Abfall für alle* (1999), hat er sich an seine Schreibanfänge mit Büchner erinnert. Empört hört er in der Rede Elfriede Jelineks zur Verleihung des Büchner-Preises, sie fände Büchner unerreichbar. Darauf Goetz: »Stimmt doch gar nicht. Büchner ist herrlich, gerade wenn man jung ist, und extrem erreichbar. Sofort ist er Bruder, ganz nah. Er schickt einen los, wie andere junge, speziell jung kaputte Schreiber auch. Und man selber denkt: ich auch, so ist das Gefühl, so mache ich es auch. Und genau so macht man es dann.« Und knapp eine Stunde später hat er entdeckt, dass Elfriede Jelinek von »unvergleichbar« gesprochen hatte. Das aber passt ihm noch viel weniger: »Wenn man Büchner unvergleichlich findet, wenn man findet, man könnte nichts hinkriegen, ›im Vergleich zu‹ Büchner, wenn man da keine Resonanz spürt, braucht man selbst gar nicht antreten, als Schreiber.«

Goetz ist angetreten, Büchner tragend, alles wagend, am Ende von *Kontrolliert* sind die in Stammheim inhaftierten Terroristen tot. Goetz endet: »So flammte die Geschichte auf und hatte sich erzählt. Erlischt das Licht, wird das Kalte endlich sichtbar ein Stück Welt. Ich ging zum Schreibtisch und packte alles zusammen. Es war kurz nach acht, nein, acht Uhr eins. Ich erinnere mich genau an die Finsternis dieses Tages. Ich stand am Fenster, gelähmt, und schaute hinaus ins Nichts. Staub hinter der knöchernen Stirn, wüste Bilder, zerfetzt von Zorn, und die Rache wollte denken, aber die geblendeten Augen sahen nichts. Ich atmete. Pochend tobten die Pulse das Blut Richtung Hirn. Dort war es dunkel und endlos chaotisch umnachtet. Weiter draußen aber an den Kanten, wo die Sache hier allein jetzt fest begrenzt und für sich richtig endet, war alles auf das Äußerste gespannt, in Richtung Welt, bestimmt bei Sinnen.«

Das war 1988 also, als sich Goetz erinnerte an diesen deutschen Herbst. An das Kämpfen, an das Morden, an den Tod. Schreibend vollzog er all das nach. Goetz ist ein Schreibterrorist. Einer, der alles wagt, der um sich schießt mit Worten und mit Sätzen von unglaublicher Konsequenz und Notwendigkeit. Jeder Satz scheint aus dem vorherigen als logische Folge hervorzugehen. In dieser einmaligen Mischung aus bayerischem Dialekt, Alltagssprache und Literaturgeschichtsanspielung. Das macht den Klang und die Kraft und die Schönheit der Sprache.

»Nachts war ich beim Feiern. Der große Sommer von 88 war auch schon wieder lange vorbei, die Stimmung dieses neuen Sommers wirkte leicht angestochen, forciert, fast hysterisch. Aber egal. Halle fünf, Trainingssaufen, Saufen bis zum Umfallen, Maximumrocknroll. Und dann passierte plötzlich: 1989.« Eine Passage aus dem Vorwort zu Goetz' Riesen-Revolutions-Mitschrift *1989* (1993). Das große Revolutionsjahr, Feiern in Paris, Panzer auf

280

dem Platz des Himmlischen Friedens, Chomeini stirbt, Osteuropa ist auf den Straßen und Rainald Goetz schreibt das Geschehen mit, sitzt vor drei Fernsehern mit zwei Videorekordern, zeichnet auf, schreibt, schaut, hört. Er wollte eigentlich für seine Theaterstücke *Festung* (1993) das öffentliche Reden der Gegenwart 1989 auf den Holocaust beziehen, dafür sah er sich das zunächst an, bald aber schon in einem »Zustand der Vollerregung«. In drei Bänden schreibt er das alles auf, komponiert es als Schaubilder, als Buchstabenkolonnen auf mehr als 1500 Seiten, dieses Jahr. Kein Lesebuch, ein Schaubuch, in das man immer mal wieder hineinsehen kann, um einen Moment von damals herüberzuholen in die Gegenwart. Zum Lesen eignet es sich eher weniger. Es ist nicht für den Leser komponiert, es ist das Monument eines Jahres, mit viel zu wenig Goetz darin, leider.

Und dann kommen die Jahre, in denen Rainald Goetz das Glück gefunden hat. Das Glück in der Musik. Die Technojahre. Goetz lernt die DJs Westbam und Sven Väth kennen, die er verehrt als weise Götter des Glücks. Er reist ihnen hinterher, in ihren Partyfliegern um die ganze Welt, sucht das Geheimnis ihres großen Könnens, das Geheimnis ihrer Kunst und genießt das unendliche Glück des Tanzens, der Leichtigkeit, der Drogen und des Rhythmus. Er hat die Entdeckung einer neuen Kultur gemacht, er kann es nicht fassen: »Diese Praxis, Leute, dieses Handwerk, diese Rezeptivität und Reaktionsgeschwindigkeit, das Lauschen, Rühren, Ordnen und Verwerfen, dieser Vorrang der Reflexe, bei gleichzeitiger Reflexion auf diesen Vorrang, die auf praktische Umsetzung gerichtete Vision einer realen Abfahrt, der Party also, die zum Ereignis vieler einzelner mit lauter anderen wird, diese Verbindung, mit anderen Worten, von Handwerk und ästhetisch innovativem Geschehen, all das nennen wir: DJ-CULTURE.«

Die Dokumente dieser Kultur und dieses Glücks sind in dem fünfbändigen Werkkomplex *heute Morgen* (2004) zusammengefasst. Die theoretische Grundlage hat er allerdings schon vorher in einem Interviewbuch mit ebenjenem Westbam gelegt (*Mix, Cuts and Scratches,* 1997). Die beiden sitzen im Juni 1995 im Garten des Hotel Phoenix in San Franciso und reden über das Glück, das Schreiben und die Musik. »Reden: toll. Dauernd pas-

281

siert dabei so viel, und kein Mensch weiß, was alles und wie genau.« Das Buch, das Reden hier schwankt bedenklich zwischen Debilität und Genie, zwischen Banalität und Wahnsinn, ein merkwürdiges Reden über das Glück, über den einen Moment, für den es eigentlich keine Worte gibt, weil genau dies das Glück vollkommen macht, die Sprachlosigkeit, Begriffslosigkeit, Reflexionsfreiheit, Ende des Denkens: »Gehirnblankifizierung als Utopie«. Das ist es.

Dass er daraus eine Erzählung gemacht hat, aus all diesen Momenten des wortlosen All-Einverstandenseins in all diesen Nächten in den neunziger Jahren in Berlin und anderswo in der Welt, das ist vielleicht die höchste Stufe, die der Künstler Rainald Goetz bislang erklommen hat. *Rave* (1998) ist die Erzählung einer ewigen Reise in die Nacht, aber nicht in die Dunkelheit, ins Licht hinein, in ein immer helleres Licht, wo alles stimmt, kein Gedanke, keine Erinnerung und keine Last die Augenblicksverzauberungen trüben, nur Rhythmus und Liebe und Tanzen voran. Rave ist ein romantisches Manifest, das Glück als Buch. Keine Ahnung, wie ihm das gelungen ist. »Immer ohne damals, jeder neue Bass.«

Dann erschienen noch ein Stück, *Jeff Koons* (1998), und eine Erzählung und ein Buch mit Bildern zur Nacht, alles schön rot eingebunden, alles Teil von *heute Morgen,* und 1998 schrieb Goetz unter der Adresse www.rainaldgoetz.de ein Internettagebuch, ein Livemitschnitt seines Lebens. Banalitäten, Erstaunlichkeiten, Schriftstelleralltag, Feieralltag, Buchmesse, Buchgespräche, Geschäftigkeit, Gewöhnlichkeiten, schön geschrieben und immer wieder das Leuchten.

Goetz schreibt weiter. In Berlin kann man ihn regelmäßig als kleinen grauen Schatten durch die Stadt hetzen sehen. Meist auf dem Fahrrad durch Mitte brausend, mal an der Fleischtheke eines hell leuchtenden Supermarktes, mal auf abendlichen Festen. Tagsüber saß er zuletzt meist im Pullunder auf der Pressetribüne des Deutschen Bundestages und schrieb die Reden der Politiker mit und seine eigenen Gedanken. Er arbeite, so hieß es immer, an einem politischen Roman, an einem Buch über die deutsche Politik. Aber das Buch erschien nicht und irgendwann hieß es, er habe es verbrannt, alle Aufzeichnungen, alle Entwürfe, das ganze Buch. Das muss nicht stimmen. Es gibt immer viele Gerüchte um Rainald Goetz. Um einen Mann, der immer alles wagt, immer alles will, immer den ganzen Goetz hineinwirft in seine Bücher, als sei es eine Tanzhalle, in der alle mitfeiern und sich ausstellen und kämpfen wie in einem großen Rausch der Klarheit und des Glücks.

Schon gleich am Anfang, nach *Irre,* hatte er sich gefragt: »Wie geht es weiter? Wie muss es weitergehen, gerade jetzt, nach dem ersten Roman, was muss ich tun, dass ich nicht auch so ein blöder LiteratenBlödel werde, der locker und dumpf Kunst um Kunst hinschreibt. NeinNeinNein, immer alles zerschlagen, sagte ich, das Erreichte sofort immer wieder in Klump und kaputt und mausetot schlagen, sonst hast du die Scheiße.«

Maxim Biller wurde 1960 in Prag geboren, 1970 emigrierte seine Familie nach Deutschland, zunächst nach Hamburg, dann zog er nach München, schließlich nach Berlin. Er kommt aus einer Schriftstellerfamilie. Seine Schwester, Elena Lappin, lebt inzwischen in London und schreibt Romane und Kurzgeschichten in englischer Sprache. Seine Mutter, Rada Biller, wurde in Aserbaidschan geboren, wuchs in Moskau auf, emigrierte nach Prag und schreibt schon fast ihr Leben lang, kurze, melancholische, wunderschöne Lebensanekdoten auf Russisch. Der Vater, Semjon Biller, schreibt angeblich nicht, er war bis zur Pensionierung Dolmetscher auf höchster Ebene und ist zum Beispiel mit Michail Gorbatschow befreundet. Maxim Biller schreibt deutsch. Ein so klares, weiches, schönes und präzises Deutsch wie kaum ein zweiter lebender Schriftsteller. Sein Stil ist kompromisslos, sein Wille zur Wahrheit grenzenlos, seine Selbstliebe enorm. »Er trinkt Himbeerlimonade, er liebt sich, er ist ein Jude: Alfred Held, von Freunden Fredi, von der Mutter Fredilein genannt.« So beginnt Billers großartige Geschichte *Halt durch, Al* aus dem frühen Erzählungsband *Wenn ich einmal reich und tot bin* (1990).

Vor ein paar Jahren saß ich in einem Kölner Hotel mit den Billers am Frühstückstisch, am Abend vorher hatten Mutter und Sohn gemeinsam gelesen. Rada Biller war sehr aufgeregt gewesen. Es war ihre erste Lesung aus ihrem gerade erst erschienenen

283

ersten Buch. Beim Ausklang danach musste Maxim Biller bald schon gehen, weil eine Leserin mit schwarzen Lederstiefeln von ihm nach Hause gebracht werden wollte. Jetzt, am Morgen, war Rada Biller bester Stimmung. Strahlend berichtet sie der Frühstücksgemeinschaft, sie sei soeben dem Schriftsteller Ingo Schulze begegnet und der habe ihr gesagt, er habe gerade ihr Buch gelesen und es sei herrlich. Worauf Maxim Biller trocken erwidert: »Das sagt der jedem.« Die Mutter schaut erschrocken, die frische Freude ist verschwunden, der Vater nennt seinen Sohn ungehobelt und unhöflich und überhaupt unmöglich, und Maxim Biller sagt: »Was wollt Ihr? Ich bin ehrlich, das ist alles.«

Maxim Biller ist ein radikaler Schriftsteller. Seine Prosa macht keine Gefangenen. Jeder Fehler, jede Unehrlichkeit wird erschossen. In der Erzählung *Rosen, Astern und Chinin* berichtet Biller mit großem Aufwand vom bevorstehenden Besuch des Schriftstellers Joseph Heller bei dem Ich-Erzähler. Er ist ein junger Journalist, der es sich nicht leisten kann, den großen Dichter in ein standesgemäßes Restaurant auszuführen, also lädt er ihn zu sich nach Hause ein, seine Mutter kocht ein großes jüdisches Mahl und die ganze Familiengeschichte wird erzählt, die Lebens- und Denkgeschichte des Erzählers und über den berühmten Autor schließlich nur den einen Satz: »Zwischendurch machte ich mein Interview mit dem verehrten Schriftsteller, wobei ich allerdings merkte, dass seine großen Tage bereits vorbei waren, denn er gab mit wiederholt zu verstehen, dass es im Prinzip egal ist, was man macht, Hauptsache, man ist nicht allein dabei.« Zack! Damit ist der Mann erledigt. »Egal« soll das Schreiben sein? Egal ist gar nichts. Egal ist der Tod.

Wie fing das an mit Biller? Das Schreiben, die Kompromisslosigkeit? In seinem bislang schönsten Buch, dem Erzählungsband *Bernsteintage* (2004), einem Buch voller unendlich trauriger, schwebend schöner Geschichten einer Kindheit in Prag, gibt es eine Erzählung über ein junges Geschwisterpaar, David und Jarka. Jarka ist die ältere Schwester, sie schreibt Geschichten in kleine blaue Hefte und gibt eine radikale private Zeitung heraus, die »Zitronenrevue«. David ist schmächtig, trägt eine dicke Brille und wird von Jarka genötigt, ihre Gutenachtgeschichten anzuhören und zu rezensieren. »Irgendwann, er ging inzwischen zur

Schule, kam der große Moment. Jarka drückte David feierlich einen Bleistift und ein Blatt Papier in die Hand und forderte ihn auf, das aufzuschreiben, was ihm gerade einfiel. Als sie sich eine halbe Stunde später über ihn beugte und auf dem Zettel nur ein Haus, eine Sonne und ein Flugzeug entdeckte, gab sie ihm eine Ohrfeige. Während er weinte, hielt sie ihn in ihren Armen, dann schob sie ihm ein neues Blatt hin. Die Geschichte, die David an diesem Tag schrieb, handelte von einem kleinen Jungen, der einen Freund hat, mit dem er nie spielen kann, weil der immer krank in seinem Bett liegt. Es war seine allererste Geschichte, und sie gefiel Jarka so gut, dass sie David versprach, sie in der Zitronen-revue abzudrucken, und das hatte ihn gefreut.«

Vielleicht fing es so an. Mit einer Ohrfeige der Schwester. Vielleicht ganz anders. Im Vorwort zu *Der perfekte Roman. Das Maxim-Biller-Lesebuch* (2003) schreibt er: »Ich war siebzehn, als ich eine Nacht lang aufblieb, um eine Erzählung zu schreiben. Ein paar Tage später schrieb ich noch eine Erzählung, wieder nachts. Die Geschichten waren nicht besonders gut, trotzdem hat sich in den beiden Nächten etwas verändert.«

Seitdem liebt Maxim Biller das Schreiben und seitdem be-herrscht er schreibend die Welt. Diese lernte ihn mit seiner Kolumne *100 Zeilen Hass* in der Zeitschrift *Tempo* Mitte der achtziger Jahre als Hassprediger kennen (*Die Tempojahre*, 1991). Das war sein Glück, weil er sich binnen kürzester Zeit den Ruf als bösester Kolumnist des Landes erwerben konnte, und sein Unglück, weil er seit jener Zeit die Aura des Krawallmachers um jeden Preis nicht mehr loswird. Er wütete damals ohne Rücksicht auf Freunde und auf Feinde gegen die Konsens-Deutschen, heilige Berühmtheiten, kleine und große Schriftstel-ler-Stars, Möchtegern-Juden und doktrinäre gute Menschen. Es war eine fantastisch geschriebene Erledigungskolumne ohne vorgefertigte Meinungsbausatzteile. Mit Mut und Bosheit und dem Willen zur Wahrheit. »Jetzt regen Sie sich bloß nicht auf«, schreibt er, nachdem er im ersten Absatz Lea Rosh als »Furcht einflößenden Hermaphroditen« beschimpft hat. »Was hier wie eine kleine persönliche Diffamierung klingt, ist doch nur der Leser-Wachmacher, der lassomäßige Einstieg zu einer ausge-sprochen objektiven Demontage einer Frau, die als pseudolinke Bildungsbürger-Ikone und Betroffenheits-Predigerin längst fällig ist.« Jawohl, es wurde offen beleidigt in diesen Kolumnen und die Beleidigungen lesen sich noch heute frisch und herrlich böse und verletzend wie damals. Und der Autor reitet als selbstherrlicher, einsamer Cowboy durch die schlechte Welt voll schlechter Menschen, knallt ab, wer sich schuldig macht, und schreibt über sich selbst: »Daraus folgt, dass die einzige gesunde Weltsicht die des Rationalisten, Zynikers und Gelangweilten ist, eines Abgebrühten, der nie das glaubt, was ihm an der Oberfläche präsentiert wird – eines Skeptikers eben. Das Leben eines solchen Menschen kann natürlich kein frohes Leben sein, aber es ist rein und ohne Lüge, denn er vergisst nie, dass die historische Epoche, in die er, der heute Dreißigjährige, hineingeboren wurde, dafür verantwortlich war, dass er seine moralische Unschuld verlor.«

1990 debütiert der Erzähler Biller mit dem Band *Wenn ich einmal reich und tot bin* und darin ist schon fast alles enthalten, was man am Schriftsteller Maxim Biller lieben muss. Biller ist vor allem ein Geschichtenerzähler, ein fantastischer Geschichtenfinder altmodischer Pracht, dem wirklich am Erzählen gelegen ist, an der Welt, an der Wahrheit, am Leben. »Wer einmal den Boden unter den Füßen verloren hat, wirbelt besonders schön und anmutig durch die Luft, während er fällt«, schrieb er einmal. Fast alle seine Geschichten handeln von Juden. Halt, nein, es sind natürlich alle. Sie handeln von Juden in einer Welt, die ihnen keine Sicherheit bietet, Menschen, die auf schwankendem Boden leben, zwischen Erdspalten tanzen und immer damit rechnen, verschluckt zu werden von der Welt, den Menschen, die jederzeit wieder zu Monstern werden können, zu ihren Mördern. Und sie leben ihr lächerliches, trauriges, heldenhaftes Leben inmitten der Nicht-Juden, der durchsichtigen Schlappschwänze und traurigen Selbstentschuldiger. »Komische, undurchschaubare Deutsche«, hat Maxim Biller später einmal geschrieben, »zuerst bringen sie unter Aufwendung ihres ganzen Talents fast alle Juden um und dann tut es ihnen auch noch leid.«

Und sie kämpfen. Biller kämpft, um nicht unterzugehen. Und vor allem, um sich nicht zu langweilen. Langeweile ist das Schlimmste. Vor einer Weile lud Biller alle interessanten jüngeren deutschen Schriftsteller zu einem großen Treffen nach Tutzing ein, um sie dort einmal ordentlich zu beschimpfen und ihnen mitzuteilen, dass das, was sie schreiben, »Schlappschwanzliteratur« sei. Es war herrlich und leider waren die meisten angereisten Schriftsteller mit der Bezeichnung ganz einverstanden. Oder es war ihnen egal. Jedenfalls ist es zu der schönen, rauen interessanten Debatte, die er sich gewünscht hatte, nicht gekommen.

Ohne Maxim Biller wäre es in der deutschen Gegenwartsliteratur wahnsinnig langweilig. Wenige gibt es zurzeit mit dem Mut zur eigenen Meinung und dem Willen zur Selbstherrlichkeit und der Bereitschaft, sich öffentlich verdammen zu lassen. Wenige kommen in diesem Kompromiss- und Konsensland aus der Deckung und sagen laut und vernehmlich »Ja!« oder »Nein!« Das macht doch sonst keiner. Alle sitzen in ihren Ecken und warten ab, bis sich eine sichere Seite zeigt, auf die sie sich risikolos schlagen können. Biller zeigt sich. Und Biller büßt es auch. Seine Bücher erscheinen in lächerlichen Auflagen. Weil sein Image das eines Prügelprosaisten ist, das ist nun einmal so, und von dem zarten, weichen, wunderschönen Ton, von dieser Liebe zur Welt und zu den Frauen und zur Liebe an sich, davon will kaum einer etwas wissen, davon weiß anscheinend bis heute kaum jemand etwas. Viel zu wenige jedenfalls. Ich kenne keinen schöneren Erzählungsband der jüngsten deutschen Literatur als *Bernsteintage* und wer darin einmal die Geschichte von Onkel Schimschon gelesen hat und dabei nicht weinen musste, der hat wahrscheinlich kein Herz und jedenfalls keinen Sinn für schöne Literatur.

Und auch der Liebesroman *Esra* (2003) ist schön. Er ist leider zu einem so genannten »Skandalbuch« geworden. Es wurde verboten. Daran ist auch Billers Image schuld. Aber nicht nur. Es wurde erstmal verboten, weil zwei Personen sich in dem Buch erkannten. Oder zu erkennen glaubten. Es sei zu wahr und zu enthüllend. Esra, die Geliebte des Schriftstellers, will ihm im Buch verbieten, über sie zu schreiben. Der Schriftsteller sagt, das sei unmöglich, Leben und Schreiben, das sei für ihn wie eins. »Ich will nicht gesagt bekommen, worüber ich schreiben darf und worüber nicht. Das ist so, als nähme man mir die Luft zum Atmen.« Biller hat es aufgeschrieben. Zart und selbstenthüllend,

wahr und böse, verletzend und verletzt. Die Wirklichkeit hat zu-
rückgeschlagen. Das Buch ist bis jetzt verboten. Zu nah an der
Wirklichkeit, urteilten die Richter in den ersten Instanzen, zu
wahr, das darf nicht sein.

»Wie wären wir ohne Literatur?«, fragt Biller im Vorwort zu
seinem Lesebuch. »Wären wir dümmer, brutaler, gefühlloser,
wenn es keine Romane und Geschichten gäbe? Ich weiß es
nicht. Vielleicht lernen wir ja tatsächlich aus den Büchern, warum es Sinn macht, für eine Frau alles zu geben oder in einem
Krieg auf der richtigen Seite zu stehen. Aber in Wirklichkeit
kommt es doch eher auf die Frau oder den Krieg an, nicht
wahr?«

Yep. Sehr wahr. Aber in der Zwischenzeit lesen wir. Zum
Beispiel Billers Bücher.

Sie nennen ihn einen Popautor, einen der ersten jungen Mu-
sikschriftsteller. Dabei künden die Bücher **Thomas Meineckes**
(*1955) von nichts weniger als vom schönen Klang oder leuchtenden Oberflächen, sondern von den tiefsten Tiefen des politischen Diskurses, den Geheimnissen von Identitätszuweisungen,
von theoretischen Texten. Thomas Bernhards Diktum, wenn er
irgendwo am Horizont eine Geschichte sehe, schieße er sie ab,
gilt viel eher für den Diskurssetzer Thomas Meinecke. Seine Romane sind die Plattenteller, auf denen Denkspiele umeinander
kreisen. Er versammelt Meinungen und Identitäten, um sie am
Ende zu einem vielstimmigen Chor zu vereinen, der nicht wirklich harmonisch klingt, dafür aber viele kleine Ergebnisse ver-
mittelt. Möglichkeiten einer neuen Bezeichnung der Welt. Wer
ein schönes Buch mit schönen Geschichten lesen möchte, ist
also bei Thomas Meinecke nicht richtig. Wer sich aber über den
neuesten Stand der Genderdebatte, politischen Wissenschaften
und Identitätsfragen informieren möchte, die im anarchischen
Konstruktionsprinzip auf die handelnden Personen übertragen
werden, muss Thomas Meinecke lesen.

Angefangen hat der gebürtige Hamburger als Mitherausge-
ber und Redakteur bei der Zeitschrift *Mode und Verzweiflung,* er
schrieb Kurzgeschichten für die *Zeit,* gründete die Band »Freiwillige Selbstkontrolle / FSK« und arbeitete als DJ beim Ra-

dio des Bayerischen Rundfunks. In seinem ersten Roman *The church of John F. Kennedy,* der 1996 erschien, berichtet er von der zweijährigen Reise des Mannheimer Studenten Wenzel Assmann durch den Süden der Vereinigten Staaten. Er ist auf der Suche nach den europäischen Wurzeln des heutigen Amerika, auf den Spuren der Siedler, auf der Suche danach, wie europäisch das Land und seine Kultur eigentlich sind. Wie der Import kultureller Werte vor sich ging, wie sie im Land transformiert wurden, sich zurück- und fortentwickelten, bevor sie in der Gegenwart als amerikanischer Exportschlager wieder zurückkommen nach Europa. Der Bericht des Erzählers, der Fundstück auf Fundstück aus Archiven und Antiquariaten des Landes aneinander reiht, wird immer wieder unterbrochen von den Informationen, die ihm eine Freundin aus Berlin zusendet. Es ist das Berlin um 1989/90, die Mauer fällt, die Vereinigung deutet sich an. Meinecke bemüht sich um Parallelisierungen der Kolonisierung Amerikas und der so genannten Kolonisierung der DDR durch den Westen. Diese Engführung nimmt dem Buch allerdings die Möglichkeiten verschiedener Interpretationen, nimmt ihm das Offene, das Meinecke mit dem gleichberechtigten Nebeneinander von Quellen, Berichten und Diskursen eigentlich erreichen möchte.

Auch in seinem nächsten Roman *Tomboy* (1998), in dem die Genderdebatte im Vordergrund steht, bemüht sich Meinecke noch etwas verkrampft um einen erzählerischen Rahmen. Und erst mit den Büchern *Hellblau* (2001) und *Musik* (2004) hat er all das aufgegeben. Er stürzt die Leser in die Freiheit der ganz freien Rede hinein. Er setzt Diskurs neben Diskurs, versucht Gespräche zu beginnen, mitunter verlaufen sie sich im ewig Unverstandenen, mitunter verzahnen sie sich aufs Schönste und ergeben eine kleine Synthese. Was man jedem anderen Autor vorwerfen müsste, dass er die Figuren seiner Romane nur als Funktions- oder Textträger gebraucht, ist bei Meinecke der Kern seiner Kunst. Er bringt Diskurse zum Tanzen, und mitunter entsteht dabei eine neue Art der Weltbeschreibung – und oft ist es einfach nur laut.

Wenn man Thomas Meincke begegnet, auf Buchmessen oder Lesefestivals, ist er immer mit einem tonnenschweren Plattenkoffer unterwegs »zum Auflegen«. Immer legt er irgendwo auf. Die Sehnsucht nach dem Autor als DJ und Stimmungsmacher ist ja immer noch sehr groß. Und Meinecke ist froh, dass er auch eine Kunst beherrscht, die direkter zu den Menschen spricht als seine Bücher.

Als er auftrat, kaum dreiundzwanzig, zack, hatte er Erfolg, sein erstes Buch verkaufte und verkaufte sich und schon hatte jeder eine Meinung zu ihm. Die meisten ernsten, ernsthaften Menschen, die Kritiker und Feuilletonisten hassten oder verachteten ihn. Junge Menschen, junge Leser, die eher sonst keine Bücher kauften, liebten und bewunderten ihn. Diesen jungen Mann mit kurzem Haar in Hemd und Anzug, mit traurigem Blick und entschlossenem Kinn. **Benjamin von Stuckrad-Barre** (*1975). Pfarrerssohn aus Göttingen, Musikjournalist, Gagschreiber bei Harald Schmidt, Mitschreiber einer Welt, die bislang in Büchern noch keiner mitgeschrieben hatte. Sein erstes Buch: *Soloalbum* (1998), darin ein junger Mann, der spricht wie Stuckrad-Barre, denkt wie Stuckrad-Barre und soeben von seiner Freundin verlassen wurde wie Stuckrad-Barre. Der junge Ich-Erzähler leidet wie ein Hund, läuft von Party zu Party, von Einsamkeit zu Einsamkeit, betrachtet die Welt, verachtet die Welt, verachtet die meisten Menschen, die er sieht. Es ist eine Coolness-Fibel und das Weltschmerzbuch eines Heranwachsenden, der das eigene Unglück als Unendliches erleidet. »Ganz große Verzweiflung, zwei Tage nicht aus dem Haus.« Es ist ein Lexikon der dümmsten Alltagssprüche, die jeder kennt und jeder benutzt und die der Autor in ihrer ganzen Lächerlichkeit ausstellt, ein Lexikon der blödesten Tanzstile auf Partys, der Erzähler gibt nebenbei ein paar Tipps, wie man es besser machen kann, ganz einfach »nicht Luftgitarre spielen« auf der Tanzfläche, viel mehr brauche es nicht. Es ist ein Buch der Einsamkeit eines jungen Allesbeobachters und Allesbewerters mit Schlankheitswahn und Drogenbegeisterung, der die Welt, die Menschen, die Musik, die ihn umgibt, nach einem radikalen Cool-Uncool-Prinzip unterscheidet. Endgültige Urteile über Menschen, die der Liebesschmerzensmann soeben erst kennen und sofort verachten gelernt hat, fliegen über die Seiten. Und dann ist da natürlich die Musik. *Soloalbum* beschwört so radikal die Popmusik als gemeinschaftsbildendes, lebensbestimmendes Daseinsmoment, wie es das in einem deutschen Buch noch nicht gegeben hatte. Vor allem Britpop bestimmt das Leben des trauernden Weltverächters, Britpop bestimmt auch das Buch, und vor allem die Band »Oasis«. Die Kapitel sind nach Songtiteln der Band benannt, die Gallagher-Brüder werden immer wieder als Lässigkeitsvorbilder und Lichtgestalten des Weltschmerzes gepriesen, ihre Band ist schlicht »die beste Band der Welt« und der schwebend-entschlossen-unentschlossene LP-Titel *Definitely Maybe* »der beste LP-Titel aller Zeiten«.

»Ist das dieses Pop-Ding?«, hat Alfred Biolek Benjamin von Stuckrad-Barre in einer Talkshow viel, viel später einmal gefragt. Ja, das alles zusammen ist wohl »dieses Pop-Ding«. Der Begriff »Pop-Literatur« fräste sich damals in die Feuilletons und Literaturgespräche, meist als abwertender Kampfbegriff und letztlich leer und unbrauchbar, nachdem er schnell so banalisiert war, dass er nur noch bezeichnete, dass in dieser Literatur eben Popmusik vorkommt, der Autor gerne ein Popstar wäre und Oberflächenbeschreibung über Tiefenschärfe siegt.

Jedenfalls war der Auftritt dieses selbstbegeisterten Lässigkeitskünstlers und bösen jungen Weltrichters Stuckrad-Barre ein Schock für den deutschen Kulturschläfer damals, 1998. Es scheint eine Ewigkeit her zu sein. Denn Benjamin von Stuckrad-Barre ist in den Jahren, die jetzt kamen, in einer solch atemberaubenden Geschwindigkeit vor den Augen der erstaunten Öffentlichkeit in die Sternenhöhen der Medienwelt geschossen worden, nein, hat sich selbst mit einer unglaublichen Energie da hineingeschossen und leuchtete und schrieb großartige Reportagen aus dem Leben dieses Landes, wurde Redakteur der neu gegründeten »Berliner Seiten« der FAZ, ging gleichzeitig auf große Deutschland-Lesereise, machte daraus sofort wieder ein Buch (*Livealbum*, 1999), eine Erzählung, in der er seinen Weg zum Popstar der deutschen Literatur nachzeichnet, die großen Starauftritte, die kleinen Würstchenauftritte, und in der er das Land, das er bereist, als allverschmelzendes Society-Land beschreibt, in dem die Grenzen zwischen E- und U-Kultur endgültig gefallen sind und die *Bunte* zum politischen Leitmedium geworden ist. Jedes Jahr ein neues Buch war sein wahnsinniger Plan und alles mitnehmen, jeden Talkshow-Auftritt, schließlich sogar eine eigene Talkshow bei MTV, jeden Auftrag annehmen, jede Party, das Leben, die Welt, das schnelle, große, wahre Glück.

Es konnte wohl nicht gut gehen, der große Plan des Stuckrad-Barre. Irgendwann wurde es still um ihn, er leuchtete immer mal wieder im weißen Anzug in irgendeinen Fernsehlichtkegel hinein, bei Udo Lindenberg, beim Schlager-Grand-Prix. Aber er hatte für alle sichtbar die Kontrolle verloren über sein Bild in der Öffentlichkeit. Er war ein Medienjunkie geworden, abhängig von Ruhm und Glanz und Selbstentblößung. Und abhängig von Drogen war er auch. Dieser kombinierten Sucht ist kaum zu entkommen. Als er maximal tief in der Scheiße saß, sein Leben kaum noch regeln konnte, in seiner Berliner Wohnung buchstäblich im Müll dahinsiechte, rief er die Filmemacherin Herlinde Koelbl an. Er wünsche sich ein Filmporträt von sich. Ganz unten. Sie solle das machen. Und sie redete mit ihm und filmte, der WDR strahlte das aus. Und zur Zeit der Ausstrahlung, 2004, schien Benjamin von Stuckrad-Barre sich wieder aufzuschwingen, zur Vernunft, zur Selbstkontrolle, aber dann saß er schon wieder bei *Beckmann* auf dem Seelenentäußerungsstuhl, berichtete vom Elend der Drogensucht, dem Glück der neuen Klarheit, den Fehlern der Vergangenheit und der neuen Sicherheit. Danach ist er wieder verschwunden.

In der Zeit zwischen tiefstem Elend und Selbstrettung und neuem Sturz hat er ein Nachwort zu Jörg Fausers Junkieroman *Rohstoff* geschrieben, dem »besten in deutscher Sprache verfassten Drogen-Roman«. Stuckrad-Barre hat in diesem Text fast alles über sich aufgeschrieben, über seinen Willen zum Schreiben und zum Leben. Der Junkie Harry Gelb, das ist sein Mann: »Harry Gelb, der Name bitte allein schon mal, verkörperte für mich so als Antiheld einen Zielzustand. Mitmachen, Arsch retten, brutal sein und misstrauisch, hoffnungslos romantisch und immer gern dabei, wenn es irgendwo Radau gibt, niemals heimisch werden, größten Argwohn gegenüber dem Muff, den jedes System ausbildet. Dann packt man wieder die Koffer, besser: den. Was braucht man schon, vermitteln einem Fausers Helden, neue Stadt, neue Frauennamen, neuer Irrsinn. Sobald man es irgendwo kapiert hat, geht es nicht mehr.«

Und weiter:

»Als Junkie hat man es leicht, man hat immer ein Ziel, immer was zu tun. Sich zerstören, das schlaucht gleich doppelt, aber dabei fühlt es sich immer kurz mal an wie – doch, tatsächlich – Sinn. Man weiß, wohin. Mit sich, der Zeit, dem Geld. Ständig auf der Suche. Das Leben erfährt eine äußere Beschleunigung, und dabei bleibt man stehen, liegen sogar, und hoffentlich ist man intelligent genug, den Kater zuzulassen und die Möglichkeit des Wiederaufstehens ständig neu zu überprüfen, eben nicht in einem durch bis in die Hölle zu gasen.«

Michael Lentz (*1964) ist ein Kämpfer. Michael Lentz ist Boxer, nebenberuflich, und er ist Lautpoet und Romancier und Saxofonist, ein Sprachspieler mit heiligem Ernst, mit Kraft und einer unglaublichen Energie und Klarheit. Wenn dieser lange, dünne, kahlköpfige Mann mit müdem Blick und Cowboystiefeln ein Literaturhaus betritt, dann ändert sich die Luft. Während alle seine Kollegen, auch die Aktionsleser wie Zaimoglu und so, von der staubigen, lähmenden Gelehrtenatmosphäre deutscher Literaturhäuser bei ihren Auftritten augenblicklich geschluckt werden, selbst zu Literaturhausliteraten werden, beherrscht Lentz den Raum. Breitbeinig sitzt er da und schweigt, und wenn er redet, in seinem rheinischen Dialekt, und diesen ohnehin schon irgendwie lässig-freundlichen Sprachgesang mit einer Sprachpräzision, mit einer Wortbewusstheit verbindet, das ist einfach toll und jeder Zuhörer wird in diese Worte hineingefangen und zwar sofort. »Ich halte mich lieber im stinkenden Ballsaal eines Boxtempels auf als in der gewichsten Gesellschaft von Poesieparasiten. Ist es nicht ein Jugendtraum, der Literatur und allen Umherstehenden einmal nach allen Regeln der Kunst in die Fresse zu hauen?« Den deutschen Literaturhäusern hat diese Verachtung so gut gefallen, dass sie ihm gleich den großen Gemeinschaftspreis aller deutschen Literaturhäuser verliehen haben. Preisgegenstand: Lesungen in allen deutschen Literaturhäusern. Äh – haben die da was falsch verstanden? Aber Lentz nimmt an. Ihn schreckt gar nichts. Und schließlich: Wo kann man der Literatur und allen Umstehenden besser in die Fresse hauen als hier, in diesen deutschen Häusern?

Michael Lentz ist vor allem Lautpoet. Damit hat er angefangen, darüber hat er promoviert, da ist er im Auftritt am größten. Zu Hause so für sich gelesen ist das etwas flach und unbelebt und rätselhaft oder banal, aber wenn Michael Lentz liest, bemerkt man erst, welche Wortbewegungs-, welche Wortformungs- und Kompositionskunst darin steckt. Seinen Durchbruch aber hatte er als Prosa-Autor. Es war einer dieser Momente in Klagenfurt. Einer dieser Momente, die all das Warten, die große Leselangeweile davor und danach aufzuwiegen scheinen für einen Augenblick. Lentz las die Erzählung *Muttersterben* (2002). Vom Sterben der Mutter. Der Mutter des Erzählers. Eine Rede in Wut und Trauer und Schnelligkeit und Denken zurück und Trauern voran. Wahnsinnig schnell, wahnsinnig intensiv, in thomas-bernhardscher Notwendigkeit des Voranlesens. Ein Erzähler erfährt nachts durch einen Anruf des Vaters vom Tod der Mutter, es rührt ihn nur wenig, lange ist schon damit gerechnet worden, er liest weiter Entencomics, und wie dann die Erinnerungen kommen und die Angst und die Einsamkeit und das Denken an den einzigen Brief, an den letzten Besuch, die Beschimpfung der Heimatstadt Düren, die Träume, dass doch noch alles gut wird, dass sie nicht gestorben ist, dass vorher alles anders gewesen wäre, aber »ein leben ist immer ein wunsch voneinander«, und er ist umsonst gewünscht und man weiß es erst ganz gewiss, erst nach dem Tod. So intensiv und grauenvoll und selbsterforschend, unrührselig-traurig, unprahlsüchtig-kunstvoll schön hatte man lange nichts mehr gehört an diesem Ort. Und Lentz gewann den Preis und sehr zu Recht. Der Erzählungsband, der danach unter dem Titel der Erzählung erschien, erfüllte alle Erwartungen.

Dann hat er ein Liebesbuch geschrieben. Eine Art Roman, *Liebeserklärung* (2003), eine rasende Fahrt im Zug durchs Land, auf dem Weg weg von einer Liebe, weg von einer Liebesgeschichte, die zu Ende ist, und das Nachdenken darüber: »Wir stürzen uns in einen Menschen hinein, werfen alles, was ihn ausmacht, hinaus, damit wir genug Platz darin haben, dann richten wir uns in ihm ein, schauen aus ihm heraus, und wenn das nicht mehr unser Blick ist, mit seinen Augen, dann gehen wir wieder hinaus aus diesem Menschen, dann streifen wir die Hülle ab.« Und er fährt also davon, im Zug, »reist dem eigenen Heimweh

nach« und schreibt über das Land: »Dieses durchquerte, festge-
fahrene, dieses Deutschland, das hat jemand mal ordentlich aus-
geweint, es ist ein leer gefegter, ein fassadenstarker Tränenpalast,
und immer soll da ein neuer Anstrich sein, und immer kommt
der Regen, eine gewisse Lichtundurchlässigkeit.« Und fährt weiter, trauernd, schimpfend, liebend, dichtend bis ans Ende der
Liebe, ans Ende des Landes, ans Ende der Welt: »Das ist unsere
Geschichte. Gemäht. Du, ich. Ich liebe dich. Anderswo. Ein Bild.
Ich ahne dich voraus. ›Die Jahre gehen vorüber – in einem Bild,
seit langem, ahne ich dich voraus.‹ Jetzt haben wir uns nicht
mehr. Aber wir haben diese Geschichte.«

Wie fängt das an und wann? Wie wird man zum deutschen
Schriftsteller? Einer wie **Feridun Zaimoglu**? Ein Kümmel, ein Kanake, wie er sich selber nennt, einer aus dem anatolischen Bolu?
Im Dezember 1964 wurde er an einem Freitagmorgen um vier
Uhr siebenundfünfzig geboren, so hat er es später, einem Bericht
seiner Mutter folgend, erzählt und aufgeschrieben. Drei Minuten später schallte der Aufruf zum Morgengebet von den Zin-
nen des benachbarten Minaretts. Doch vorher noch erschallte
der Ruf der Hebamme. Denn der frische Junge war in einer
unversehrten Fruchtblase auf die Welt gekommen – ein kleines
Wunder –, und auf ihr Schreien hin liefen das gesamte Kranken-
hauspersonal und einige humpelnde Kranke am Mutterbett zusammen. Und schon begann die Plünderung dieser wundersam
erhaltenen Schutzhülle. Seine Mutter erzählte: »Jeder habe sich
um ein Stück Fruchtblase gerissen, um es als Amulett gegen den
bösen Blick oder die Widerstände des Versuchers zu benutzen.
Die so genannte Juwelenhaut des Neugeborenen ist Gottesgabe,
sagte sie, und wer sich damit wappnet, hat leichtes Spiel in kommenden Tagen.«
So kam der Dichter Feridun Zaimoglu im Zeichen eines großen Schutz- und Glücksversprechens auf die Welt. Und wenn
kein Wort von seiner Geburtslegende stimmt, dann ist sie immerhin gut ausgedacht und erzählt. Den Schutz jedenfalls, den
jene Hülle versprach, den konnte die Familie Zaimoglu bald gut
gebrauchen. Denn sie machte sich auf in ein fremdes Land, nach
Deutschland, das sie nicht gerade mit offenen Armen empfing,

295

ihr einen winzigen, verschimmelten Verschlag zum Wohnen zur Verfügung stellte und Arbeiten, die die Einheimischen schon lange nicht mehr übernehmen wollten. Die erste Zeit im neuen Land ist Angst, Fremdheit, sind tägliche Demütigungen, eine neue, unverständliche Sprache und die kalten, unbeweglichen Gesichter der Polizisten.

Für Feridun Zaimoglu ist es schon bald die Schule. Und seine Lehrerin, Frau Hüve, dritte Klasse in der Grundschule am Amphionpark in München-Moosach. »Sie hat mir knallhart gesagt, es gibt keinen anderen Weg, du musst die Sprache lernen, sonst fliegst du raus. Es gab ja genug Gründe, mich ins Abseits zu stellen und wehleidig zu jammern, dass ich armer Türkenbengel diese Sprache einfach nicht kann. Nichts da. Meine Lehrerin hat auch keine Entschuldigung gelten lassen. Und das war auch gut so«, hat Zaimoglu in einem Interview einmal gesagt. Und dann war da der andere Lehrer, später, der Deutschlehrer, der ihn fragte, was er beruflich so vorhabe. Zaimoglu sagte arglos, er wolle sich später in der Kunst umsehen, »in Schrift und Bild etwas bewerkstelligen«. Daraufhin gab jener Deutschlehrer Zaimoglu den gut gemeinten Rat, sich doch nicht zu verheben und besser Kfz-Mechaniker zu lernen. »Das sei Kunstfertigkeit genug für einen Türken.«

Irgendwo zwischen diesen beiden Schulerfahrungen ist der Schriftsteller Feridun Zaimoglu geboren worden. Zwischen diesem unbedingten Willen zur Sprache, zur neuen Sprache, die nicht die Muttersprache war, und der Rebellion gegen die Frechheit der Einheimischen, die den Neuankömmlingen mit aller Macht jenen Platz in der Gesellschaft anweisen, auf dem sie selbst nicht sitzen wollen. Empörung und Sprachbegeisterung. Das ist der Schriftsteller Zaimoglu.

Er studierte zunächst Medizin und Kunst in Kiel und war schon lange ein Geschichtensammler. 1995 betrat er dann mit seiner programmatischen Anthologie *Kanak Sprak. 24 Misstöne vom Rande der Gesellschaft* (1995) die Bühne der Öffentlichkeit. Ein Kompendium von kurzen Lebensgeschichten und Lebensansichten türkischer Einwandererkinder der zweiten und dritten Generation, von Arbeitslosen, Rappern, Zuhältern, Drogendealern, Psychiatriepatienten, die ihr Misstrauen gegenüber dem

»Abiturtürken« Zaimoglu überwanden und ihm ihre Geschichten erzählten. Und er schrieb sie auf. Schrieb sie aber nicht einfach so ab, wie sie ihm auf Band diktiert wurden. Sondern er dichtete sie nach. Kann sein, sie büßten dadurch Authentizität ein, aber sie gewannen etwas Neues. Neben der großen Wut, dem erstaunlichen, unbesiegbaren Selbstbewusstsein, dem Selbstverteidigungswillen, der aus jedem Lebensbericht sprach, waren sie vor allem alle von einer großen Poesie, einem großen Sprachgefühl, einer wunderbaren Melodie getragen. Und wenn Zaimoglu sein Vorwort damals beendete mit: »Hier hat allein der Kanake das Wort«, so war es eben schon damals vor allem der Kanake Zaimoglu, der das Wort ergriff und seine Wortmacht den anderen lieh.

Er hat sie in folgenden Büchern noch häufig verliehen. In *Koppstoff* (1998) den Frauen, in *Abschaum* (1997) dem Junkie und Gangster Ertan Ongun. Das waren Großgedichte der Wut und der Selbstvergewisserung. Später hat Zaimoglu sein erzählerisches Frühprogramm so umschrieben: »Menschen, die die eigene Sprache verlassen, fühlen sich evakuiert, in extremen Fällen sogar entleibt. Und ihre Kinder und Kindeskinder, die Sprosse einer zungenbetäubten ersten Generation, üben sich nicht nur im Deutschen, sondern auch in vielen Zungenschlägen. Die sprachliche Manifestation unserer Mobilmachung heißt Kanak Sprak, das ist das babylonische Kauderwelsch einer unbedingt auffälligen, unbedingt angestoßenen Generation, auf die dieses Land wirklich gewartet hat.«

Weit hat sich Feridun Zaimoglu inzwischen von diesen Anfängen entfernt. In zwei Romanen, *Liebesmale, scharlachrot* (2000) und dem Kunstszenenbeschimpfungsbuch *German Amok* (2002), fand er langsam zu einer eigenen, neuen Sprache, weit entfernt von der stakkatohaften Rapmusik der ersten Bücher hin zu einer manchmal fast elegischen, weichen, mitunter umherschweifenden, dann wieder punktgenauen, präzisen, aber immer noch ungeheuer melodiösen Sprache. Die zwei Bücher markieren eine Zwischenstation im Werk Zaimoglus auf dem weiten Weg von jenem alten »was soll überhaupt dies pomadenschiß von deutsch-is-nummer-eins-was-gibt« zu dem neuen »Die Stille bindet mich für einige Augenblicke an sie, dann aber verfliegt dieses Gefühl, wie ein Haar im Wind«, wie es in seinem bislang letzten Erzählungsband *Zwölf Gramm Glück* (2004) heißt.

Mit diesem Buch ist ihm der Sprung wirklich gelungen. Vom Kanak-Sprak-Verkünder, der mit der Zeit unweigerlich ein Opfer seines zur Endlosschleife gefrorenen Türken-Stakkatos, ein Langweiler, geworden wäre, zum deutschen Dichter. Von Gewalt und Aufbruch und neuer Spracherfindung zu einer Poesie des Angekommenseins. Die Fremdheit, die zu Beginn in jedem von Zaimoglu nachgedichteten Satz plakativ ausgestellt wurde, hat sich zurückgezogen. In wenige neu geschöpfte Wörter, in die eigene, immer wieder neue Melodie, vor allem aber in den fremden Blick auf diese Welt, zu der der Erzähler in seinen neuesten Erzählungen offenbar fast ganz dazugehört. Fast, aber nicht ganz. Keine ausgedachte Exotik ist da im Blick. Aber Staunen, Lachen, Unverständnis und auch Angst.

Die Türken in seinen Geschichten sind jetzt oft deutscher als die hier Geborenen. Manche finden das lächerlich. Manche schrecklich normal. Am Ende heißt es: »Die Einwanderer wären gar nicht erst aufgebrochen, hätten sie gewusst, dass ihre Kinder in Deutschland eine billige Emanzipation angehen und sich in spießige Gören verwandeln würden.«

Der Dichter Zaimoglu, der sich in sein deutsches Leben eine weltumschlingende anatolische Herzlichkeit mit herübergerettet hat, aus jener Welt der Wunderfruchtblase, Zaimoglu, der mit schwerstem Silberschmuck beladene, Kuranyi-Bärtchen tragende Junge aus Kiel, ist ein großes Glück für die deutsche Literatur. »Es gilt«, so hat er seine Aufgabe einmal umschrieben, »es gilt, als Chronist Zeugnis davon abzulegen, denn später wird es heißen: ›Die Geschichte der Zuwanderer, ihrer Kinder und Kindeskinder, ist die Geschichte von herkunftsfremden Deutschen, die trotz Kränkung und Demütigung, trotz Politikerpopulismus und Fremdenhass geblieben sind. Sie sind geblieben, weil es sich lohnte zu bleiben in diesem Land.‹«

Und mit einem wie Zaimoglu, dem Dichter aus der Wunderhülle, lohnt es sich noch ein bisschen mehr.

Das Leben des Künstlers, des Weltbekämpfers, des Sprachmonsters **Werner Schwab** (1958–1994) dauerte nur drei Jahre. Im November 1991 wurde sein Theaterstück *Volksvernichtung oder meine Leber ist sinnlos* in Graz uraufgeführt und die Menschen liebten und hassten Werner Schwab und sein Stück und alle wussten, sahen und hörten, dass da ein Mensch die Bühne betrat, dessen Sprache alles kann und alles will. Einer, der eine neue Sprache hat für seine brutalen, jammervollen Armutshelden auf der Bühne. Einer, der kämpft und schreibt und keine Kompromisse kennt. Man verlangte Stück auf Stück von ihm, von dem Mann, der zehn Jahre lang mit seiner Frau in der Einsamkeit der Steiermark als Bauer gelebt hatte und als rasender Schriftsteller, der schrieb und seine Texte hinausschickte in die Welt. Und alle waren wieder zurückgekommen. Er hatte meist die Adresse seiner Mutter als Absender angegeben, der Haushälterin Aloisia Schwab, die allein mit ihrem Sohn die Jahre seines Aufwachsens in dunklen, feuchten Kellerwohnungen verbracht hatte. Die bekam jetzt all die großen Umschläge zugeschickt, und heute sagt sie: »Hat er mir oft so Leid tan. Alle san zurückkommen.« Und jetzt also aus dem Nichts der Erfolg, Dramatiker des Jahres, meistgespielter Jungdramatiker, Schwab kann es nicht fassen, Schwab schreibt auf Bestellung, liefert Drama auf Drama, lässt sich fotografieren als Feuerteufel des Theaters, entschlossen zur Zerstörung schreitender Dunkelmann mit brennendem Umhang, gibt den Menschen den bösen Mann, den sie sich wünschen, den sie sich vorstellen, als Finder und Erfinder dieser »Fäkaliendramen«, in denen Klofrauen die saubersten Rollen spielen, Väter ihre Kinder vergewaltigen, Mord und Hinterlist und Verwesung herrschen und über allem die Sprache schwebt und spricht und thront. Diese Sprache, die sich in so wahnsinnigen Passivverknotungen entfaltet, als spreche sie sich selber, als habe sie die Herrschaft übernommen über die Bühne, über die Menschen, über die Welt. So reden die Figuren, so redet ein verzweifelter junger Künstler in jenem ersten, großen Erfolgsstück, von dem keiner ahnen konnte, dass es ein Erfolgsstück wird, von sich selbst: »Aber einmal wird ein Tag auftauchen, der sich gezwungen sehen wird, in eine Kenntnis hereinzunehmen, dass der Maler Herrmann Wurm in Graz sein Licht erblickt hat und dass er das gleich auf der ganzen Weltoberfläche abgebildet hat. Graz ... wird man sagen ... und Wurm ... wird man sagen ...

und Kleinstadt: Großkunst ... wird man sagen und ganz einfach Grazkunst.« Und Schwabkunst, sagten die Leute und Schwab ließ seine Menschen reden und reden, um den Kopf, um das Leben. Um alles.

Seine Agentin hat erzählt, wie das war, als sie einmal mit Werner Schwab Zug gefahren sei und da habe plötzlich die Sonne hereingeschienen und sie wusste, wie sehr er die Sonne hasste, und sie schlug vor, die Jalousie herunterzuziehen, und da sagte aber Werner Schwab, so sei es eben, das Bürgertum, es wisse es sich immer zu richten. Er aber sei sicher, dass es darum gehe, es auszuhalten. Dies erst sei das Ende der Illusion. So hat es der Journalist Helmut Schödel berichtet, und der hat auch diesen Satz geschrieben über Werner Schwab: »Er hatte sich nicht seine Familie, das Theater oder Österreich, sondern das Leben zum Feind erwählt.« Und seine erste Frau sagt über ihn: »Wenn etwas schrecklich für ihn war, hat er es noch schrecklicher gemacht. Bis es erträglich wurde.« In den Dramen wurde es am unerträglichsten. In den Dramen wurde es erträglich.

Ende 1991 hat er in einem Lokal in Berlin eine Zigeunerin getroffen, die hat ihm geweissagt, er habe nur noch ein, höchstens zwei Jahre zu leben. Schwab, der eigentlich nicht abergläubisch war, hat das sehr ernst genommen. Damals war er dreiunddreißig. Er schrieb und schrieb. In der Silvesternacht 1993/94 kam er spät nachts mit seiner Frau Elisabeth Krenn in deren Grazer Wohnung. Er hatte viel getrunken. Später stürzte ein Betrunkener in die Schaufensterscheibe des Ladens unten im Haus. Elisabeth Krenn ging herunter, um die Folgen des Unfalls zu regeln. Werner Schwab blieb oben in der Wohnung allein, trank weiter. Und als sie endlich wiederkam, fand sie ihn schlafend und dachte sich nichts dabei. Am nächsten Morgen war er tot. Als Todesursache geht man von Herzversagen aus.

»Klein und weich« hat **Christian Kracht** geschrieben, als er in einem Fragebogen erklären sollte, wie ihn seine Freunde beschreiben würden. Klein und weich. Kracht wurde 1966 in Gstaad in der Schweiz geboren. Sein Vater war die rechte Hand des Verlegers Axel Cäsar Springer und ein begüterter Mann. »Ich bin ja sehr reich«, hat Christian Kracht in einem Interview einmal kindlich stolz erklärt, und auf seiner Homepage kann man die alten prächtigen Güter seiner Herkunft in Bildern durchwandern. Kann aber auch sein, dass das nicht stimmt, denn Christian Kracht ist der wohl komplizierteste Ironiker der deutschen Gegenwartsliteratur. Was wahr ist und was nicht, weiß nur er selbst. Und auch das scheint manchmal nicht sicher. »Nicht, dass ich kompliziert bin, aber es gibt so bestimmte, völlig ineinander verschachtelte Muster, die ich anwenden muss, um mit Menschen umzugehen«, erklärt der Ich-Erzähler aus Krachts erstem Roman *Faserland* (1995), und die Vermutung liegt nahe, dass der Autor damit auch sich selbst beschrieben haben könnte. Ich habe Kracht 1993 in einem so genannten Bordtreff eines Interregiozuges von der Nordsee nach Heidelberg kennen gelernt, da war er noch gar kein Schriftsteller, aber schon sehr kompliziert, und wir haben uns nicht darüber einigen können, ob wir die begonnene Kniffelpartie jetzt in der nahe liegenden einreihigen Schreibvariante oder der komplizierten zwei- bis dreireihigen Art mit Serienschreibzwang spielen. Er war als Reporter für das Magazin *Tempo* unterwegs zu einem Rave in einem Stuttgarter Flugzeughangar, trank ein Bier nach dem anderen, trug ein lächerlich-teures Strickwestchen mit gestreiftem Hemd darunter und lobte unentwegt den aufrechten Politiker Rudolf Scharping.

Merkwürdiger Typ. Sehr blond, sehr klein, verkleidet als Popper, als es schon lange keine mehr gab.

Zwei Jahre später erschien sein erster Roman *Faserland*. Eine Zugfahrt durch Deutschland von Sylt bis in die Schweiz, von der nördlichsten Spitze bis ganz in den Süden und darüber hinaus. Von einer Art Glück in das größte Unglück hinein, eine Höllenfahrt. Es beginnt mit einem leichten Unwohlsein, oben an der Nordspitze von Sylt, bei Fisch-Gosch hat der Erzähler eine Portion Scampis mit Knoblauchsoße zu viel gegessen. Jetzt ist ihm schlecht. Aber es könnte trotzdem eine Liebesgeschichte sein, die da beginnt. Er trifft Katrin wieder, die er aus Salem kennt, er findet, sie »sieht eigentlich ganz gut aus«, beide tragen Barbour-Jacken, nur in unterschiedlichen Farben, sie nimmt ihn mit in dem großen, neuen Mercedes, den sie von ihrem Bruder geliehen hat, er lehnt Mercedes eigentlich prinzipiell ab, aber er kommt mit und der Sturz beginnt. Sie gehen an den Strand, trinken Champagner auf Champagner, reden Unsinn, geben sich reich, fahren weiter, besuchen eine Bar, die »Odin« heißt, der Blick des Erzählers wird von feiner, leichter Champagner-Trunkenheit mal erhellt und mal verdunkelt. Eben noch scheint das Glück vollkommen: »Sie bestellt zwei Flaschen Roederer, und als sie kommen, trinken wir jeder ein Glas auf ex, und jemand hinter der Bar legt ›Hotel California‹ von den Eagles auf, und wie die Musik so spielt und der Hund Max sein Brötchen zerkaut und draußen die Sonne untergeht, fühle ich mich auf einmal so verdammt glücklich.« Und alles scheint in diesem trüben Glück zu verschwimmen, doch kurz darauf weitet sich wieder der Blick hinüber zu den anderen Gästen, träge Dreißigjährige mit Uhren von Cartier, die über ihren neuen Ferrari Testarossa reden und alle zehn Minuten aufs Klo rennen, die Nase wischend, merkwürdig erfrischt zurückkehren und den Freunden derb auf die Schulter schlagen. Es wird langsam unheimlich, im »Odin« in der Nacht.

Noch am nächsten Tag verlässt der Erzähler die Insel, er will zu Freunden zunächst, später ziellos durch das Land. Er geht auf Partys, feiert, beobachtet, trinkt unaufhörlich und ekelt sich vor einer Welt der Körpergier und Drogensucht, vor einer Welt des Markenfetischismus und der Reichtumsregeln, die die große innere Leere kaum noch zu verbergen vermag, und vor allem vor sich selbst. Es ist ein schrecklich schlichtes Wilhelm Meisterchen, das da durch Deutschland rast und alles sieht und nichts versteht und nur unendlich traurig ist. In Heidelberg scheint sich die Erde aufzutun. Ganz unironisch nette fremde Menschen haben ihn zu einer Party mitgenommen in ein prachtvolles altes Haus, zunächst wirkt alles schön und angenehm, doch bald schon kann er nur knapp einer Vergewaltigung entkommen, neu gefundene scheinbar vernünftige Freunde findet er kurz darauf mit Heroinspritzen in feuchten Kellergewölben. »Ich habe das Gefühl, als würde ich innerlich vollkommen ausrasten, als ob ich den Halt völlig verliere. So als ob es gar kein Zentrum mehr gäbe.«

So ohne Zentrum stürzt er weiter und sucht ganz am Ende Zuflucht am Grab von Thomas Mann. Er lässt sich im Taxi hinausfahren von Zürich nach Kilchberg, wo der alte Dichter oben über dem See begraben liegen soll, doch es ist schon dunkel, er sucht und sucht und kann das Grab nicht finden. Schließlich gibt er auf. Er geht hinab zum See und bittet einen alten Mann, ihn hinüberzurudern, für zweihundert Franken, hinüber ans andere Ufer. Er wird dort nie ankommen. Am Ende heißt es: »Bald sind wir in der Mitte des Sees. Schon bald.«

Vorher hatte er sich noch eine schöne Zukunft erträumt, mit einer Berghütte, oben in den Bergen über dem See. Mit Isabella Rossellini würde er da wohnen und mit Kindern, und er würde ihnen vom Leben erzählen und »alles, was ich erzählen würde, wäre wahr. Ich würde ihnen von Deutschland erzählen, von dem großen Land im Norden, von der großen Maschine, die sich selbst baut, da unten im Flachland. Und von den Menschen würde ich erzählen, von den Auserwählten, die im Inneren der Maschine leben, die gute Autos fahren müssen und gute Drogen nehmen und guten Alkohol trinken und gute Musik hören müssen, während um sie herum alle dasselbe tun, nur eben ein ganz klein bisschen schlechter. Und dass die Auserwählten nur durch den Glauben weiter leben können, sie würden es ein bisschen besser tun, ein bisschen härter, ein bisschen stilvoller.«

Der schöne Glaube, dass die guten Marken schützen, dass der Reichtum schützt vor dem Gefühl der Verlassenheit, vor der Einsamkeit und dem Nichts im Herzen, der ist am Ende aufgebraucht.

Christian Kracht hat danach in der Welt gelebt. Der Ekel trieb ihn fort oder eine Sehnsucht. Er schrieb, zusammen mit Eckhart Nickel, den Weltreiseführer *Ferien für immer. Die angenehmsten Orte der Welt* (1998), ein frohgemutes, selbstherrliches Buch, ganz in dem Glauben geschrieben, dass Reichtum, Glanz und Dandytum eben doch noch nützen, dass man mit viel Geld, Weltwissen, Schnöseltum und Selbstbegeisterung zumindest für Momente ein fantastisches Leben führen kann in dieser Welt. In Windhoek, Asuncion und in Taschkent, in Heidelberg, Shimla und in Sansibar.

Kracht zog dann nach Bangkok. In das große, prächtige, langsam verfallende ehemalige jugoslawische Botschaftsgebäude, wie es hieß, feierte Silvesterpartys in seinem Haus auf Sri Lan-

303

ka, wie es hieß. Schrieb Reisereportagen aus Asien und anderen Teilen der Welt, die begannen dann zum Beispiel mit: »Der Kaukasus, was weiß ich denn so über den?« und waren auch beachtlich schnöselig, absolut subjektiv und immer wieder welterleuchtend. So schaute sonst niemand auf die Menschen, auf die Länder, mit diesem fast zärtlichen Streifen der Oberflächen bei einem letzten Blick zurück. Es sind letzte Blicke, die Kracht wirft. Auch die Reisereportagen lesen sich wie Abschiedstexte auf dem Weg in ein Verschwinden hinein. Er fährt an den Rand des strahlenden Zellkerns des Reaktors von Tschernobyl, auf die vergessene Insel Tanna im ebenso vergessenen Lande Vanatu, zu einem Filmfestival nach Nordkorea. Kracht reist und findet überall – sich selbst. Und über den radikal subjektiven Blick eine Wahrheit und eine Welt, wie wir sie noch nicht kannten.

In seinem zweiten Roman *1979* (2001) geht die Hadesfahrt durch die Welt des letzten Glanzes weiter. Iran zur Zeit der Islamischen Revolution. Der Schah ist gestürzt, die Ayatollahs übernehmen die Macht. Es herrscht Kriegsrecht im Land, aber zwei deutsche Genussreisende und Partytouristen, der namenlose Ich-Erzähler, ein unglaublich schlichter, verwöhnter Innenarchitekt und sein bewunderter Freund Christopher, ein gelangweilter Weltmann, bemerken nicht viel von dem heraufziehenden Umsturz. Gut, die zahlreichen Militärkontrollen beeinträchtigen etwas die Bequemlichkeit, aber die letzten dekadenten Feste der alten Gesellschaft finden noch statt, in einem müden, morbiden Glanz.

Die beiden Reisenden sind an der eigenen Fortexistenz in keiner Weise interessiert. Ihr Wille zum Stil, ihr Wille zur Haltung verhüllen kaum noch die große, innere Leere, das Nichts, den Ekel vor sich selbst. Von Anfang an. In einer besonders prächtig eingerichteten Villa hat der Ich-Erzähler diese Gedanken: »Zum ersten Mal, seit wir in Persien waren, hatte ich das Gefühl des Ankommens und der Reinheit, ein Kindheitsgefühl; es war das Gegenteil des Gefühls, das ich selbst als Kind hatte, in meinem französischen Kindergarten; damals hatte ich immer versucht, die Milchränder an meinem täglichen Zehnuhrglas Milch zu umtrinken, indem ich das Glas langsam im Uhrzeigersinn vor mir herumdrehte, so sehr ekelte ich mich vor meiner eigenen Milchspucke.« – Das ist die einzige Erinnerung an seine Kindheit.

Sein Freund Christopher stirbt schon bald an einer Überdosis Drogen in einem verwahrlosten Teheraner Krankenhaus, seine letzten Worte an den Gefährten sind diese: »Ich finde Dich so langweilig. Ich habe Dich schon immer langweilig gefunden. Ich wollte nur nicht alleine sein, das war alles. Und jetzt gehe ich weg und lasse *Dich* allein.«

Dann geht es weiter bergab. Von dem geheimnisvollen Partygast Mavrocordato wird er nach Nepal geschickt, um den heiligen Berg Kailash zu umrunden und seine Seele zu reinigen. Er findet dort für einen Moment eine Art Glück, schon immer hatte er Teil einer Gemeinschaft sein wollen, jetzt hat er sie in dieser Pilgergruppe gefunden. Doch der Weg hinab geht weiter. Er wird von chinesischen Soldaten aufgegriffen und zum russischen Spion erklärt. Sein Weg endet in einem chinesischen Arbeitslager. Er hungert, übt mit Freuden die von ihm verlangte Selbstkritik, wird gefoltert und misshandelt, lernt die Mao-Bibel auswendig, isst Madenbrei, wird dünn und dünner und wird am Ende ganz verschwinden. »Ich war ein guter Gefangener. Ich habe immer versucht, mich an die Regeln zu halten. Ich habe mich gebessert. Ich habe nie Menschenfleisch gegessen.« So endet der dekadente Held, der aus dem Westen ausgezogen war, um sich selbst zu verlieren. So endet das Buch.

Nachwort

Und jetzt? Wie geht es weiter? Was kommt nach all den Kämpfen dieser Zeit? »Wir sind nicht auf der Welt, um unglücklich zu sein«, hat der Dichter Klabund in einem euphorischen Ausblick am Ende seiner Literaturgeschichte vor mehr als achtzig Jahren geschrieben. »Glück ist das Ziel der Menschheit. Macht die Menschen glücklich und ihr werdet sie besser machen. Öffnet ihnen die Augen über den Himmel, die Tiere, die Frauen. Und weist ihnen alles dies: gestaltet und erhoben, beseligt und erlöst: in der Kunst, in der Dichtung.« Emphatisch rief er die Dichter des Landes auf, den Krieg in Zukunft zu besiegen. »Besiegt ihn, ihr Dichter, kraft eures Wortes, das wirklicher ist als manche schnell getane Tat.« Frieden sollte das Ziel aller Dichtung sein, Frieden der Endpunkt seiner tausend Jahre umfassenden Literaturgeschichte. Doch es kam, erneut, der Krieg und alles brach ab. –

Und alles begann, langsam, sehr langsam, wieder neu. Auf den Trümmern des Jahres 1945.

Es gibt kaum noch jemanden, der erzählen kann, von der ganzen Zeit, den ganzen sechzig Jahren, die dieses Buch umfasst. Vor allem keiner der Rückkehrer. Keiner der wenigen Juden und politischen Emigranten, die überlebten und wiederkamen, um wieder hier zu leben und zu schreiben und dem Land damit die Möglichkeit gaben wieder anzuschließen, an die große jüdisch-deutsche Erzähltradition, die die zwölf Jahre Terror und Unterdrückung in Deutschland hatten abreißen lassen. Und die dann, nach dem Krieg, noch immer unwillkommen waren, zumindest im Westen, wo eine radikal neue Generation das Forum der Öffentlichkeit ganz für sich allein beanspruchte und von den Alten nichts wissen wollte. Gar nichts.

Aber halt! Sie lebt ja noch, und wie! Dort oben, auf dem Schlossberg in Heidelberg, in einer kleinen, alten Wohnung mit Blick über den Neckar, die Hügel und das ganze Tal. Hilde Domin, die sich nach ihrer Exilstadt Santo Domingo benannte und dort draußen, in der Karibik, weit, weit von der Heimat entfernt, zur Dichterin wurde und spät zurückkam, in ihr Heimatland, zehn Jahre nach Ende des Krieges. Die sich mit Hans Magnus Enzensberger freundliche Kämpfe um die Zukunft der Dichtung lieferte, mit Ingeborg Bachmann befreundet war und sich mit Nelly Sachs ein Leben lang Briefe schrieb, ohne ihr je zu begegnen. Die deutsch-jüdische Dichterin Hilde Domin ist sechsundneunzig Jahre alt und bester Gesundheit. Sie ist noch immer oft auf Lesetour, mal in Berlin, mal Frankfurt, München und immer wieder liest sie auch in ihrer, nach Köln und Santo Domingo, dritten Heimatstadt, in Heidelberg.

Schon als ich Anfang der neunziger Jahre in Heidelberg studierte, war sie ein wahrer Mythos, fester Bestandteil des Genius Loci dieser deutschen Dichterstadt. In der man das Lesen lernen konnte wie nirgends sonst. Man saß da, in seinen ersten Seminaren, unten im Tal, im germanistischen Seminar Palais Boisserée. In dem einst der heidelbergverliebte Goethe tagelang ganz in Bilderschau und Bilderverehrung versunken war, als hier die Gemäldesammlung der Brüder Boisserée untergebracht war. Und blickt aufs Schloss hinauf. Und hört alles über das Dichten und Gedichtesammeln in Heidelberg, von Joseph von Eichendorff und Friedrich Schlegel, von Clemens Brentano und Achim von Arnim und ihrem Buch *Des Knaben Wunderhorn*, von Hölderlin und seinem Heidelberggedicht, das dort oben, am Ende des Philosophenwegs in Stein gemeißelt ist. Von deutscher Romantik, deutschen Vatermördern und deutscher Revolution wird berichtet. Von Stefan George und seinem Kreis und den kurzen Spaziergängen des Meisters, gestützt auf den Arm eines Schülers, im Schlosspark, Anfang des Jahrhunderts. Von Carl Zuckmayers Heidelberg-Glück im Sommer 1919, in »immerwährendem Glanz von Frühlicht und Morgensonne«. Von den Ausflügen Klaus Manns, der als Schüler der nah gelegenen Odenwald-Schule regelmäßig herüberkam, um Novalis zu lesen und Friedrich Nietzsche. Und später ganz herüberwechselte, ins Stift Neuburg am Neckar, in eine wunderliche Antroposophengemeinschaft, um Tänzer zu werden und dann doch Dichter wurde, Dramatiker, Schauspieler und nach Berlin ging. Vom greisen Philosophen Hans Georg Gadamer, der damals, Anfang der neunziger Jahre, noch lebte und den man immer wieder abends mit jungen Studentinnen in Weinstuben trinken und reden sehen konnte. Und von Hilde Domin, der alten Dichterin, die dort oben leben sollte, wie es hieß, gleich neben dem alten Schloss. –

Es ist wieder Herbst in Heidelberg. Leuchtender Herbst. Der Herbst des Jahres 2005. Es ist kalt, der Himmel strahlt blau und klar, die Hügel färben sich langsam gelb, die Altstadt steht hell und eng wie eh und je. Jeder, der einmal hier war, kennt dieses Licht. Für den, der das lange nicht mehr sah, ist das Wiederkommen ein melancholischer Schock. Hier lebt die Vergangenheit, hier wird sie immer leben. Ich gehe durch die Stadt, die Hauptstraße entlang, am Marstall vorbei, am Uniplatz, an der Heilig-Geist-Kirche, am Liselotten haus und dann den steilen Weg hinauf zum Schloss. Zu Hilde Domin.

Ich bin zu spät, die Hausnummer war kaum zu sehen und ich bin aufgeregt, laufe immer wieder suchend an ihrem Haus vorbei. Doch endlich bin ich da. Ihre Haushaltshilfe öffnet. »Ah, Sie werden erwartet.« Ich betrete einen kleinen, dunklen Flur mit Efeutapete und einem Attrappenfenster ins Nirgendwo. Am Ende ist eine offen stehende Tür, die in ein helles Zimmer führt. Hier sitzt Hilde Domin an einem kleinen Tischchen, blickt in die Ferne und wartet. Der Tisch ist mit feinem blauen Porzellan zum Tee für zwei gedeckt. In der Mitte des Tisches steht ein Teller mit vier Stückchen Obstkuchen. Sie begrüßt mich zurückhaltend. Zu-spät-Kommen passt ihr nicht, das merkt man gleich. Da helfen auch keine wortreichen Entschuldigungen. Neben dem Obstkuchen hat sie einen ganzen Stapel Bücher aufgebaut, mit Sammelbänden, in denen je ein oder zwei Gedichte von ihr abgedruckt wurden. »Die kommen jeden Tag mit der Post«, sagt sie und dass ich mich doch setzen solle und ob ich Zucker in den grünen Tee nehme, möchte sie wissen und der Ärger über die Verspätung scheint schon vorbei zu sein.

Hilde Domin ist sehr klein und schmal und fein, ihre dunklen Augen scheinen nach innen zu blicken. Sie trägt eine beige fellgefütterte Wildlederweste und einen beigegestreiften Pullover darunter. Die vollen weißen Haare hat sie hochgesteckt. »Wir leben hier zu zweit«, sagt sie, »mein Mann und ich. Nur leider lebt mein Mann nicht mehr.« 1988, vor beinahe zwanzig Jahren, ist der Altphilologe Erwin Walter Palm gestorben. Überall hängen seine Fotos. »Palm«, sagt sie zärtlich, wenn sie von ihm spricht. Bei Plato-Abenden in Heidelberg, im Sommer 1931, haben sie sich kennen gelernt und ineinander verliebt. Ein Jahr später war sie in Berlin, in der Hasenheide hörte sie Hitler vor vielen hundert Menschen reden. »Da war mir klar: nichts wie raus hier!«, sagt sie. Und fährt fort: »Ich war ja ein sehr politischer Mensch, eine linke Sozialdemokratin.« Und noch im selben Jahr verließ sie mit ihrem geliebten Palm das Land in Richtung Rom. Auch ihre Eltern konnte sie früh vom Verlassen Deutschlands überzeugen. Und sie spricht und spricht jetzt hier in ihrem kleinen Stuhl und ein ganzes Leben leuchtet vor mir auf. Wie es dann weiterging, nach London, wo an die Emigranten Veronal ausgegeben wurde, für den Fall, dass die Hitlertruppen einmarschierten und sie ihr Leben dann schnell beenden könnten. Über den Atlantik dann und das neue Leben auf der Insel. Beginn und Ende des Krieges, das erste Gedicht, 1951, nach dem Tod der Mutter, das sie als eine zweite Geburt empfindet.

Es ist die Geschichte der deutschen Literatur, die die leise, alte Dame da in ihrem Sessel erzählt, während wir zwischendurch mit winzigen silbernen Gabeln Obstkuchen essen. Und weiter, vom langen Hinauszögern der Rückkehr, bis ihr Mann schließlich einem Ruf an die Heidelberger Universität folgte. Der Schändung der jüdischen Friedhöfe dann gleich nach ihrer Rückkehr, der Angst und dem fehlenden Vertrauen für immer in das Land. Ihr Gedicht fällt mir ein, *Flucht*, für die jüdischen Feunde, die das Leben nicht mehr ertrugen, »für Paul Celan, Peter Szondi, Jean Amery, die nicht weiterleben wollten«, wie es heißt:

Das Seil
nach Häftlingsart aus Betttüchern geknüpft
die Betttücher auf denen ich geweint habe
ich winde es um mich
Taucherseil
um meinen Leib
ich springe ab
ich tauche
weg vom Tag

hindurch
tauche ich auf
auf der andern Seite der Erde
Dort will ich
freier atmen
dort will ich ein Alphabet erfinden
von tätigen Buchstaben.

Ich frage sie nicht nach ihrer eigenen Sehnsucht nach dem Ab-
tauchen, hindurch, durch die Welt bis auf die andere Seite der
Erde. Ich kenne ihre Gedichte, ich kenne ihren Willen zum »dennoch«, die große Kraft, die Zuversicht. Wie in diesem Gedicht,
das sie an Nelly Sachs schrieb, 1960, als diese gerade aus der
Nervenheilanstalt, in die das Wiedersehen mit Deutschland sie
gebracht hatte, entlassen worden war:

Sieh,
die Sonne kehrt
wieder
als goldener Rauch.
Die fallende steigt.
Steigt aus den Dächern Hiobs.
Es tagt
heute zum zweiten Mal.

»So, genau so ist mir zumute«, hatte Nelly Sachs geantwortet.
Sie war wieder zur Zuversicht bereit. Aber Deutschland, das war
nicht mehr möglich für sie. Für Hilde Domin war es möglich
und ist es bis heute geblieben. Die »Dichterin der Rückkehr«
hat sie ihr alter Freund Hans-Georg Gadamer damals genannt.
Und sie selbst schrieb einmal über Bertolt Brecht: »Die Rückkehr aus dem Exil ist vielleicht aufregender als das Verstoßenwer-
den.« Ich frage sie nach ihren Begegnungen mit Enzensberger,
der damals wütete: »Sie reden von Heimat! Dazu sind Sie über
die Meere gefahren, um uns damit zu kommen. Alles doch nur
eine Frage der Kulisse.« Und Ingeborg Bachmann, die ihr ihren
Gedichtband *Rose aus Asche* gewidmet hatte. Nach Brecht und
Mitgliedern der Gruppe 47. Doch daran erinnert sie sich kaum.

»Ja, ich weiß gar nicht genau, ob ich Enzensberger nun eigentlich begegnet bin«, sagt sie und schaut in die Höhe.

Für mich ist es ein Wunder, hier zu sitzen, gegenüber der beinahe hundertjährigen Dichterin, die erzählt, von sich, ihrem Leben, ihren Gedichten. Einige Bände hat sie auf einem Stuhl neben uns aufgestellt. Nicht bei den Sammelbänden auf dem Tisch, die sie mir am Anfang gezeigt hatte. Immer wieder hatte sie im Gespräch gesagt, wie traurig sie sei, keine Kinder zu haben. »Ich habe gar niemand.« Aber so sei es eben, wenn man in der Welt auf der Flucht sei, immer mit dem Päckchen Veronal in der Tasche, »da denkt man eben nicht ans Kinderkriegen«. Und was für ein Glück seien da ihre Gedichte, sagt sie und holt die kleinen Bände hervor. »Sie ersetzen nicht die Kinder, aber es ist doch ein großes Glück, dass ich sie habe, dass wenigstens etwas von mir weiterlebt, dass sie so dauerhaft sind und so überlebensfähig.«

Dann steht sie auf, um mir die Wohnung zu zeigen. Überall sind Bücher an den Wänden. Die eine Hälfte trägt schon die Stempel der Universitätsbibliothek, die sie nach ihrem Tod übernehmen wird, die anderen gehen ins Deutsche Literaturarchiv nach Marbach. Das ist alles schon geregelt. Überall sind kleine Altäre aufgebaut, mit Bildern ihres Mannes, ihrer Eltern, sie sucht irgendein silbernes Buch, das sie mir unbedingt zeigen möchte und sucht und sucht und findet es nicht, kommt immer wieder ins Lesen in irgendwelchen anderen Büchern, sagt, »ach, Palm, der hätte es sofort gefunden«.

Schließlich sind wir im Turmzimmer, rundum sind Fenster, man kann den Neckar sehen. Die Hügel, das ganze Tal. In der Mitte des Raums steht ein Schreibtisch, am Rand ein Bett, darüber hängt ein tönerner Vogel an einem dünnen Faden. »Ist sie nicht schön, die Taube?«, fragt sie. »Wir haben sie vor langer Zeit auf einem Flohmarkt gekauft. Sehen Sie, sie hat nur einen Flügel. Eigentlich kann sie gar nicht fliegen. Aber sie fliegt, sehen Sie? Ich habe den Schrank dahinter extra so gestellt, dass sie wie aus dem Nichts zu kommen scheint. Ist sie nicht wunderschön? Ich möchte, dass sie eines Tages mit mir beerdigt wird«, sagt Hilde Domin und betrachtet den Vogel wie zum ersten Mal.

Dann ist der Besuch vorbei. Sie führt mich zurück in den Flur mit der Efeutapete und dem Fenster ins Nirgendwo. Was für eine schöne Zuversicht, denke ich, was für ein Mut, was für ein Leben von beinahe hundert Jahren. Wir verabschieden uns und ich gehe. Gehe den schmalen Weg hinter dem Schloss entlang, an einer Schafherde vorbei, hinunter in die Stadt. Es ist vorbei.

Die Sonne ist längst untergegangen. Am Himmel leuchten erste Sterne. Goethe hat sich immer vorgestellt, dass sein Freund Wieland nach seinem Tod als Sternbild an den Himmel versetzt worden sei, denn ein solcher Geist könne nicht untergehen und zu leuchten aufhören. Daran erinnert der Literaturwissenschaftler Artur Eloesser am Ende seiner ausführlichen Geschichte der deutschen Literatur von 1931. Und er fügt an, wenn wir uns von der Wissenschaft sagen lassen, dass einige Sterne Jahrmillionen brauchen, um ihr Licht zur Erde zu senden, dann sei es ja wohl eine Selbstverständlichkeit für uns, auch daran zu glauben, dass die Leuchtkraft des Geistes der letzten Jahrhunderte auf dem Weg zu uns nicht verloren gehen kann.

Sie ging nicht ganz verloren, trotz der dunklen Jahre in Deutschland. Und in den Jahren nach dem Krieg, in denen so viele gute und notwendige Bücher entstanden sind, hat es nicht zu leuchten aufgehört. Bis heute. Und in der Zuversicht, dass es auch in der Zukunft weiterleuchten wird, ist dieses Buch geschrieben.

Berlin, Dezember 2005

Die Autoren und ihre Werke

Achternbusch, Herbert (*1938) →156 f.
Revolten, 1982 | *Das Gespenst*, 1983 (Film)
Aichinger, Ilse (*1921) → 102 f.
Aufruf zum Misstrauen, in: *Der Plan 1*, hg. v. O. Basil, 1946 | *Die größere Hoffnung*, 1948 | *Spiegelgeschichte*, 1949 | *Schlechte Wörter*, 1976 | *Film und Verhängnis. Blitzlichter auf ein Leben*, 2001
Andersch, Alfred (1914–1980) → 52 f.
Deutsche Literatur in der Entscheidung. Ein Beitrag zur Analyse der literarischen Situation, 1948 | *Die Kirschen der Freiheit*, 1952 | *Sansibar oder Der letzte Grund*, 1957 | *Die Rote*, 1960 | *Winterspelt*, 1974
Arjouni, Jakob (*1964) → 266-268
Happy Birthday, Türke!, 1985 | *Magic Hoffmann*, 1996 | *Ein Freund*, 1998 | *Kismet*, 2001 | *Idioten*, 2003 | *Hausaufgaben*, 2004
Bachmann, Ingeborg (1926–1973) → 62-64
Das dreißigste Jahr, 1961 | *Malina*, 1971
Becher, Johannes R. (1891–1958) → 36 f.
An Europa, 1916
Becker, Jurek (1937–1997) → 103-133
Jakob der Lügner, 1969 (Drehb. 1974) | *Schlaflose Tage*, 1978 (Drehb. 1982) | *Bronsteins Kinder*, 1986 (Drehb. 1992) | *Liebling Kreuzberg*, 1986
Benn, Gottfried (1886–1956) → 46-49
Doppelleben, 1950
Bernhard, Thomas (1931–1989) → 162-174
Auf der Erde und in der Hölle, 1957 | *In hora mortis*, 1958 | *In der Höhe. Rettungsversuch, Unsinn*, 1989 (entst. 1959) | *Frost*, 1963 | *Amras*, 1964 | *Verstörung*, 1967 | *Ereignisse*, 1969 | *Ein Fest für Boris*, 1970 | *Gehen*, 1971 | *Die Macht der Gewohnheit*, 1973 | *Ja*, 1978 | *Wittgensteins Neffe. Eine Freundschaft*, 1982 | *Holzfällen. Eine Erregung*, 1984 | *Alte Meister. Komödie*, 1985 | *Auslöschung. Ein Zerfall*, 1986 | *Heldenplatz*, 1988
Beyer, Marcel (*1965) → 256-258
Das Menschenfleisch, 1991 | *Flughunde*, 1995 | *Nonfiction*, 2003
Biermann, Wolf (*1936) → 113-116
Berliner Brautgang, 1963 (UA, nicht publiziert) | *Die Drahtharfe*, 1965 | *Großer Gesang des Jizchak Katzenelson vom ausgerotteten jüdischen Volk*, 1994 (Übers.)

Biller, Maxim (*1960) → 283-288

Wenn ich einmal reich und tot bin, 1990 | *Die Tempojahre,* 1991 | *Esra,* 2003 | *Der perfekte Roman. Das Maxim-Biller-Lesebuch,* 2003 | *Bernsteintage,* 2004

Bobrowski, Johannes (1917–1965) → 124 f.

Sarmatische Zeit, 1961

Böll, Heinrich (1917–1985) → 53-55

Und sagte kein einziges Wort, 1953 | *Haus ohne Hüter,* 1954 | *Billard um halbzehn,* 1959 | *Die verlorene Ehre der Katharina Blum oder: Wie Gewalt entstehen und wohin sie führen kann,* 1974

Borchert, Wolfgang (1921–1947) → 33 f.

Generation ohne Abschied, in: *Die Hundeblume,* 1946 | *Draußen vor der Tür,* 1947

Brasch, Thomas (1945–2001) → 135-137

Cargo. 32. Versuch auf einem untergehenden Schiff aus der eigenen Haut zu kommen, 1977 | *Vor den Vätern sterben die Söhne,* 1977 | *Rotter,* in: *Rotter und weiter,* 1978

Braun, Volker (*1939) → 120 f.

Unvollendete Geschichte, in: *Sinn und Form* 5/1975 | *Hinze-Kunze-Roman,* 1985 | *Die Übergangsgesellschaft,* 1987

Brecht, Bertolt (1898–1956) → 40 f.

Mutter Courage und ihre Kinder, 1941 | *Verhör des Lukullus,* 1951 | *Buckower Elegien,* 1953

Brinkmann, Rolf Dieter (1940–1975) → 78-80

Keiner weiß mehr, 1968 | *ACID. Neue amerikanische Szene.* Hg. mit Ralf-Rainer Rygulla, 1969 | *Westwärts 1 & 2,* 1975 | *Rom, Blicke,* 1979

Broch, Hermann (1886–1951) → 24 f.

Tod des Vergil, 1945

Brussig, Thomas (*1965) → 240 f.

Helden wie wir, 1995 | *Wie es leuchtet,* 2004

Bruyn, Günter de (*1926) → 125-127

Der Hohlweg, 1963 | *Maskeraden,* 1966 | *Buridans Esel,* 1968 | *Preisverleihung,* 1972 | *Holzweg,* in: *Frauendienst,* 1986 (zuerst: 1974) | *Neue Herrrlichkeit,* 1984 | *Zwischenbilanz,* 1992 | *Vierzig Jahre,* 1996 | *Die Finckensteins,* 1999 | *Preußens Luise,* 2001 | *Unter den Linden,* 2002 | *Abseits,* 2005

Burger, Hermann (1942–1989) → 77 f.

Schilten. Schulbericht zuhanden der Inspektorenkonferenz, 1976 | *Blankenburg,* 1986 | *Tractatus logico-suicidalis. Über die Selbsttötung,* 1988

Canetti, Elias (1905–1994) → 86-90

Die Blendung, 1935 | *Masse und Macht,* 1960 | *Die gerettete Zunge. Geschichte einer Jugend,* 1977 | *Die Fackel im Ohr. Lebensgeschichte 1921–1931,* 1980 | *Das Augenspiel. Lebensgeschichte 1931–1937,* 1985

Celan, Paul (1920–1970) → 58 f.

Mohn und Gedächtnis, 1952

Döblin, Alfred (1878–1957) → 27-29

Berlin Alexanderplatz, 1929 | *Amazonas,* 3 Bde., 1938–50 | *November 1918. Eine deutsche Revolution,* 3 Bde., 1946–51

Doderer, Heimito von (1896–1966) → 34 f.

Die Strudlhofstiege oder Melzer und die Tiefe der Jahre, 1951 | *Dämonen,* 1956 | *Die Merowinger,* 1962 | *Roman No 7. I. Teil: Die Wasserfälle von Slunj,* 1963 (postum: *Roman No 7. II. Teil: Der Grenzwald,* 1967)

Dürrenmatt, Friedrich (1921–1990) → 142-147

Komödie, 1946 | *Der Richter und sein Henker,* 1952 | *Der Besuch der alten Dame,* 1956 | *Die Physiker,* 1962 | *Der Tunnel,* 1964 | *Stoffe I-III,* 1981 (NA: *Labyrinth. Stoffe I-III,* 1990) | *Justiz,* 1985 | *Turmbau. Stoffe IV-IX,* 1990

Elsner, Gisela (1937–1992) → 72 f.

Die Riesenzwerge, 1964 | *Die Zähmung. Chronik einer Ehe,* 1984 | *Heilig Blut,* 1988 (nur in der Sowjetunion) | *Fliegeralarm,* 1989

Endler, Adolf (*1930) → 118 f.

Tarzan am Prenzlauer Berg. Sudelblätter 1981–1983, 1994 | *Der Pudding der Apokalypse – Gedichte von 1968–1998,* 2000 | *Nebbich,* 2005

Enzensberger, Hans Magnus (*1929) → 92-96

verteidigung der wölfe, 1957 | *Der kurze Sommer der Anarchie. Buenaventura Durrutis Leben und Tod,* 1972 | *Ach Europa. Wahrnehmungen aus sieben Ländern. Mit einem Epilog aus dem Jahr 2006,* 1987 | *Mittelmaß und Wahn. Gesammelte Zerstreuungen,* 1988 | *Der fliegende Robert. Gedichte, Szenen, Essays,* 1989

Fallada, Hans (1893–1947) → 37 f.

Der eiserne Gustav, 1938 | *Der Alpdruck,* 1947 | *Jeder stirbt für sich allein,* 1947

Fauser, Jörg (1944–1987) → 64 f.

Der Schneemann, 1981 | *Rohstoff,* 1984

Feuchtwanger, Lion (1884–1958) → 23 f.

Moskau 1937. Ein Reisebericht für meine Freunde, 1937 | *Die Jüdin von Toledo,* 1955

Fichte, Hubert (1935–1986) → 65-67

Das Waisenhaus, 1965 | *Die Palette,* 1968 | *Wolli Indienfahrer,* 1978 | *Die Geschichte der Empfindlichkeit,* 16 Bde., 1987 ff.

Fleißer, Marieluise (1901–1974) → 100
Fegefeuer in Ingolstadt, 1926 | *Pioniere in Ingolstadt,* 1929 | *Karl Stuart,* 1945 | *Der starke Stamm,* 1950

Fried, Erich (1921–1988) → 60
und Vietnam und. 41 Gedichte mit einer Chronik, 1966

Frisch, Max (1911–1991) → 147-151
Blätter aus dem Brotsack, 1940 | *Bin oder Die Reise nach Peking,* 1945 | *Nun singen sie wieder. Versuch eines Requiems,* 1945 | *Tagebuch 1946–1949,* 1950 | *Stiller,* 1954 | *Biedermann und die Brandstifter,* 1955 | *Homo Faber,* 1957 | *Andorra,* 1961 | *Mein Name sei Gantenbein,* 1964 | *Biografie: Ein Spiel,* 1967 | *Montauk,* 1975

Fühmann, Franz (1922–1984) → 119 f.
Kabelkran und blauer Peter, 1961 | *Spuk. Aus den Erzählungen des Polizeileutnants K.,* 1961

Genazino, Wilhelm (★1943) → 175-177
Laslinstraße, 1965 | *Abschaffel,* 1977 | *Die Vernichtung der Sorgen,* 1978 | *Falsche Jahre,* 1979 | *Der Fleck, die Jacke, die Zimmer, der Schmerz,* 1989 | *Eine Frau, eine Wohnung, ein Roman,* 2003

Gernhardt, Robert (★1937) → 178-181
Besternte Ernte. Gedichte aus 15 Jahren, mit F.W. Bernstein, 1976 | *Die Blusen des Böhmen,* 1977 | *Wörtersee,* 1981 | *Was bleibt. Gedanken zur deutschsprachigen Literatur unserer Zeit,* 1985 | *Körper in Cafés,* 1987 | *Weiche Ziele,* 1994 | *Herz in Not* (1998) | *Die K-Gedichte* (2004)

Goettle, Gabriele (★1946) → 225-227
Freibank. Kultur minderer Güte amtlich geprüft, 1991 | *Deutsche Sitten. Erkundungen in Ost und West,* 1991 | *Deutsche Bräuche. Ermittlungen in Ost und West,* 1994 | *Deutsche Spuren. Erkenntnisse aus Ost und West,* 1997 | *Experten,* 2003

Goetz, Rainald (★1954) → 275-283
Irre, 1983 | *Hirn,* 1986 (darin: *Subito*) | *Kontrolliert,* 1988 | *Festung. Stücke,* 1993 | *1989. Materialien,* 1993 | *Mix, Cuts and Scratches,* mit Westbam, 1997 | *Rave. Erzählung,* 1998 | *Jeff Koons. Stück,* 1998 | *Abfall für alle. Roman eines Jahres,* 1999 | *heute Morgen (Geschichte der Gegenwart),* (enthält: *Rave, Jeff Koons, Dekonspiratione, Celebration, Abfall für alle*), 2004

Goldt, Max (★1958) → 231-233
Mein äußerst schwer erziehbarer schwuler Schwager aus der Schweiz, 1983 | *Wenn man einen weißen Anzug anhat. Ein Tagebuch-Buch,* 2002

Graf, Oskar Maria (1894–1967) → 24
Unruhe um einen Friedfertigen, 1947

Grass, Günter (*1927) → 91 f.

Die Blechtrommel, 1959 | *Katz und Maus*, 1961 | *Aus dem Tagebuch einer Schnecke*, 1972 | *Der Butt*, 1977 | *Das Treffen in Telgte*, 1979 | *Ein weites Feld*, 1995 | *Im Krebsgang*, 2002 | *Letzte Tänze*, 2003

Gruenter, Undine (1952–2002) → 249-251

Ein Bild der Unruhe, 1986 | *Das gläserne Café*, 1991 | *Der Autor als Souffleur. Journal 1986–92*, 1995 | *Der verschlossene Garten*, 2004

Grünbein, Durs (*1962) → 245-249

Grauzone morgens, 1988 | *Nach den Satiren*, 1999 | *Erklärte Nacht*, 2002

Hacks, Peter (1928–2003) → 111 f.

Die Sorgen und die Macht, 1959–62 (3 Fassungen) | *Moritz Tassow*, 1965 | *Ein Gespräch im Hause Stein über den abwesenden Herrn von Goethe*, 1976

Handke, Peter (*1942) → 211-218

Publikumsbeschimpfung, 1966 | *Die Hornissen*, 1966 | *Die Angst des Tormanns beim Elfmeter*, 1970 | *Ich bin ein Bewohner des Elfenbeinturms*, 1972 | *Der kurze Brief zum langen Abschied*, 1972 | *Wunschloses Unglück*, 1972 | *Als das Wünschen noch geholfen hat. Gedichte, Essays, Kurztexte, Fotos*, 1974 | *Das Gewicht der Welt. Ein Journal (Nov. 1975 – März 1977)*, 1977 | *Langsame Heimkehr*, 1979 | *Die Lehre des Sainte-Victoire*, 1980 | *Versuch über die Müdigkeit*, 1989 | *Versuch über die Jukebox*, 1990 | *Versuch über den geglückten Tag. Ein Wintertagtraum*, 1991 | *Mein Jahr in der Niemandsbucht. Ein Märchen aus neuen Zeiten*, 1994 | *Eine winterliche Reise zu den Flüssen Donau, Save, Morawa und Drina oder Gerechtigkeit für Serbien*, 1996 | *Der Bildverlust oder Durch die Sierra de Gredos*, 2002 | *Don Juan*, 2004 | *Gestern unterwegs (Aufzeichnungen November 1987 bis Juli 1990)*, 2005

Händler, Ernst-Wilhelm (*1953) → 233-236

Stadt mit Häusern, 1995 | *Der Kongress*, 1996 | *Fall*, 1997 | *Wenn wir sterben*, 2002

Haushofer, Marlen (1920–1970) → 73 f.

Die Wand, 1963

Hein, Christoph (*1944) → 127 f.

Cromwell und andere Stücke, 1981 (darin: *Cromwell, Lassalle*) | *Drachenblut*, 1983 (1982 als *Der fremde Freund* in der DDR veröffentlicht) | *Horns Ende*, 1985 | *Die Ritter der Tafelrunde*, 1989 | *Der Tangospieler*, 1989 | *In seiner frühen Kindheit ein Garten*, 2005

Henscheid, Eckhard (*1941) → 177 f.

Trilogie des laufenden Schwachsinns: | *Die Vollidioten. Ein historischer Roman aus dem Jahre 1972*, 1973/78 | *Geht in Ordnung – sowieso – – genau – – –*, 1977 | *Die Mätresse des Bischofs*, 1978

Hermann, Judith (*1970)   → 258-260
Sommerhaus, später, 1998 | *Nichts als Gespenster*, 2003
Hermlin, Stephan (1915–1997)   → 105-108
Zwölf Balladen von den großen Städten, 1945 | *Die Kommandeuse*, 1953 | *Abendlicht*, 1979
Hesse, Hermann (1877–1962)   → 43-45
Der Steppenwolf, 1927 | *Narziss und Goldmund*, 1930 | *Das Glasperlenspiel. Versuch einer Lebensbeschreibung des Magister Ludi Josef Knecht samt Knechts hinterlassenen Schriften*, 1943
Heym, Stefan (1913–2001)   → 108 f.
Hostages, 1942 (dt.: *Der Fall Glasenapp*, 1958) | *The Crusaders*, 1948 (dt.: *Kreuzfahrer von heute*, Leipzig 1950; *Der bittere Lorbeer*, München 1950) | *5 Tage im Juni*, 1974 | *Nachruf. Aufzeichnungen*, 1988
Hilbig, Wolfgang (*1941)   → 128-130
Der Heizer, 1971 | *Ich*, 1993 | *Das Provisorium*, 2000
Hochhuth, Rolf (*1931)   → 198-200
Der Stellvertreter, 1963 | *Eine Liebe in Deutschland*, 1978 | *Juristen*, 1979 | *Wessis in Weimar. Szenen aus einem besetzten Land*, 1993 | *McKinsey kommt*, 2003
Hohl, Ludwig (1904–1980)   → 42 f.
Hoppe, Felicitas (*1960)   → 255 f.
Picknick der Friseure, 1996 | *Pigafetta*, 1999 | *Paradiese, Übersee*, 2003
Huch, Ricarda (1864–1947)   → 98
Huchel, Peter (1903–1981)   → 122-124
Jahnn, Hans Henny (1894–1959)   → 45 f.
Fluss ohne Ufer, 3 Bde., 1949–1961
Jandl, Ernst (1925–2000)   → 152-155
Laut und Luise, 1966 | *Der künstliche Baum*, 1970 | *Ottos Mops hopst*, 1998
Jelinek, Elfriede (*1946)   → 159-162
wir sind lockvögel baby!, 1970 | *Die Klavierspielerin*, 1983 | *Lust*, 1989
Jirgl, Reinhard (*1953)   → 241-243
Mutter Vater Roman, 1990 | *Abschied von den Feinden*, 1995
Johnson, Uwe (1934–1984)   → 61 f.
Mutmaßungen über Jakob, 1959 | *Jahrestage. Aus dem Leben der Gesine Cresspahl*, 4 Bde., 1970–83
Jünger, Ernst (1895–1998)   → 50-52
In Stahlgewittern, 1920 | *Auf den Marmorklippen*, 1939 | *Heliopolis*, 1949 | *Der Waldgang*, 1951 | *Subtile Jagden*, 1967 | *Annäherungen. Drogen und Rausch*, 1970 | *Siebzig verweht I-V*, 5 Bde., 1980–97 (Tagebuch)
Kant, Hermann (*1926)   → 109-111
Die Aula, 1965 | *Der Aufenthalt*, 1977 | *Okarina*, 2002 | *Kino*, 2005

Kaschnitz, Marie Luise (1901–1974)   → 103 f.
Gustave Courbet. Roman eines Malerlebens, 1949 | *Orte,* 1973
Kästner, Erich (1899–1974)   → 31-33
Drei Männer im Schnee, 1934 | *Konferenz der Tiere,* 1949
Daniel Kehlmann (*1975)   → 271-275
Beerholms Vorstellung, 1997 | *Unter der Sonne,* 1998 | *Mahlers Zeit,* 1999 | *Ich und Kaminski,* 2003 | *Die Vermessung der Welt,* 2005
Kempowski, Walter (*1929)   → 220-225
Im Block. Ein Haftbericht, 1969 | *Tadellöser & Wolff. Ein bürgerlicher Roman,* 1971 | *Uns geht's ja noch gold. Roman einer Familie,* 1972 | *Aus großer Zeit,* 1978 | *Schöne Aussicht,* 1981 | *Herzlich willkommen,* 1984 | *Das Echolot. Ein kollektives Tagebuch,* 10 Bde., 1993–2005
Keun, Irmgard (1910–1982)   → 98-100
Das kunstseidene Mädchen, 1932 | *Kind aller Länder,* 1938 | *D-Zug dritter Klasse,* 1938 | *Ferdinand, der Mann mit dem freundlichen Herzen,* 1950
Kirsch, Sarah (*1935)   → 134 f.
Rückenwind, 1976
Klein, Georg (*1953)   → 218-220
Libidissi, 1998
Koeppen, Wolfgang (1906–1996)   → 56-58
Jakob Littner: Aufzeichnungen aus seinem Erdloch, 1948 (NA: *Jakob Littners Aufzeichnungen aus einem Erdloch,* 1992) | *Tauben im Gras,* 1951 | *Das Treibhaus,* 1953 | *Der Tod in Rom,* 1954 | *Jugend,* 1976
Kracht, Christian (*1966)   → 300-305
Faserland, 1995 | *Ferien für immer. Die angenehmsten Orte der Welt,* mit Eckard Nickel, 1998 | *1979,* 2001
Krausser, Helmut (*1964)   → 268-270
Fette Welt, 1992 | *Tagebücher,* 12 Bde., 1992–2004 | *Melodien oder Nachträge zum quecksilbernen Zeitalter,* 1993 | *Thanatos. Das schwarze Buch,* 1996 | *Der große Bagarozy,* 1997 | *Schweine und Elefanten,* 1999 | *Schmerznovelle,* 2001
Kroetz, Franz Xaver (*1946)   → 157-159
Hilfe, ich werde geheiratet, 1969 (unter Pseudonym F. Laudan) | *Chiemgauer Geschichten. Bayerische Menschen erzählen …,* 1977
Kusenberg, Kurt (1904–1983)   → 74 f.
Wein auf Lebenszeit, 1955
Lange-Müller, Katja (*1951)   → 243-245
Wehleid – wie im Leben, 1986 | *Kaspar Mauser – Die Feigheit vorm Freund,* 1988
Ledig, Gert (1921–1999)   → 68-72
Die Stalinorgel, 1955 | *Vergeltung,* 1956 | *Faustrecht,* 1957

Lentz, Michael (*1964) → 293-295
Muttersterben, 2002 | *Liebeserklärung*, 2003
Lenz, Siegfried (*1926) → 261-263
Es waren Habichte in der Luft, 1951 | *Deutschstunde*, 1968 |
Heimatmuseum, 1978 | *Arnes Nachlass*, 1999 | *Fundbüro*, 2003
Lottmann, Joachim (*1956) → 227-229
Mai, Juni, Juli, 1987 | *Die Jugend von heute*, 2004
Mann, Heinrich (1871–1950) → 19 f.
Professor Unrat oder Das Ende eines Tyrannen, 1905 | *Der Untertan*,
1918 | *Ein Zeitalter wird besichtigt*, 1945 | *Der Atem*, 1949 | *Empfang bei
der Welt*, 1956
Mann, Klaus (1906–1949) → 17-19
Die Heimsuchung des europäischen Geistes, 1949 |
Mephisto, 1936 | *Der Vulkan*, 1939 | *Der Wendepunkt*, 1942 (nach: *The
Turning Point*)
Mann, Thomas (1875–1955) → 20-22
Der Zauberberg, 1924 | *Joseph und seine Brüder*, 4 Bde., 1933–43 | *Doktor
Faustus. Das Leben des deutschen Tonsetzers Adrian Leverkühn, erzählt von
einem Freunde*, 1947 | *Die Entstehung des Doktor Faustus. Roman eines
Romans*, 1949 | *Der Erwählte*, 1951 | *Die Betrogene*, 1953 | *Bekenntnisse
des Hochstaplers Felix Krull*, 1954
Maron, Monika (*1941) → 137-139
Flugasche, 1981 | *Stille Zeile sechs*, 1991 | *Zonophobie*, 1992 (Art. im
Spiegel) | *Wie ich ein Buch nicht schreiben kann und es trotzdem versuche*,
2005
Mayröcker, Friederike (*1924) → 152-155
Tod durch Musen. Poetische Texte, 1966 | *Gesammelte Gedichte*, 2004
Meinecke, Thomas (*1955) → 288-290
The Church of John F. Kennedy, 1996 | *Tomboy*, 1998 | *Mode und Verzweif-
lung*, 1998 | *Hellblau*, 2001 | *Musik*, 2004
Menasse, Robert (*1954) → 188-190
Sinnliche Gewissheit, 1988 | *Selige Zeiten, brüchige Welt*, 1991 | *Schubum-
kehr*, 1995 | *Phänomenologie der Entgeisterung. Geschichte des verschwinden-
den Wissens*, 1995
Mora, Terezia (*1971) → 253 f.
Seltsame Materie, 1999 | *Alle Tage*, 2004
Müller, Heiner (1929–1995) → 112
Die Korrektur, 1958 | *Hamletmaschine*, 1977 | *Germania Tod in Berlin*,
1978 | *Krieg ohne Schlacht. Leben in zwei Diktaturen*, 1992 (erw. NA
1994) | *Der Lohndrücker oder Die Umsiedlerin oder Das Leben auf dem
Lande. Zwei Theaterstücke*, 1995

Nadolny, Sten (*1942) → 191–193
Netzkarte, 1981 | *Die Entdeckung der Langsamkeit,* 1983 | *Der Ullsteinroman,* 2003
Plenzdorf, Ulrich (*1934) → 116 f.
Die neuen Leiden des jungen W., 1972 | *Die Legende von Paul und Paula,* 1973
Polgar, Alfred (1873–1955) → 25–27
Ransmayr, Christoph (*1954) → 185–188
Strahlender Untergang. Ein Entwässerungsprojekt oder Die Entdeckung des Wesentlichen, 1982 | *Die Schrecken des Eises und der Finsternis,* 1984 | *Die letzte Welt,* 1988 | *Morbus Kithahara,* 1995
Reimann, Brigitte (1933–1973) → 135
Die Geschwister, 1963 | *Franziska Linkerhand,* 1974
Remarque, Erich Maria (1898–1970) → 27
Im Westen nichts Neues, 1928 | *Der Funke Leben,* 1952 | *Schatten im Paradies,* 1971
Rinser, Luise (1911–2002) → 101 f.
Die gläsernen Ringe, 1941 | *Gefängnistagebuch,* 1946 | *Jan Lobel aus Warschau,* 1948 | *Nordkoreanisches Reisetagebuch,* 1981
Rühmkorf, Peter (*1929) → 96 f.
Die Jahre, die ihr kennt. Anfälle und Erinnerungen, 1972 | *Tabu I–II,* 1995–2004
Sachs, Nelly (1891–1970) → 59 f.
In den Wohnungen des Todes, 1947
Salomon, Ernst von (1902–1972) → 49 f.
Die Geächteten, 1930 | *Der Fragebogen,* 1951
Schlink, Bernhard (*1944) → 195–197
Selbs Justiz, mit W. Popp, 1987 | *Selbs Betrug,* 1992 | *Der Vorleser,* 1995 | *Liebesfluchten,* 2000 | *Selbs Mord,* 2001
Schmidt, Arno (1914–1979) → 67 f.
Aus dem Leben eines Fauns, 1953 | *Die Umsiedler. Zwei Prosastudien,* 1953 | *Das steinerne Herz. Historischer Roman aus dem Jahre 1954,* 1954 | *Seelandschaft mit Pocahontas,* in: *Texte und Zeichen,* 1/1955 | *Kosmas oder Vom Berge des Nordens,* 1955 | *Goethe und einer seiner Bewunderer,* in: *Dya Na Sore. Gespräche in einer Bibliothek,* 1957 | *Die Gelehrtenrepublik. Kurzroman aus den Rossbreiten,* 1957 | *Sitara und der Weg dorthin. Eine Studie über Wesen, Werk & Wirkung Karl Mays,* 1963 | *Zettels Traum,* 1970 | *Abend mit Goldrand. Eine MärchenPosse. 55 Bilder aus der Ländlichkeit für Gönner der VerschreibKunst,* 1975
Schröder, Jörg (*1938) → 229–231
Siegfried, 1972 | *Schröder erzählt,* 1990 ff.

Schulz, Frank (*1957) → 270 f.

Kolks blonde Bräute. Eine Art Heimatroman. Hagener Trilogie I, 1991 | *Morbus Fonticulli oder Die Sehnsucht des Laien. Hagener Trilogie II*, 2001

Schulze, Ingo (*1962) → 238-240

33 Augenblicke des Glücks. Aus den abenteuerlichen Aufzeichnungen der Deutschen in Piter, 1995 | *Simple Storys. Ein Roman aus der ostdeutschen Provinz*, 1998 | *Neue Leben. Die Jugend Enrico Türmers in Briefen und Prosa. Herausgegeben, kommentiert und mit einem Vorwort versehen von Ingo Schulze*, 2005

Schwab, Werner (1958–1994) → 298-300

Volksvernichtung oder Meine Leber ist sinnlos. Eine Radikalkomödie, 1991

Sebald, W.G. (1944–2001) → 182-185

Die Ausgewanderten. Vier Erzählungen, 1993 | *Ringe des Saturn. Eine englische Wallfahrt*, 1995 | *Austerlitz*, 2001

Seghers, Anna (1900–1983) → 39 f.

Der Weg durch den Februar, 1935 | *Das siebte Kreuz*, 1942 | *Transit*, 1944 | *Karibische Geschichten*, 1962 | *Das Vertrauen*, 1968

Stamm, Peter (*1963) → 251 f.

Agnes, 1998 | *Blitzeis*, 1999 | *In fremden Gärten*, 2005

Strauß, Botho (*1944) → 206-211

Die Widmung. Eine Erzählung, 1977 | *Groß und klein. Szenen*, 1978 | *Paare, Passanten*, 1981 | *Kalldewey, Farce*, 1981 | *Der junge Mann*, 1984 | *Der Schlußchor*, 1991 | *Wohnen Dämmern Lügen*, 1994 | *Der Narr und seine Frau heute Abend in Pancomedia*, 2001 | *Die Nacht mit Alice, als Julia ums Haus schlich*, 2003 | *Der Untenstehende auf Zehenspitzen*, 2004

Strittmatter, Erwin (1912–1994) → 117 f.

Katzgraben, 1953 | *Ole Bienkopp*, 1963 | *Der Laden*, 3 Bde., 1983–1992

Stuckrad-Barre, Benjamin von (*1975) → 290-293

Soloalbum, 1998 | *Livealbum*, 1999

Süskind, Patrick (*1949) → 193-195

Monaco Franze. Der ewige Stenz, 1983 ff. (Drehbuch) | *Der Kontrabass*, 1984 | *Das Parfum. Die Geschichte eines Mörders*, 1985 | *Kir Royal. Aus dem Leben eines Klatschreporters*, 1986 (Drehbuch) | *Die Geschichte von Herrn Sommer*, 1991 | *Rossini oder Die mörderische Frage, wer mit wem schlief*, 1997 (Drehbuch)

Timm, Uwe (*1940) → 263-266

Heißer Sommer, 1974 | *Morenga*, 1978 | *Kerbels Flucht*, 1980 | *Rennschwein Rudi Rüssel*, 1989 | *Die Entdeckung der Currywurst*, 1993 | *Am Beispiel meines Bruders*, 2003

Valentin, Karl (1882–1948) → 33

Vesper, Bernward (1938–1971) → 75-77

Gegen den Tod. Stimmen deutscher Schriftsteller gegen die Atombombe, Hg. mit G. Ensslin, 1964 | *Die Reise. Romanessay,* 1977

Wallraff, Günter (★1942) → 200-202

Der Aufmacher. Der Mann, der bei »Bild« Hans Esser war, 1977 | *Ganz unten,* 1985

Walser, Martin (★1927) → 202-206

Ehen in Philippsburg, 1957 | *Halbzeit,* 1960 | *Das Einhorn,* 1966 | *Die Gallistl'sche Krankheit,* 1972 | *Der Sturz,* 1973 | *Ein fliehendes Pferd,* 1978 | *Geständnis auf Raten,* 1986 | *Dorle und Wolf,* 1987

Walser, Robert (1878–1956) → 42

Aus dem Bleistiftgebiet, 6 Bde., 1985–2000

Weiss, Peter (1916–1982) → 55 f.

Die Verfolgung und Ermordung Jean Paul Marats, dargestellt durch die Schauspielgruppe des Hospizes zu Charenton unter der Anleitung des Herrn de Sade, 1964 | *Die Ästhetik des Widerstands,* 3 Bde., 1975–81

Werfel, Franz (1890–1945) → 22 f.

Das Lied der Bernadette, 1941 | *Stern der Ungeborenen. Ein Reiseroman,* 1946

Wolf, Christa (★1929) → 139-141

Nachdenken über Christa T., 1968 | *Leibhaftig,* 2002 | *Ein Tag im Jahr. 1960–2000,* 2003

Wondratschek, Wolf (★1943) → 80-86

Früher begann der Tag mit einer Schusswunde, 1969 | *Chucks Zimmer,* 1974 | *Das leise Lachen im Ohr eines andern,* 1976 | *Die Einsamkeit der Männer. Mexikanische Sonette,* 1983 | *Carmen oder Bin ich das Arschloch der achtziger Jahre,* 1986 | *Kelly-Briefe,* 1998 | *Saint Tropez und andere Erzählungen,* 2005

Zaimoglu, Feridun (★1964) → 295-298

Kanak Sprak. 24 Misstöne vom Rande der Gesellschaft, 1995 | *Abschaum. Die wahre Geschichte von Erlan Ongun,* 1997 | *Koppstoff. Kanaka Sprak vom Rande der Gesellschaft,* 1998 | *Liebesmale, scharlachrot,* 2000 | *German Amok,* 2002 | *Zwölf Gramm Glück,* 2004

Zuckmayer, Carl (1896–1977) → 29 f.

Der fröhliche Weinberg, 1925 | *Der Hauptmann von Köpenick. Deutsches Märchen,* 1931 | *Des Teufels General,* 1946 | *Als wär's ein Stück von mir. Horen der Freundschaft,* 1966

Zweig, Arnold (1887–1968) → 38 f.

Und zum Schluß noch ein großer Dank an alle, ohne die es dieses Buch nicht gegeben hätte: an meine Eltern, alle großen und kleinen Loefs, Luise Schreiber (†) für ihren ewigen Optimismus, Martin Heß und seine Max-Frisch-Gesamtausgabe, Lorenz Korgel und seinen frühen Ritterroman, Gustav Mechlenburg, meinen frühen, großen Welterklärer, Ingo Neye, den lässigsten Deutschlehrer der Welt, Robert Wentrup für Pontiac-Kauf, Riesenmut und Dürrenmatt, Martina Nagel, Gerhard vom Hofe, den besten Lehrenden, den man sich vorstellen kann, Genie der Lesebegeisterung, Roth-Wegweiser, Jan Feddersen für das rechte Wort zur rechten Zeit, Marcel Reich-Ranicki, meinen Lehrer, für seine unstillbare Neugier, all die Telefonate und tausend Antworten auf hundert Fragen, der Feuilleton-Redaktion der Frankfurter Allgemeinen Sonntagszeitung – was für ein großes Ermutigungs- und Ermunterungsressort!, – Nils Minkmar, Stefan Niggemeier, Johanna Adorjan und Claudius Seidl für Unterstützung im verzweifelten Titelkampf, Frank Schirrmacher für vier Wochen Zeit, Olaf Petersenn für helles Lob in dunklen Stunden, Tilman Spreckelsen für die Verteidigung seiner Freunde, Nora Sdun, Anne Zielke und Florian Illies fürs Lesen, Loben, Beschimpfen und Beraten, Mascha für die Sonne jeden Tag und Freia – für alles. Ohne Dich: gar nichts.

Volker Weidermann, 1969 in Darmstadt geboren, studierte Politikwissenschaft und Germanistik in Heidelberg und Berlin. Er ist Literaturredakteur und Feuilletonchef der Frankfurter Allgemeinen Sonntagszeitung und lebt in Berlin.

Feridun Zaimoglu
Leyla

Roman
Gebunden

Eine anatolische Kleinstadt in den fünfziger Jahren. Hier wächst Leyla als jüngstes von fünf Geschwistern im engen Kreis der Familie und der Nachbarschaft auf und hegt einen großen Wunsch: Sie will dieser Welt entkommen. Mit einer sinnenfrohen, farbenprächtigen und archaischen Sprache erzählt Feridun Zaimoglu vom Erwachsenwerden eines Mädchens, dem Zerfall einer Familie und von einer fremden Welt, aus der sich viele als Gastarbeiter nach Deutschland aufmachten – eine fesselnde Familiensaga aus dem Herzen des Orients.

»Zaimoglu ist ein grandioser Erzähler. Virtuos, wuchtig, gut.« *Profil*

»Ein wahres, schönes, fremdes Buch.«
Frankfurter Allgemeine Sonntagszeitung

»Lebensprall, atmosphärisch-dicht« *Stuttgarter Zeitung*

Jan Faktor
Schornstein

Roman
Gebunden

Mit überraschendem Wortwitz und ohne Scheu vor politischen oder sonstigen Unkorrektheiten erzählt Jan Faktor die Geschichte von Schornstein, der für sein Recht auf medizinische Behandlung kämpft und dabei die Kontrolle über sein Leben zu verlieren droht. Ein richtungsweisender Roman vom brüchigen Rand der Gesellschaft; ein aufsehenerregendes Debüt, in dem ein seltenes Kunststück gelingt: »Schornstein« ist ein Gegenwartsroman, »der auf rätselhafte Weise aus den Themen Krankheit und Depression Heiterkeit und gute Laune hervorzaubert« (Jörg Magenau).

Uwe Timm
Der Freund und der Fremde

Gebunden

Er liegt am Boden, eine junge Frau kniet neben ihm und hält den Kopf des Sterbenden, ein schmaler, junger Mann, den Blick zur Seite gerichtet. Das Bild wird zur Ikone, es wird Hunderttausende auf die Straße treiben, aber wer ist dieser junge Mann, wer hätte er sein können?
Benno Ohnesorg, 1967 auf der Anti-Schah-Demonstration in Berlin erschossen, war Uwe Timms Freund und Gefährte, als beide Anfang der sechziger Jahre am Braunschweig-Kolleg das Abitur nachholten. Uwe Timm erzählt von dieser gewaltsam beendeten frühen Freundschaft, von den Erfahrungen einer Generation und vom Aufbruch eines Schriftstellers.

»Uwe Timm gibt Benno Ohnesorg, dieser Ikone der 68er, seine Individualität zurück. Was er schreibt ist so anrührend.« *Giovanni di Lorenzo in »Lesen!«*

»Ein sehr persönliches Buch von einem der wichtigsten Schriftsteller seiner Generation.« *Hubert Spiegel, FAZ*

Alois Hotschnig
Die Kinder beruhigte das nicht

Erzählungen
Gebunden

»Welcher Handlung ich hier beiwohnte, wusste ich nicht, und die Regeln, nach denen dies alles geschah, waren nicht zu erkennen, und doch war ich jeden Tag mit dabei, gegen meinen Willen und gierig danach, es zu sehen.« Dieser Satz stammt aus einer Erzählung, in der das untätige und aufreizend selbstgenügsame Verhalten seiner Nachbarn den Erzähler dazu bringt, sein Leben vollständig nach ihrem Rhythmus auszurichten, um ihrem Geheimnis auf die Spur zu kommen.
In seinem Erzählungsband spielt Hotschnig auf subtile Weise mit der Wahrnehmung. Er lässt den Leser hinter scheinbar alltäglichen Vorgängen das Besondere sehen und sich im anderen erkennen. Wunderbare Geschichten, die den Blick verändern.

Joachim Lottmann
Zombie Nation

Roman
KiWi 930

»Zombie Nation«: Der erste Familienroman der Popliteratur. Das Ende der aktuellen deutschen Buddenbrooks-Manie. Die große Schlussrunde Gerhard Schröders. Das Heraufdämmern der Großen Koalition als Eintritt ins Zombie-Zeitalter. Nach der »Jugend von heute» nun die kulturelle Hegemonie der Alten.

»Einen Lottmann-Text lesen ist wie einen Woody Allen-Film sehen. Lange freut man sich über die heitere Grundstimmung, den vermeintlichen Humor, die angenehme Zeitbezogenheit, den politischen Witz, und man wartet darauf, dass sich alles zum Guten wendet, bleibt zuversichtlich wie der Held selbst. Und durchwatet dabei eine Lebenshölle, die bis dato nur Strindberg in seinem Tagebuchroman ›Das rote Zimmer‹ ausgemessen hat. Alles ist nur Oberfläche. Was Frauen den Männern antun, ist der eigentliche Irak-Krieg unserer Epoche.« *Joachim Lottmann*

Paperbacks bei Kiepenheuer & Witsch   KiWi PAPERBACK   www.kiwi-koeln.de